DURRUTI
en
la Revolución Española
Abel Paz

スペイン革命のなかの
ドゥルーティ

アベル・パス 著
渡辺雅哉 訳

れんが書房新社

凡　例

1　本書は、Abel Paz, *Durruti en la revolución española*, Barcelona, Laia, 1986, の全訳である。ただし、著者の指示のもとに表現を改めたところがいくつかある。

2　本文中の〔　〕は訳者による補足。また、同じ著者の手になる『ドゥルーティ』伝の完全版Abel Paz, *Durruti en la Revolución española*, Madrid, Fundación Anselmo Lorenzo, 1996（Abel Paz, *Durruti. El proletariado en armas*, Barcelona Bruguera, 1978, の増補・改訂版）から若干のデータを補い、これも〔　〕のなかに挿入しておいた。煩瑣を避けるため、データの抽出箇所（アンセルモ・ロレンソ社版の当該ページ）をその都度訳註の形で明示することは、一部を除き差し控えた（複数の『ドゥルーティ』伝の出版の経緯については、「訳者あとがき」を参照）。

3　訳註は、ブルゲーラ社版のドイツ語訳である Abel Paz, *Durruti. Leben und Tode des spanischen Anarchisten*, Hamburg, Nautilus, 1994, の人名・事項説明や、フランス語で刊行された最初の『ドゥルーティ』伝 Abel Paz, *Durruti. Le peuple en armes*, Paris, La Tête de Feuilles, 1972, の増補・改訂版Abel Paz, *Un anarchiste espagnol: Durruti*, Paris, Quai Voltaire, 1993, の他、Manuel Rubio Cabeza, *Diccionario de la Guerra Civil Española*, 2 tomos, Barcelona, Planeta, 1987, ダニエル・ゲラン編『アナキズム・アンソロジー　神もなく主人もなく』Ⅰ（長谷川進訳）・Ⅱ（江口幹訳）、河出書房新社、一九七三年、等を参考にしながら作成した。やはり煩瑣を避けるため、訳註は最小限にとどめるとともに、やや立ち入った説明が必要と思われた場合に限り典拠を明らかにした。その際、アベル・パスの『ドゥルーティ』伝の完全版からの引用の場合にはアンセルモ・ロレンソ社版、同じくフランス語版からの引用の場合にはケ・ヴォルテール社版、ドイツ語版の人名・事項説明からの引用の場合にはナウティルス社版と記してある。

4　本書のテキスト（ライア社版）とアンセルモ・ロレンソ社版との間で人名の表記に異同が認められた際には——例えば、リベルト・カリェハス（Liberto Callejas）。ライア社版では Liberto Calleja とあり、語末の s が抜け落ちている——、アンセルモ・ロレンソ社版に従った。二つのテキストに日時等の違いがあった場合にも、同様に処理した。こちらも例を引けば、サルバドール・セギー殺害の日付。本書では、アンセルモ・ロレンソ社版を根拠に「一九二三年三月一〇日」としたが、ライア社版では「八月一〇日」とある。わずかながら、アンセルモ・ロレンソ社版から直接訳出した表記・表現もある。

5　便宜上、アンセルモ・ロレンソ社版にならって、本書の全体を「第一部　反逆者（1896—1931）」「第二部　活動家（1931—1936）」「第三部　革命家（1936・7・19—11・20）」「第四部　ドゥルーティの複数の死」の四部構成とした。もともと、この区分はライア社版にはない。

6　写真・図版とそのキャプションに関しては、アンセルモ・ロレンソ社版に拠った。

政党・団体名等一覧（Abel Paz, *Durruti. Leben und Tode des spanischen Anarchisten*, Hamburg, 1994, S.701-713, より抜粋）

AIT——Asociación Internacional de Trabajadores（国際労働者協会）。アナルコサンディカリスト労組の国際的な連合組織。

CEDA——Confederación Española de Derechas Autónomas（スペイン独立右翼連合）。相互に独立した右翼各派（ファシスト的右翼政党）の連合体。一九三三年設立。三四年、レルー政権へのCEDAの参加がアストゥリアスの蜂起を招く。三六年の解散後、メンバーの大半はファランヘ・エスパニョーラへ移籍。

CGT——①Confederación General de Trabajadores（労働者総同盟）。メキシコのアナルコサンディカリスト労組の連合体。②Confédération Générale du Travail（労働総同盟）。発足当初は革命的サンディカリズムの、後には共産党の影響下にあったフランスの労組の連合体。③Confederacão Geral do Trabalho（労働総同盟）。ポルトガルのアナルコサンディカリスト労組の連合体。

CNT——Confederación Nacional del Trabajo（全国労働連合）。スペインのアナルコサンディカリスト労組の連合体。一九一〇年秋、バルセローナの労働者大会で誕生。組合員数は、一一年九月当時三万名。一九年にはすでに七五万六〇〇〇名を数え、二〇年末には一〇〇万名を突破。

FAI——Federación Anarquista Ibérica（イベリア・アナキスト連盟）。スペイン・ポルトガルのアナキスト組織。一九二七年、バレンシアで発足。内戦が始まった時点のメンバーは三万名、一年後の三七年には一五万名。

POUM——Partido Obrero de Unificación Marxista（マルクス主義統一労働者党）。マルクス主義者を結集した労働者政党（左派共産主義）。BOCと左翼共産党の合同に伴い一九三五年に成立。内戦中の最も重要な左翼政党。スターリン主義陣営から残忍に弾圧される。三七年五月のバルセローナの武装蜂起に参加（本書では直接には言及されていないが、ここでBOCにも触れておく。Bloc Obrer i Camperol（労働者・農民ブロック）は、カタルーニャの反共産党系グループが集まって、一九三〇年にバルセローナで発足。三〇年代の初頭には、カタルーニャにおける最も有力な労働者政党。

スペイン国内の他地方へのその勢力拡大の企図は、相対的に見て成果に乏しい結果に終わる。三五年九月、左翼共産党と合併し、ＰＯＵＭへと組織を改編）。

PSUC――Partit Socialista Unificat de Catalunya（カタルーニャ統一社会党）。カタルーニャにおける社会主義の連合政党（親スペイン共産党）。スペイン社会党カタルーニャ連合、カタルーニャ社会主義同盟、カタルーニャ・プロレタリア党、カタルーニャ共産党の合体により、一九三六年七月二三日に発足。マルクス・レーニン主義を奉じ、第三インターナショナル（コミンテルン）に加盟。

UGT――Unión General de Trabajadores（労働者総同盟）。スペイン社会党系労組の連合体。一八八八年創立。第一インターナショナル時代に誕生したバクーニン派の労働者組織の退潮期に勢力を拡大したものの、ＣＮＴの上昇を境にその活動は停滞。一九一九年には約一五万名の組合員を擁した。穏健な社会主義路線を主張。

カタルーニャ共和行動党（Acció Catalana Republicana）――主として知識人・中産階級・自由業者で構成された弱小政党。一九三一年結党。人民戦線に参加。

エスタート・カタラー（Estat Català）――「カタルーニャ国家」を意味する民族主義運動。カタルーニャの独立、もしくは最大限の自治裁量の獲得を狙った。一九二二年、陸軍大佐だったマシアーが創始。プリモ・デ・リベーラの独裁に対する武装蜂起を決行（二六年一一月のプラッツ・デ・モリョーの蜂起）。三一年、エスケーラの結党に参加。左翼の離脱後（エスタート・カタラー／プロレタリア党。三二年）、残る勢力は次第に右傾化しイタリア・ファシズムに近い方向へと走る。

エスケーラ（Esquerra Republicana de Catalunya）――カタルーニャ左翼共和党。カタルーニャ民族主義のブルジョワ左翼政党。一九三一年三月、カタルーニャ民族主義・共和主義のエスタート・カタラーとグループ「見解（L'opinió）」の合同により成立。三三年の党員数は六万八〇〇〇。三〇年代前半、カタルーニャ民族主義の最も重要なグループとしてリーガ（Lliga カタルーニャの地方主義連盟。一九〇一年発足）に取って代わった。

スペイン共産党（Partido Comunista de España）――一九二〇年結党。三一年の第二共和国誕生の段階で、党員数は八〇〇名。

スペイン社会主義労働者党（Partido Socialista Obrero Español）――第一インターナショナル・スペイン地方連合から

除名されたマルクス主義者のグループにより、一八七九年結党。本書では、社会党と略記する。

ファランヘ・エスパニョーラ（Falange Española）――ホセ・アントニオ・プリモ・デ・リベーラが一九三三年に創始したスペインのファシズム運動。翌年、JONS（Juntas de Ofensiva Nacional-Sindicalista 国民サンディカリスト攻撃会議）と、さらに三七年にはフランコ将軍の指令に従ってカルロス派と合体。

ラバサイレス同盟（Unión de Rabassaires）――カタルーニャの中小規模の葡萄栽培農民の組合組織。第一次世界大戦後、葡萄栽培が危機にさらされていた一九二二年の結成。三六年、カタルーニャ反ファシスト民兵中央委員会へ代表を送る。CNTのもとでの集産化に反発し、エスケーラ・PSUCの政策を支持。

ジェネラリタート（Generalitat）――カタルーニャの地方政府。

補遺

CLUEA――Consejo Levantino Unificado de la Exportación Agrícola（レバンテ農作物輸出統一評議会）。一九三六年秋、レバンテ地方のCNT・UGTの協定のもとに発足したオレンジ輸出のための労働者の自主管理組織。当初は共和国政府の参加を排したうえでの組合によるオレンジ輸出の統制の実現を狙ったものの、次第に政府との協調主義的な色彩を深めていく。三七年九月、新たに設置された政府主導のCEA（Central de Exportación de Agrios 柑橘類輸出本部）がその機能を引き継いだ（Vicente Abad, "Ideología y praxis de un fenómeno revolucionario: el control sindical de la economía naranjera (1936-1937)", Julián Casanova (ed.), *El sueño igualitario: campesinado y colectivizaciones en la España republicana 1936-1939*, Zaragoza, 1988, pp.75-93.）。

スペイン革命のなかのドゥルーティ＊目次

第二部　活動家（1931—1936）101

第三部　革命家（1936.7.19—11.20）191

第四部 ドゥルーティの複数の死

スペイン革命のなかのドゥルーティ

第一部　反逆者 (1896―1931)

1　十字架とハンマーの間で

一九二三年六月四日のサラゴーサ。午後三時のことである。一台の黒塗りの車が大司教の邸宅を後にする。格子窓によって運転手から隔てられた後部座席には、年老いたサラゴーサの大司教ドン・フアン・ソルデビーラ・ロメーロ枢機卿とその執事が乗っている。車は市の中心街を走り抜け、郊外の「エル・テルミニーリョ」へと向かう。「エル・テルミニーリョ」には、救貧院を兼ねた学校「サン・パブロ」があった。

校門の前まで来ると、車は速度を落とす。このとき、車から三～四メートルばかりのところに、男が二人現われる。二人は車内の人間に向けて拳銃を発射するや、ラス・デリシアスの労働者地区めがけて野原を突っ走り、そのまま姿を隠してしまう。枢機卿は、一発の銃弾が心臓にまで達していて即死。一方、運転手と執事は軽傷を負うにとどまった。

襲撃はあまりにも唐突なことであったから、犯人についてほんのわずかな情報を提供できる証言者も出なかった。警察は車体に一三の弾痕を認め、その周囲から弾倉が空になった九口径の拳銃を発見した。捜査の目は、すぐさまアナキストやサンディカリストの側に注がれた。

テロのニュースは、あっという間に広まった。枢機卿に多大な敬意をよせていた国王アルフォンソ一三世は、午後八時には弔電を打ち、事件の真相を解明するため秘書官の一人をサラゴーサへ派遣した。翌日の各紙は大きく紙面を割いて事件の模様を報じ、論評を加えている。『エラルド・デ・アラゴン』紙はこんな見出しを掲げた。

「昨日の異常にして忌まわしいテロ事件。サラゴーサの枢機卿ドン・フアン・ソルアビーラ・ロメーロ殺害される」。見出しの下には、プロフィールが添えられた犠牲者の顔写真。さらに、事件と開始された捜査への言及が三ページ。『エラルド・デ・マドリード』紙は、「犯行は、サンディカリストの仕業ではなく、アナキストの仕業である」と、はっきりと書いている。カルロス派・原理党[訳註1]の日刊紙『ラ・アクシオン』は、このテロ行為に「スペインが直面している状況の最も端的な反映」を読み込むとともに、ドゥルーティとその一味を名指しで取り上げた。さらに同紙は、かくも「恐るべき」人物の身の毛もよだつような経歴に触れた後、こうした「神の鞭」ともいうべき行動を根絶するために必要な措置を講じるよう、政府に強く要請したのだった。

ブエナベントゥーラ・ドゥルーティは、一八九六年七月一四日にレオンで生まれた。サンティアゴ・ドゥルーティ・マルゴールとアナスタシア・ドゥマンへ・ソレールがもうけた二番目の男の子である。祖父の一人はカタルーニャの、もう一人はフランス・バスクの出身だった。ドゥルーティという姓は、遠い、を意味するバスク語の「ウルティ」に由来する。

カスティーリャの都市の多くがそうであったように、同名の県の県庁所在地であるレオン市も毛織物となめし革という、農業・牧畜業に立脚した初歩的な産業に依存していた。聖職者が教育や文化を牛耳り、自治体のレベルでも国会の場でも政治権力を軍部と分かち合っていた。

当時のスペインは、最後まで残っていた植民地の喪失[訳註2]に多少とも関連した重大な危機に見舞われていた。イベリア半島全土を舞台に、激烈な社会騒乱が展開されていた。とりわけアンダルシアにおいては、地主に対して農民が周期的に立ち上がっていた。アンダルシアやアストゥリアスの鉱山地帯、それにバスクとカタルーニャの工業地帯では、労働者のストライキやデモが相次いだ。逮捕・有罪判決・処刑……政府当局の弾圧は過酷を極めた。

一九〇〇年当時、ブエナベントゥーラ少年は、レオンのミセリコルディア街にあった学校に通っていた。幼い日のドゥルーティについては、「いたずら好きではあるけれども、高貴な感情に満ちた、たいへんに愛すべき子供」という教師の印象が残されている。後にドゥルーティは、姉のロサに宛てた手紙のなかでこう語っている。

「まだひどくあどけなかったころ、最初に俺が周囲に見出したものは苦しみだった。自分の家族の苦しみばかりではない。近隣の人間たちの苦しみをも発見したのだった。すでに俺は直情型の反逆者になっていた。俺は、自分の運命はあのときに定められたのだと確信している」。こうした告白は、おそらく一つの具体的な出来事に結びついているにちがいない。一九〇三年のレオンの皮なめし職人のストライキに積極的に加わったことによる、父サンティアゴの逮捕・収監がそれである。ドゥルーティは、このとき七歳だった。ストライキは九ヵ月に及んだ。レオンで発生した初めての重大な争議だった。

バリャドリー―レオン間に鉄道が敷かれた結果、レオン県は陸の孤島ではなくなった。そして、レオンの皮なめし職人たちの手許に初めて届けられた、アナキストや社会主義者の手になる刊行物が、国中で噴出していた社会騒乱の実情を彼らに伝えていた。

ブエナベントゥーラのおじのイグナシオ・ドゥルーティは、〔一八九九年に〕相互扶助的な傾向を持った、レオンで最初の労働者組織を設立している。組織の要求は、何よりもまず八時間労働にあった。マドリードの仕立て職人たちは、すでにこの労働時間を獲得していた。国中を席巻していた全般的な運動の高まりに励まされて、皮なめし職人たちは〔まず手始めに〕賃上げと一〇時間労働を求めた。代表たち（イグナシオ・ドゥルーティ、ブエナベントゥーラの父サンティアゴ・ドゥルーティ、アントニオ・キンティーン、メルチョール・アントン）は、経営者側に要求を提出した。経営者側は、要求を過剰なものと見なして撥ねつけた。労働者たちはストライキに訴えて応戦した。皮なめし業は唯一の地場産業であったから、この地方の経済は麻痺状態に陥った。

当局は弾圧に乗り出し、ストライキの首謀者と見なされた人間たちを一人残らず監獄送りにしたが、住民の反発を招いたため、半月後には彼らを釈放しなければならなかった。ストライキは続行された。商人たちはストライキの参加者につけを許した。ブエナベントゥーラの祖父のロレンソ・ドゥルーティは、自分の安食堂をストライキ中の労働者に開放した。イグナシオ・ドゥルーティは自分の町工場を売り払い、そうやって工面したかねをストライキの参加者に手渡した。にもかかわらず、飢えが労働者の家庭を蝕み始めると、彼らの反逆の精神もすり減っていった。九ヵ月を経てストライキが終息すると、ブルジョワジーは大いに満足した。降伏する前に職を変えた方がいいと考える者もいた。ドゥルーティの父親も、そうやって北部鉄道会社の機関区に工員として入り込んだ。

後年、姉のロサ宛ての手紙のなかで、ドゥルーティはこの闘争が家族にもたらした結果を回想することになる。父親は薄給であったにしろ、ロレンソやイグナシオ、それにブエナベントゥーラの母方の祖父ペドロ・ドゥマンへの商売のおかげで、そのときまでドゥルーティ一家はまずまずの暮らしを営んでいた。しかし、以後は全員の生活が様変わりした。ロレンソは店を畳まなければならなくなった。イグナシオは、誰にも理由を告げずに姿をくらました（ラテン・アメリカへ渡ったのだと思われている）。そして、ペドロの織物商売は地元のカシーケ[訳註3]たちの系統的な不買戦術のために次第に苦境に立たされていったのだった。そうなってしまっては、一家全員がサンティアゴの給料で遣り繰りしていく外なかった。いずれ織物商売を経営するための確かな知識が身につくようにと、祖父のペドロは孫を学費のかさむ名門校に送り出してやりたかった。だが、ブエナベントゥーラがそんな学校に行くのは無理な話だった。ブエナベントゥーラは、倹しい家計に見合ったドン・リカルド・ファンフールの学校に通った。ドン・リカルドの学校でのドゥルーティは、平凡ではあれ「文芸に目覚めた知性を持ち合わせた」生徒だった。

ブエナベントゥーラがファンフールの学校を出ると、ペドロ老人はバリャドリーでの孫の勉学は自分が賄ってやろうと、なおも言い張った。しかし、少年は聞き入れなかった。ドゥルーティは、父親のような労働者になって技術を身につけたいと願っていたのである。このとき、彼は一四歳だった。一九一〇年、ドゥルーティはメルチョール・マルティネスの町工場に見習いとして入った。メルチョール・マルティネスは熱狂的な革命家で聞こえていた。居酒屋に足を運んでは、煽動的な調子で『エル・ソシアリスタ』紙を周囲に読んで聞かせていたのだった。

マルティネスは、かつてはビルバオの活動家だった。すでに老齢に達しており、レオンに引っ込んで、鍛冶・工作機械の町工場を開いていた。彼は、スペイン社会主義労働者党（以下、社会党）の創設者パブロ・イグレシアス[訳註4]の熱烈な支持者だった。マルティネスの家には、かなりの数の労働者が集まった。そこでは社会党の精神や発展のありさまが話題にされていた。当時のレオンには、社会党員が指導していた改良主義的な組合組織の労働者総同盟（UGT）傘下の労働者団体が二つ存在していた。鉄道員組合と金属工組合である。

ブエナベントゥーラは、早くも反逆者として名を馳せていた。一二歳のときに、教理問答のクラスに出席するのを止めた。また、彼は教会へも行かなくなったし、復活祭の催しの際の聖体拝領をも拒否したのである。当時、そのような行為は大いに物議を醸したものだった。

マルティネスはこの若者に親しみを覚え、父親に「息子さんを一人前の機械工にしてみせよう。だが、一人前の社会主義者にもな」と話している。マルティネスは、後に仕事中のブエナベントゥーラにこう語りかけた。「お前は腕のいい鍛造工になるだろう。強く打つこつを知っているからな。だが、腕力だけじゃ駄目なんだ。どこを打ったらいいか察しがつけられるだけの頭も必要だってことを忘れるな」。その後、勉学の課程を修了させてやろうと、マルティネスは若者を「祖国の友」という教育機関の夜間部に入学させた。二年が経過したところで、メルチョールは見習いに「機械についても、社会主義についても、もうお前に教えてやれることは何もない」と告げた。こうして、ドゥルーティは仕事場を変えねばならなくなった。

一年後、ドゥルーティはアントニオ・ミヘーの町工場で二級の旋盤工に分類され、金属工組合に加入、一二番の番号が入った組合員証を手にしている。一九一三年四月のことだった。初めのうち、ドゥルーティは金属工たちの会合に顔を出し、もっぱら彼らの話に耳を傾けては何やら思案の様子だったが、ほどなく自分でものを考えるようになると、組合の執行部とは意見を異にし始めた。

当時のレオンの社会主義の第一人者は、三年後にこの町で最初の社会党紙『エル・ソシアリスタ・レオネス』を創刊するイグレシアス・ムニスだった。会合の席で、このイグレシアスが、アナキズムの影響を受けた革命的サンディカリズムの組織CNT（全国労働連合）が反対に回ったにもかかわらず、社会党が成功を収めた選挙の件に言及したことがある。二大労組が対立する理由が知りたかったドゥルーティは、CNTの棄権主義的な性格についてイグレシアスに問い質した。イグレシアスが示した回答は曖昧なものであったから、ドゥルーティを納得させることはできなかった。以来、ドゥルーティと金属工組合の執行部の幹部たちとの間で反目が続くことになった。執行部はドゥルーティの性急な革命志向を戒め、彼に節度をもって行動するよう求めている。それに対しドゥルーティは、「社会主義とは活動的なもので、さもなければ社会主義の名に値しないのだ」と切り返した。彼はブルジョワジーに対する精力的な闘争を、資本主義体制の完全な破壊に至るまでとどまるところを知らぬ革命的な行動を熱望していたのだった。すると執行部は、政治的な好機の到来を待つべきだ、との判断を持ち出してきた。今度はドゥルーティが、闘争はブルジョワ政治の都合に左右されるようなことがあってはならない、と応じる番だった。金属工組合の若者たちはドゥルーティに賛同し、「まだ機は熟していない」と考える面々からなる「永遠に穏やかな執行部」に反旗を翻した。

第一次世界大戦が勃発すると、スペインの経済状況は変化した。スペインのブルジョワジーは、中立国としての立場を利用してドイツ側・連合国側の双方に不可欠な産品や物資を供給し、莫大な利益を得ることができた。工業・商業・海運業は加速度的に肥大し始め、なかでも金属工業や鉱業部門は潤った。工場や鉱山の増加・拡大は、農業人口の工業地帯への移動を引き起こした。いよいよ数を増していた労働者は、自分たちを組織しつつあった。サンディカリズムは、その絶頂期を迎えていたのである。

需要に応えるには、生産過程の近代化が図られる必要があった。鉱石の洗浄機を取り付ける目的で、各地の鉱山へ作業班が派遣された。作業班の責任者の一人として、ドゥルーティはマタリャーナ・デル・トリオへと赴いた。ドゥルーティにとって、それはアストゥリアスの名の通った鉱夫たちと接触する最初の機会となった。

ドゥルーティと仕事仲間が作業に入って数日後、自分たちに対するある技師の仕打ちへの抗議として鉱夫たちがストライキを宣言し、技師の追放を要求した。ストライキは鉱山地帯の隅々にまで波及した。ドゥルーティは、洗浄機の設置作業が継続されればストライキがかえって鉱山会社に利益をもたらす結果になってしまうのを察知した。そこで、彼ら機械工は鉱夫たちに連帯することにした。会社の上層部は、さまざまな圧力を加えたものの効果がなかったため、已むなく譲歩し問題の技師を解雇した。

事件の後、鉱夫と機械工は意気投合した。そして、ドゥルーティの名はアストゥリアス中に知れ渡った。レオンに戻ったドゥルーティは、金属工組合の指導者たちからその「軽はずみな」態度を咎められた。だが、組合の若者たちの方は彼を熱狂的に迎えたのだった。ミヘーはドゥルーティを呼びつけ、治安警備隊[訳註5]がすでに彼に目をつけていると警告した。メルチョール・マルティネスは、レオンを離れるようドゥルーティに助言した。県知事のレゲラールは過激な分子には情け容赦のない人物だった。

ブエナベントゥーラが家に帰ってみると、父親は病に伏していた。それでも、サンティアゴは息子のために北部鉄道会社の機関区の整備工の口を見つけてくれていた。ドゥルーティはその仕事を引き受けることにした。こうした状況のもとで、ドゥルーティは一九一七年八月のあの有名なストライキに巻き込まれていったのだった。

〔訳註1〕カルロス派・原理党――カルロス派とは、一八三三年の国王フェルナンド七世の死去に際し、自らの王位継承の正当性を主張した国王の実弟ドン・カルロス（一七八八―一八五五）の支持者とその末裔たちを指す。一九世紀、カルロス派は二度――歴史家の見方によっては、三度――スペインを内戦状態に陥れた。モットー――「神・祖国・われらの王」――が象徴するように、カトリシズムの擁護と絶対主義への回帰を支柱とするカルロス派の理念は、単なる王位継承の問題を超えた、自由主義に基づくスペインの近代化のあり方に対する強い批判としての意味合いを帯びていた。集合・離散を繰り返しつつ――一八八八年から一九三二年までの間、原理党はカルロス派の本流を離脱――その勢力は次第に下降線をたどったが、第二共和国の時代に入ってもバスク・ナバーラの両地方を中心になお一定の支持基盤を有していた。

〔訳註2〕最後まで残っていた植民地の喪失――一八九八年、スペインは米西戦争に敗北し、キューバとプエルト・リコとフィリピンを失った。九八年は、所謂「スペイン帝国」の終焉を告げる年として記憶される。

〔訳註3〕カシーケ――元来は中米エスパニョーラ島の「首長」を意味し、「新世界」におけるスペイン人の蛮行を告発したバルトロメ・デ・ラス・カサスの名著（ラス・カサス、染田秀藤訳『インディアスの破壊についての簡潔な報告』岩波文庫、一九九六年〔二八刷〕）にも言及がある。転じて、ローカルの政治を自己の裁量で支配したスペインの地方ボス。語の響きには軽蔑的なニュアンスがまとわりついている。大土地所有制の展開するアンダルシアやエストレマドゥーラでは、農業ブルジョワジーか、その配下の農場管理人である場合が多かった。

〔訳註4〕パブロ・イグレシアス――一八五〇―一九二五。スペイン社会党の創立者・総帥。印刷工。第一インターナショナルのスペイン・セクション第二次連合評議会の、またバクーニンの「社会民主主義国際同盟」のメンバー。マルクスの娘婿ポール・ラファルグの影響を受けてマルクス主義者となる。一八七二年、数名の同志とともにインターナショナルのスペイン・セクションを去り、七九年に誕生する社会党の母体となる「新マドリード連合」を設立。「新マドリード連合」も社会党も、いずれも穏健な議会主義的・改良主義的色彩を帯び、ドイツの社会民主主義やフランスのゲード派の路線を志向した。

〔訳註5〕　治安警備隊——公共の安寧を維持する目的で、一八四四年に創設された全国的な警察組織。労働者や農民の反乱やストライキの鎮圧にしばしば動員された。

2　一九一七年八月

産業の拡大と発展は、プロレタリアートの数と力を増大させたばかりでなく、生活費の高騰をも引き起こした。〔UGTの〕アストゥリアスの代表たちの発議により、生活物資の欠乏に対する全国的な抗議行動を組織する目的でUGTとCNTとが手を握った。〔一九一六年一二月一八日の〕二四時間のゼネラル・ストライキの実施である。〔結局、ストライキの後も〕政府はその方針を改めなかった。しかし、初めて二大労組が公然と社会革命に言及した協定[訳註1]を締結したことには意味があった。

カタルーニャとバスクの産業ブルジョワジーは、〔中央の〕政治権力を自分たちの発展にとっての主要な障壁と考えていた。というのは、それが聖職者・地主貴族・軍人階層によって牛耳られていたからである。二つの地方の産業ブルジョワジーは、マドリードの政治権力との自分たちの対決に地元民の自治獲得の悲願をも引き込んだ。一方の国家はといえば、悲惨なモロッコ戦役において壊滅的な痛手を被っていたため、産業界の収益への課税を通じて、その一部を使った財政破綻の穴埋めを画策していた。カタルーニャのブルジョワジーがそうした構想に反発したあおりを受けて、ロマノネス政権は倒壊する。しかし、第一次世界大戦が終わって外国からの買い付けが激減してしまうと、カタルーニャのブルジョワジーには危機から逃れる手立てがなかった。彼らには、労働者に向かって反動的で非妥協的な本性を剥き出しにする外なかった。

右の状況に、極めて重要な二つの要素が新たに重なった。その第一は、ロシア革命である。ロシア革命のニュースは、スペインにあってすでに都市部を越えて農村部に拡大しつつあった運動の起爆剤として作用した。今一つの要素は、一部の軍人の不服従だった。彼らは、モロッコ戦役の継続を願うアフリカ派の軍人派閥を重用する王政の姿勢に反感を抱いていた。

こうした情勢を前に、CNTの組合員たちは王政を廃止し、「社会的に進歩した」共和国を宣言するための好機を窺っていた。UGT側は、自由主義的な政権を樹立しうるような、あらゆる反対派を糾合した単一のブロックを想定し、一方で街頭での闘争は時期尚早であると考えた。二大労組の間で一九一六年に結ばれた協定とは、〔一皮剥いてみれば〕このようなものだったのである。

〔一九一七年六月の〕保守党のダート[訳注2]政権の発足は、軍部の規律を再び引き締めることになった。続いて暫定政権の閣僚を指名するために〔七月に〕バルセローナで開かれた議員の集会は、労働者たちがバリケードを築き、赤旗を掲げているとの報が届けられるや、自主的に解散した。労働者は弾圧にさらされたが、それでもなお社会騒乱は日を追って激しさを増していった。社会党の指導者たちには、非暴力のゼネラル・ストライキによって大衆を押しとどめるしか打つ手がなかった。ゼネラル・ストライキは、八月一三日に宣言された。運動は広範な拡がりを見せ、一週間続いた。アストゥリアスでは二週間に及んだ。運動は軍部により鎮圧され、労働者のなかから数百名の犠牲者を出す結果を招いた[訳注3]。数ヵ月後の国会で、社会党の指導者プリエート[訳注4]は右翼の攻撃から自分の党を弁護して次のように述べている。「確かにわれわれは大衆に武器を与えたし、戦いに勝つことも不可能ではなかったのである。しかし、われわれは弾薬まで与えるようなまねはしなかった。諸君は何が不満だとおっしゃりたいのだ？」。

国内の他の地方と同様、レオンにおいても争議はゼネラル・ストライキの様相を呈し、最も戦闘的な若者たちを動かした。なかでも、ドゥルーティの活動は抜きんでていた。ストライキが終わると、これら一握りの若者たちはアストゥリアスの鉱夫の闘争に合流し、アストゥリアスを走る列車の運行を妨害した。労働者も、その多くが若者たちと手を組んで破壊活動を敢行した。労働者たちは機関車に火をつけ、レールを引き剥がし、機械類の倉庫にも火を放った。

ストライキが帯びた性格を目の当りにした〔レオンの〕社会党指導者は、それが自らの統制を超えている事実を確認するや、大慌てで職場復帰を呼びかけ、破壊活動は労働者階級とは無縁な分子の仕業であるとあからさまに非難した。破壊活動に走った若者たちは、こうして孤立したまま弾圧にさらされる破目に陥った。

社会党の上層部が傘下の労働者たちを仕事に復帰させることも容易ではなかった。[訳註5] アストゥリアスの同胞が街頭で機銃掃射にさらされているのを知って、かなりの数の労働者が職場への復帰指令に従おうとしなかったのである。機関区は操業を再開し始めたとはいえ、各路線でのサボタージュは続いていたし、アストゥリアスでの抵抗が終息したと伝えられるまでは、すべてが正常化した訳ではなかった。労使契約を武器に報復措置が取られたのはこのときである。鉄道会社は、労働者全員をまとめて解雇したうえで、新たな雇用の申請を個別に行なうよう彼らに義務づけたのだった。会社側のやり方は、それまで労働者が持っていた権利の失効と雇用の選別化を意味した。最も反抗的な者は再雇用の枠から除外された。ドゥルーティもその一人だった。

抵抗の基軸を構成していた若者たちの一団を除名することによって、鉄道員組合は弾圧の仕上げを行なった。ドゥルーティの名は、組合を追放された若者のリストの筆頭に挙げられていた。組合の執行部は、以下の声明を発している。「……非暴力のストライキが企図された。そのストライキにおいて、労働者階級は規律正しくブルジョワジーにその力を誇示するはずだった。若者たちの一団が引き起こした行動と、鉄道員組合の慣例とは相容れない。従って、その無規律の故に、彼らは組合から除名されたものと見なされる」。

執行部が下した処分に対し、除名された一団には弁明さえも許されなかった。他ならぬ鉄道員組合が彼らをテロ行動の張本人として弾劾し、警察の手間を省いてやった次第だった。レオンを去るか、警察に捕えられるか。こうなってしまっては、彼らにはそれ以外の選択肢は残されていなかった。

〔訳註1〕　**二大労組が公然と社会革命に言及した協定**——一九一六年三月一二日にマドリードで開催されたUGT第一二回大会の席上、アストゥリアスの組合代表団がCNTとの共闘を提唱。二大労組間の協定は、同年七月に暫定的に調印された。同年一二月一八日のゼネラル・ストライキが成功を収めたにもかかわらず、政府が態度を改めようとしなかったため、CNTとUGTは以後も協定を継続する形を取らざるを得なかった（アベル・パス、アンセルモ・ロレンソ社版、五七ページ、註15）。

〔訳註2〕　**ダート**——エドゥアルド・ダート・イラディエール。一八五六—一九二一。保守党の指導者。首相（一九一四—一八、一九二〇—二一）。一九二一年三月、ペドロ・マテウらバルセローナのアナキスト・グループ「金属工」のメンバー三名により、マドリードの街頭で射殺された。

〔訳註3〕運動は軍部により鎮圧され、労働者のなかから数百名の犠牲者を出す結果を招いた。――本文にもある通り、王室・政府のアフリカ派軍閥への厚遇措置にかねて不満を漏らしていた本土の将校たちは、一九一七年春、国内各地に樹立された「軍事防衛評議会」に依拠しつつ、昇進手続きの公正化と自らの待遇の改善を要求し、体制側から一定の譲歩を引き出すことに成功した。これにより、軍部は王政との結びつきを確認・強化していく。両者の結束を端的に証明してみせたのが、この八月のゼネラル・ストライキに対処した際に発揮された軍部の強硬な弾圧姿勢である。全国各地で二〇〇〇名を上回る逮捕者と一〇〇名ほどの死者を出して、争議は労働者側の敗北に終わった。

〔訳註4〕プリエート――インダレシオ・プリエート・トゥエーロ。一八八三／オビエド―一九六二／メキシコ・シティー。社会党穏健派の指導者。第二共和国時代の前半には蔵相・公共事業相を、また内戦中は陸相・海相・国防相を歴任。

〔訳註5〕社会党の上層部が傘下の労働者たちを仕事に復帰させることも容易ではなかった。――著者の指示に従って修正。

3　亡命からアナキズムへ

一九一七年九月の初め、ドゥルーティと友人の「エル・トト」はヒホンへ逃れた。二人は、この町にはわずかしかいなかった。一二月に入って、ドゥルーティの家族はヴァル・レ・バン（フランス・アルデシュ県）の消印のある葉書を受け取った。その葉書には、「マルティネスという姓のスペイン人の一家が助けてくれたおかげで、とてもうまくやっている」と認められていた。ドゥルーティの身内は安堵の胸をなでおろした。

「エル・トト」は、〔先のストライキの際の〕破壊活動のかどで追われていた。ドゥルーティの方は、そのうえ脱走兵の身だった。本来ならば、八月の末にはドゥルーティはサン・セバスティアンの連隊に入っていなければならなかったのである。後年、姉に宛てた手紙のなかで彼はこう語っている。「もともと『祖国に奉仕する』気持ちなどほんのわずかしかなかったのだが、そんなちっぽけな愛国心とやらも一人の軍曹のおかげで消えてなくなった。あの男ときたら、もう兵営にいるみたいなつもりで、新規に徴兵されたばかりの俺たちに命令をくれやがった。徴兵登録所を出たときには、アルフォンソ一三世は兵士を一人なくし、革命家を一人抱え込んだのだと、独りごちたものだ」。

おそらく、ドゥルーティはマタリャーナの事件の際に知り合ったアストゥリアスの鉱夫たちの援助に与ったのだろう。ドゥルーティが脱走したことを知ると、鉱夫たちは彼を匿い、フランスへ行くための便宜を図ってやったのにちがいない。アストゥリアスでの短い滞在の間に、ドゥルーティはリバタリアン[訳註1]のジャーナリストだったマヌエル・ブエナカーサ[訳註2]を知った。この人物は、翌年にはCNT全国委員会のメンバーになっている。ブエナカーサが述べるところでは、「われわれは、打ち解け合ったという訳ではなかった。どちらかといえば私の方は学究肌であったし、彼は彼でもっと反逆者然としていたのだ」。以後一九二〇年の春まで、ブエナカーサのもとへはドゥルーティに関して何の音沙汰もなかった。そして、二〇年の春にサン・セバスティアンで再会した折、ブエナカーサは「理論面でブエナベントゥーラが成し遂げた進歩」に印象づけられることになった。ブエナカーサがドゥルーティを連れて市内のCNT傘下の組合を訪れたところ、彼はすでに持っていたCNTの組合員証を取り出してみせた。ドゥルーティのCNT加入と理論上の進歩は、一九一七年一二月から一九一九年三月〔一月？〕にかけてのフランス亡命がもたらした収穫だった。

　家族との手紙のやりとりから、マルセイユ、ベジエ、トゥルーズ、ボルドー、ビアリッツなど、ドゥルーティがさかんに居所を変えていたことがわかっている。フランスに入国すると、ドゥルーティは南フランスに亡命中の、同志的な絆で結ばれていたカタルーニャ出身のアナキストたちの重要な一団と接触するようになった。バルセローナとの関係のうえで大事な拠点だったマルセイユでは、すでにアナキスト連絡委員会が発足していた。マルセイユの港湾労働者は、第一期CGT（フランス労働総同盟）の革命的サンディカリズムから深い影響を受けていた。スペイン本国向けのものであれ、ベジエで刊行されていた『プリスマ』のような、亡命スペイン人のグループ向けのものであれ、プロパガンダのための資金をスペインからの移民の間で調達することが、アナキスト連絡委員会や港湾労働者たちの主な仕事だった。また、バルセローナへ送る武器も必要だった。

　すべてを首尾よくやってのけるためには、頻繁に動き回ることが不可欠だった。おそらく、ドゥルーティはマルセイユとボルドーの間で連絡員として動いていたのだろう。ボルドーの港は、バスクやアストゥリアスの人間たちの策謀にはお誂え向きの場所だった。その一方で、ドゥルーティはレオンの友人たちとの関係をも保ち続けていた。一九一九年までをアストゥリアスですごしていた「エル・トト」は、ドゥルーティの亡命の全期間を通じて彼との連絡を維持していた。

ドゥルーティの成長ぶりをめぐって、カミンスキー[訳註3]は「駆け足で進歩した。自らアナキストであると宣言するまでに、バクーニンほどにも時間を費やさなかった」と書いている。実をいえば、ドゥルーティはアナキズムに「転じた」のではない。サンディカリストとして経験を積んだドゥルーティは、ご都合主義的で改良主義的な社会主義を批判するようになっていた。ドゥルーティとその同志たちの革命的な要求は、目の前にある諸条件に自らを適合させながら権力を追い求めていくような組織とは折り合うことのできないものだった。従って、アナキズムを知ったとき、ドゥルーティはレオンですでに実践していた同じ革命的社会主義を改めて確認したのだということになる。

一九一九年三月、ブエナベントゥーラはブルゴスにあった軍の付属病院から家族に手紙を認め、以下のように語っている。「皆に来てもらうつもりで、自分の連隊に入った。軍法会議に出頭したところ、脱走の罰としてモロッコでの兵役期間の延長を申し渡されたのだったが、軍医の診断の結果、ヘルニアにかかっていることが判明した。そういう次第で入院している訳だけれども、長くはいられない。皆が知っているあの友人たちに会わずにモロッコへ行くのは、できれば避けたいと思う。彼らがこちらに訪ねてきてくれるよう、至急取り計らってはもらえないだろうか」。行間には、ドゥルーティの意図が秘められている。

フランスで実行されつつあった活動計画をヒホンの組織に伝える使命を帯びて、ドゥルーティは〔実際には〕一月の初めに国境を越えていた。任務を終え、アストゥリアスの見通しの明るさを実感したドゥルーティは、しばらくスペインにとどまることに決めた。「エル・トト」や鉄道員組合を追われたかつての同志たちが、アナキスト・グループと、職種を問わずに労働者を結集したCNT系の組合とを設立していた。CNTは、特にバルセローナにおいて拡大の気運のさなかにあった。バルセローナの労働者の二人に一人はこの組織に加入していた。ドゥルーティは、アナルコサンディカリズムが大きな影響力を持っていたラ・フェルゲーラで機械工の仕事に就いた。彼は、そこで初めてCNTの組合員証を手に入れた。そして、間もなくそこからレオンの鉱山地帯へと向かっている。ラ・ロブラの一帯で、激しい闘争が繰り広げられていたためである。ドゥルーティはそのあたりでは無名の存在であったから、ラ・コルーニャから駆けつけた二人の活動家の手を借りて、鉱山での破壊活動を組織する仕事を引き受けた。

ドゥルーティは、旧友たちと再会しようとレオンへ行った。彼らはサンティアゴ・デ・コンポステーラで改めて落ち合う約束をした。ところがサンティアゴへ向かう途中、ドゥルーティは不審人物として逮捕され、ラ・コルーニャへ送られてしまった。彼の脱走が発覚したのは、このラ・コルーニャにおいてである。先のドゥルーティの手紙は、友人たちに自分の居場所を教え、逃亡のための援助を求めようとしたものだった。友人たちは事実そのようにしてやった。何日か山中に潜んだ後、六月に入るとドゥルーティは再びフランスへ亡命する。

ドゥルーティは、今回はパリに移り、しばらくルノーの工場で働いた。この時期についていえば、「機械工として働きながら、世間から切り離されてたった一人で暮らしている」といった具合に、故意に当たり障りのない内容を綴った葉書が何枚か残されている。しかし、その一方では、彼が友人たちに囲まれている写真もある。この時期のドゥルーティの活動には知られるところがなく、レオンのアナキスト・グループの書記をしていたテヘリーナと緊密に連絡を取り合っていたことや、スペインの状況に絶えず関心を注いでいたことがわかっているにすぎない。ともかくもそうやってドゥルーティは、CNTの中枢での戦闘的活動への合流を取り決めたスペインのアナキスト・グループ各派の合意を知ったのだった。この決定は、サンディカリストの活動家たちを暗殺するために警察と政府がかねて雇ったヒットマン・グループの組織化に対抗する必要に迫られて下されたものだった。一九一九年一二月にCNTがマドリードで開催した大規模な大会のニュースも、やはり彼のもとに届いていた。マドリード大会は、およそ一〇〇万人の組合員を代表していた。大会では、ロシア革命を支持していくうえで採用されるべき姿勢が論じられ、第三インターナショナルへの加盟が決議された。ロシアで起こっていた事態が正確に把握されていた訳ではなかった。だが、ブルジョワ紙に悪しざまに論評されたおかげで、ロシア革命はすべての労働者の共感を呼び起こしていた。ロシア革命に援助の手を差しのべる最良の方法は、他の国々に新たに革命を生じさせることだった。スペインへの革命の波及を夢見て、ドゥルーティは帰国を決意した。

〔訳註1〕　リバタリアン――スペインの有名なアナキズムの雑誌『ラ・レビスタ・ブランカ』が創刊された一八九八年に、フランスのアナキスト、セバスティアン・フォール（第一部第一章「南アメリカのゲリラたち」、八三ページ、訳註5を参照）が考案した造語（ジェラルド・ブレナン、鈴木隆訳『スペインの迷路』合同出版、一九六七年、第七章「アナーキスト」、一六一ページ、註33）。フランス語では「リベルテール libertaire」。テロ行為が頻発した一九世紀末のヨーロッパでは、アナキズムとテロリズムとが同一視される傾向が強く、このため当時のフランスのアナキストはプロパガンダ活動を禁じられていた。彼らはフォールの造語に自分たちの思想を端的に凝縮した新しい表現を見出し、「リベルテール」と自称し始める。適切な日本語訳がない現状に照らして、本書では少なくとも原語よりは馴染みが深いと思われる「リベルテール」の英語表記「リバタリアン libertarian」を用いることにしたい（スペイン語では「リベルタリオ libertario」）。右の経緯からも明らかなように、もともと「アナキスト」（または形容詞として「アナキズムの」）と同義語だった訳だが、さらに広く「アナルコサンディカリスト」（同じく形容詞として「アナルコサンディカリズムの」）を指す場合も少なくない。FAI（イベリア・アナキスト連盟）派との抗争を繰り広げていた穏健なサンディカリストたちが一九三一年一一月以来論陣を張った新聞の名称も『クルトゥーラ・リベルタリア（リバタリアンの文化）』であったし、三二年一二月に結成された彼らの組織も「リバタリアン・サンディカリスト連盟」と命名されている（第二共和国時代のCNTのあり方の根幹を左右したFAI派と穏健派の対立に関しては、第二部第4章「分裂」、一二六～一三一ページを参照）。

〔訳註2〕　マヌエル・ブエナカーサ――アントニオ・マヌエル・ブエナカーサ・トメーオ。一八八六―一九六四。カスペ（サラゴーサ県）の出身。一九一八年にはCNT書記長。老齢に達するまで、CNTの最も重要な活動家の一人に数えられた。『スペインの労働運動史／一八八六―一九二六』（一九二八）を書く。亡命地フランスのブール・レ・ヴァランスで死去。

〔訳註3〕　カミンスキー――ハンス・エーリッヒ・カミンスキー。?―?　本名はE・アルペリーヌ・カミンスキー。CNT支持の立場から革命の初期段階を描いた『バルセローナの人々』（一九三七）を発表。

4　「フスティシエロス」

ドゥルーティがサン・セバスティアンに到着したのは、CNTがバスクへ進出し始めたばかりのころのことだった。そのときまで、バスクは社会党とUGTの牙城だった。自分たちの組織を設けて社会党の思想的な影響力を一掃してしまおうと、ブエナカーサがバルセローナからやって来ていた。

「ある日のこと」とブエナカーサは書いている。

「背が高くて屈強で、目を輝かせた若者が、組合に現われた。ごく身近な人間に挨拶するかのような親しみを込めて、若者はわれわれに挨拶した。その男は、CNTの組合員証を見せながら、このギプスコア県の県庁所在地に着いたばかりで、仕事が必要なのだと単刀直入に切り出した。似たようなことは他にもあったから、われわれは男の世話をし、レンテリーアの機械工場に仕事の口を見つけてやった。それからというもの、男は仕事を終えると頻繁に、しかもかなり規則正しく組合に顔を出すようになった。部屋の片隅に腰を下ろすと、テーブルのうえに山と積まれた新聞に手を伸ばしては、読み耽っていた。めったに討論に加わることもなく、夜の帳が下りてしまうと、われわれが逗留用にと見つけてやった宿屋に引き上げていった」。男の容貌は、ブエナカーサに印象を与えた。少しばかり考えた後、彼は先の出会いを思い出した。三年前にヒホンで知り合ったときにはひどく愛想のなかった、あの男だった。ブエナカーサはさらに続けて述べている。「そこで、私は彼のことをじっくりと知ってみたい気持ちにかられ、彼と友人になろうとした。最初に交わした言葉から私が知ることができたのは、ドゥルーティが数年間をフランスですごしていたことだけである。けれども、ドゥルーティはフランスにいた理由については口を閉ざし、ヒホンでのことも何も語ろうとしなかった。ドゥルーティが私を知っていたのは確かだし、どうして〔三年前の〕あの件に関して黙っているのか当惑させられたものだった。お互いにあのときの良からぬ印象をまだ抱き続けていたせいだろうか。いずれにせよ、われわれは二人ともヒホンの件に直接に触れるようなことは決してしなかった、というのが本当のところだったのである」

「人を見る目がある男」とつねづね自負していたブエナカーサは、さらにこう続けている。

「会話を好む一方で、ドゥルーティは相手をやり込めることは好まなかった。会話のときにはいつも脱線を避け、事柄の核心だけに話題を絞った。強情でも、狂信的でもなかった。開かれた人物であり、自分が間違う可能性を常に認めていた。それに、他人の話に耳を傾け、いつも自分に反対する者の主張をも考慮したうえで、もっともだと認めたところは受け容れるという、滅多にない美徳の持ち主だった。組合での彼の活動ぶりは地味ではあれ、興味をそそられるものだった。構成員の職種を問わぬわれわれの組合に加入しながらUGTの金属工組合にも名を連ねていた他の金属工たちと一緒に、ドゥルーティは金属工組合内部に反対派グループを形成した。金属工組合の集会で、ドゥルーティの声が聞かれるようになり始めた。ある社会党の指導者など、ドゥルーティが発言を求めたおかげで肝を冷やすことが一度ならずあった。彼の演説は――後の集会の際にもそうだったのだが――、短かったとはいえ、鋭かった。自分の意見を表明するときにはとても率直で、歯に衣着せずに、力強くしかも確信を込めて語りかけたから、ドゥルーティを論駁する余地はなかったのである。

金属工組合の執行部の要職に指名されても、ドゥルーティは決して引き受けようとしなかった。同志たちに向かって彼は、地位などはまったくどうでもいい。本当に大事なのは上層部の人間たちが責務の遂行を怠ることのないよう圧力をかける下からの監視であって、それが上層部の官僚主義的な動脈硬化を阻止することになるのだ、と応えていた。

数ヵ月がすぎるころには、われわれは誠実な友情で結ばれていた。ドゥルーティは、自分の過去を徐々に私に打ち明けてくれるようになった。私の方はといえば、ドゥルーティが私の流儀に不信の念を抱きようもないようなやり方でことを運びながら、われわれがサン・セバスティアンに抱えていた最良の活動家たちに彼を引き合わせるように努めたものである。彼らは、このレオン生まれの無口な男とすぐに気心が通じていった」

これらの活動家というのは、グレゴリオ・スベルビエーラ、マルセリーノ・デル・カンポ、〔ホセ・〕ルイス、アルダバルデトレークの面々であり、彼らは親睦を深め、「フスティシエロス（義人たち）」というグループを結成するまでになった。「フスティシエロス」は、サラゴーサとサン・セバスティアンを舞台に同時に活動を繰り広げた。

グループが発足した当時の北スペインでは、鉱山や金属工業界での騒擾が激しい高まりを示していた。騒ぎを鎮めるため、政府は軍人出身のレゲラール中佐をビスカージャ県の県知事に抜擢した。自分の狙いに沿った自白を引き出そうと、レゲラールは自ら逮捕者に拷問を加え、行政命令により多数の身柄を拘束した。県知事となったレゲラールには、不審に思われた人物ならば誰でも三ヵ月の間拘留するだけの権限が認められていた。

バルセローナの状況はもっとひどかった。系統だった弾圧のため、組合を基盤とした闘争は社会戦争と化していた。労働者の活動家たちは、ブルジョワジーのかねで雇われたヒットマンの徒党により、街頭での、文字通りの人間狩りの標的にされていた。警察は逃亡者処罰法を日常茶飯に活用した。最も有能な活動家たちは監獄へ送られた。戦いを継続することができたのは若手の活動家たちだけだった。若ければ、警察からもヒットマンからも目をつけられていなかった。

「フスティシエロス」は、バルセローナへ行くことを望んだ。若者にありがちなそうした衝動を抑えるため、ブエナカーサは一度ならず自分の倫理的な権威に訴えなければならなかった。「バルセローナほど人目を引くものではないにせよ、社会闘争の重要性ではひけをとらない」サン・セバスティアンにとどまるよう、ブエナカーサは「フスティシエロス」に言い聞かせた。

一九二〇年八月四日、あるアナキスト・グループがサルバティエラ伯爵へのテロを敢行した。この元バルセローナ県知事は、任期中に三三名のサンディカリストに対する逃亡者処罰法の適用を許可した黒幕だった。テロ事件は、「フスティシエロス」に強い印象を与えた。彼らは、この事件に一つの規範を見出したのである。

「フスティシエロス」は、レゲラールに狙いを定めた新たなテロ行動の組織化にさっそく着手した。準備に追われるなか、彼らはアルフォンソ一三世がグラン・クルサール劇場の開館の祝典に出席するという情報を摑んだ。そこで彼らは、国王を相手にテロを企てた方がもっといい見せしめになるだろうと腹を決めた。「フスティシエロス」は、劇場のそばの家からトンネルを掘りだした。このトンネルは、式典が催される予定になっていたサロンの真下の地点にまで達するはずだった。作業は骨が折れ、難航した。警察は、砂を詰め込んだ袋が妙に目につくのに気づいて怪しんだ。家宅捜索が開始され、爆薬を求めてヒホンへ行っていたドゥルーティを除いて作業中だった「フスティシエロス」全員が襲われた。一しきり撃ち合った後、一団は脱出した。スベルビエーラとマルセリーノ・デル・カンポと並んで、ドゥルーティがテロ行動を企んだ張本人として指名手配されることになった。彼らはサン・セバスティアンを離れなければならなかった。それは決して容易なことではなかった。「地元紙に糾弾された三人の危険なアナキスト」を見つけ出そうと、警察が躍起になって動いていたからである。ブエナカーサと緊密な連絡を保っていた鉄道員数名が、サラゴーサ経由の貨物列車で三人が脱出するのに手を貸してくれた。おかげで、三人は警察の監視の目を逃れられたのだった。

5　政府当局のテロリズムに抗して

マルセリーノ〔・デル・カンポ〕とグレゴリオ〔・スベルビエーラ〕の名は、サラゴーサでもよく知られていた。一方、ドゥルーティはこのとき初めてアラゴンを訪れたのだった。三人には、サラゴーサの「フスティシエロス」の一人であるイノセンシオ・ピナの住まいが提供されていた。三人は「社会研究センター」へと急いだ。そこでドゥルーティは、組合活動によく適っていて、サン・セバスティアンやヒホンの組合本部の手狭な部屋とは段違いに広い事務所を、これまた初めて目にしたのだった。「センター」にいた同志たちは、ドゥルーティにフランシスコ・アスカーソ[訳註1]のことを語って聞かせた。ドゥルーティがまだ知らぬアスカーソは、プレディカドーレス監獄の囚人として、『エラルド・デ・アラゴン』紙の編集長を殺害した容疑で確実視されていた死刑判決を待つ身だった。実際には、このテロはフランシスコの兄ドミンゴの仕業だった。ドミンゴの目的は、警察に協力したらどんな危険がその身に降りかかることになるのか、記者たちに警告しておくことにあった。アルダバルデトレークら三人の「フスティシエロス」のメンバーも、「ラ・キミカ」社の支配人へのテロ行為を理由に投獄されていた[訳註2]。支配人は、工場でのその横暴さや警察もどきのやり口で有名だった。しかし、テロを決行したのは「フスティシエロス」の無名の男たちだった。「サラゴーサの労働者ならば、誰が犯人でもおかしくはなかった」〔クレメンテ・マンガード〕。

状況は以上の通りであったし、ドゥルーティと二人の同志はサラゴーサに腰を据えることに決めた。「友人を見捨てるなど、彼らの性癖とは無縁だった」から、三人はアラゴンの中心都市で再び革命運動に合流していったのだった。

三人の逃亡者は働き口を見つけ出さねばならなかった。ガス・照明・路面電車・給仕らのストライキの後に強いられた譲歩に一矢を報いようと、ブルジョワジーは偽装された形でのロック・アウトを実施していた。状況をさらに重苦しいものにするかのように、県知事とソルデビーラ枢機卿はバルセローナから招かれたばかりのヒットマンの暗躍を煽り立てていた。ドゥルーティは機械工の口にありついたものの、残る二人はピナの小さな八百屋を手伝うことで満足するしかなかった。

〔それでも〕サラゴーサではストライキが社会階級間の休戦の一時期に達しており、それはバルセローナを支配する闘争の空気とは際立った対照をなしていた。バルセローナでは、活動家が警察やかねで雇われたヒットマンによって窮地に立たされ、地下に潜っていた。ヒットマンのなかには、ときには同じサンディカリストの陣営から引き抜かれたうえ、密告屋として活動していた者もいた。このような背景が、CNTの内部でのあらゆる類の官僚主義的策略に有利に作用した。こうして、全国委員会の面々から第三インターナショナルの大会でCNTを代表したアンヘル・ペスターニャ[訳註3]までが続々と逮捕された後、親ボリシェヴィキ派で構成された新しい全国委員会が急遽発足した。新しい全国委員会は、第三インターナショナルを支持していくうえで都合の悪かったペスターニャの大会報告が広まるのを封じることができた[訳註4]。ロシアで発生していた官僚主義的な反革命の進展に関する情報の入手を、スペインの革命運動は妨げられてしまった訳である。その間にも、ロシアの新体制についての幻想は虚言と偽装に助けられながら膨らんでいったのだった。

イベリア半島を網羅する規模で一つの連合体へ向かって組織化がなされつつあるとアナキストたちが実感していたのは、まさにこの時期のことだった。サラゴーサでは「ビア・リブレ（自由な道）」「エル・コムニスタ（〔リバタリアン?〕共産主義者）」「フスティシエロス」「ボルンター（意志）」「インプルソ（衝動）」の各グループが集まって会合を開き、意見を突き合わせると同時に連合の計画を立案する目的で、スペインの南部・中央部・東部への代表の派遣を決定した。任務はドゥルーティに託されることになった。ドゥルーティがこの種の責任を引き受けたのは、今回が最初である。一九二一年二月、ドゥルーティはフリアーナ・ロペスを伴ってサラゴーサを出発した。

アンダルシアでは、ドゥルーティは試みに自治体ごとに複数のグループの間で連帯の協約を結ぶよう地元の活動家たちに提案し、彼らの同意を得ることができた。連絡委員会が、地方レベルであらゆる行動を組織だてるものとされた。

二人はアンダルシアを離れ、一九二一年三月九日にマドリードに入った。首相のエドゥアルド・ダートにテロ行為が加えられた翌日である。犯人は、バルセローナのグループ「金属工」のメンバーたちだった。警察はマドリードに戒厳令を敷き、全市に非常線を張り巡らした。ドゥルーティは容疑者として逮捕されたが、彼は自分が「良家の子息であり、ガールフレンドを連れてマドリードにいるところだが、この件が知れ渡ると家の名誉にとって具合の悪いことになるのだ」と当局に言い含めることができた。未刊の手稿のなかで、ブエナカーサはさらに続けて書いている。「警察署長は、ドゥルーティの善良そうな物腰・優雅さ・外国人風の容貌・生来の感じの良さにすっかり得心がいき、この金持ちの御曹司と美しい連れの女を自由にしてやったのだった」。

こうした環境のなかでマドリードのアナキストたちとの接触を図るのはひどく危険であったから、ドゥルーティとフリアーナはバルセローナへ移ることにした。カタルーニャの中心都市で、二人はドミンゴ・アスカーソと会い、この人物がしばしば昼食を取っていた安食堂で語り合った。その後、二人はプエブロ・ヌエーボの労働者地区にあったある家でもドミンゴと会っている。ダートに向けられたテロ行為とそれがもたらした結果が話題になった。巷には、ダートの死に衝撃を受けた中央政府が、バルセローナ県知事のマルティネス・アニード[訳註5]にサンディカリストへの弾圧を中止するよう要請したという噂が流れていた。だが、マルティネス・アニードはおめおめと引き下がるような男ではなかった。ドミンゴはドゥルーティとフリアーナに、追われる身の革命家にはテロリズム以外に突破口が残されていない、バルセローナの気の滅入るような実情を説明した。さらに、ドミンゴはドゥルーティに対し、彼が呼びかけている組織化の提案が当面は実現不可能であることを示そうとした。もっと急を要する問題が他にあった。バルセローナでは名を知られすぎてしまった数名のヒットマンがサラゴーサへ行き、その界隈に活動範囲を拡大する気配がある。ドミンゴは、ドゥルーティにそう警告しさえしたのである。

サラゴーサに戻ったドゥルーティは、今回の旅の総括を行なった。グループ各派を連合させるための最初のめどはすでに立っていた。しかし、最も急がれなければならなかったのは、バルセローナの同志たちのための資金と武器の調達だった。ドゥルーティやスベルビエーラはそう考えて、ビルバオへ向かった。だが、レゲラールが

CNTを地下活動へと追いやっていたため、ビルバオの状況もはかばかしいものではなかった。同志たちのうち、ある者は投獄されていたし、身を潜めている人間もいた。おまけに、組合の基金は底をついていた……。結局、「武器が最良の人物証明である時期」に自分の拳銃を提供してくれた何人かの同志の献身的な姿勢のおかげで、二人は数丁の小型銃器を入手した。血気にはやり、「巨悪には大胆な対抗手段を」と判断したグレゴリオは、銀行の襲撃を提案した。常に意見が一致していたドゥルーティとトーレス・エスカルティンは、自分たちには経験がないのだと不安そうに打ち明けた。武器を手に警察やヒットマンとやり合ったり、ダイナマイトを使ったテロ行為に踏み切った経験はすでに積んでいた二人も、さすがにまだ強盗には手を染めていなかった。最終的にビルバオ銀行を襲う案が持ち上がったが、手持ちの武器があまりにも少なくて決断が下されるまでには至らなかった。風穴を開けたのは、サバラインというもう一人の同志である。サバラインは、エイバルにある金属工場の経理係からの現金の強奪を提案した。決行の日が定められた。その日、ドゥルーティと友人たちは、ビルバオからエイバルへ通じている街道で、経理係を乗せた車がやってくる直前に道路を塞いでしまうような事故を装った。運転手と経理係は、車の後部座席で猿ぐつわを噛まされる破目になった。かねを手に入れると、車を襲った男たちは姿を消した。

翌日の地元紙は、被害額が三〇万ペセータにも上った大胆な強盗の件を書き立てた。「フスティシエロス」は「ラス・シエテ・カリェス」地区のある家に潜伏した。一方、サバラインはエイバルで「スター」形式の拳銃を一〇〇丁購入した。この拳銃は、当時「サンディカリストの拳銃」の異名を頂戴していた。余ったかねは、ビルバオでの資金とサラゴーサでの資金とに振り分けられた。フリアーナは、そのかねを持ってアラゴンの中心都市へ出発した。数日後、グレゴリオとトーレス・エスカルティンとドゥルーティはログローニョに向かった。

〔訳註1〕 **フランシスコ・アスカーソ**——フランシスコ・アスカーソ・アバディーア。一九〇一／アルムデーバル—一九三六。ドゥルーティ、ガルシア・オリベール（第一部第8章「ホセ・レゲラールとソルデビーラ枢機卿」、五二ページ、訳註1を参照）と並ぶ、スペインのアナルコサンディカリズムの指導者。一九三六年七月のバルセローナにおける軍事クーデタ制圧の際

に落命。

〔訳註２〕アルダバルデトレークら三人の「フスティシエロス」のメンバーも、「ラ・キミカ」社の支配人へのテロ行為を理由に投獄されていた。――クリストーバル・アルダバルデトレークらの投獄に関する情報は、サラゴーサの郊外にあったイノセンシオ・ピナの家での、トーレス・エスカルティンも加わった話し合いの際に、ドゥルーティらの耳に入った（アベル・パス、アンセルモ・ロレンソ社版、七四ページ）。ラファエル・トーレス・エスカルティン（一九〇〇？―一九三九）は、ウエスカ県の中流家庭に育ったリバタリアン。学生時代、ラモン・アシーン（一九三六年にファシストにより処刑。二七一ページ下段右の写真）からアナキズムの手解きを受け、学業を離れる。一九一九年にケーキ職人に転じ、食品組合での活動を開始。一九三九年、バルセローナでフランコ派に銃殺された。

〔訳註３〕アンヘル・ペスターニャ――アンヘル・ペスターニャ・ヌニェス。一八八六―一九三七。レオン出身。幾度かCNT全国委員会書記長を務める。モスクワでのコミンテルン第二回大会へのCNT代表（一九二〇）。その後、改良主義的傾向の穏健なサンディカリズムの立場に移行。やがてアナキズムの理念を放棄し、一九三二年には「サンディカリスト党」を設立。一九三六年二月、同党党首として人民戦線の代議士となる。翌年の末、バルセローナで死んだ。

〔訳註４〕新しい全国委員会は、第三インターナショナルを支持していくうえで都合の悪かったペスターニャの大会報告が広まるのを封じることができた。――一九二一年三月に書記長エベリオ・ボアール以下、当時のCNT全国委員会のメンバーがそろって逮捕された後、「CNTに加入してたかだか一年ほどの」アンドレス・ニンを指導者とする親ボリシェヴィキ派で固められた新体制が誕生した。ボアールはペスターニャが書いたコミンテルン大会の報告書（アンヘル・ペスターニャ「共産主義インターナショナル第二回大会（一九二〇年六月）」、ダニエル・ゲラン編、江口幹訳『アナキズム・アンソロジー　神もなく主人もなく』II、河出書房新社、一九七三年、二三五～二三七ページ）を入手していたが、彼自身の逮捕に伴って、コミンテルンへのCNTの加盟の再検討を求めたこの文書はニンらの手に握られることになった（アベル・パス、アンセルモ・ロレンソ社版、七五～七六ページ）。なお、ボアールはその後ヒットマンの餌食になっている。アンドレス・ニンに関しては、次章「一九二一年サラゴーサ」、四〇ページ、訳註5を参照。

〔訳註５〕マルティネス・アニード――セベリアーノ・マルティネス・アニード。一八六二―一九三八。一九二〇年から二二年にかけて、バルセローナ県知事。アナルコサンディカリストに対するテロを交えた弾圧により、その名をとどろかせた。プリモ・デ・リベーラ将軍の独裁時代（一九二三―三〇）には内相も務めている。

6　一九二二年サラゴーサ

大衆には不人気だったモロッコ戦役の惨禍[訳註1]がもとで、スペインは新たな政治危機に突入した。人民は戦役の終結を要求し、社会騒乱は治安警備隊では抑えることのできない暴動へと拡大していった。ときの政権は倒壊し、「スペインに『たが』を」はめれられそうな政権の組閣人事が、保守党のマウラ[訳註2]に一任された。監獄を労働者であふれさせ、公道を暗殺者で一杯にしたおかげで、なるほどマウラは国を「平和にする」ことはできた。しかし、カタルーニャのブルジョワジーの気を引くことはできなかった。そこで、アルフォンソ一三世は〔彼らの期待に沿いうる〕ファシスト的な将軍を探し求めたのだった。ところが、その種の人材を見つけ出さねばならないはずの首相のサンチェス・ゲラ[訳註3]の方はといえば、一九二二年四月二二日、憲法に謳われていた基本的人権の保障を回復させることで満足していたのである。

サンチェス・ゲラ更迭の噂が飛び交うなか、ソルデビーラ枢機卿とサラゴーサ県知事はもはや待つことを止め、二人で同県の秩序の維持に乗り出すことにした。「ラ・キミカ」社の支配人ベルナールと『エラルド・デ・アラゴン』紙の編集長の事件の被告人たちに対する裁判が告知された。基本的人権の保障が完全に回復されてしまう前に彼らを断罪してしまおうというのが、二人の魂胆だった。労働者の側に立った弁護士たちに励まされながら、「フスティシエロス」は奔走した。囚人支援委員会に対しドゥルーティとその友人たちは、司法当局に圧力を加える最良の方法はゼネラル・ストライキと暴力の行使をも辞さぬ街頭での示威行動であると説明した。地元のCNTの委員会は、組合が閉鎖されている点を考慮して、そうした行動は冒険主義的だと判断した。しかし、リバタリアンのグループ各派が全責任を引き受けた。ベルナールへのテロ行為が審理される前日、彼らは被告人を支援するゼネラル・ストライキを呼びかけるビラを撒いた。

裁判の当日、夜明けと同時に治安警備隊はサラゴーサ市内の最も重要な地点数ヵ所を占拠した。〔「ラ・キミカ」社の支配人へのテロ容疑で〕拘留されていた「フスティシエロス」の一人マンガードは、こう語っている。「囚人たちは耳を聾するばかりの爆音や騒音で目を覚まされた。囚人たちが裁判所へ移送される予定だった時刻が来るまでの二時間の間、銃声は止む気配がなかった。囚人たちは、外へ出たところで『名誉ある囚人たち万歳！』『CNT万歳！』という大群集の叫びに迎えられた」。彼ら労働者の志気は、警官たちが拳銃を空に向けて発射したぐらいのことで挫けるものではなかった。裁判所に群衆が殺到し、その周囲の通りも人、人、人で埋め尽くされるなか、裁判官は被告人たちに無罪を言い渡した。群集は、監獄に連れ戻そうとした警備員の手から被告人たちを奪い取った。

四月二二日、組合は活動を再開し、政治囚は釈放された。労働者の手になる出版物が再び出回るようになった。バルセローナでは、各組合が映画館や劇場を借り切って大がかりな集会を催した。木工組合の集会では、ピットマンの手にかかって失われたCNTの組合員一〇七名のリストが読み上げられた。

相次いで集会が開かれ、組合の運営に責任を負う職務が任命された。地下活動期に染みついた非民主的な欠点は、こうして克服された。なおも根強かった混乱から抜け出すために、CNTは第三インターナショナルとの関係という厄介な問題を解決しない訳にはいかなかった。新たに発足した全国委員会は大会を招集し、六月一一日に「スペインの社会問題について討論するための全国的な労働者の集い」を開催する許可を申請した。当局が集会の本当の性格に気づいたときには、催しを中止させるにはすでに手遅れの状態だった。この会議のなかで、ロシア革命の問題が広く論じられたのである。ガストン・ルヴァル[訳註4]とペスターニャは、自分たちのロシア滞在について、またとりわけボリシェヴィキではない革命家に対して新しい国家の主人たちが加えていた弾圧に関して報告を行なった。会議は、赤色労働組合インターナショナルへのCNTの加盟を撤回し、CNTが地下活動へと追いやられていた背景につけ込んで、〔ロシアへの〕代表団だったニン[訳註5]とマウリン[訳註6]とアルランディス[訳註7]が信任状を濫用していた事実を明らかにした。先ごろベルリンで設立されたばかりのAIT（国際労働者協会）への加盟が発議された。[訳註8]「一九二〇年から二一年にかけてのテロリズムの責任者・発案者である公権力に向けられた」「砂糖小僧」ことセギー[訳註9]による激しい告発と、ある警察長官の謀略の犠牲になっていたフランシスコ・アスカーソの釈放要求とをもって、会議はその幕を下ろした。

各紙の報道は、この集いの政治的な大成果を裏書きした。〔CNTカタルーニャ地方連合の機関紙〕『ソリダリダー・オブレーラ（労働者の連帯。以下は日本語名で表記）』は、その総説に「あなた方が闇に葬ろうとしている者たちは、健やかな生を享受している」との見出しを掲げた。労働者たちの圧力により、アスカーソはすぐに釈放された。

〔訳註1〕**大衆には不人気だったモロッコ戦役の惨禍**――一九二一年七月のアヌアルの戦闘において、アブデル・クリムの率いるリフ族を相手に、スペイン軍はおよそ八〇〇〇――一説には一万四〇〇〇――もの兵士が戦死する壊滅的な敗北を喫した。

〔訳註2〕**マウラ**――アントニオ・マウラ・モンタネール。一八五三―一九二五。保守党。米西戦争（一八九八）での敗北の後、リバタリアンによる「下からの革命」を阻止すべく、「上からの革命」をモットーに首相マウラが企てた政界刷新の試みは、一九〇九年のバルセローナの「悲劇の一週間」と、それに続いたフランシスコ・フェレール・イ・グアルディアの処刑（第一部第11章「南アメリカのゲリラたち」、八三ページ、訳註4を参照）がスペイン内外で呼び起こした政府糾弾の叫びの渦のなかで頓挫した。

〔訳註3〕**サンチェス・ゲラ**――ホセ・サンチェス・ゲラ。一八五九／カブラ―一九三五／マドリード。保守党。アントニオ・マウラの盟友。ダート政権では内相（一九一三―一五／一九一七）。首相（一九二二）。

〔訳註4〕**ガストン・ルヴァル**――一八九五―一九七八。パリ生まれのフランス人アナキスト。本名ピエール・R・ピレル。『スペインの社会革命の経済問題』（一九三二）、『リバタリアン社会主義の経済概念』（一九二五）等の著作を発表。

〔訳註5〕**ニン**――アンドレス・ニン・ペレス。一八九二／エル・ベンドレール―一九三七。まずアナルコサンディカリストの活動家として頭角を現わす。一九二一年には、逮捕されたCNT全国委員会書記長エベリオ・ボアールの職務を代行。同じ年のロシア行きをきっかけに、急速に共産主義への傾斜を深めた。長期に亘ったソ連滞在中にトロツキーの思想へ接近。後には彼の著作のいくつかをスペイン語に翻訳している。トロツキーがソ連本国での政治闘争に敗れると、ニンもスターリンにより同国から追放された。一九三〇年の帰国後はスターリン主義体制を声高に糾弾し、三一年には「左翼共産党」を、さらに三五年にはホアキン・マウリンらとともにPOUM（マルクス主義統一労働者党）を結成。内戦のさなかの一九三六年九月、ジェネラリタート評議会に参加し、司法部門を代表。このためトロツキーとは決裂状態となる。翌年六月――五月のバルセローナの市街戦（第三部第13章「スペインを覆うスターリンの影」、二八九～二九〇ページ、訳註2を参照）の後――、共産党系の秘密警察の手で拉致され、マドリード近郊のアルカラ・デ・エナーレスで拷問の果てに殺された。

〔訳註6〕**マウリン**――ホアキン・マウリン・フリアー。一八九六―一九七三。ニン同様、CNTからマルクス主義の立場へと

移行した。カタルーニャにおける共産党指導者の地位を追われた後、BOC（労働者・農民ブロック）を創設（一九三〇）。一九三五年にはPOUM書記長。『第二の革命に向かって（共和国の失敗と一〇月の反乱）』（一九三五）等の著書がある。

〔訳註7〕アルランディス――イラリオ・アルランディス。一八八八―一九三九。元来はバレンシアにおけるアナルコサンディカリズムの指導者。一九二一年のモスクワでのコミンテルン第三回大会へのCNT代表の一人。マウリンに従い共産党を経てBOCに参加するが、後に共産党へ復帰。さらにPSUC（カタルーニャ統一社会党。親モスクワ）へ。内戦末期、フランコ軍の砲撃を受けて死亡した。

〔訳註8〕先ごろベルリンで設立されたばかりのAIT（国際労働者協会）への加盟が発議された。――サラゴーサでの会議には決定権がなく、AIT加盟の発議はCNT傘下の各組合に諮ったうえで一ヵ月後に承認された（アベル・パス、アンセルモ・ロレンソ社版、八六ページ、註81）。

〔訳註9〕セギー――サルバドール・セギー・ルビナート。一八九〇―一九二三。レリダ生まれ。精糖工場で働いていた経験があり、「砂糖小僧」と呼ばれた。第一次世界大戦後の一時期には、CNTにおける最も重要な組織者・思想家の一人。一九二三年、カタルーニャの資本家たちに雇われたヒットマンの凶弾に斃れた。

7　「ソリダリオス」

自由の身となったアスカーソは、ドゥルーティやトーレス・エスカルティンに合流した。アスカーソを交えての初めての「フスティシエロス」の会合は大いに紛糾し、二つの異なった見解が対立した。ドゥルーティとイノセンシオ・ピナの見解が衝突したのである。ピナは、革命的前衛というボリシェヴィキ的な概念を抱いていた。彼は同志たちに、職業革命家として自分たちの組織化を図るよう提案した。ドゥルーティは正反対の意見を述べた。ドゥルーティにとっては、〔総体としての〕プロレタリアートこそが革命の本来の指導者なのであり、アナキストたちのグループがプロレタリアートの間で大きな影響力を持っているとすれば、それは単にそれらのグループの〔プロレタリアートの意向を突出した形で表現する〕急進的な性格に負うものだったのである。偉大な理論家たちは――と、ドゥルーティは述べた――、その概念をプロレタリアートの生き方から抽出してきた。というのは、プロレタリアートは必要に迫られた本能的な反逆者なのだからである。被搾取階級としてのその境遇のため、プロレタリアートは自身の解放のために戦う外なかったのだった。その闘争は、連帯こそが第一の発条であるような組織に立脚していなければならなかった。ドゥルーティにしてみれば、スペインの社会の歴史は理論家たちに解決策や指針を提示してもらうよりも先に、作業場や工場などでのグループ各派の連合を通じて、すでにプロレタリアートが独力で自己救済の手段を発見していたことを物語っていたのである。「職業革命家」の介入は、プロレタリアートが自ら成熟していく過程を損なう結果しかもたらすことができない。労働者階級によりよく奉仕するとの口実のもとに労働者階級から自己を切り離すというのは裏切りであり、官僚主義的動脈硬化の、換言すれば支配の新しい形態の始まりなのだった。

アスカーソは、ドゥルーティの思考と人柄に惹き付けられた。というのは、彼ら二人の考えが同じものだったからである。『ラ・ボルンター』紙に発表された「政党と労働者階級」と題した論文のなかで、アスカーソは次のように書いていた。「日常の闘争は、労働者階級の革命へ向けての準備以外の何ものでもないし、その実践を通じて、労働者たちは経済的・政治的な解放が自分たち自身の仕事であらねばならないのだという意志を身をもって示すにふさわしい存在へと彼らを高めるような経験を積み重ねていくだろう」。

会合が終わると、ドゥルーティとアスカーソは連れ立って外に出た。二人の冒険を確固たるものにする深い友情の始まりだった。二人は非常に異なっていた。アスカーソは小柄で痩せており、神経質だった。ドゥルーティはがっしりとした体つきで、物静かな男だった。アスカーソは、その不安げな眼差しのせいで、一見したところでは取っつきにくそうに思われた。逆にドゥルーティの方は、あふれるばかりの親しみに満ちていた。一方にあっては、計算された冷徹さと合理性と猜疑心。他方にあっては、外面的な穏やかさに隠された情熱と楽観主義。当初からドゥルーティがアスカーソとの友情に完全にその身を委ねたのにひきかえ、アスカーソの方は、もっとよくドゥルーティを知ろうと、より慎重な姿勢を崩さなかった。それでも、一旦完全な相互の信頼感が培われるや、この二人の革命家の対話のなかから壮大な計画が生み出されていったのだった。

ある日、二人はフランシスコの兄ドミンゴからの手紙を受け取った。手紙は、バルセローナの状況を伝えていた。「この静けさは虚構だ。惨劇の予兆が確かに感じられる。ヒットマンを動員した経営者たちのやり口[訳註1]は、御用サンディカリズムを創りあげることによって新たな避難所を見出した。そのメンバーは、かつてのブラボ・ポルティーリョの時代のヒットマンたちと同じ権利を貪っている」……。「たとえCNTの指導者たちが目下の平穏に安んじているにせよ、私の見るところでは、アナキスト・グループ各派は欺かれることなく、サンディカリズムに対してすぐにも宣言されるであろう別の攻勢に備えている」……。「新たな戦闘は決定的なものとなり、多くの同志が命を落とすことだろう。けれども、この戦いを回避する訳にはいかないのだ……」。ドミンゴは、サラゴーサにとどまっているようフランシスコに忠告したうえで手紙を結んでいた。

　しかし、バルセローナはドゥルーティとアスカーソを惹き付けた。エスカルティンやスベルビエーラ、それにデル・カンポも両名と行動をともにすることを決意した。一九二二年八月、五人の男はグループの名を「クリソール〔るつぼ〕」と改め、サラゴーサを後にした。

　バルセローナに着いた五人が最初に知らされたのは、数日前、当時は有名なアナキストだったアンヘル・ペスターニャをヒットマンたちが狙撃した〔マンレーサでの〕事件だった。通行人たちが間に入ったおかげで、ペスターニャは危うく難を逃れていた。事件は、八月の焼けつくようなバルセローナの空気をいよいよ息苦しいものにした。報復として、労働者はカタルーニャ地方全域に渡るゼネラル・ストライキを宣言していた。バルセローナ県知事マルティネス・アニードと警察長官アルレーギ[訳註2]の秩序維持の手法は、すでに広範な憤激を呼び起こしており、マドリードの政府を不安に陥れていた。〔もっとも〕政府の懸念は二人に活動を思いとどまらせるような障壁にはならなかったし、ヒットマンたちは相変わらず出没し、教会と経営者たちから保護された通称「自由労組」を根城に活動を継続していたのだった。

　ドゥルーティとその友人たちは、CNTの最も活動的な拠点だったサン・パブロ街の木工組合にしばしば出入りし、そこでカタルーニャの活動家たちと親交を結んだ。ドゥルーティはこれらカタルーニャの活動家たちとともに、後に「ソリダリオス〔連帯する者たち〕」というグループを結成する。その目的は、「ヒットマンの暗躍に対抗すること、CNTの組合組織の構造を維持すること、イベリア半島の各地に散らばるあらゆるアナキスト・グループを自分たちの陣営に迎え入れるアナキスト連合を設立すること」にあった。彼らは週刊誌を創刊し、それに『クリソール』と命名した。同誌は、亡命フランス人のバルト、フェリーペ・アライス[訳註3]、リベルト・カリェハス、トーレス・トリーボらの寄稿者を擁していた。編集・発行人を務めたのは、フランシスコ・アスカーソである。

結局、政府はマルティネス・アニードとアルレーギに辞職を強要した。その恐怖政治を正当化するため自分たち自身を標的にして仕組んだ偽装のテロ行為が、二人の致命的な政治的失策となったのだった。〔一〇月の〕両名の辞職により、カタルーニャにおける政治活動や組合活動は他の地方と同じ程度にまで正常化した。

この機会を利用して、「ソリダリオス」はカタルーニャ／バレアーレス諸島地域のアナキスト会議を招集した。出席者は多数に上り、『クリソール』誌上で提唱された組織化の計画にこの地方のグループ各派が無関心ではなかったことが証明された。数年後にＦＡＩ（イベリア・アナキスト連盟）となるものの母体であるアナキスト地方連絡委員会が発足した。グループ各派は、〔首相の〕サンチェス・ゲラが追求した社会休戦の政策は右翼の圧力団体が渋々受け容れたにすぎないもの、との結論に達した。地主と聖職者に支持された軍部は、権力を独占し軍事独裁の樹立を強行するための好機を逃さないだろう。王政には軍部のそうした志向を抑えるだけの力がなかった。王政の命運は、軍部の命運に結びつけられていた。そしてその軍部は、すでに一九一七年以来、国家の先頭に立つ意向を表明してきていたのだった。

切迫する軍事クーデタを前に、アナキスト・グループ各派は、工業・農業の両地帯を舞台に反乱のキャンペーンを繰り広げつつ、革命の進展を加速させることを決定した。連絡委員会が半島規模で目的と行動の調整を図るものとされた。このような闘争の有機的連動に、『クリソール』『ティエラ・イ・リベルター』『フラグア・ソシアル』といった、カタルーニャにおけるリバタリアンのプロパガンダのための機関誌・紙の有機的連動が重なっていく。

会議は、そのときまで用いられていた反軍国主義的な戦術を見直した。この戦術のせいで、活動家の数が減少していた。兵役に服すことを拒んだ活動家は、亡命する外なかったからである。若者たちが入隊し、兵営内に革命の中核となりうるような反軍国主義委員会を設けたうえで、それが駐屯地のアナキスト・グループと協力すれば、もっと効果的だろうと考えられたのだった。兵士たちの間にそうした理念を広めるため、『イホス・デル・プエブロ』という名の特別な機関紙が創刊された。

アナキスト地方連絡委員会には、三人の「ソリダリオス」がいた。フランシスコ・アスカーソとアウレリオ・フェルナンデス、それにブエナベントゥーラ・ドゥルーティである。アスカーソが書記長で、フェルナンデスは反軍国主義委員会を担当した。ドゥルーティは、武器・弾薬の貯蔵庫を設置する責任者だった。ドゥルーティは、やはり金属工だったエウセビオ・ブラウと組み、秘密工場で手榴弾を製造し始めた。この目的のため、二人は鋳物工場をも開設した。他にもバルセローナの各所に武器庫がいくつか設けられ、わずかの間に六〇〇〇発の手榴弾が確保されるまでになった。

こうして精力的な活動が展開されていたさなかの一九二三年三月一〇日、サルバドール・セギーが暗殺された。経営者たちの総帥グラウペラーにかねて雇われていた男たちが、白昼、カデーナ街の全住民の目の前で、スペインのアナキズムにあって最も均衡の取れた頭脳の持ち主と、そのとき彼に同行していたパドローナスに数発の銃弾を浴びせたのである。「砂糖小僧」の死は、人民大衆の間に暴力的な憤怒の嵐を巻き起こした。バルセローナの労働者や知識人の間で犠牲者が博していた名声には、それほど大きなものがあった。CNTは、ただちにカタルーニャの活動家の会合を招集した。会合の席では、ヒットマンの暗躍に終止符を打ち、その首魁の息の根を止める決議がなされた。同様に、当局による差し押さえですでに底をついていた組合の基金を補塡するため、何らかの経済的な手段を講じようとする点でも、会合は意見の一致を見たのだった。

「ソリダリオス」は、アナキストに狙いを定めて実行されたテロ行為の黒幕たちを抹殺する責任を負うことにした。黒幕たちとは、マルティネス・アニード、アルレーギ大佐、バガリャールとコエーリョ伯爵の二人の元大臣、そしてレゲラールとソルデビーラ枢機卿のことである。

他方、バルセローナのアナキスト・グループ各派は、「狩猟家会館」の襲撃を敢行する決定を行なった。この施設は、ヒットマンたちの避難所であると同時に、最も反動的な経営者たちが顔を揃える場所でもあった。「狩猟家会館」を襲うことには、電撃的な心理上の効果があった。一五名を超える男たちが、いきなり発砲しながら

「会館」のサロンに乱入した。そんなことは予想だにしていなかったブルジョワジーは、警察に住まいの保護・警備を願い出た。また、ヒットマンたちも、その多くがバルセローナから逃げ出してしまう体たらくだった。

引き起こされた混乱は途方もないものだった。兵営のない戦争が始まっていた。数年後、一人の証言者は当時を回想しながら、ドゥルーティとその盟友たちは、このとき生涯で一番劇的な局面の一つを生きていた。あのような時代は「一九〇六年から一九一三年にかけて、ロシアの革命家たちが生きた時代を除けば前例がなかった」と語っている。……「若者たちは年配の人間たちの助言には耳を貸そうともせず、スペイン各地で裁きと復讐の使徒と化した。しばしば国家の抑圧装置に弾圧された彼らは、自分たち自身に対する確信と革命への信条の外に倫理的な支えを持ち合わせていなかった」。

〔訳註1〕　**ヒットマンを動員した経営者たちのやり口**――CNTの活動家の抹殺を狙ってのヒットマンの動員は、一九一八年に警察長官のブラボ・ポルティーリョとドイツ人スパイのケーニッヒ男爵により考案されたもの。グループ「クリソール」がバルセローナに入った当時は、カトリック（カルロス派）のラモン・サレスが指導する所謂「自由労組」がヒットマンに根城を提供していた。

〔訳註2〕　**アルレーギ**――ミゲル・アルレーギ・イ・バジョーネス。一八五八―一九二四。一九二〇年から一九二二年にかけてのバルセローナの公安部長官。

〔訳註3〕　**フェリーペ・アライス**――フェリーペ・アライス・デ・パブロ。一八八七／ベルベール・デ・シンカ―一九五九／パリ。サラゴーサの雑誌『ラ・レビスタ・デ・アラゴン』の編集長。ホセ・オルテーガ・イ・ガセー（一八八三―一九五五）によりその才能を見出され、マドリードの大新聞『エル・ソル』にも寄稿した。リバタリアンの世界と接触した後は、バルセローナを中心に各地の労働紙・誌を舞台に多彩な文筆活動を展開。

8　ホセ・レゲラールとソルデビーラ枢機卿

「ソリダリオス」は、日々の生活のなかで根源的な変化を感じ取っていた。ドゥルーティとその同志たちは、社会党・共産党系の組織やサンディカリスト組織の役員・「専従」のような「定収を保証された革命家」の類では決してなかった。この点を瞥見しておけば、そんな「ソリダリオス」が最初に直面しなければならなかった問題の一つが資金の捻出だった。手持ちのかねは、残らず武器・爆薬の購入に当てられていた。彼らは現金を運ぶバルセローナの市役所職員を襲うことにした。「ソリダリオス」は大きな危険を冒した。銀行を出てすぐの、フェルナンド街とランブラス大通りとが交差するあたりで、警備員もろとも市役所の職員を不意打ちし、警官を武装解除したうえで、新聞各紙が一〇万ペセータと見積もった金額を持ち去ったのである。

ドゥルーティは、犯行の直後にマドリードへ向かった。彼は、グループ「ビア・リブレ」が四月のマドリードに招集したアナキスト会議に出席しなければならなかった。ダートに対するテロ事件の被告人ルイス・ニコラウとペドロ・マテウの裁判が始まっていた。この裁判に備え、ドゥルーティはまとまったかねを携えていった。

そうこうするうちにも、バルセローナの情勢は風雲急を告げていた。「ソリダリオス」のもとに、ランギーアという最もよく名の知られていたヒットマンの一人の潜伏場所についての情報がもたらされたのである。ランギーアは自由労組の首領サレスの右腕だった。「ソリダリオス」は、ランギーアがセギーの暗殺に直接関与しており、マンレーサに潜んでいるのではないかと睨んでいた。フランシスコ・アスカーソとガルシア・オリベール[訳註1]は、ランギーアを捜しに出かけた。マンレーサで、彼らはランギーアがいつも三人のヒットマンを従えていることや、あるカフェの奥でその三人とカードをしながらすごしている事実を突き止めた。アスカーソとガルシア・オリベールは、躊躇せずに自分たちだけで行動することに決め、カフェにいた四人の不意を襲った。瞬時の撃ち合いの後、彼らは素早くカフェを立ち去り、バルセローナへ引き返した。二人がバルセローナに着いたころには、夕刊紙が「秩序を愛した市民ランギーア氏」の命を奪ったテロ事件の模様を書き立てていた。

ドゥルーティ、アスカーソ、ガルシア・オリベールの名前は、以来、定期的に新聞紙上に現れるようになる。ただ勘だけを頼りに、この三人はヒットマンや警察の待ち伏せや罠を逃れ、生き延びることができたのだった。にもかかわらず、「ソリダリオス」は自分たちの計画をさらに推し進めようと意を決していた。マルティネス・アニードとレゲラールが隠れ潜んでいる場所が判明すると、アスカーソとトーレス・エスカルティンとアウレリオ・フェルナンデスはアニードを追ってサン・セバスティアンへ、スペルビエーラと「エル・トト」はレゲラールを追ってレオンへ、それぞれ出発した。

北スペインでの波乱に富んだ追跡行の果てに、アスカーソら三人はアニードの殺害を断念しなければならなかった。意気消沈してバルセローナへ帰った三人を待っていたのは、ドゥルーティがマドリードで逮捕されたという知らせだった。　ドゥルーティがマドリードに到着してみると、アナキスト会議は一週間延期されていた。そこで、彼はブエナカーサのもとを訪ねた。ニコラウとマテウの裁判の件を、ブエナカーサと二人でどうにかしておく必要があった。ブエナカーサには、やって来た男が誰なのか分からなかった。というのも、ドゥルーティが「イギリス風に服を着こなしていたうえ、太い縁の眼鏡をかけて変装していた」からだった。ドゥルーティは、ニコラウらを訪れ、彼らを元気づけてやろうと望んだ。そんな行為がどれほど危険なものか、ブエナカーサはドゥルーティに言い聞かせようとしたが、結局「こんな妙な服装なら、獄吏も彼のことをただの通りすがりの奇抜な男と見なしてしまうかもしれない」と考え直した。監獄でドゥルーティは、被告人たちのなかの一人――新聞記者のマウロ・バハティエラ[訳註2]――にしか面会できなかった。しかも、バハティエラは耳が聞こえなかったから、接見室では意志の疎通を図ることさえままならなかった。監獄を出たドゥルーティは、ブエナカーサを後に残して、マドリードの中心街へと足を向けた。そして、アルカラ街をぶらついていたところを背後から警官に不意をつかれ、捕えられてしまったという次第だった。ドゥルーティは車で中央警察署に連行され、そこで身元が割れた。彼は三つの罪で起訴されることになった。〔サン・セバスティアンでの〕商人メンディサーバルに対する強盗、国王アルフォンソ一三世へのテロ容疑、ブルゴスの軍の付属病院からの脱走がそれである。以上の起訴事実を理由に、ドゥルーティの身柄はサン・セバスティアンへ移送された。

マドリードとバルセローナの各紙は、この逮捕劇にただならぬ重要性を認め、スペインの主だったテロリストの一人、尋常ならざる人物、途轍もない泥棒、列車強盗、生まれついての盗人、均衡を欠いた精神、要するに、刑法学者のロンブローゾ[訳註3]がアナキストに関するその奇想天外な書物のなかで描いている典型的な実例が捕えられたのだと強調した。ドゥルーティを伝説的な匪賊たちの末裔に仕立て上げたあらゆる類の逸話がマドリードを駆け巡った。その一例が、ある伯爵が幼い娘を乗せて車を走らせていたところ、郊外でドゥルーティ一味に襲われた、という話である。娘は泣き出してしまった。そこで、ドゥルーティはこんな具合にささやいて、娘を慰めてやった。「おじさんたちは、お嬢ちゃんに悪さをしようって訳じゃない。パパにはいっぱいおかねがあるのに、おじさんたちは一文無しだ。だから、パパのおかねをおじさんたち皆で分けちまおうってことなのさ」。それからドゥルーティは、娘の涙をそっとぬぐってあげたのだという。

「ソリダリオス」はこの手の芝居がかった話を読み、アルレーギが公安総局にいるのを知って、ドゥルーティはもう一巻の終わりだと観念した。スペイン国内でなら、どこでもドゥルーティに逃亡者処罰法を適用することが可能だった。だが、悲観してばかりもいられない。アスカーソは弁護士のルシニョールと一緒に、ドゥルーティを弁護する計画を立ててみることにした。

三つの起訴事実のうち、一番厄介なのは強盗だった。国王へのテロ行為は証拠のないただの憶測にすぎなかったし、脱走による起訴処分は〔再び兵営送りとなるであろう〕ドゥルーティには〔もう一度〕逃亡を図るうえでかえって好都合でさえありえたからである。

グループ「ソリダリオス」が工面できたわずかばかりの資金を懐に、アスカーソとエスカルティンと弁護士はサン・セバスティアンへ向かった。三人がメンディサーバルと会見したところ、この人物は、自分はドゥルーティという名のどんな男も訴えた覚えはないし、判事の前でそう証言してもいいとまで明言した。二つの件では問題がなくなったところで、弁護士はドゥルーティの釈放を申請した。判事はルシニョールの言い分を認めたが、まだ三つ目の起訴事実が残されていた。

ルシニョールは、自分が行なった手続きをドゥルーティに知らせた。ドゥルーティは、姉のロサに宛てた手紙のなかでこの件に触れている。

「二日前にはもう釈放されていなければならなかったはずなのに、どうやらドゥルーティという名にご執心の男がいるらしく、俺は自分でも訳のわからぬ理由で引きとどめられているというありさまだ（……）。ろうそくの燃えさしに火をともしながら、夜にこの手紙を書いている。何せ、監獄の壁に打ちよせる波の音でどうしても寝つかれないものだから（……）。姉さんを信頼している。〔この俺よりも〕ずっと分別があるのだから、サン・セバスティアンへはもうママを来させないでくれ。ママにはたいへんな旅なのだし、鉄格子越しにママに会わねばならないのが、俺にはひどくつらいのだ。〔この間ここに〕着いたときは、疲れ切っていたに違いない。俺は元気だし、あと何日か、いやたぶん何時間かで自由の身になれるのだと、ママにそう言ってやってくれ」

ドゥルーティが釈放を待ちわびていたころ、彼の生まれ故郷は大祭の最中だった。この年にはマドリードから劇団が招かれていて、ポスターは「怒り狂った王様」という作品の上演を告げていた。一九二三年五月一七日、この芝居の最初の上演がレオンの名士や富豪を招いて行なわれた。お抱えのボディガードを従えて、すでに県知事の職を退いていたレゲラールも会場にやって来た。

理由は不明なのだが、この夜、レゲラールは芝居が跳ねる前に劇場を後にした。人込みに紛れてレゲラールを待ち伏せていたスベルビエーラと「エル・トト」の計画には、願ってもないことだった。二人は階段のうえにレゲラールの姿を認めた。警護の警官二名を引き連れて、レゲラールはしばしそこに立ち止まった。二人の「ソリダリオス」を除いて、この「はったり野郎」の存在に気づいた者はいなかった。レゲラールが階段を下り出したところで、二発の銃声が鳴り響いた。しかし、それは夜祭の花火や爆竹の音に掻き消されてしまった。レゲラールは階段を転げ落ちた。警官たちには、銃弾がどこから発射されたのかわからなかった。労働者階級に対する憎しみの深さでは並ぶ者のなかったこの人物の死体を目の当りにして、彼らはただ呆然と立ち尽くすばかりだった。

テロの後に生じた周囲の驚愕と、それに続いて沸き起こった悲鳴に守られるようにして、スベルビエーラと「エル・トト」は夜の闇に消えた。翌日の各紙は、実際に起こったことを知らない記者によくありがちな仰々しい作り話を織り交ぜながら事件を報じていた。このテロ行為はレオンのアナキスト・グループの仕業であり、一味の首魁はサン・セバスティアンに収監されているドゥルーティだと断定する記者もいた。警察は、ドゥルーティの兄サンティアゴや友人たちを一人残らず逮捕した。しかし、証拠がないまま、二四時間後には彼らを釈放しなければならなかった。

スベルビエーラと「エル・トト」は、大聖堂にほど近い家に身を潜めた。一週間後、二人はいかにもその辺りの農民を思わせる風体で郊外に抜け出し、バリャドリーへと向かった。今回の事件で、当局はいよいよドゥルーティに関心をよせるようになった。そのあおりで、ドゥルーティの釈放は先送りにされてしまった。アスカーソとエスカルティンは、サン・セバスティアンでドゥルーティの出獄を待ち続けていたのだったが、これ以上この町にとどまるのは賢明ではないと考え、弁護士の同意を取り付けたうえでサラゴーサへ去った。二人は、サラゴーサでブエナベントゥーラを待つことになる。

エスカルティンにもアスカーソにも、サラゴーサは安全な土地とはいいかねた。二人とも、匪賊としてその名が地元の新聞に躍っていた。ダルマウというカタルーニャ出身のアナキストが、郊外に借り受けていた家を二人に提供してくれた。当時、そこには飽くことを知らぬアナキストの活動家、テレサ・クララムンがいた。

サラゴーサにあって、闘争の力学はすでにバルセローナに似た空気を醸し出していた。バルセローナからこのサラゴーサに難を逃れてきたヒットマンたちが、パリャース某を頭に、あらゆる不法行為や窃盗、果ては暗殺にまでも手を染めていたからである。新聞は、ヒットマンたちの行動をサンディカリストの仕業と伝え、世論に影響を与えていた。エスカルティンとアスカーソは、サラゴーサの同志たちと団結したうえで、国家の土台そのものを揺り動かし、暴力の波動を断ち切る見せしめとなるような行動を通じて、こうした状況に幕を引いてしまおうと決意した。ヒットマンたちをサラゴーサに招き、庇護していたソルデビーラ枢機卿の抹殺が決定された。そして、枢機卿へのテロはこの本の冒頭に述べられたような具合に決行されたのだった。

テロの犯人を求めて警察がサラゴーサのアナキストやサンディカリストの周囲を嗅ぎ回ったため、地元のCNTの組合連合は「実際にテロに関与していない労働者が一人でも逮捕されるようなことがあれば、その後にサラゴーサで何が起ころうとも、当局が、ただ当局のみがその責任を負わねばならないだろう」との警告を県知事に発している。CNTからの警告を肝に銘じた県知事は、証拠なしの逮捕は行なわず、本当に怪しい場所だけに家宅捜索の範囲を限定するよう、警察に通達した。容疑だけで逮捕された者たちは、一人また一人と釈放されていった。ところが、テロからおよそ一ヵ月ほどが経過した六月二八日、マドリードの当局は、真犯人であるなしを問わず、とにかく生け贄を見つけ出すことに決め、大がかりな「手入れ」を命じたのだった。ペスターニャ以下、アナルコサンディカリストたちがテロ容疑で逮捕された。フランシスコ・アスカーソもその例に漏れなかったが、アスカーソの場合には、犯行が行なわれた時刻にプレディカドーレス監獄に社会囚を訪ねていたことを証明できたのである。複数の証言が存在したにもかかわらず、〔なおも〕当局はアスカーソに枢機卿の死の責任を擦りつけた。捜査は、二人の著名なアナキスト、フリアーナ・ロペスとエステバン・サラメーロの逮捕をもって完了した。サラメーロが自宅に不在であったため、警察は七〇歳になる母親を人質にした。一二時間後、サラメーロは警察に出頭し、母親の釈放を条件に「何ら恐れるに足りない」裁判所に自分の身柄を委ねた。しかし警察は、釈放に先立ち、息子の目の前で年老いた母親を警棒で打ち据えた。息子から、彼自身が事件に関わっていたという自白を引き出すためだった。責め苦にいたたまれなかったサラメーロは、警察の望み通りにした。裁判所は、必要としていた犯人たちを早くも掌中に収めることになったのである。

〔訳註1〕**ガルシア・オリベール**――ファン・ガルシア・オリベール。一九〇一／レウス―一九八〇／グアダラハーラ（メキシコ）。給仕。グループ「ソリダリオス」の活動家。一九三六年七月から九月まで、カタルーニャ反ファシスト民兵中央委員会の戦争局書記長。一九三六年一一月から一九三七年五月まで、スペイン第二共和国法相。一九三九年から翌年にかけて、スウェーデン亡命。その後、メキシコへ渡る。一九七八年、パリのルエド・イベリコ社より回想録『軌跡のこだま』を出版。

〔訳註2〕**マウロ・バハティエラ**――マウロ・バハティエラ・モラーン。一八八四―一九三九。マドリード生まれのパン職人。独学で優れた新聞記者となったアナキスト。内戦中は、『労働者の連帯』『CNT』両紙の従軍記者として、戦場から精力的にレポートを書き送った。多くの戯曲・小説も手がけている。一九三九年三月、フランコ軍のマドリード制圧の際に落命。

〔訳註3〕**ロンブローゾ**――チェーザレ・ロンブローゾ。一八三六―一九〇九。イタリアの精神病学者。刑事人類学の創始者。犯罪の原因として隔世遺伝論を提唱。

9　プリモ・デ・リベーラの独裁へ向かって

警察の演出は、事件の中心人物〔と目された〕「恐るべきドゥルーティ」の釈放を何ら妨げるものではなかった。

ドゥルーティは、数日を家族と一緒にすごそうかとも考えたが、アスカーソらが逮捕されたと知るや、そのままバルセローナへ向かった。

政治的にも社会的にも、バルセローナの状況は混沌としていた。CNTの内部では、三つの思潮が鼎立していた。それらの思潮とは、革命的暴力の行使を擁護する一派、そうした方法をCNTになじまぬものとして公然と非難するペイロー[訳註1]やペスターニャらの一派、そして、「革命的サンディカリスト」委員会をすでに設け、組織を分裂させることに汲々としていたニンやマウリンらの親ボリシェヴィキ派の三つである。

一方、アルフォンソ一三世は、ときの政権をムッソリーニ型の独裁体制にすげ変えようと策を弄していた。労働者の「狼籍」に急いで対処するとの口実のもとに、独裁体制の導入に向けて国王はプリモ・デ・リベーラ将軍と手を握っていたのである。

ドゥルーティがバルセローナにやって来たところで、〔アレハンドロ・リンチョ大尉をも交えつつ〕[訳註2]「ソリダリオス」は国王と将軍の思惑を逐一検討した。〔大尉の口から〕将校たちの会合の席では軍事クーデタがおおっぴらに話題に上っていた事実が知らされた。〔大尉の判断では〕兵士たちの抵抗に多くを期待するのは無理だったし、反軍国主義委員会もまだ完全に設立されていた訳ではなかった。多くの委員会の存在がすでに発覚してしまっており、兵営は厳重な監視下に置かれていた。大衆による何らかの示威行動が軍隊との武力衝突を招き、その衝突のなかから兵士と労働者の交歓が生じるという見通しに賭ける外なかったのだった。

反乱に転じることをも辞さぬストライキに向けて、動き出さねばならなかった。さらに、反乱には武器が必要だった。またしても、不可欠の補助手段としてかねの問題が浮上してきた訳である。資金調達が目的で、スペイン銀行ヒホン支店の襲撃が決定された。作戦は、トーレス・エスカルティンとドゥルーティに一任された。

二人はヒホンへと旅立った。途中、二人はアスカーソとその獄中の同志たちの状況を把握するための間だけ、サラゴーサに立ちよった。すべてがうまく運んでいれば、〔サラゴーサの〕ブルジョワジーも〔教会も〕アスカーソを好き好んで拷問にかけるようなまねはしなかっただろう。〔折から、アスカーソ本人をも含めて〕囚人たちのなかで最も尖鋭な分子が、脱走を画策していたのである。〔サラゴーサでことを済ませた〕その日のうちに、ドゥルーティとエスカルティンはビルバオへ足を向けた。ビルバオで、彼らは一〇〇〇丁のライフルを口頭で発注している。そしてようやくヒホンに到着すると、二人は何事にも煩わされずに落ち着いて襲撃計画の準備に没頭した。トーレス・エスカルティンもドゥルーティも、ヒホンではまったく無名の存在だった。

CNTを除けば、プリモ・デ・リベーラの策謀に気をとめる者はただの一人もいなかった。ガルシア・オリベールは、革命的ゼネラル・ストライキを実施する可能性について議論するために、バルセローナのアナキスト・グループ各派から委任された形で、CNT全国委員会との会見に臨んだ。だが、その結果は幻滅を誘うようなものだった。活動家のカードルは瀕死の体であったし、若干の組合はただ象徴的な意味でのみ存続しているありさまだった。他方、UGTはクーデタを阻止するプロレタリアの行動には何の関心も示さなかった。完全に孤立したまま、CNTは独裁に対峙しようとしていたのである。

ヒホンから、ドゥルーティとエスカルティンは次のような報告をバルセローナの「ソリダリオス」のもとに送り付け、増員を要請した。用意はすべて整っている。ときを移さず行動に出なければならない。なお、仲介役のモンレオンのアナキストを間に立てて、一〇〇〇丁のライフルをエイバルのある製造業者に請け負わせてある、と。一九二三年八月二九日、四人の「ソリダリオス」がヒホンに入った。

全員が顔を揃えた「ソリダリオス」は、オビエドで車を借りた。彼らが渡りをつけた運転手が語ったことの次第は、以下の通りである。

「木曜日に六人の男がオビエドに現れ、金曜日にヒホンまで彼らを案内する契約がその運転手との間で取り交わされた。しかし、昨日〔の金曜日〕になって、やって来た男たちはヒホンへ行くのは一日延ばしたと運転手に伝えた。

今朝、仕事を頼んだ六人は〔改めて〕姿を見せ、ヒホンに向かうよう運転手に告げた。ピントゥエーレス山の手前まで来たところで新たに二人の男が道端に現れると、六人は運転手に停車を命じた。エンジンが止まるや否や、運転手の胸に二丁の拳銃が突きつけられた。路上の二人は、車から下りてついてこいと運転手に命じた。運転手は言われるままにした。彼は、車内の六人のうちの一人がハンドルを握り、ヒホン方面へ〔……〕車を発進させるのを目撃することができた」

その後に起こったことは、翌日の『エル・インパルシアール』紙に掲載された記事から窺い知ることができる。

「［九月一日の］午前九時、業務を開始した直後のスペイン銀行ヒホン支店に、正面の入口から六人の若者が押し入った。六人は労務者風の服を着て、ベレー帽や縁なし帽で顔を隠し、拳銃を手にしていた。

中央サロンへ彼らが乱入すると、そこにいた銀行員や顧客の間に最大級のパニックが生じた。強盗の一人は、両手に拳銃を握り締め、扉を背にして立ちはだかった。残る五人は、すばやく金庫の方へ突進した。扉の男は、威圧的なしわがれ声で『全員手を上げて静かにしろ』と叫んだ。強盗たちは、さながら映画のようなすばやさで金庫に押し入り、さらに何発か拳銃を発射した後、金庫の現金すべてと、窓口係の引き出しやカウンターにあった現金を奪い取った。（……）強盗たちは、札束を残らず袋に詰め込むと入口へと急いだ。その間、銀行員や顧客に拳銃で狙いをつけておくことも忘れていなかった。

銀行の外に飛び出すと、六人はエンジンをふかして待機していた車に乗り込んで逃げ去った。

途中、強盗たちは行く手を遮ろうとした市の警官めがけて何発か発砲している（……）。別の車が通りを横切ったせいで、ブレーキをかけた強盗たちの車のナンバーがこの警官の眼に焼きつけられた（……）。

運転席に座った男の腕前は大したものだった。手慣れたハンドルさばきで障害をやりすごし、そつなくカーブを切ってベゴーニャ街を通り、コバドンガ街を駆け抜けてオビエド街道に入った。

強盗たちの持ち去った現金の総額が一〇〇万ペセータの単位に届かなかったのは、まったくの偶然の悪戯だった。彼らが銀行に押し入る寸前に積立金用の金庫が開けられていた。なかには、数百万ペセータの紙幣が眠っていたのだった（……）。

事件直後にざっと見積もられたところでは、強盗たちは五七万三〇〇〇ペセータを持ち去っている」

ヒホンを出たところで、車は乗り捨てられた。治安警備隊がすでに県内のすべての街道に非常線を張り巡らせているであろうと考えた強盗たちは、武器購入の手続きを完了するため、仲間のうちの二人に山野を横切ってビルバオまでかねを運ばせることに決めた。二人とは、運転手を務めたガルシア・ビバンコスとアウレリオ・フェルナンデスの両名である。後に残ったドゥルーティ、スベルビエーラ、エスカルティン、エウセビオ・ブラウは、人里離れた山中の一軒家に隠れた。数日後、彼らは山中を虱潰しに捜索していた治安警備隊と遭遇してしまったが、そのとき一旦は窮地を脱することができた。その後、九月三日には、今度は両者の間で銃撃戦が繰り広げられた末、エスカルティンとブラウが包囲されてしまった。包囲は数時間にも及び、その間二人の弾薬は次第に尽きていった。ブラウは、撃ち合いのさなかに命を落とした治安警備隊員のモーゼル銃を奪おうと飛び出した際に撃たれて死んだ。トーレス・エスカルティンの方は、背後から銃尾で強打され失神したところを捕えられた。

ソルデビーラ枢機卿殺害の首謀者の一人として指名手配されていたエスカルティンの身柄は、治安警備隊の兵営に移された。彼は兵営内で数時間もの拷問を受け、身も心もほとんどボロボロにされたあげく、そのままの状態でオビエドの監獄に送られた。

アスカーソに対する訴訟の手続きを行なっていた判事は、トーレス・エスカルティンの身柄を急いでサラゴーサに移すよう求めた。自分たちが計画していた脱走に加わらないかと、獄中の同志たちがエスカルティンに声をかけたのは、そんなときだった。幾多の訴訟を控えて前途を悲観していたエスカルティンは、同志たちの誘いに乗った。監獄の塀から飛び降りた際、エスカルティンは不運にも足首を挫いてしまい、動けなくなった。同志たちは彼を背負ってでも連れていこうとした。だが、助かりたいのなら自分を置いて逃げるのだと、エスカルティンは彼らを説き伏せた。壁によりかかることはできたから、そうやって監視の目を逃れるのには成功したエカルティンだったが、徐々に意識が遠のいていき、ついにはある教会の扉の前で気を失った。教会から出てきた司祭は彼の様子を不審に思い、治安警備隊に通報した。エスカルティンは再び収監された。虐待され、手の施しようがないほどに痛めつけられたエスカルティンは、〔第二共和国が誕生した〕一九三一年四月一四日まで獄中生活を送った。その後はあるサナトリウムですごしていたものの、一九三九年、フランコ軍により発見され、銃殺の憂き目を見たのである。

各紙の紙面を相変わらずドゥルーティ「一味」の話が賑わせていた。レオンの日刊紙は、ドゥルーティの写真を掲げ、その下に「彼が働いた数々の悪事」を列挙した。ある記者は、聖職者になりすましたおかげで、ドゥルーティは逃げおおせたのだと書いた。修道服は、教会のまっただなかで拳銃を片手に司祭から巻き上げたもの、とのことだった。また、ドゥルーティは自分のおばの一人が料理女として働いていたレオンの治安警備隊の少佐の私邸に隠れていると述べる記者もいた。なおいっそう奇怪な作り話によれば、ドゥルーティはブルゴスで軽業師から変装道具一式と猿を買って姿を変え、警察の目を欺いたのだった。

国中がそうした話を持ち出して悦に入っていた間にも、政治家たちの臆病さに助けられるようにして、アルフォンソ一三世の計画は着々と進められていった。そして、モロッコ戦役の惨禍の責任の所在を明らかにすべく国会が任命していた委員会がその結論を読み上げるはずの九月一九日を待たずに、プリモ・デ・リベーラ将軍が行動に移ることになる。事実、九月一三日の午後二時、プリモ・デ・リベーラは自分の執務室に報道陣を招さ入れ、彼らに「祖国へのマニフェスト」を手渡した。「マニフェスト」は、この手のクーデタにはお決まりの口実を並べ立てたうえで、秩序の維持を一任された軍部による執行体制の樹立を告げていた。

分断され、軍隊に対抗する力に欠けた労働者階級は、効果のない、散発的で象徴的な示威行動に訴えながら自分たちの敗北を甘受した。どの政党も何もしなかったし、政府自体もただ手をこまねいているばかりだった。一四日、ＣＮＴ全国委員会は公式に宣言を発し、ゼネラル・ストライキを呼びかけた。しかし、人民の壮大な運動となるはずであったものは、英雄的ではあれ、大衆にまで浸透することのない、若干の散発的な行動に終始したのだった。

同じ日、ＵＧＴと社会党はご都合主義的なマニフェストを発表し、組織員に「反乱に加担せぬよう」要請した。だが二日後には改めて別のマニフェストを発表、そのなかで言外に独裁を容認しつつ、「弾圧を招きかねない無意味な運動から」人民を保護し、「独断で策を講じる各種の委員会」には承認を与えない方針を明らかにした。

ＣＮＴとアナキスト・グループ各派には、地下に潜るしか手立てがなかった。「ソリダリオス」はメンバーの身の安全に極端なまでに神経を尖らせ、エイバルの武器・弾薬が無事であるよう心を砕いた。

プリモ・デ・リベーラの采配は、閣僚の首をすげ替え、すべての要職に自分の腹心の部下を配しただけにとどまった。そのなかには、アニードとアルレーギも含まれていた。しかし、将軍は人民の支持を取りつけるのも望んでいた。ムッソリーニを模倣して、プリモ・デ・リベーラは唯一の政党である「愛国同盟」を創設した。だが、「愛国同盟」は大衆の関心を呼ぶことができなかった。泥でできた足を持つ巨人として、独裁はその姿を現わしたのである。

一九二三年一二月三〇日と翌二四年五月二四日の、なかば合法的な二度の会合を最後に、CNTは地下に潜った。UGTは、独裁体制との協調を承諾した。CNTの最も活動的な分子は、地下活動中のアナキスト・グループ各派と手を組んだ。さらに、反独裁という一点に一致を見出していた連帯の流れのなかで、カタルーニャ民族主義の若者たちのグループのいくつかが、CNTとアナキスト・グループに接近してきた。これらすべての組織の協調を図るべく、「革命委員会」が設立された。「革命委員会」はあらゆる傾向の代表で構成されたが、なかでも「ソリダリオス」は重要な役割を果たすことになった。

一一月の終わりごろ、ビバンコスが肩を落としてオビエドからたどり着いた。エスカルティンの逃亡の段取りをつけようと、ビバンコスはオビエドで奔走していた。初めのうちは、すべてがうまくいっていた。エスカルティンの脱走に手を貸そうという警備兵たちと接触することもできた。しかし、密告が何もかも台無しにしてしまい、ビバンコス自身も警察から尋問される破目に陥ったのだった。一方、アスカーソとその同志たち――なかにはピナもいた――は、ブエナカーサが救いの手を差し伸べたおかげで逃亡に成功していた。彼らの数名はフランスへ去ったが、アスカーソはバルセローナへ向かった。

バルセローナでは「ソリダリオス」の会合が持たれ、その席でマルティネス・アニードの、彼が呼ぶところの「ドゥルーティ一味」根絶の意図をめぐって、情報が交換された。自分の目的を達成するため、マルティネス・アニード将軍は選りすぐりの部下たちをバルセローナへ送り込んでいた。ドゥルーティとアスカーソはそんな殺し屋たちが真っ先に狙う標的であったから、二人の命は非常な危険にさらされることになった。そこで、二人がパリへ行き、そこでバルセローナの「革命委員会」に似た委員会を創設することが決められた。ドゥルーティとアスカーソには、まだ他にも任務があった。アナキズムのプロパガンダの必要に応えられる出版社を設立する仕事である。ヒホンで奪ったかねの残りが、その目的のために二人に託された。

〔訳註１〕　ペイロー――ファン・ペイロー・ベリス。一八八七―一九四二。『労働者の連帯』紙編集長。CNTの穏健派を代表し、ペスターニャらとともに「三〇人宣言」に署名。内戦中には第二共和国産業相をも務めた。
〔訳註２〕　〔アレハンドロ・サンチョ大尉をも交えつつ〕――アベル・パス、アンセルモ・ロレンソ社版、一〇八ページを参照。

10　パリ亡命とピレネーのゲリラ戦

現在のパリの一九区にあるプティ街一四番地に、そのころフランスのアナルコ共産主義の総司令部ともいうべきフランス・アナルコ共産主義者同盟の本部が置かれていた。街路に面した一階の窓越しに、販売用に展示された書籍や『ル・リベルテール』紙の一面が見えるようになっていた。壁に据え付けられたアナキズム関連の文献で一杯の書棚のせいで、入口は手狭だった。奥の一室は、あらゆる用途のために使われていた。そこは、『ル・リベルテール』紙の保管・編集・経理のために使われた他、会合の場所でもあれば、フランス内外から訪ねてくるアナキストたちとの連絡の際の中枢でもあったのである。

ドゥルーティとアスカーソはそこへ出向いていき、自分たちの出版計画を説明した。二人の話は興味をもって受け取られたものの、首をかしげる向きもあった。いずれにせよ、資金の不足が痛感されたからである。〔だが〕ドゥルーティが五〇万フランをテーブルに積み上げるや、話し合いの空気は一変した。そして、アナキズムの書物の企画・経営・編集のための未来の国際委員会の土台がすぐに固められたのだった。

次に、われわれの二人のリバタリアンは亡命中のアナキストたちと接触した。彼らの間で主流を成していたのはスペイン人で、次いでイタリア人が多かった。なかば諦めながらも、好機の到来を待ち続ける者もいれば、戦いを望むもっと血気盛んな者もいた。後者はリベルト・カリェハスのような若者たちで、『イベリオン』という週刊紙を支えていた。ドゥルーティとアスカーソは、彼らと組んで共闘のための委員会を創ろうとした。そこで、生共闘へ向けての営為は、少しずつ形を取っていった。しかし、すぐに資金が底をついてしまった。そこで、生活の資を得るため、ドゥルーティとアスカーソは働き口を探すことにした。一方はルノーの工場に機械工として、もう一方は鉛管工場に労務者として潜り込んだ。二人はベルヴィル街に部屋を借りた。

この時代のパリは、雑然とした社会活動の中心地だった。そこでは政治色の強い労働運動の最も多様な傾向が混在しており、それらの傾向は、大半がCGTの枠に組み込まれていた労働者階級を指導するうえでの独占権を獲得しようと、互いにしのぎを削っていたのである。

ロシアにおける、革命運動と反権威主義的傾向に向けられたボリシェヴィキによる弾圧は、すでに分裂し、大衆から遊離して久しい戦闘的アナキズムの敗北を招いていた。勝利者たちの名声はアナルコサンディカリストをも惹き付けた。そして、そのなかの少なからざる人間がボリシェヴィズムの陣営へと移っていった。過去に絶望し、唯一可能な活動として教育事業を提唱するアナキストも存在した。彼らは現実のいかなる運動からも距離を置き、批評家としての硬直した立場にすがりついた。

理論派というよりは熱意に満ちた行動派であったドゥルーティとアスカーソは、そんな諦念には与しなかった。ロシア革命の失敗はボリシェヴィキがプロレタリアートを向こうに回して樹立した権力に起因するものであると、二人は考えた。一旦権力の座につくや、ボリシェヴィキは、実際に彼らが行なったように、つまり権力維持のためにテロリズムに訴えたようにしか行動できなかった。クロンシュタットとウクライナは、真の意味でのロシア革命の白鳥の歌を体現した。[訳註1] アナキズムがボリシェヴィキ以外のすべてのロシア人の精神に浸透していたならば、革命のあり方も異なっていたかもしれない。一つの革命において、アナキストの影響力が大きければ大きいほど、その革命はますますリバタリアン的な色合いを濃くするものだからである。結局のところ、真に重要なのは被搾取階級の革命的な能力を最大限に発揮させることだった。資本主義と国家の崩壊から生まれ出る社会組織のありようは、被搾取階級にかかっていた。アナキストの役目は、一触即発の状況のもとで、日常の革命的な営為の持続を通じて起爆剤として機能することにあった。原則と目的とをめぐるイデオロギー上の論争に呪縛されたまま出口を見出せないでいるという、フランスのリバタリアンの多くが犯していた誤りに陥ってはならなかった。

パリで労働各派がイデオロギー色を鮮明にしていたころ、スペインは弾圧の時代のさなかにあった。「ソリダリオス」に関していえば、マルティネス・アニードが内務省からスパイ網を活用して彼らへの包囲網を狭めつつあった。プエブロ・ヌエーボ地区の武器庫の一つが警察によって発見されたというのが、「ソリダリオス」が入手した最初の警報だった。「ソリダリオス」は極端なまでに神経を尖らせて、怪しげな人間たちから身を遠ざけていた。それでもなお、追手から逃れるには遅すぎた。一九二四年三月二四日、グレゴリオ・スベルビエーラは自宅にいたところを急襲された。一旦は応戦したスベルビエーラだったが、外へ飛び出した途端、身を隠して待ち構えていた警官たちの銃弾の餌食にされてしまった。同じ時刻にトマス・アラーテとマルセリーノ・デル・カンポが逮捕された。マルセリーノの家には、二人の警官が「追われている同志」を装って現れた。マルセリーノは二人からいきさつを聞き、「安全な場所」へ連れていこうと持ちかけた。道すがら二人を巻くつもりだったが、通りへ出たところで警官数名に取り押さえられた。マルセリーノは拳銃を抜き、二人までは殺すことができた。だが、三番目に殺されたのは彼だった。同じころ、警察はアウレリオ・フェルナンデスとその弟のセフェリーノ、さらにはアドルフォ・バリャーノをも捕えていた。しかし、三人が逮捕された〔アウレリオの〕家を出た瞬間、アウレリオは弟を突き飛ばした。セフェリーノは警官たちに体当たりを食らわすと、バルセローナの、当時の呼称では「中国人地区」の入り組んだ街路を疾風のように駆け抜けて逃げ切った。[訳註2] ドミンゴ・アスカーソは猜疑心が強かった。警官が階段を上がってくるのを察知した彼は、そうした場合に備えて予め用意してあったロープをつたい、住まいのあった五階から下へ降りたのだった。「ソリダリオス」に加わってまだ間もなかったホベールは、ただの協力者と見なされた。警察署まで連行されはしたものの、そのせいで彼に対する監視の目はさほど厳しいものではなかった。ホベールは機を見て署の窓から飛び降り、姿をくらました。

警察は勝鬨を上げた。警察の勝利は、翌日の新聞の紙面を飾った。しかし、それは部分的な成功でしかなかった。何人か[訳註3]の「ソリダリオス」は一斉検挙を逃れ、臆せずに活動を継続した。革命委員会にあっては、リカルド・サンスとアルフォンソ・ミゲルがスベルビエーラとマルセリーノ・デル・カンポの仕事を引き継いだ。当時、革命委員会にはマシアー派[訳註4]のカタルーニャ民族主義者たちも参加していた。

ドミンゴ・アスカーソはプエブロ・ヌエーボの墓地に潜んだ。ここの墓掘り人はアラゴン生まれの老人で、ドミンゴの親友だった。ドミンゴが追われていると知って、墓掘り人は彼を墓地内の霊廟の一つに匿ってやったのだった。ドミンゴはガルシア・オリベールに会った。ドミンゴがパリへ行くことで、両者の意見は一致した。ドゥルーティや弟のフランシスコと合流し、スペインでの革命の準備を促進するのがその狙いだった。ドミンゴはこの二人に、アナキストたちと〔マシアーの〕「エスタート・カタラー（カタルーニャ国家）」の分離主義者たちが共同で練り上げた計画をも伝えねばならなかった。カタルーニャ側のピレネー山脈からゲリラ活動に着手し、フィゲーラスの監獄の囚人たちを救出するというのが計画の骨子だった。並行して、軍内部の不満分子の手を借りたもう一つの作戦がバルセローナを舞台に実行されるはずだった。

CNTについては、「ソリダリオス」の一斉検挙から一ヵ月と少しばかりたった一九二四年五月五日、その合法的存続に劇的な形で終止符が打たれた。その日、サバデールに全国総会が招集されていた。総会の終わり近くになって、警察が会場を急襲した。代表たちの多くは、警察の追跡を振り切ることができた。ガルシア・オリベールも〔ひとまず〕窮地を脱している。にもかかわらず、彼は鉄道駅で逮捕されてしまった。起訴に持ち込まれ、実刑を宣告されたガルシア・オリベールは、七年もの長い年月をブルゴスの監獄ですごす破目になる。

実践的な、とはおよそいいがたいパリの空気に辟易していたドゥルーティとアスカーソは、ドミンゴから反乱の計画を知らされると、その発想に夢中になった。二人とも、行動に移ることだけを望んでいたからである。七月に入って、バルセローナから代表がやって来た。グレゴリオ・ホベールだった。ホベールは、計画の進み具合をドゥルーティらに報告した。すべてのグループが計画を承認しており、計画に加わった軍人も自分たちの決定を再確認していた。武器が不足していたが、ビバンコスがベルギー人のある密売人から薬莢付きの銃をまとめて購入することができた。九月の末までには、ピレネー攻撃の計画の青写真が描き出され、出撃の用意も整った。

ところが、バルセローナでは困難が生じていた。ヒホンのスペイン銀行から強奪したかねを使ってビルバオで購入された武器は、バルセローナ港に保管されていた。だが、武器を港から運び出す手立てがなかった。軍人たちの情熱は失われつつあった。何よりも悪かったことには、労働者階級の間で革命的な気運が醸成されるものかどうか、保証がなかったのである。

バルセローナで生み出されつつあった状況がパリにも伝えられると、躊躇する者も現われ始めた。それでも、この問題を討議すべく招集された会合の席で、ドゥルーティは闘争を継続する必要性を出席者全員に納得させたのだった。ドゥルーティは反乱の是非を秤にかけることから始め、いかにも彼らしい率直な論法で話を進めた。「君たちは、いくつかの地方の農民や労働者階級が直面している状況に結びついた、こうした〔私の指摘した、プリモ・デ・リベーラ将軍とカタルーニャ民族主義との緊張、モロッコ戦役の長期化に伴う兵士の間での厭戦気分の蔓延等、多かれ少なかれ反乱に関わる〕要素すべてのなかに[訳註5]、明るい兆しを認めないとでもいうのだろうか。なるほど、否定的な要素も存在する。だが、肯定的なものと否定的なもののぶつかり合いが火花を生み出すというのも、確かなことである。われわれには、否定的なものを肯定的なものと衝突させ、そのような火花を創造する権利と義務がある。それが冒険主義だというのだろうか。ならば言おう、『冒険主義者』たちによって引き起こされなかった革命などないのだ、と……。今回、われわれは誤りを犯し、命を落とすことになるかもしれないし、獄に繋がれることになるかもしれない。挫折を繰り返しもするだろう。しかし、この種の状況が生まれる度に、それはわれわれを広範な反乱へと近づける一歩となるのであって、われわれの行動が無駄骨に終わることはない。私はそう請け合っておく」。ドゥルーティの演説を聞いた後、なおも尻込みする者はただの一人もいなかった。

反乱には、さらに国際世論から支持される可能性もあった。ウナムーノ[訳註6]とロドリゴ・ソリアーノ[訳註7]がフエルテベントゥーラ島から小説じみた脱出を敢行し、パリにたどり着いてからというもの、フランスの知識人たちはスペイン人民の運命に気を揉んでいた。マントンに引きこもっていた作家のブラスコ・イバーニェス[訳註8]は、アルフォンソ一三世とプリモ・デ・リベーラの独裁体制に反対するパンフレットをフランス語で出版した。そして、亡命アナキストたちのグループが存在していたフランスの都市では、どこでも例外なく決起のときが今か今かと待ち望まれていたのだった。

ついにバルセローナから電報が届いた。作戦の参加者たちは、一〇人から一二人のグループに分かれて国境へと向かった。武器はわずかであっても、彼らの決意は固かった。ある者たちはドゥルーティとともにベラ・デ・ビダソアを、残りの者たちはアスカーソとともにフィゲーラスを目指した。

バルセローナでは、アタラサナス兵営の襲撃が企てられた。ところが、兵営へ向かったグループの一つが治安警備隊のパトロールに行く手を阻まれてしまい、その場で銃撃戦が始まった。銃声がとどろくなか、警戒態勢が固められた。警察は機関銃を持ち出して兵営を取り囲み、攻撃は失敗した。

バルセローナでの兵営襲撃が水泡に帰してしまった時点で、国境を目指した者たちの成功の見込みは万に一つも残されていなかった。ベラ〔・デ・ビダソア〕を目指した者たちは、最初に出くわした分遣隊こそうまく撃破した。しかし、急峻な山岳地帯を進んだ後、彼らは戦力のうえで優勢な敵に不意をつかれ、応戦しながらも退却を余儀なくされた。この作戦中、死者二名、負傷者一名が出た他、多数が捕虜の身となった。捕虜のうち、何名かは処刑された。フィゲーラスへ向かった一行は、ペルピニャンに着いたところで、新聞で前日のベラ・デ・ビダソアでの事件を知った。フランス警察は一行の相当数を潰走させたのだったが、それでも五〇名ほどが官憲の目をかいくぐってピレネー山脈の麓にたどり着いた。そこで彼らは、ピレネーのスペイン側では〔機関銃と〕大砲を装備した数個連隊がすでに配置されている、との情報を案内役となるはずだった同志の口から告げられた。彼らは怒りのあまり涙を流しながら、やって来た道を引き返す外なかったのだった。

失敗に終わったとはいえ、この向こう見ずな企ては国王とそのお抱えの独裁者を慌てさせた。マドリード政府は、フランス在住のスペイン人アナキストに適切な措置を講じるよう隣国の政府に圧力をかけた。その成果は、家宅捜索・逮捕・追放という形でさっそく現れた。先の作戦に最も深く関わっていた活動家たちは、ベルギーに移った。ベルギーでは、アナキスト国際連帯委員会が多くの者に南アメリカへの渡航の便宜を図っていた。

アスカーソとドゥルーティは、フランス人のリバタリアンたちのあるグループが提供してくれたパリ近郊の家屋に難を逃れた。バルセローナの革命委員会が派遣したリカルド・サンスの訪問を二人が受けたのは、その直後のことである。サンスは組織がおかれた悲惨な状況を伝え、その再建のための経済的な手立てを見出す必要を訴えた。南アメリカのスペイン人移民が、資金を調達するうえで恰好な集団であるかもしれなかった。アスカーソとドゥルーティはまずキューバへ行き、そこからメキシコへ向かう。そして、そこでアスカーソ兄弟の末っ子であるアレハンドロやホベールと合流する。ドミンゴ・アスカーソは、アントワープに腰を据えることになる。ア

1900年，教師マヌエル・フェルナンデスが経営するミセリコルディア街の学校に通いはじめたばかりのころのブエナベントゥーラ・ドゥルーティ（1）とその兄サンティアゴ（2）。

ドゥルーティの両親（サンティアゴ・ドゥルーティとアナスタシア・ドゥマンヘ）。

レオンのドゥルーティの生家。

1915年のレオン。アントニオ・ミヘーの町工場の同僚たちに囲まれた〔後列中央の〕ドゥルーティ。
この町工場は，もっぱら鉱石の洗浄機を取り扱った。

最初のフランス亡命時代（1917－1920）のドゥルーティ。いずれもフランス人のアナキスト・グループと一緒に。

同じく最初のフランス亡命時代のドゥルーティ。ヴァル・レ・バン（アルデシュ県）にて。日付は1918年９月１日。

大学病院での手術台に横たえられたサルバドール・セギーの遺体。検死の終了後。

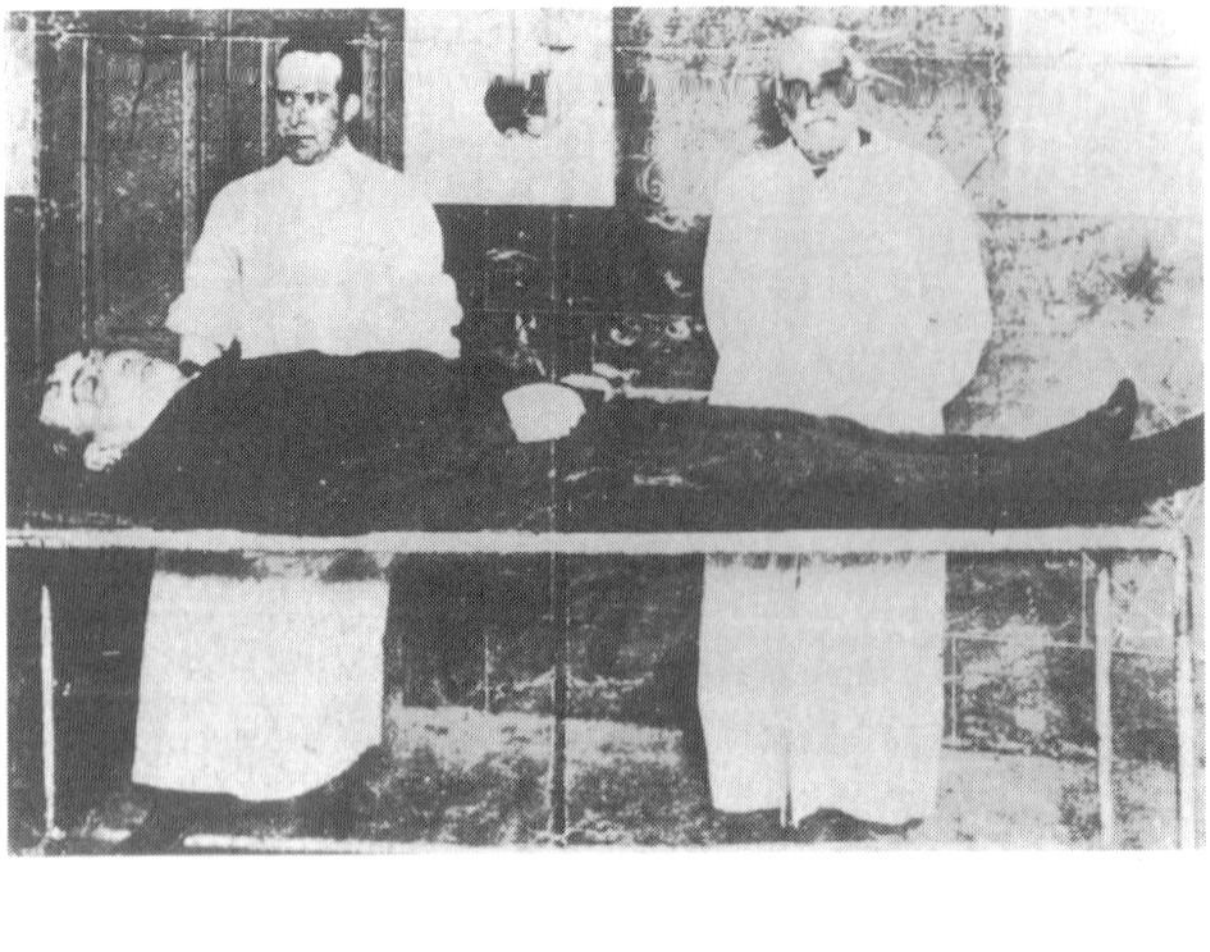

セベリアーノ・マルティネス・アニード。1920年11月８日からバルセローナ県知事の地位にあった。労働者に対する一貫して無慈悲な弾圧方針のため，悪名が高かった。犯罪的な「逃亡者処罰法」の制定者。同法の目的は，反逆する労働者の間に恐怖心を植えつけることにあった。

1923年3月の逮捕後のドゥルーティ。同年5月に作成された犯罪者カード。

1925年のメキシコ。ベンチに腰掛けている3人は，「エル・ペルアーノ（ペルー人）」ことビクトル・レコーバ，アントニオ・ロドリーゲス，フランシスコ・アスカーソ（左から右へ）。立っているのが，〔ドゥルーティとアスカーソをベラクルースからメキシコ・シティーまで案内したメキシコ人のアナキスト〕ミーニョ。地べたに腰を下ろしているのがドゥルーティ。

ソルデビーラ枢機卿の死を伝える1923年7月5日付の『エラルド・デ・アラゴン』紙。

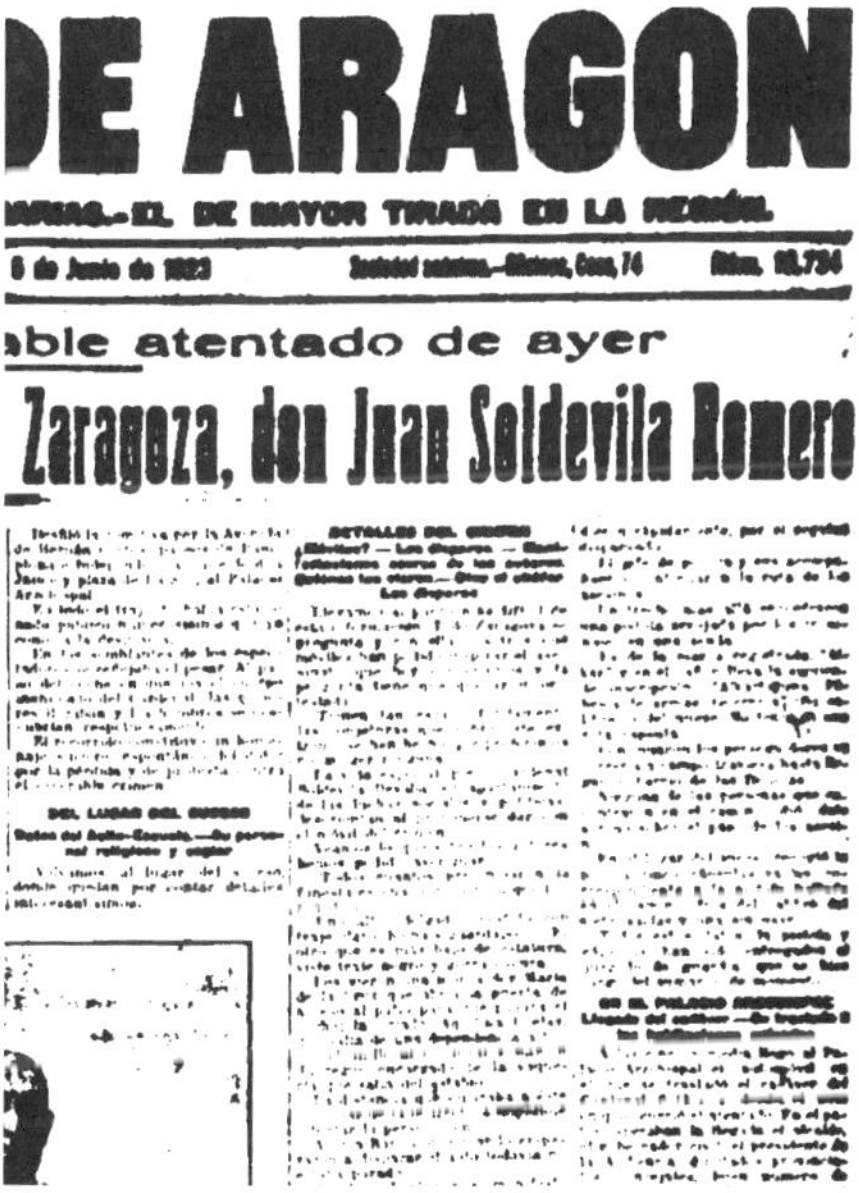

DE ARAGON

able atentado de ayer

Zaragoza, don Juan Soldevila Romero

le libertaire

ORGANE HEBDOMADAIRE DE L'UNION ANARCHISTE-COMMUNISTE

SACCO et VANZETTI

ASCASO, DURUTTI, JOVER SONT LIBÉRÉS

Au tour, maintenant, de Sacco, Vanzetti

L'AFFAIRE ASCASO-DURUTTI-JOVER

L'heureuse fin d'une pénible et belle campagne

LA CAMPAGNE SACCO-VANZETTI

Un suprême et tragique appel du Comité d'Amérique

Une Lettre de Vanzetti

S. O. S.

TAULLÈLE

POUR SAUVER SACCO, VANZETTI

Tous au

CIRQUE DE PARIS

Le Samedi 23 Juillet 1927

アスカーソとドゥルーティとホベールの釈放を報じる1927年7月15日付の『ル・リベルテール』紙。サッコとヴァンゼッティの救済へ向けての懸命のアピールも掲載されている。

出所直後に『ル・リベルテール』紙の編集部で撮影された，〔左から〕アスカーソ，ドゥルーティ，ホベールの3人。やせこけた顔つきは，獄中でのハンガー・ストライキの跡をなおもとどめている。

◀『ル・リベルテール』紙の編集部でのドゥルーティ。写真の裏には，こう書かれている。「1927年7月14日，パリ。13カ月の獄中生活と4日間のハンガー・ストライキを経て，俺は自由を取り戻している。だから，この俺のためにもう苦しまなくてもいい。これ以上ない愛情を込めて，最愛のお前たちにこの写真を捧げる。ペペ」〔「ペペ」は「ホセ」の愛称。ドゥルーティのフル・ネームは「ホセ・ブエナベントゥーラ・ドゥルーティ・ドミンゲス」という〕。

Paris 14 - 1 -
Despues de 13 meses de prision
y 4 dias de huelga de hambre
recobro la libertad. Y estan de
suerte por mi, los seres mas
queridos a quienes les dedico
esta fotografia con el mas
sincero cariño
Pepé

1929年のブリュッセル。左から右へ，リベルト・カリェハス，〔バレリアーノの兄弟の〕ペドロ・オロボーン・フェルナンデス，ドゥルーティ，アスカーソ，ホアキン・コルテス。

1928年11月。パリのドゥルーティとエミリエンヌ。

スペイン第2共和国の日常的な光景。デモ参加者に警棒で襲いかかる突撃警備隊員たち。

ントワープの港から、水夫たちの連絡網を使ってドゥルーティらとの接触を保つのがその目的だった。一九二四年の暮れ、偽造パスポートを用意した二人の盟友は、ル・アーヴルでアンティーリャス諸島へ向かうオランダの貨物船に乗り込んだ。

〔訳註1〕**クロンシュタットとウクライナは、真の意味でのロシア革命の白鳥の歌を体現した。**——ソヴィエトに拠った労働者民主主義への回帰を求めた一九二一年三月のクロンシュタットにおける水兵の反乱と、一〇月革命直後からネストル・マフノの率先のもとに開花したウクライナの農業労働者の自主管理体制は、いずれもボリシェヴィキ政権によって「反革命」の烙印を押されたあげく武力で圧殺された。ネストル・マフノ（一八八九—一九三四）は、ウクライナの貧農の出。一九〇五年の革命に参加し、アナキストとなった。ボリシェヴィキ革命の直後から、ドイツとオーストリアの占領軍の圧力にさらされたウクライナにあって、貧農のパルチザンを組織するとともに、グリャイ・ポーレを拠点に各地にコミューンを築く。ドイツとオーストリアの占領軍の撤退後、マフノ派のパルチザンは赤軍と共闘し、デニーキンやウランゲリの率いる白軍との戦闘に勝利した。しかし、赤軍／ボリシェヴィキ政権と、その統制に服することを嫌ったマフノ派との関係は急速に冷却化、一九二〇年の冬を境に両者は戦闘状態に突入した。敵の圧倒的な軍事力により自らのパルチザンとコミューンの双方を武装解除されたマフノは、翌二一年八月にルーマニアへ脱出。一九三四年七月にパリで客死した。

〔訳註2〕**セフェリーノは警官たちに体当たりを食らわすと、……逃げ切った。**——ただし、アベル・パス、アンセルモ・ロレンソ社版、一二四ページによれば、このとき小競り合いに乗じて追跡を振り切ったのは弟のセフェリーノではなくて、兄のアウレリオの方。また、アベル・パス、ケ・ヴォルテール社版、八五ページには、フェルナンデス兄弟とバリャーノの三人はそろって投獄された、とある。

〔訳註3〕**リカルド・サンス**——リカルド・サンス・ガルシア。一八九八—一九八六。バルセローナの建設工組合の代表（一九三〇—三一）。グループ「ソリダリオス」の一人。ドゥルーティ亡き後、彼に代って軍団（第二六師団へと改編）の指揮を引き受ける。

〔訳註4〕**マシアー**——フランセスク・マシアー。一八五九—一九三三。カタルーニャの軍人・政治家。「エスタート・カタラー（カタルーニャ国家）」運動の創始者（一九二二）。一九三一年四月、第二共和国の成立直前に「スペイン連邦共和国」を構成する「カタルーニャ共和国」の樹立を宣言。三三年のクリスマスに、ジェネラリタート首班のまま死去。「アビ（爺さん）」の愛称で親しまれた。

〔訳註5〕　こうした〔……多かれ少なかれ反乱に関わる〕要素すべてのなかに――アベル・パス、アンセルモ・ロレンソ社版、一二六ページを参照。

〔訳註6〕　ウナムーノ――ミゲル・デ・ウナムーノ・イ・フーゴ。一八六四／ビルバオ―一九三六／サラマンカ。著述家。サラマンカ大学総長。一八九八年の米西戦争の敗北によって表面化した祖国スペインの危機を真摯に受けとめた「九八年の世代」の間に大きな影響を及ぼす。多くの小説・戯曲・詩・評論を発表。神吉敬三、アンセルモ・マタイス、ヨハネ・マシア、佐々木孝編集『ウナムーノ著作集』全五巻、一九七二―七五年、が法政大学出版局より刊行されている。

〔訳註7〕　ロドリゴ・ソリアーノ――ロドリゴ・ソリアーノ・バロエッタ・アルダマール。一八六八―一九四四。ジャーナリスト・政治家。一九三一年の憲法制定議会選挙で当選を果たした直後から内戦終結の時点まで、スペイン第二共和国のチリ駐在大使の職にあった。

〔訳註8〕　ブラスコ・イバーニェス――ビセンテ・ブラスコ・イバーニェス。一八六七―一九二八／マントン（フランス）。バレンシアが生んだ共和主義の作家。代表作に、一九〇二年の『葦と泥』（高橋正武訳、岩波文庫、一九七八年）や、一九〇八年の『血と砂』（永田寛定訳、岩波文庫、一九三九年）、一九一八年の『われらの海』（永田寛定訳、岩波文庫、上・下二巻、一九九九年〔二刷〕）等がある。さらに、一九世紀末のアンダルシアの農民騒擾に着想を得た『酒蔵』（一九〇五）他の作品も残した。

11　南アメリカのゲリラたち

アルゼンチンには、アナキズム運動が深く根を降ろしていた。ドゥルーティとアスカーソにとって、キューバはそんなアルゼンチンへの旅の第一歩にすぎなかった。しかし、彼らを迎えた労働者たちが口にしたキューバの社会状況があまりに劣悪であったため、二人はしばらくこの島にとどまることにした。

地主と合衆国資本に支えられた独裁者マチャード[訳註1]は、テロを行使して権力の座に居座り続けていた。無学で絶望感に打ちのめされていたキューバ人民は、精神的・肉体的な悲惨に支配されていた。ドゥルーティやアスカーソと語り合ったキューバ人のアナキストたちにとって、リバタリアンの営為とは教育的かつプロパガンダ的なものでなければならなかった。たとえ人民に反乱を起こすだけの能力があったにしても、彼らは社会革命の主体となるにはあまりにも無知だったからである。徒に暴力的な行動は不毛であり、リバタリアン社会への移行の時間を縮めはしなかった。

イデオロギーを披露し合うような茶話会にはおよそ気を引かれることのなかった二人の行動派は、港湾労働者の一団に加わった。そうやって波止場で働き、居酒屋で労働者たちと交わり、彼らがねぐらにしていた同じあばら屋で暮らすうちに、ドゥルーティとアスカーソは周囲から親しまれるようになった。自分たちの言動に関心が注がれているのを知ると、二人は機会を見つけては自分たちのリバタリアン思想を伝える一方で、彼ら労働者に資本が押しつけていた悲惨から逃れる方策として、連帯と組織化の必要性を力説した。労働者たちは反論した。その手の組織の指導者連中というのは、なるほど行動に出るまでは牽引車的な存在だ。だが、窮地に立たされてしまえば、すぐにもわれわれ労働者を見捨てて顧みない。われわれは、そんな経験を骨の髄まで味わわされてきたのだ、と。だが、ドゥルーティもアスカーソも、周囲を支配する悲観主義の重圧に意欲を殺がれたりはしなかった。二人は、自分たちの運命を職業政治家や職業サンディカリストに委ねたり、個々人がバラバラに反乱に打って出たりすべきではないと労働者たちに応じたのだった。解決策は、自分たちを自分たち自身が指導するすべを会得することだった。「君たちが組合であって、君たち全員が不断に監視の目を光らせ、自分だけが突出し、それによって自分の指導力を押しつけようと画策しかねないような連中を君たちの陣営から隔てておく。そんな具合にしていれば、君たちは指導者の培養を阻止できるだろう。君たちが団結を堅持したうえで、要求を突きつけてみるがいい。独裁者マチャードといえども、君たちを一人残らず打ちのめすのに充分な数の警官も、君たちをそっくり放り込むだけの監獄も持ってはいないのだ……。君たちの自由は、監督や指導者の手を借りずに、君たちが君たち自身の力で自分たちの闘争を推進する能力を発揮し出すそのときに、実のあるものになり始めるだろう」。

港湾労働者はすぐに結集し、強力な組合を設立した。彼らの組合は、ハバナの煙草関連や食品業界の労働者たちの間にすでに存在していた他の組合と結びついた。港湾労働者たちの集会や会合の席で、ドゥルーティは恐るべき雄弁家として頭角を現わした。その破壊的な発言は、聞く者の魂を揺さぶった。彼の名は荷揚げ人足の間でよく知られるようになったが、具合の悪いことに警察の耳にも届いてしまった。そこでドゥルーティは、賢明にもアスカーソと一緒に首都を離れる選択をした。若いキューバ人が、二人を島の内陸部にあるサンタ・クララ地区へと案内した。クルーセとパルミーラの間にある農園で、二人は砂糖黍を刈る農夫として登録された。

二人が働き始めて間もなく、農夫たちはストライキに突入した。砂糖価格の下落を口実にした賃金の削減がその理由だった。農園の監督たちは、農夫を農園主の館の前の窪地に呼び集めた。農園主は、お前たちは三人の男に抱き込まれているのだ、と農夫たちを怒鳴りつけた。農園主によれば、その三人がストライキの首謀者だった。彼は三人の名前を挙げ、監督たちに命じて彼らを農村警備隊の詰め所に連れていかせた。一時間後、農村警備隊員が三人の農夫の死体を引きずりながら現れた。農園主は不意に新たな恫喝や挑発を行なった。農夫たちは、うなだれたまま砂糖黍畑へ戻っていった。

激怒したドゥルーティとアスカーソは二人の案内役を務めた同志と話し合い、同じような連中全員に対する見せしめとして、この農園主に仕置を加えることに決めた。翌朝、「エランテス（放浪者たち）の裁き」と記された紙切れとともに、刺し殺された地主の亡骸が発見された。

警察は地主に裁きを下した三人の追跡に躍起となったが、そのころ三人はすでにカマグエイ県に〔逃れて〕いた。地主処刑のニュースは瞬く間に広まった。そして、広まるなかで誇張されていった。「『エランテス』と名乗るスペイン人の一味が、雇い入れた労働者を虐待したとの理由により、六人の地主を処刑した」といった類の話が伝えられたのである。農村警備隊員たちは、「エランテス」の移動を手助けした疑いのある農民を見境なく警棒で殴りつけて虐待し、彼らの住む小屋に火を放った。ホルギン地区で、ある傲慢な農園監督が「エランテス」の署名の入った紙片と一緒に死体で発見されたことが知れ渡ると、農村警備隊員たちの困惑はいよいよ深まった。しまいには、警備隊員は途方に暮れ、地主たちは自分たちの邸宅の守りを堅固にせよと命じるありさまだった。

一刻も早くキューバを離れる心づもりで、ドゥルーティとアスカーソはハバナにたどり着いた。二人は湾内見物と称して、小型の遊覧船を借りた。舟遊びの最中に、二人は遊覧船の乗組員たちに、自分たちをどれでもいいから出航の準備ができている船に連れていくよう要求した。他の船に乗り移った二人は、その船主に錨を上げろと迫り、遊覧船の乗組員たちをも同乗させた。沖合に出たところで、二人は船首をメキシコ海岸に向けるよう船主に命じた。

船は、ドゥルーティとアスカーソをユカタン半島の海岸まで運んでいった。水夫たちに謝礼をはずんでから、二人は船を下りた。メキシコ国境の警備隊が、二人を密輸屋だと思い込んで逮捕した。アスカーソと一緒にプログレッソの港へ連行される途中、ドゥルーティは釈放を条件に役人たちにかねを摑ませた。役人たちは取り引きに応じたばかりか、二人にメリダへ行く道まで教えてくれた。ドゥルーティらは、メリダから船に乗ってプログレッソへ行き、そこからさらにベラクルースへと向かった。ベラクルースで二人を待っていたメキシコ人のあるアナキスト〔ミーニョ〕が、彼らをメキシコ・シティーのラファエル・キンテーロの家へ連れていった。キンテーロはメキシコCGT（労働者総同盟）の主力の一人で、旧サパータ派[訳註2]だった。

ドゥルーティとアスカーソはCGTの会合に顔を出し、その機関紙のためにかねを寄付した。CGTの会合で目の当たりにした貧しさや活力の乏しさは、二人を失望させた。CGTの人間たちはメキシコ革命の信用にすがって生きていたが、肝腎の革命についていえば何も残されていなかった。その最良の分子はすでに世を去っていたし、生き長らえた者たちも新しい状況に迎合して身を処していたのである。官僚的な仕事をあてがうことによって、権力はそうした人間たちを懐柔した。おかげで、知事にまで上り詰めたアナキストも現れる始末だった。三年前にアメリカで獄死したリカルド・フローレス・マゴーン[訳註3]のかつての同志たちだけが、アナキズムの精神を維持していた。そして、彼らとの交流のなかで、ドゥルーティとアスカーソはベッドと協調の精神とを見出したのだった。

一九二五年の三月末、アレハンドロ・アスカーソとグレゴリオ・ホベールがメキシコ・シティーに到着した。顔を揃えたドゥルーティら四人に、キンテーロはティコマーンの小さな農場ですごすように勧めた。農場の所有者は、彼らに地元のアナキスト・グループを引き合わせた。四月、「ラ・カロリーナ」という紡績・織物工場の事務所数ヵ所が襲撃された。

ドゥルーティとその友人たちは、〔スペインで〕フランシスコ・フェレール[訳註4]が創ったような合理主義学校の設立に〔強奪した〕かねを当てる一方で、フランスでの社会一般に開放された図書館のためにかなりの金額をセバスティアン・フォール[訳註5]のもとへ送った。数週間が経過したある日のこと、ドゥルーティらは着飾ってCGTの本部に現われ、資金繰りで問題を抱えているのかどうか尋ねた。もちろん、との返事があった後、ドゥルーティはテーブルに大金を積み上げた。ドゥルーティは、自分に向けられた視線が不安気であったのを察して、送ってもらったかねは受け取ったと書いてよこしたフォールの手紙を見せてやった。それでもまだ信用しようとしない男たちに、ドゥルーティはこう言った。「君たちは、合法的な立場から国家に戦いを挑んでいる。われわれは、非合法的な立場から国家を向こうに回して戦っているのだ。けれども、われわれの目的と君たちの目的とは同一だ」。CGTの学校設置委員会のメンバーに「ラ・カロリーナ」襲撃の成果をそっくり差し出しながら、ドゥルーティは語っている。「このペソは、私がブルジョワジーからせしめたものだ……。ただ求められただけで、ブルジョワジーがかねを差し出した、というのも理屈に合わない話だろう」。

四ヵ月に及んだメキシコ滞在中、ドゥルーティとその友人たちは何度か銀行を襲っている。警察は一味に注目し始め、社会の底辺に捜査の目を向けた。しかし、このときドゥルーティとアスカーソはペルーの裕福な鉱山所有者になりすまし、メンドーサという名前で豪華なホテルで暮らしていた。二人は、警察に気づかれる前に〔再び〕キューバへ行くことにした。ある日、二人は支払いは「メンドーサ」に任せ、懐に入れたわずかばかりのペソを除けば手ぶらのままでホテルを抜け出した。一九二五年五月のことだった。

ドゥルーティとアスカーソのキューバ滞在は、ハバナの商業銀行を襲撃し、その直後にチリのバルパライッソに逃れるまでの間だけのことだった。チリでは、「エル・トト」ことアントニオ・ロドリーゲスが二人と行動をともにした。他ならぬ警察の報告書に従えば、「彼らは銀行襲撃のその日までいろいろな仕事に就いていたし、その後も、つまり七月一六日から八月の初旬にかけての間も仕事を続けていた。そればかりではない。彼らが寝泊まりしていた宿の女主人は、後に『五人は洗練された男たちだった。いつも社会闘争について語り、スペイン人の革命家であると自分たちの方から名乗っていた。そして、スペインの王政を打倒するための資金を求めて、南アメリカの町から町を渡り歩いていた』と警察に証言した」。事実、チリ銀行のマタデーロス支店から彼らが強奪した四万七〇〇〇ペソは、この襲撃の直後に「エル・トト」の手でスペインへと持ち去られ、プリモ・デ・リベーラの独裁体制に対する地下闘争に振り向けられていたのである。

チリにとどまり続けるのが不可能になった「エランテス」は、ブエノス・アイレスを目指して出発した。

アルゼンチンは、伝統的にイタリアからの移民を受け容れてきた国だった。イタリアでムッソリーニが権力の座についてからは、特にそうだった。「エランテス」がアルゼンチンに入る数日前、セヴェリーノ・ディ・ジョヴァンニ訳註6という亡命イタリア人の教師が大胆な行動に出てその名を馳せていた。六月六日、イタリア大使の〔アルドロヴァンディ・〕マレスコッティは国王ヴィットリオ・エマヌエーレ〔三世〕の載冠二五周年を記念する一大祝典を催した。イタリアからの移民は、全員が招待されていた。祝典の呼び物の一つに、コロン劇場での集いがあった。この催しには、アルゼンチン共和国大統領のアルベアール博士とその夫人が臨席して花を添えることになっていた。イタリア大使館のファシストたちから成る軍隊風の一団が会場の入口で目を光らせ、場内の警備に当たっていた。出席者たちのなかで人目を引いたのは、何といってもイタリア系の富豪とアルゼンチンの有力者、それにこの国の支配階級のさまざまな代表たちの姿である。アルゼンチン国歌に引き続いてイタリアの王室行進曲の演奏が始まったとき、「人殺しども！　泥棒ども！　マッテオッティ訳註7万歳！」という叫び声が天井桟敷にとどろき渡り、劇場にいた人間たちを仰天させた。大使の手下の黒シャツ隊員が、ディ・ジョヴァンニに襲いかかった。だが、ディ・ジョヴァンニは隊員たちの手を潜り抜けることができた。そして彼は、イタリアの独裁者への痛烈な批判をぶちまけ始めたのである。彼の話はあまり続かなかった。ディ・ジョヴァンニは、同志たちと一緒に力ずくで劇場の外に連れ出されてしまったのだった。警察は、彼らをトラックのところまで引き立てていった。しかし、ディ・ジョヴァンニには、トラックに放り込まれる前に、一人のイタリア軍人の顔に唾を吐きかけたうえで「アナキー万歳！」と叫ぶだけの時間があった。

ブエノス・アイレスに着くと、ドゥルーティとアスカーソ兄弟とホベールは、『ラ・アントルチャ』紙を経営するリッツォの口からディ・ジョヴァンニの武勇伝を聞かされた。ドゥルーティらが、ディ・ジョヴァンニに会ったというのもありそうなことだ。ディ・ジョヴァンニの新聞『クルミネ』が、『ラ・アントルチャ』紙と同じ場所で編集されていたからである。しかし、それほど持続的な関係が保たれていた訳ではなかった。常に追われていたドゥルーティらは、アナキストたちの間にあまり大っぴらに顔を出すことができなかった。文献や口コミを通じて、彼らはアバ・デ・サンティリャン[訳註8]やロペス・アランゴ、さらにこの二人が『ラ・プロテスタ』紙に書いていた仕事を知った。同様にして、ガストン・ルヴァル、テオドーロ・アンティージ、ゴンサーレス・パチェーコら、当時アルゼンチンに住んでいた他のリバタリアンたちをも知ったのである。総じて彼らは優れた知性に恵まれた数少ない人材ではあったものの、アルゼンチンでの論争がもとで感情的に対立していた。ドゥルーティらは、バルセローナから亡命してきた小さなグループと接触し、そのメンバーたち、なかでもペドロ・ボアダ・リーバスとテオドーロ・ペーニャの二人と親しくなった。この二人は一九二三年以来の活動家で、数件の爆弾テロのためスペインで死刑判決を受けていた。

　アルゼンチンのアナキズムを二分した論争は、暴力の問題をめぐって展開されていた。『ラ・プロテスタ』と『ラ・アントルチャ』は、理論派と行動派の双方の姿勢を開陳する機関紙だった。サッコとヴァンゼッティの釈放を支援するキャンペーン[訳註9]のなかで、両派の議論は頂点に達した。『ラ・プロテスタ』紙は、ブルジョワ的で純粋に法律上の言い回しを用いてサッコとヴァンゼッティの無実を支持する論陣を張った。『ラ・アントルチャ』紙と「エランテス」にしてみれば、何はさておきアナキストであるとの事実を根拠にすでに二人を断罪してしまった国家を相手に、法律の枠内で戦いを挑むことなどできない相談だった。非合法こそ、革命家にふさわしい土俵だったのである。サッコとヴァンゼッティの大義を擁護すべくディ・ジョヴァンニが用いた爆弾の暴発[訳註10]は、対立する両派の議論を険悪なものとし、個人間の衝突にまで行きつく始末だった。

　ドゥルーティとその友人たちは、そんな状態にあった論争にさらに油を注ぐような行動には出ず、逆に二つの傾向の共存・対話のための地平を求めて、論争を和らげる立場を選んだ。アルゼンチンのアナキズムとこの国に固有の矛盾に満ちた状況にのしかかる諸問題に直面したドゥルーティらにとって、それは気の滅入るような立場ではあった。とはいえ、アントワープからドミンゴ・アスカーソがかねを送るようしきりに催促してきていたにもかかわらず、おかげでドゥルーティらはしばし銀行強盗から手を引くことになったのだった。ドゥルーティは港湾労働者として、フランシスコは料理人として、そしてホベールは家具職人として雇われた。アレハンドロはブエノス・アイレスを離れた。

目立たない暮らしは、ほとんど続かなかった。二つの武装強盗事件が発生したが、その証言者たちは犯人らのスペイン風の訛りをはっきり識別したと思い込んでいた。一件は路面電車のラス・エラス停留所で、もう一件は地下鉄のプリメラ・フンタ駅で起こった。いずれの場合も、犯人たちが持ち去ったかねの額は高が知れていた。しかし、警官が一人殺されていた。ドゥルーティも他の者たちも、二つの強盗事件の犯人ではなかった。にもかかわらず、メキシコとチリの両警察から受けた情報に従って、アルゼンチン警察は彼らの足取りをたどっていた。よせられたその情報によれば、メキシコ人かスペイン人、あるいはキューバ人から成る強盗の一味がチリ銀行を襲った後、アルゼンチンに逃れたとのことだった。チリ側は、一味のメンバーの名前を挙げていた。メキシコ人のラモン・カルカーニョ・カバリェーロ、同じくメキシコ人のテオドーロ・ピチャルド・ラモス、キューバ人ホセ・マヌエル・ラブラーダ、スペイン人マヌエル・セラーノ・ガルシアがそれだった。順にドゥルーティ、〔フランシスコ・〕アスカーソ、ホベール、アレハンドロ・アスカーソの偽名である。

アルゼンチン警察が強盗犯とチリから来た一味とを同一視するのに、それ以上詮索する必要はなかった。チリ警察が一味の写真を送ってきた。写真は、そこに写し出された男たちが強盗であるという言質を引き出すために、路面電車の停留所の職員たちに提示された。警察の流儀に従って、事件は解明されたのである。仕上げに、スペイン警察が写真にドゥルーティ、アスカーソ、ホベールの姿を認めた。ホテルや安宿、それにアナキストたちの間にまで、彼らに対する捜査の手が伸びた。三人は、首都を立ち去らねばならなかった。日刊紙『ラ・プレンサ』は、三人のことをこう書いた。「顔立ちが上品で、着こなしもよく、一見、怪しいとは思われないような男たちである。おまけに、昨日強盗を目撃した人たちの証言では、第一印象は人なつっこいときているのだ」。彼らを発見できなかった警察は、写真入りのポスターを路面電車や地下鉄の車両に張り出した。

追跡された彼らではあったが、うまく身を隠すことができたから、一九二六年一月一九日までその消息は杳としてわからなかった。この一九日、ドゥルーティらはサン・マルティン市にあるアルゼンチン銀行の支店を派手に襲撃した。『ラ・プレンサ』紙は、次のように事件の模様を報じている。

「静かな町サン・マルティンの住民が昼食を取ったり、あるいは容赦のない日差しと酷暑を逃れるようにして自宅に引きこもっているさなか、町一番の広場に面したアルゼンチン銀行の県支店の入口に、カービン銃で武装した無法者の一団が姿を現した（……）。

警察署から二クアドラばかり離れた、ブエノス・アイレス街とベルグラーノ街との交差点に、四頭立ての馬車から七人の男が下り立つ。四人は覆面をつけている。まずこの四人が銀行内に突入し、残る三人がカービン銃を手に正面の入口を固めることになる。外の三人は、計算に入れていなかった通行人が近づいてくるのが見えると、そっとカービン銃で狙いをつけるという次第であるから、何やら匪賊もどきのたいへんに好奇心をくすぐられるような襲撃ではある。三人に言わせれば不意に現れたということになる人間たちは、始めは冗談かと思う。だが、それが大まじめなのだと知るや、今度は慌てて逃げ去ってしまうという具合なのだ。その間、銀行に押し入った四人は迅速にことを運んでいる。カウンターを回って、窓口係の引き出しをあさり、見つけたかねをそっくり一まとめにしていく。鋼鉄の金庫を前にしてもひるまない。現金六万四〇八五ペソを掻き集める。強盗が入ってくるのを見た銀行員たちは、『動いてみろ。……お見舞いするぜ！』というスペイン訛りのしわがれ声が響き渡ってからというもの、連中に黙って従っている……。

かねを手に入れた七人は車で逃走する。後を追う者もいる。しかし、強盗たちは銃を乱射し、追跡を振り切る……」

〔訳註1〕　マチャード——ヘラルド・マチャード。一八七一／サンタ・クラーラ（キューバ）—一九三九／マイアミ（アメリカ）。一九二五年、サジャスの後を受けてキューバ共和国大統領に就任。二八年には憲法を改めて大統領権限を拡大、軍部の支持を背景に事実上の独裁制を敷いたが、政治腐敗を糾弾する反対派勢力の台頭により、次第に苦境に追い込まれていった。一九三三年、ゼネラル・ストライキが発生すると、アメリカへの亡命を余儀なくされた。

〔訳註2〕　旧サパータ派——かつてのメキシコ革命（一九一〇—一七）における、インディオ出身の農民運動指導者エミリアーノ・サパータ（一八七九？—一九一九）とその支持者たち。

〔訳註3〕　リカルド・フローレス・マゴーン――一八七三―一九二二。一九〇五年、亡命先のアメリカでメキシコ自由党を設立。当初改良主義的な立場にあった同党は、その後急速に戦闘的なアナキスト集団へと転換していった。一九〇六年から一〇年にかけて、メキシコ自由党はポルフィリオ・ディアスの独裁体制の打倒を狙い何度となく武力行動に訴えている。一九一二年一月、フローレス・マゴーンらは下カリフォルニアに「カリフォルニア・コミューン」を樹立し、私的所有・国家機能の廃絶を宣言。「コミューン」に共感をよせる義勇兵が世界各地から馳せ参じたにもかかわらず、ディアス独裁に代わったフランシスコ・マデーロの新「革命」政権と合衆国の軍事的優位の前にこの企ては五ヵ月で破綻した。フローレス・マゴーン本人は、一九二二年にカンサスの刑務所で獄死する（アベル・パス、ナウティルス社版、七〇二〜七〇二ページ）。

〔訳註4〕　フランシスコ・フェレール――フランシスコ・フェレール・イ・グアルディア。一八五九―一九〇九。スペインにおけるアナキズム運動・反教権主義運動の推進者の一人。一九〇一年に亡命先のパリから帰国した後、非カトリック的・合理主義的な指導方法に立脚した、児童のための学校を開く。エリゼ・ルクリュ（一八三〇―一九〇五）と協力して教育関連図書の出版社も経営。一九〇九年、「悲劇の一週間」と呼ばれたバルセローナの暴動の責任を問われて銃殺に処せられる。一九一一年の再審で、死後その無実が明らかにされた。フェレールの理念は、下記の書物を通じて日本にも紹介されている。フランシスコ・フェレル、遠藤斌訳『近代学校――その起源と理想――』創樹社、一九七九年。

〔訳註5〕　セバスティアン・フォール――一八五八―一九四二。まずイエズス会のもとで教育を受け、やがてゲード派の社会主義者に。一八八八年以降はアナキスト。一八九五年に『ル・リベルテール』紙を創刊。『アナキズム百科事典』四巻の監修者。

〔訳註6〕　セヴェリーノ・ディ・ジョヴァンニ――一九〇一―一九三一。早くからバクーニン、クロポトキン、マラテスタらの思想に親しむ。一九二二年、ムッソリーニのローマ進軍を嫌ってイタリアを脱出。翌年五月からブエノス・アイレスに腰を据え、同地のアナキスト組織「アルゼンチン地方労働者連盟ＦＯＲＡ（Federación Obrera de la Región Argentina）」に参加。

〔訳註7〕　マッテオッティ――ジャーコモ・マッテオッティ。一八八五―一九二四。イタリアの反ファシスト政治家。一九二四年六月、国会でムッソリーニ政権を弾劾する演説を行なった後、ファシストの手にかかって殺された。

〔訳註8〕　アバ・デ・サンティリャン――ディエゴ・アバ・デ・サンティリャン。一八九七／レオン―一九八三／バルセローナ。本名はシネシオ・ガルシア・フェルナンデス。ＦＡＩの活動家。カタルーニャ反ファシスト民兵中央委員会の、一九三六年一二月から翌年四月までジェネラリタートの経済評議会（第三部第8章「秘密裡の革命」、二四九ページ、訳註5を参照）のメンバー。一九三九年から一九八〇年までアルゼンチンで亡命生活。『スペイン労働運動史への寄与』（全三巻、一九六五―一九七一）の他、数多くの著作がある。

〔訳註9〕　サッコとヴァンゼッティの釈放を支援するキャンペーン――一九二一　年、ボストン郊外で発生した強盗殺人事件の容

疑者として逮捕されていたニッコラ・サッコとバルトロメ・ヴァンゼッティに有罪の判決が下されると、合衆国の内外でこの裁判の不当性を糾弾する声が巻き起こった。しかし、国際的な支援キャンペーンの高まりも虚しく、イタリア系アメリカ人のアナキスト二人は一九二七年八月に電気椅子で処刑された。

〔訳註10〕**ディ・ジョヴァンニが用いた爆弾の暴発**――サッコとヴァンゼッティの裁判の成りゆきに業を煮やしたディ・ジョヴァンニは、合衆国の金融資本に直接打撃を与える戦術を思い立ち、ブエノス・アイレスにあったアメリカ系銀行とイタリア領事館を狙った爆弾テロを決行した。だが、爆弾の暴発により無関係な市民が巻き添えになってしまう。ディ・ジョヴァンニの行動を恰好の口実に、アルゼンチンの警察当局は国内のアナキストの弾圧に乗り出した。『ラ・プロテスタ』紙はディ・ジョヴァンニとそのグループを非難したが、『ラ・アントルチャ』紙やイタリアからの亡命移民たちはこぞってディ・ジョヴァンニの擁護に回った（アベル・パス、ケ・ヴォルテール社版、四六一～四六二ページ、註125）。

12　反アルフォンソ一三世の陰謀

サン・マルティンの事件があってから、警察は国境やブエノス・アイレス港を厳重に監視していた。それでも、「三人の危険なアナキスト〔B・ドゥルーティ、F・アスカーソ、G・ホベール〕」はモンテビデオへ行く船に乗ることができた。フランスへ出発するまでの間、ドゥルーティらはモンテビデオに潜伏していた。彼らは、スペイン領内のどの港にも立ち寄らないはずの船に乗った。だが航海中、カナリア諸島への寄港の指令が海運会社から届いた。航路の変更は三人を不安に陥れた。スペイン当局へ自分たちの身柄を引き渡すための作戦ではないかと考えたほどだった。〔同じ船で働いていた〕あるアナキストの水夫が寄港は船の故障のせいだと請け合ったおかげで、三人は〔ひとまず〕落ち着きを取り戻した。サンタ・クルース・デ・テネリーフェで、三人はあるホテルに投宿しながら、同じ海運会社が所有する別の船を待った。しかし、心中は穏やかどころの話ではなかったから、彼らは一刻も早くスペイン領を離れることを望み、フランスはシェルブールの港に接岸する予定だったイギリス船に乗り込んだ。実際、三人は一九二六年四月三〇日にシェルブールに到着した。そして二日後には、パリのクリシー地区にあったルジャンドル街のホテルに旅装を解いていたのである。

彼らが南アメリカに向かって以来、パリの状況が大きく変わってしまっていたのは一目瞭然だった。スペインから亡命していたアナキストの大半がブリュッセルへ去っていた。ロシア人やイタリア人たちの場合も同じだった。そこで、彼らもベルギーの首都へ移ろうかと思案していた矢先、アルフォンソ一三世とプリモ・デ・リベーラが当局の招きを受けてフランスを公式訪問するというニュースが飛び込んできた。それは、国王と独裁者の誘拐という、独裁体制を揺るがす派手な行動に打って出る大きな機会だった。

作戦は決して容易ではなかった。準備のための時間も手段も、ごく限られていたからである。事態をさらに厄介なものにしたのは、信頼の置ける運転手に接触を図る工作が実を結ばなかったことだった。この点は致命的だった。三人が当てにした人物は、フランス警察がリバタリアンたちの間に潜り込ませていた密偵だったのである。アルフォンソ一三世の到着の二日前の六月二五日、彼らはルジャンドル街のホテルを出たその場で逮捕された。ホテルの部屋を捜索した警察は、彼らが入手していた武器を発見した。三人の逮捕の報道は、〔すでに国王がパリを後にしてロンドン入りしていた〕七月二日までは差し控えられた。ニュースが報じられた際、各紙は「七月一四日の祝典のため、フランス政府により招かれた国王アルフォンソ一三世その人を狙ったテロの陰謀」を論評している。陰謀に加わった者たちの名は公表されなかった。

この間、二つの国の外交機関が行動を開始していた。スペイン政府は、逮捕者の引き渡しに向けて〔フランス政府に〕圧力を加えた。また、アルゼンチン政府も、サン・マルティンのアルゼンチン銀行襲撃の容疑者としてドゥルーティらの身柄の移送を要請してきたのである。

フランスの司法当局は両国の求めを無視し、当時の法的手続きに従って、騒乱罪、偽造パスポートの使用、武器の不法所持並びに外国人法違反のかどで、ドゥルーティらを起訴した。一〇月一七日、彼らは懲戒裁判所に出頭し、独裁を打倒するため弛まず活動する権利を主張し、自分たちの本当の目的は、国王を人質とし、王政の倒壊を引き起こすこと以外にはないと言明した。彼らの弁護士を努めたアンリ・トーレスの尽力によって、審理はフランス国内で行なわれることになった。トーレスは、三人にフランスの法規に服するよう誓わせた。このようにしてトーレスは、スペイン・アルゼンチンの両国政府の申し立てから被告人たちを守ったのだった。アスカーソとドゥルーティとホベールは、それぞれ六ヵ月、三ヵ月、二ヵ月の刑期を言い渡された。

スペインもアルゼンチンも、自国で裁判を開けないことに黙ってはいなかった。両国の大使館は、フランスのブルジョワ紙の支援を受けて囚人たちの引き渡しのために手を握り、彼らの移送に好意的な世論を醸し出そうと試みた。ブエノス・アイレスでは、この問題は囚人たちへの連帯の運動を引き起こした。アナキストたちに鼓舞されたこの動きは、さらに激烈な社会騒乱の引き金を引いた。事態は、アルゼンチンのリバタリアンたちを政治裁判の舞台に引きずり出す機会を警察に提供する結果となった。

ブルジョワ外交は、国境の存在を度外視しつつ裁判を再考し、ポワンカレ政権にできる限り不都合のない形で三人の逮捕者を〔スペインまたはアルゼンチンへ〕移すための法的な奇策を模索し始めた。そこで、囚人たちの裁判所への再出頭を義務づけた、当時制定されたばかりの法律が持ち出された。そうこうするうちにスペイン側の要請は退けられていたものの、裁判所がこの機会を利用して、アルゼンチン側の要請を受理する可能性はなおも残されていたのだった。アナキスト同盟〔フランス・アナルコ共産主義者同盟〕は、それまでは逮捕者たちのために弁護士を手配するだけに活動をとどめていたが、今や直接この件に乗り出した。アナキスト同盟は、ルイ・ルコワン訳註1にフランスの国内世論を三人の囚人に有利な方向に動員する仕事を託した。とはいえ、裁判の段階では、〔ルコワンらには〕事件の書類にじっくりと目を通すだけの時間がなかった。裁判は、アルゼンチンへの三人の引き渡しに関して、フランスの司法当局側が譲歩するなかで幕を下ろしたのである。弁護士たちにできたことはといえば、時間を稼ぐための上申書の提出くらいのものだった。

アルゼンチンでは、フランスの司法当局の裁定が大いに歓迎された。スペインの『ディアリオ・デ・レオン』紙は、こう述べている。「パリ駐在のアルゼンチン大使アルバレス・デ・トレード氏は、アリスティド・ブリアン氏と会見を行なった。この会見により、ドゥルーティ、アスカーソ、ホベールのテロリスト三人の身柄をブエノス・アイレスへ引き渡す際の具体的な諸問題が最終的な解決を見ることに疑問の余地はない」。

アルゼンチン政府は、アナキストの逮捕を専門とする警官三名を大使の助言役としてパリへ派遣した。その後、彼ら専門家の求めに応じて、政府は囚人の護送用に戦艦「バイーア・ブランカ」号を差し向けた。ブエノス・アイレスでドゥルーティが銃殺されるのは、もはや時間の問題であるかに思われた。

　このニュースは、アルゼンチンのリバタリアンたちを警戒させた。〔しかし〕彼らはひるむどころか、国中を席巻する規模の恐るべき騒乱を惹起する精力的な決意を固めたのだった。テオドーロ・アルベアール政権は、三人のスペイン人の釈放を目的に招集される、公の場での集会や示威行動を一切禁止した。この禁止措置は、アナキスト問題の解決には何ら効果がなかった。アナキストたちは、『ラ・アントルチャ』紙と社会囚支援委員会の周囲にその勢力を再び結集させた。

　フランスでは、裁判とその結末が自由主義的知識人たちの関心を呼んでいた。彼らは、左翼の各紙と論調を一つにして、ドゥルーティとその同志二人のアルゼンチンへの引き渡しを不当と考え、三人の即時釈放を要求した。こうした運動の高まりに大い貢献していたのが、あの疲れを知らぬ男ルイ・ルコワンだった。それでも、新聞各紙の好意的なキャンペーンや、『ル・リベルテール』紙や、あるいは政治難民のための庇護権擁護委員会によって組織された、あらゆる抗議・示威行動や集会——一九二七年一月七日の〔パリの〕ワグラム・ホールでの集会には、亡命中のミゲル・デ・ウナムーノが参加している——にもかかわらず、同年四月、フランス政府は先の裁判所の裁定に承認を与えたのだった。

　政府のそうした姿勢のため、大衆の圧力はいよいよ暴力的な度合を強めていった。三人のスペイン人のリバタリアンの訴訟は、それがサッコとヴァンゼッティを支援する騒ぎと一体化するような具合にでもなれば、大衆の予期せぬ運動を誘発することにもなりかねなかった。アルゼンチンでは、スペインの王室を満足させたいという願望と、国内状況が危機に陥るのを目の当たりにすることへの恐怖との間で板ばさみになって、アルベアールがためらいを見せ始めた。フランスでは、公衆の憤激が政治危機を誘発しそうな気運が高まりつつあった。ルコワンは思い切って国会のなかで嘆願を組織することにし、三〇〇名に及ぶ代議士の署名を少しずつ集めていった。七月一三日に予定されていた嘆願は、ドゥルーティらの引き渡しの再検討ばかりではなく、ポワンカレ大統領の失脚をもたらす危険までをも内包していた。他方、逮捕者三人はハンガー・ストライキに突入しており、各紙は連日に亘って三人の健康状況を激昂した世論に伝えていた。

嘆願が行なわれる予定の日、ポワンカレと法相のバルトゥーはルコワンのもとへ使者を送った。ルコワンの意図がポワンカレの失脚にあるのかどうか、使者は問い質した。ドゥルーティとアスカーソとホベールの釈放以外に望むものはない、とルコワンは応えた。ポワンカレは折れるしかなかった。嘆願がなされる前に、法相バルトゥーは翌日にも三人は釈放される見通しであると発表した。

夕刊紙は、大きな見出しを掲げて三人の釈放を報じた。翌日の新聞も、こぞってことの顚末を論評した。モリス・デルピーヌは、『ル・ポピュレール』紙にこう書いた。「彼ら無実の三人のためにフランス政府に監獄の扉を開けさせたのは、労働者階級の一つの勝利である」。『ル・クオティディエン』紙では、ユーゲット・ゴダンが自由の身となった三人との会見の様子を感傷的な調子で述べている。「それで、これからどうするつもりなのか。ドゥルーティは微笑みながら私を見つめた。これから、だって？　戦いに戻るのさ……。ただし、戦いの場はスペインだ」。この記者は、「確かに三人は出獄した。しかし、追放処分を受け、一五日以内にフランス国内から立ち退かねばなるまい。おそらくは同じ弾圧が彼らを待ち受けている他の国へ行くために」と記事を結んだ。

〔訳註1〕　ルイ・ルコワン――一八八八―一九七一。平和主義の立場に立つフランスのアナルコサンディカリスト。フランス・アナキスト同盟書記（一九一二）。サッコとヴァンゼッティやドゥルーティ、アスカーソらの釈放のために奔走。反軍国主義の宣伝により、長期間の獄中生活を体験。

13　ヨーロッパをさすらう地下生活者たち

庇護権擁護委員会は、釈放されたばかりの男たちのためにヨーロッパのいずれかの国の入国ヴィザを取得するという絶望的な仕事に着手した。しかし、各国の大使館は委員会の求めを拒みもしないかわりに、受け容れようともしなかった。グレゴリオ・ホベールは、文書を偽造して難局を乗り切った。ホベールは連れあいと二人の子供と一緒にベジエまで行き、そこで自分の本職である家具職人の仕事に就いた。ドゥルーティとアスカーソは、ヴィザの発給を待ちながら、他にすることもなく、午後になるとメニルモンタン地区のレ・プレリー街にあったアナキズムの書店に足を運んでいた。この書店で、彼らは若い女のリバタリアン二人と親しくなった。一人はエミリエンヌ・モランで、やがて彼女はドゥルーティの連れあいになる。もう一人のベルト・ファヴェールの方も、結局アスカーソと深い愛情の絆で結ばれることになるのだった。

そのころ、ドゥルーティとアスカーソはウクライナのゲリラ戦士、ネストル・マフノ[訳註1]に会っている。マフノのような行動派にとって、亡命生活はほとんど死にも等しいものだった。かつて全身に受けた数多くの傷がたたって消耗し、自分が率いたゲリラ軍の敗北とボリシェヴィキから浴びせられた中傷によって打ちひしがれたうえ、フランスの社会にも溶け込めずにいたマフノは、まだたかだか三五歳の若さであるというのに老人のように見えた。おまけに、ロシアからの亡命アナキストたちの間での組織をめぐる論争は、マフノを深い絶望の淵へと追いやっていた。マフノはドゥルーティとアスカーソのことは人伝に聞いて知っており、二人の裁判のニュースにも関心を払い続けていた。二人が面識を得たいとの意向を明らかにすると、マフノは自分が暮らしていたホテルのこぢんまりとした一室に彼らを迎え入れることを承知した。

マフノとじかに対面したドゥルーティは、こう語りかけた。「われわれは、ロシアにあってわれわれリバタリアンの理念の実現を目指して奮闘したすべての革命家たちに対し、お前さんを通じて敬意を表するためにやって来た。しかし、ぜひともわれわれは、ウクライナでのお前さんたちの戦いがわれわれ全員に意味した豊かな経験をも讃えておきたいと思う」。後に、アスカーソはこう書いている。「ドゥルーティの言葉は、敗残の戦士に深い影響を及ぼした。背は低かったけれども肉付きのよかったこの男は、自分が活力を取り戻していくのを実感しているようだった。そのやぶにらみの目から発せられた食い入るような眼差しは、病人のなかに潜んでいた強い生命力の存在をはっきりと物語っていた」。

マフノは、二人に次のように応じた。

「充分にアナキスト的な内実を伴った革命を実現するためには、スペインの方がロシアの場合よりも好条件に恵まれている。なぜなら、スペインには偉大な革命的伝統を持った農民とプロレタリアートが存在するからだ。

おそらくお前さんたちは革命を成し遂げ、この私は、ロシア革命に教訓を得た、生気に富んだアナキズムを目の当たりにして満足することだろう！　ロシアでのわれわれの運動には欠けていた、組織にまつわる感覚をスペインのお前さんたちは所有している。そして、革命に深さという点で保障を与えるものが組織であるということは、考えておくべきだろう。だから、私はただ単にイベリア半島のアナキズム運動を称讃している訳ではない。目下のところ、私はそれがボリシェヴィキたちの革命よりももっと深い革命を、しかも、ボリシェヴィキたちの革命を初めから脅かしていた官僚主義的な動脈硬化の危険なしに推し進めることのできる唯一の運動であるとも考えているのだ。この組織という感覚をスペインのアナキズム運動のなかで常に維持するために戦うがいい。また、アナキズムが生に対して閉ざされた理論だと考える者たちによって、運動が破壊されるのを許してはならない。アナキズムというのは、党派主義や教条主義ではない。それは行動する理論なのだ。アナキズムには、予め定められた理論はない。それは、個々人を通じてであれ、集団的にであれ、人間のあらゆる態度のうちに歴史的に表出している自然の営為だ。一個の力として、アナキズムは歴史の歩みそれ自体に内在している。そして、それは歴史を前進させる原動力なのである」

努めてフランス語で語ろうとはしたものの、マフノは友人のドウィンスキーに通訳を頼まなければならなかった。しかし、自分の意見が訪ねてきた二人の男に及ぼした効果のほどを確かめようと、マフノはドゥルーティとアスカーソの表情を窺い続けていた。数時間に亘って、ドゥルーティとアスカーソは、革命下のウクライナの、グリャイ・ポーレのアナキストたちの、マフノ運動の、そして自由ソヴィエトの歴史が語られるのに耳を傾けていた。マフノは言葉を継いだ。

「ウクライナのわれわれのコミューンは、われわれが創り出していた連合・連帯の仕組みの枠内における経済的・政治的な単位だった。そのなかで、共同体は個々人のエゴイズムに立脚するのではなく、局地的な規模であれ、地方的な規模であれ、共同体の成員間の連帯の意識に依存していた。農業問題には、ボリシェヴィキが強要しつつあったものとは異なった解決策があったのだということを、われわれの経験ははっきりとした形で示したのである。仮にわれわれの行動が国内の他の地方にも波及していたならば、農村と都市とのあの忌まわしい分裂が噴出することもなかっただろうし、飢えと、労働者と農民との間の無益な戦いの数年間をロシアの人民に回避させることも可能であっただろう。そして、一番大事な点は、革命が非常に異なった展開を遂げていたであろうということだ。われわれのシステムは非難にさらされてきた。われわれのシステムの維持・発展が現実に可能であったにしても、それは〔マイノリティーの〕農民と職人を支えとしていた〔にすぎない〕のだと論じられてきたのだった。だが、そうとばかりも言い切れない。われわれの共同体にあっては、農業的な要素と工業的な要素とが混在していたのだし、共同体のうちのいくつかはもっぱら工業的なものでさえあったのだからである。われわれのシステムに力を与えたのはもっと別のもの、つまり官僚主義的な慣行から距離を置いたうえで、われわれが示した革命への熱狂だった。われわれすべての者が、戦闘員であると同時に労働者でもあった。各共同体では、集会があらゆる問題を解決する機関だった。そして軍事面では、すべての部隊が代表権を有する戦争委員会がそうした機関に相当していた。われわれにとって重要であったのは、全員が集団的な営みに参加することであって、指導者層による権力の独占をそうやって阻止しようと狙ったのだった。だから、われわれは理論と行為とを結び合わせることができたのである。そして、ボリシェヴィキの流儀の必要性をわれわれが否定してみせたとき、トロツキーとレーニンはわれわれを打倒すべく赤軍を送り込んできたのだった。軍事的には、ウクライナとクロンシュタットではボリシェヴィズムが勝利を収めた。だが、革命の歴史は日々われわれを復権させ、ロシア革命の墓掘り人たちを反革命の輩として断罪していくことだろう」

会話の間、とりわけ自分にとって過酷であった過去を回想した際、マフノはしばしば疲れの色を覗かせた。ある一瞬、彼はふと息をついてから、「ときが来れば、お前さんたちはわれわれよりもうまくやってくれるにちがいない」と声に力を込めた。別れしな、マフノは二人にこう言った。「このマフノは、戦いを断念したことなど決してない。お前さんたちの戦いが始まったときにまだ命があれば、そのときには戦列に復帰するつもりだ」。

戦いたい、というウクライナの偉大な革命家の悲願は叶えられなかった。一九三四年の七月末、マフノはパリで死んだ。

一九二七年七月二九日、フランス政府からドゥルーティとアスカーソに与えられていた国外退去の猶予期間が切れた。しかし、ヨーロッパのどの国も二人を亡命者として受け容れようとはしなかった。そこで、フランス警察は二人をベルギー国境まで連れていった。だが、ベルギー警察はアナキストの入国に難色を示した。拒絶にあったフランス警察は黙って夜を待ち、〔闇に紛れて〕こっそりと二人をベルギー領内に潜り込ませた。ベルギー人のアナキスト、ヘム・ダイ[訳註2]の世話で、二人は八月をブリュッセルですごすことができた。けれども、ひょんなことから二人は逮捕されてしまい、ベルギー警察の手でフランス国境まで連行され、ベルギー入国の際と同じ手口でフランスへ潜入させられた。

　再びパリへ帰ったドゥルーティとアスカーソは、警察が監視の目を光らせ、彼らを匿っていそうなアナキストの活動家たちの住まいを捜索しているのを確認した。二人のフランス潜伏が筒抜けになっていたのは確かだった。間違いなく、ベルギー警察の仕業だった。ドゥルーティらは、ヨンヌ県のある平和主義を奉じる活動家のもとへ難を逃れようとした。だが、二人が〔平和主義者の住む同県のジョワニーの町に〕着いた途端、憲兵たちが彼の家を嗅ぎ回り始めた。そのため、彼らはまたもやパリに足を向けることになった。

　設立されたばかりの「革命同盟委員会」——スペインとイタリアを包含する反乱の計画を実行するため、「ソリダリオス」はこの委員会に参加していた——は、パリよりも穏やかな都市だったリヨンに移ってはどうかと二人に助言した。リヨンでなら二人はもっと自由に動き回ることも可能であろうし、反乱の大義のためにさらに貢献しうるはずだった。ドゥルーティらは、リヨンでねぐらと仕事にありついたものの、平凡な暮らしには安住できず、スペインのアナキズム運動の情報の収集に余念がなかった。この年の七月二四・二五の両日にバレンシアで秘密会議が開かれ、その大きな収穫としてイベリア・アナキスト連盟ＦＡＩが創設されたことは、すでに二人の耳にも届いていた。亡命先でもスペイン国内でも、「連関」つまり組合とアナキストのグループ各派との間の有機的な結合のあり方をめぐって、リバタリアン運動のなかで大論争が繰り広げられていた。ＦＡＩの誕生はＣＮＴ内でのアナキスト・グループ各派の影響力を強める結果となるのだが、ペスターニャやペイローのようなＣＮＴの著名な組合員のなかには、アナキスト・グループの影響力から充分に離れていたいと望む者もいた。フランスには、〔ＣＧＴ-ＳＲ（革命的サンディカリスト労働総同盟）に従属した〕「ＣＮＴ組合カードル[訳註3]」の設置を提案していたグループがあった。ドゥルーティとアスカーソは、〔スペイン本国の労働者階級の状況改善に何ら資するところのない〕その手の発想には明確な根拠を見出さず、[訳註4] むしろそこにスペインのアナキズムの目的からの、亡命地における逸脱を嗅ぎ取った。本来、スペインにおいて革命の爆発を惹起することが何にもまして優先されねばならなかったからである。そのような姿勢のおかげで、ドゥルーティとアスカーソは「アナルコボリシェヴィキ」という異名を奉られることになった。頂戴した異名が自分たちとはおよそ無縁なものであることは、彼ら自身が自覚していた。「CNT組合カードル」の設置案は〔一九二八年一月に〕リヨンで開催されたアナキスト大会で討論され、承認を受けた。ドゥルーティとアスカーソがこの大会に出席していたものかどうか、両者の立場を考えればはなはだ疑わしいところではある。しかし、いずれにせよ大会から数日の後、彼らは逮捕され、外国人法違反を理由に懲役六ヵ月を宣告された。二人は二八年一〇月に出獄したものの、庇護権擁護委員会の奔走にもかかわらず、彼らに入国ヴィザを発給してくれる国はどこにもなかった。フランスの警官たちは、またもや二人を密かにベルギーに潜入させた。

オデッセイは終わりそうもなかったが、ようやく一国、ソヴィエト連邦が二人を迎え入れる姿勢を示した。自分たちを封じ込めていた世界からとにかく脱出しようと決心していた二人は、ロシア人アナキストたちの忠告には耳を貸そうとしなかった。ドゥルーティは、家族に宛てて次のような文面を認めた。「この手紙が皆の手許に届くころには、俺たちを隔てる距離はひどく大きなものになっていることだろう。この俺がどれほどの心の痛みを抱いてスペインを離れているか、皆には想像もできまい。俺たちのところにロシア政府から好意的な通知が届いた。もう大きな冒険のための旅じたくは整っている」。だが、すぐに問題が持ち上がった。ブリュッセルにあったロシア領事館が、パリのロシア大使館に要望書を提出するよう二人に命じてきたのだった。二人は今一度フランスに密入国し、ロシア人たちからくどくどと質問を受ける破目になる。最終的に、二人には書き込み式の所定の用紙が与えられた。その文書は、ソヴィエト国家を擁護し、ソヴィエト国家に打撃を与えるいかなる活動をも慎むと同時に、同国が人民の意志の充全たる表現であると認めることを二人に要求していた。ソヴィエト側の意図のすべてがまったく耐え難いものに思われた二人は、ソ連行きを断念した。

アナキズムが一定の勢力を保っているヨーロッパの国のなかで、二人がそれまで唯一目を向けていなかったのがドイツである。そこで、二人の逃亡者は密かにドイツに向かい、一九二八年の一〇月の終わりにベルリンにたどり着いた。二人を迎えてくれたのは、アグスティン・スーシー[訳註5]だった。二人の状況を打開する手を打とうと、スーシーはルードルフ・ロッカー[訳註6]と協議した。ドゥルーティとアスカーソの身には何が起こるかわからない――ドイツはフランスではなかった――のを見越して、彼らがドイツにいる事実を伏せたうえで、ベルリン郊外の安全な場所に住まわせておくことで、スーシーとロッカーの意見は一致した。ロッカーは、リバタリアンの詩人エーリッヒ・ミューザム[訳註7]に連絡を取った。ロッカーとミューザムは、古参の闘争の同志に頼ることにした。時代が移り変わるなかで、その人物は社会民主党に入っていた。名前をカンプマイヤーといい、すでに二度、具体的にはエマ・ゴールドマン[訳註8]とマフノの件で有能なところを見せていた。

ドゥルーティとアスカーソは、カンプマイヤーの策が何らかの形で実を結ぶのを半月に亘って待ち続けねばならなかった。その間、二人のスペイン人は、自分たちが直面していた不法滞在の発覚の危険をよそに平静を保ち、ドイツ語の習得に励んでいた。二人のめんどうを見てくれた夫婦の子供たちが練習相手だった。夜になると、スーシーとロッカーが訪ねてきた。ミューザムが二人を放っておくことも、まずなかった。会話の席では、各自がそれぞれの経験を語り合った。ドイツ人たちが一九一八年と二一年の革命的な事態[訳註9]やバイエルン評議会のことを思い起こせば、二人のスペイン人は国際的なアナキズム運動の実情を彼らに教えてやった。このようにして、強固で持続的な友情の絆が培われていったのだった。

社会民主党と連携していたとはいえ、カトリックの中央党には大司教を殺害した〔ママ〕人間を庇う用意はない。最終的に、カンプマイヤーはロッカーにそう告げた。逮捕されれば、二人はスペイン政府に引き渡されてしまうことになる。どこか他の国に身を潜めるか、スペインへ帰るか、南アメリカに戻るか――残されたこれらの選択肢も、そろって危険なものだった。二人は、もう一度大西洋を横断する決意を固めた。ロッカーとミューザムは、二人の旅費を捻出するために俳優のアレクサンドル・グラナッハのもとを訪れた。グラナッハは、ロッカーらに自分の所持金をそっくり差し出してくれた。こうして、ドゥルーティとアスカーソはメキシコへ行く船に乗る腹づもりでアントワープへ向かったのである。

一九二九年の初頭、ベルギーでは外国人に対する不寛容な政策が見直されていた。おかげで、ヘム・ダイは改めて庇護権請求の手続きを行なうことができた。そして、とうとうドゥルーティとアスカーソにベルギー居住の許可が下りたのだった。ただし、居住に際しては改名したうえで、との条件がつけられていた。この条件は、二人の筋金入りの無法者をも驚かせるに充分だった。何しろ法律そのものが非合法ごっこに戯れようというのだから！「それは私の人生のなかで生じた一番奇妙な出来事だった」。アスカーソは、そう語っている。

ドゥルーティとアスカーソは、さっそくロッカーに宛てて手紙を書き、計画の変更を伝えた。そして、何らかの事情のためにスペインへ行く場合を想定して、いくらかを手許に残したうえで提供してもらったかねの残りを返した。二人は再びできる範囲で生活の安定に努めた。ドゥルーティはある工場に機械工として雇われ、アスカーソは画家になった。もっとも、アスカーソの方は、何度となくパトロンを変えている。誇り高い男であった彼には、容易に屈辱に甘んじることができなかった。あまり深く考えずに、エミリエンヌとベルトが二人のところにやって来て一緒に暮らし始めた。彼らは、亡命者だけの集団が醸し出す雰囲気に染まってしまうのを好まなかった。というのも、そうした世界には個人間のいさかいだとか妄想や夢想で一杯になった空気が充満しているのを、彼らは経験から知っていたからである。にもかかわらず、警察はドゥルーティらから目を離そうとはしなかった。さらに警察は、ベルギー王室への架空の陰謀を捏造したうえで、イタリアからの亡命者カミッロ・ベルネリ[訳註10]と一緒に、彼らをその陰謀に巻き込もうと虚しく画策することまでやってのけたのだった。

アスカーソは、いろいろな分野に渡って勉学に勤しみ、知識を習得していった。ドゥルーティの方は、自由になる時間を割いては国際アナキスト委員会のために働いた。この委員会は、パリの〔アナキストたちが経営する〕国際書店と提携し、あらゆる種類の著作を刊行していた。しかし、二人の視線はあくまでもスペインに向けられていた。

〔訳註1〕　ネストル・マフノ――第一部第10章「パリ亡命とピレネーのゲリラ戦」、七三ページ、訳註1を参照。

〔訳註2〕　**ヘム・ダイ**——一九〇二—一九六九。ベルギーのジャーナリスト、マルセル・ディユーの仮名。アナキスト・反ファシスト。スペインのアナキスト紙・誌にもしばしば寄稿した。

〔訳註3〕　**〔CGT-SR（革命的サンディカリスト労働総同盟）に従属した〕「CNT組合カードル」**——アベル・パス、アンセルモ・ロレンソ社版、二〇二ページ。CGT-SRについては、第三部第10章「死に瀕した革命」、二六二ページ、訳註3を参照。

〔訳註4〕　**ドゥルーティとアスカーソは、〔……〕その手の発想には明確な根拠を見出さず**——アベル・パス、アンセルモ・ロレンソ社版、二〇二ページを参照。

〔訳註5〕　**アグスティン・スーシー**——?—一九八六。スペイン革命のために尽力したドイツのアナルコサンディカリスト。一九三三年のドイツにおけるヒトラーの政権掌握の後、フランスでの亡命生活に入り、三六年初めにバルセローナへ移る。内戦中は、CNT-FAIの外国向けプロパガンダ・セクションの設立に携わる一方で、CNTの要請を受けてヨーロッパ各国を歴訪、スペインの実情を伝えて回った。また、動乱のスペイン国内へも積極的に足を運び、各地の革命に取材した。『アラゴンの農民の間で』（一九三七）、『五月の悲劇の一週間』（一九三七）、『リバタリアン的社会主義』（一九五〇）、『スペインの夜スペインにおける内戦と革命』（一九五四）等の著述を残す。

〔訳註6〕　**ルードルフ・ロッカー**——一八七三—一九五六。ドイツのアナキスト。主要な著作に『ロシアにおける国家−共産主義の破産』（一九二二）や『民族主義と文化』（一九三七）。

〔訳註7〕　**エーリッヒ・ミューザム**——一八七八—一九三四。ドイツのアナキスト。革命詩人。『労働者評議会のマルセイエーズ』を発表。一九一九年にはバイエルン共和国評議会政府に参加。一九三四年、ナチの親衛隊により強制収容所内で虐殺された。

〔訳註8〕　**エマ・ゴールドマン**——一八六九—一九四〇。ユダヤ系ロシア人。一八八六年にアメリカへ移住、アナキストとなって精力的な活動を展開。一九一九年ソヴィエト・ロシアへ渡り、クロンシュタットの反乱（一九二一）が起こるまで滞在。一九三六年には革命のスペインへ。

〔訳註9〕　**一九一八年と二一年の革命的な事態**——一九一八年については、「ドイツ革命」の第一幕——一〇月末のヴィルヘルムスハーフェン、キールにおける水兵の出航拒否に端を発した革命的騒乱のドイツ各地への拡大と、混乱のなかでのシャイデマン（社会民主党）による一一月九日の「共和国」の樹立宣言——を指すものと思われる。また、二一年には中部ドイツとハンブルクを舞台にコミンテルンの指令に基づいて共産党が蜂起した（三月末）。

〔訳註10〕　**カミッロ・ベルネリ**——一八九七—一九三七。イタリアのアナキスト。カメリーノの中等教育機関の哲学教師。ムッ

ソリーニの権力掌握後に亡命、フランス・ベルギー・ドイツに住む。イタリア語やスペイン語のさまざまな雑誌に寄稿し、数多くのパンフレットや『ムッソリーニとバレアーレス諸島』を執筆。一九三六年からバルセローナに居を定め、隔週の雑誌『階級戦争』（イタリア語）を編集、同誌を通じてCNTの公式路線を徹底的に批判。一九三七年五月、バルセローナでスターリン主義者の情報員の手にかかって暗殺された――以上はナウティルス社版にアベル・パス自身が施した註記（七〇一ページ）。二七〇ページ下段左の写真にも同様の説明が添えられている。もっとも、このベルネリ殺害の犯人に関しては、ムッソリーニの秘密警察とフランコ派の共謀説もあり、事件にはなお解き明かされていない点が多い（バーネット・ボロテン、渡利三郎訳『スペイン革命――全歴史』晶文社、一九九一年、四六二ページ、及び「訳者解説」、六三一ページを参照）。

14　共和国に向かって

独裁体制は自らが内包する脆さのために倒れ、残された王政は崩壊の瀬戸際まで追い詰められた。一九三〇年一月三〇日、ベレンゲール将軍がプリモ・デ・リベーラに取って代わり、憲法に謳われた国民の基本的人権の保障を回復した。ベレンゲール将軍は、ウナムーノやスベール[訳註1]の帰国に便宜を図ることで知識人と王政とを和解させたり、大赦によって世論に迎合しようと試みた。もっとも、〔一九二六年一一月にプリモ・デ・リベーラの独裁の打倒を狙って〕プラッツ・デ・モリョーへと向かったマシアーの遠征隊のメンバーや数百人のアナキストやサンディカリストの活動家ら、テロ行動のかどで起訴されていた者たちは、大赦の枠から除外されていた。

王室の取り巻きを除けば、ベレンゲール政権は挿話の域を出ないと誰もが考えていた。これといった確信も持たぬままに、保守党や自由党の古参の政治カシーケたちは破綻した王政を表面的に取り繕おうとしたが、最も機を見るに敏な者たちや最もためらいのなかった者たちは王政の側から立ち去った。政界の要人のなかには、マウラ[訳註2]やアルカラ・サモーラ[訳註3]のように共和主義者として名乗りを上げる者も出た。それは、ブルジョワジーが旗印や装いを改めた方が都合がいいし安心もできると思っていたことを物語っていた。

一九二七年以降、瀕死の体であったCNTは、スペイン全土を席巻するストライキ攻勢の主力として息を吹き返した。野党勢力は、アナキストとCNTが果たそうとしていた役割を察して不安に駆られ、その指導者と思われていたペイローやペスターニャと結ぼうとした。ペイローは、カタルーニャ民族主義者の掲げる共和主義に惹き付けられて、あるマニフェスト〔「共和制への合意」〕に署名した。しかし、もっと穏健だったペスターニャの方は、誰とも関わりあわずに成りゆきを見守っていた。両者は穏健で改良主義的な立場に転じてしまっており、以来CNT内部の革命的なセクトやアナキストたちとは恒常的な対立関係に入っていた。

八月、CNTはカタルーニャに地方大会を招集し、地方委員会を選出するとともに、機関紙『労働者の連帯』の再刊を決議した。

八月一七日、サン・セバスティアンの「共和派クラブ」にすべての野党勢力を代表する政治家数名が集まり、共和制樹立の宣言を目指して戦う合意〔「サン・セバスティアン協定」〕が成立した。とはいえ、CNTと社会党が彼らに合流しなければ、それは達成できない目標だった。将来の暫定政権における三つの閣僚の地位と引き換えに、社会党員たちは共和派への支援を承諾した。CNTに関していえば、ペイローとペスターニャがガラルサ[訳註4]やマウラと個人の資格で会見し、彼らの申し出を一一月一五日に開催されたCNT全国総会に伝えたのだった。

総会では、ペイローとペスターニャが望んだような、野党との無条件の同盟を支持する意向は表明されなかった。総会は、王政に反対する運動が発生した場合にはゼネラル・ストライキを宣言し、その運動を最大限に展開させる決定を下したのである。ところで、軍部は並行して繰り広げられつつあった二つの運動の波動を受けていた。一つは共和派の軍人の運動であり、もう一つはフェルミン・ガラーン[訳註5]やアレハンドロ・サンチョら、アナキズムに共感をよせていた軍人たちの運動である。

〔何らかの変革に向けられた〕陰謀の主導権は、アルフォンソ一三世の周囲を離れ、王政の枠内での反対派に転じたばかりの者たちの手に次第に握られていった。彼らの目的は、王政の社会経済的な基盤を変えずに体制を変えてしまうことだった。彼らは、何としてでも人民の騒乱ばかりは避けたかった。だからこそ、CNTやアナキストたちの、あるいはフェルミン・ガラーン配下の将校たちの活発な動きは、彼らを不安に陥れたのである。当時のもたつきは、そこから説明がつく。ゼネラル・ストライキや軍人の反乱を当て込んでの指令が、そしてその取り消しが相次いだのである。そしてそれは、〔一二月に〕ハーカでガラーンとともに決起した男たちや、バルセローナの街頭に飛び出した男たちには致命的だった。ガラーンとガルシア・エルナンデスは銃殺された。両雄の名は、二人を「殉教」へと追いやった人間たちにより〔共和主義の〕象徴として活用されることになった。監獄は、反乱で起訴された革命的な労働者たちでまたもやあふれた。

王政のもとでの弾圧は、それが最後となった。一九三一年四月一二日の地方選挙における投票が、同体制に引導を渡したためである。共和国の誕生が宣言されるなか、国王とその支持者たちはスペインを放棄した。祖国を離れる旅の途中、国王の一行はスペインへ戻る亡命者たちで満員の列車と幾度か擦れ違っている。そんな列車のなかの一両に、ドゥルーティとアスカーソが乗り合わせていた。

〔訳註1〕**スベール**——アントニオ・マリーア・スベール。一九〇一—？　学生時代に反プリモ・デ・リベーラ将軍の闘争に参加したため、学生の身分を剥奪され亡命。エスケーラ（カタルーニャ左翼共和党）の設立者の一人。

〔訳註2〕**マウラ**——ミゲル・マウラ・イ・ガマーソ。一八八七—一九七一。アントニオ・マウラ（第一部第6章「一九二二年サラゴーサ」、四〇ページ、訳註2）の子息。当初は保守党に所属。一九三〇年、それまでの王政支持の立場を離れる。スペイン第二共和国臨時政府内相（一九三一）。

〔訳註3〕**アルカラ・サモーラ**——ニセト・アルカラ・サモーラ・イ・トーレス。一八七七／プリエーゴ・デ・コルドバ—一九四九／ブエノス・アイレス。第二共和国初代大統領（一九三一—三六）。

〔訳註4〕**ガラルサ**——アンヘル・ガラルサ・ガーゴ。一八九二—一九六六。サン・セバスティアン協定に署名。第二共和国の発足時、財務長官に任命される。公安総局長として、内相マウラとともに準軍隊的な警察組織である突撃警備隊を設置（一九三一）。

〔訳註5〕**フェルミン・ガラーン**——フェルミン・ガラーン・ロドリーゲス。一八九九—一九三〇。左翼の軍人。バルセローナのモンジュイックでの獄中生活（一九二六—三〇）の間に、アナキスト的な色彩の濃い著作『新しい創造』を書く（一九三〇年に出版）。同僚のアレハンドロ・サンチョとともに、ＦＡＩに近い立場にあった。サンチョの方は一九三〇年一二月のハーカ蜂起の以前に逮捕され、獄死している（アベル・パス、アンセルモ・ロレンソ社版、二一三ページ）。

第二部　活動家（1931―1936）

1　四月一四日

四月一五日、ドゥルーティとアスカーソはバルセローナに到着した。あたりには、共和国の樹立が宣言された一四日の余韻がまだ漂っていた。同じ一五日、二人はリカルド・サンスと対面した。CNTが県当局から寄生虫〔の知事〕を引きずり出して、その座にルイス・コンパニス[訳註1]を据えたときの様子をサンスは二人に語って聞かせた。そうした英雄譚は彼らを満足させるものではなかった。CNTの多数派の立場と、それを表現するはずの機関紙『労働者の連帯』の立場との間の矛盾にことが関わるとなると、なおさらだった。ペイローが編集長を務めていた同紙は、新しい共和主義権力との協調を以下のように求めていたのである。「新たな独裁を受け容れるなどということは論外としても、ブルジョワ共和制というのはわれわれを熱狂させる政治体制ではない。共和国が強固なものとならねばならないのであれば、それがCNTという組織を考慮すべきであることに異論の余地はない。さもなければ、共和国の存続は不可能だろう」〔四月一五～一八日付。以下、新聞からの引用には適宜日付を付す〕。組合員と機関紙とのコントラストは、CNT内部の対立する二つの思潮の存在を反映していた。そして二つの思潮は、現実にあるものとして認識されぬまま、不協和音の源となったのである。

共和国は暴力を伴わずに誕生した。そして、市民は争いも犠牲者もない新時代の到来を期待した。ほどなく、そのような幻想は霧散してしまう。権力は、ただスペインにブルジョワ的な憲法だけを付与しようという点においてのみ見解が一致していた、対立する諸勢力の手に握られていた。ドゥルーティとアスカーソは、共和国が経済的・社会的な重要課題を何ら解決せずにすべての者の期待を裏切り、人民の熱狂が消え去ってしまえば、たおやかな葦も権力の座を占めるデマゴーグたちに対する槍と化すだろう、と先を読んでいた。そのとき、アナキストは人民の不満を方向づけ、それを確固とした意識に基づく反乱へと転じていかねばならない。以上の条件が揃えば、革命の展望も可能となるはずだった。「ソリダリオス」に特徴的なこうした姿勢は、「アナルコボリシェヴィキ的」であるとして若干のアナキストたちからも非難されることになる。

にもかかわらず、道理はまったくドゥルーティらの側にあったのである。農村部の状況は爆発寸前だった。四〇〇万人の農民が悲惨な条件のもとで生きていた。彼らは、この国の経済の衰退の責めを負うべき半封建的な一大階級である地主層からその膏血を絞り取られていた。軍部・教会というもう二つの反動勢力と並んで、地主層は共和国の不倶戴天の敵だった。脆弱で後発のスペインの資本主義は、政治的には大地主やその他の反動勢力に従属していた。昂揚した社会意識と強大な組織力を有するプロレタリアートの存在と相まって、そのことが一片の重要性すらないような争いをも暴力的な紛争にしてしまう背景となっていた。共和派の知識人のおずおずとした進歩主義も、社会党の改良主義も、スターリン主義の極小政党の無力なデマゴギーも、決して問題を解決するものではなかった。革命に打って出る以外に、出口はなかったのである。

発足した暫定政府の曖昧な性格が早くも露呈した。反王政の闘争において最も傑出していたアナキストたちが、大赦の枠から除外されてしまったのである。『労働者の連帯』紙上から同志を即座に釈放するよう要求していたCNTにとって、大赦の問題は焦眉の課題だった。「ソリダリオス」には、特にそうだった。アウレリオ・フェルナンデス、フアン・ガルシア・オリベール、トーレス・エスカルティン、サラメーロ、フリアーナ・ロペスら、メンバーの多くが収監されていたからである。彼らを獄中から救い出すべく、ドゥルーティとアスカーソは奔走した。しかし、二人の活動はそれだけにとどまらなかった。当時の主要な仕事といえば、CNTの再組織化だった。彼らはその仕事に全身全霊を傾け、公の場での集会や会議に駆けつけた。特にドゥルーティの場合には、請われるままに二つの異なった催しで弁舌を振るわねばならない日も何度かあったほどだった。

バルセローナへ着いた当座、ドゥルーティはサン・マルティ・デ・プロベンサルス地区のパサッヘ・モンタール街一二番地にあった、マリーア・アスカーソの連れあいのルイス リエーラの家に身をよせるしかなかった。後に、プエブロ・ヌエーボのタウラート街一一七番地に住まいを見つけ、パリから来たばかりの「ミミー」こと連れあいのエミリエンヌとそこで一緒に暮らし始めた。

ドゥルーティが登壇した最初の公的な催しは、四月一九日にモンジュイック公園にある映写劇場で開かれた。その際、彼はこう話している。

「仮にわれわれが共和主義者であるとしたら、現在の政府には人民から与えてもらった勝利を認識する能力がないのだと、われわれは断言することだろう。けれども、われわれは共和主義者ではない。そうではなくて、われわれは正真正銘の労働者なのであるから、労働者の名において、現政府に対しわれわれは、それが歩みつつある危険な道程について、方向を転じない限りこの国を内戦の淵へと導いていくであろう道程について警告を発しておこう。われわれは、政治体制としての共和制に興味はない。そんなわれわれが今の共和国を受け容れたとすれば、それはこの共和国を社会的な次元での民主化の第一歩と見なしてのことである。しかし、自由と正義が空虚な言い回しではないとする原則を共和国が保障することがわれわれの支持の前提であるのは、論を待たない。共和国がそうした自明の前提をすっかり忘れてしまい、おまけにプロレタリアートや農民の諸要求には目もくれないなどということがあろうものなら、労働者が共和国によせているわずかばかりの関心でさえも失われてしまうだろう。なぜなら、共和国の今の姿勢は労働者階級が四月一四日にこの体制に抱いた期待に応えるものではないからだ……」

「ソリダリオス」にとって、集会は自分たちの行動の基本方針を練り上げたという意味で決定的に重要だった。アスカーソと、ブルゴスの監獄を出たばかりのガルシア・オリベールも、同じ集会で発言した。ガルシア・オリベールの演説は、革命の最も屈強な護民官の一人が誕生したことを告げていた。

各組合の本部は活動的な労働者たちで埋め尽くされたし、ひっきりなしに集会も開かれるなど、社会の激しい沸き立ちを物語っていた。治安警備隊の解散、軍隊の浄化、教会と国家の分離、農業問題の解決、あらゆる囚人の釈放等が求められた。人民は監獄を襲い、囚人たちを解放した。要するに、労働者階級には自分たち自身の問題を自分たち自身の手で解決する心の準備ができていたのである。

再組織化のうえで、反動陣営も遅れをとってはいなかった。彼らの政党である国民行動党[訳註2]は、共和国政府によって合法化された後、マドリードで暴力沙汰を引き起こしていた。ある騒ぎを鎮圧した際、治安警備隊はすでに人を殺していた。殺された人間たちは、新しい体制のもとでの最初の犠牲者だった。緊張が高まりつつあった。そして、こうした空気のなかで、プロレタリアートの祝祭であるメーデーが告知されたのだった。バルセローナでは、デモ隊を防衛する手立てを講じるため、急遽アナキスト・グループの各派が集まった。

ドゥルーティとアスカーソが没頭していた、組織化とプロパガンダに関わるさまざまな仕事に、国際的なアナキズム運動がメーデーのパレードに参列させようとバルセローナに派遣した代表たちに付き添う仕事も付け加えられた。ドイツ・アナキスト連盟はスーシーを、ロシアのアナキストはイダ・メット[訳註3]とヴォーリン[訳註4]を、イタリアのアナキストはベルネリを、スウェーデンのアナルコサンディカリストはリュディガー[訳註5]を、さらにフランス・アナキスト同盟はルコワンとオデオンをそれぞれ送り込んできた。彼らの多くは、ドゥルーティとアスカーソの苦渋に満ちた亡命時代以来の知己だった。

五月一日金曜日の午前九時、芸術会館はぎっしり満員だった。シウダデーラ公園とトリウンフォ大通りとの間にあふれた人、人、人の波は凱旋門へと向かって伸び、さらにそれはあたりの通りという通りに流れ込んでいた。プラカードには、次のような字句が踊っていた。「治安警備隊を解散せよ」「工場は労働者の手に」「土地は農民に」「CNT万歳」「イベリア・アナキスト連盟」「人間による人間の搾取はもうたくさんだ」……。

共和国の曖昧さを非難する演説に引き続いて、演壇から「工場の占拠と自主管理、さらには土地の奪取」が発議された。「労働者階級にはそのすべてをやってのけるだけの能力が備わっている。われわれに必要なのは、革命へと立ち上がる大胆さだけだ」。一二の短い演説が終了した後、CNTカタルーニャ地方委員会は組織の姿勢をこう規定した。「われわれは前進しなければならない。未来の征服に向かって、精力的に前進しなければならない。労働者階級にとって、未来の征服とは資本主義と国家の完全な破壊以外にはありえない。ただ資本主義と国家の破壊の後にのみ、階級のない社会の樹立が可能となるだろう」。

デモは穏やかなものだった。街頭を練り歩いた後、それはジェネラリタートの庁舎の前で終わった。委員会がそこでカタルーニャの地方当局に集会の決議文を手渡すはずだった。三台の軽トラックがデモ隊の先頭に立ち、組合の名のもとにデモ隊を率いる、サンティアゴ・ビルバオ、フランシスコ・アスカーソ、ブエナベントゥーラ・ドゥルーティ、ファン・ガルシア・オリベールの面々で構成された委員会がその後に続いた。デモには一五万人が参加した。

午後一時、委員会は〔共和国〕広場に入ったところで保安隊員たちと遭遇した。拳銃を手にした保安隊の将校が委員会に近づき、デモ隊の引き上げを命じた。アスカーソは将校の説得にかかったが、将校は聞く耳を持たなかった。そこでアスカーソは将校を殴りつけ、その拳銃を取り上げた。将校とその他の保安隊員たちは退却した。ドゥルーティは、赤と黒のＣＮＴの旗を振り回し、甲高い声で「ＦＡＩを通すんだ！」と叫んだ。群集はすぐさま動き出し、あっという間に憲法広場〔共和国広場？〕訳註6に雪崩れ込んだ。

委員会のメンバーは、カタルーニャ自衛隊の一団が警備していたジェネラリタートの庁舎に入った。背後で扉が閉ざされた。このとき、自衛隊員とＣＮＴの旗を持っていたルイ・ルコワンとの間で小競り合いが生じた。扉のあたりから、一発の銃弾が発射された。その直後、今度はサン・セベーロ街の一角から数発の銃声がとどろいた。「ヘルメットの警備隊員」の異名を持つ保安隊員の仕業だった。すさまじい混乱が巻き起こった。大半の者は地面に平伏し、女たちの多くは群集の間をすり抜けようとあがいて悲鳴を上げた。皆が皆、四方八方へ逃げ出すなか、一部の活動家は応戦の構えを見せた。委員会〔の他のメンバーたち〕とはちがって、ドゥルーティは庁舎の外にとどまっていた。彼は軽トラックのうえによじ上った。そのすばやい対処が、惨劇の発生を食い止めることになった。〔五月八日付の〕ＦＡＩの機関紙『ティエラ・イ・リベルター〔土地と自由、以下は日本語名で表記〕』が、詳細を伝えている。「耳を圧するような強い口調で、ドゥルーティはわれを忘れて逃げまどう者たちに熱弁をふるい、総崩れが銃弾よりもひどい事態を招くことのないよう落ち着きを求めた。さらにドゥルーティは、武器を手にしていた同志たちに沈着冷静を保てと言い聞かせ、本能に任せた行動をもたしなめた。そうやって、ともかくもパニックは押さえられ、警察との衝突も避けられたのだった。おかげで、平穏が回復されることになったのである」。しかし、銃弾が再び発射されるまで、さして時間はかからなかった。デモに参加していた無防備の人間たちを狙って、あちこちの曲り角や屋上から銃弾が浴びせられた。CNTの組合員数名が応戦した。撃ち合いは、軍の分遣隊が広場を占拠するまでの間、四五分に亘って続いた。保安隊員に手を貸した挑発者たちが路地伝いに逃亡していく様子が見て取られたのは、そのときのことだった。保安隊員たちの方は、新たに駆けつけた分遣隊により発砲の中止を命じられた。そこへ、全速力で治安警備隊の騎兵の小隊が到着した。しかしその小隊も、やはり軍の兵士たちの手で行動を制止された。デモ参加者の間からは多数の負傷者が、また保安隊員の側では死者一名、負傷者二名が出た。

事件は、カタルーニャ民族主義を奉じる中産階級を激怒させた。〔もっとも〕事件の挑発者たちは、おそらくはこの階級のなかから出ていたのである。保安隊の出現と小競り合いに火をつけた最初の発砲の責任は、ジェネラリタートにあった。すべては、新たに成立した権力であるカタルーニャの民族主義的共和主義が、労働者階級に打撃を与えつつ自らの基盤を固める用意に励んでいたことを意味していたのだった。

〔訳註1〕**ルイス・コンパニス**――一八八三―一九四〇。カタルーニャの弁護士・政治家。CNTとは親密な関係を維持し、法廷でも何度となくCNTの組合員の弁護を行なっている。一九三一年にはエスケーラ（カタルーニャ左翼共和党）を設立。一九三三年にジェネラリタート首班のマシアーが亡くなった後、その後継者となる。一九三四年一〇月の反乱の結果、一旦はジェネラリタート首班の座を追われるが、一九三六年から三九年までの間、再びカタルーニャの地方行政の頂点に立って采配を振った。一九三九年一月、フランコ軍のバルセローナ入城直前にフランスへ脱出。しかし、翌四〇年にゲシュタポに逮捕され、その身柄はフランコ将軍の待つスペインへ引き渡された。同年一〇月に銃殺。

〔訳註2〕**国民行動党**――「宗教・所有・家族」の護持を掲げて、一九三一年四月に誕生した極右政党。後に、党名を「人民行動党」と改める。三三年に発足するCEDA（スペイン独立右翼連合）の中核組織。

〔訳註3〕**イダ・メット**――？―？　マフノと一緒にボリシェヴィキの支配するロシアを逃れた革命家。『〔鹿砦社復刊ライブラリー№1〕クロンシュタット叛乱』（鹿砦社、一九九一年）には、レオン・トロツキー、湯浅赳男の論考と並んで、このイダ・メットの「クロンシュタット・コミューン」（蒼野和人訳）が掲載されている（五〜一三〇ページ）。

〔訳註4〕**ヴォーリン**――一八八二―一九四〇。ソヴィエト・ロシアを追われたアナキスト。本名はフセヴォロード・ミハイロ

ヴィッチ・エイヘンバウム。アナキズムの最も重要な著述の一つと評される『知られざる革命　一九一七―一九二一年』を書く。同書の第二部『一九一七年　裏切られた革命――ロシア・アナキスト』と第三部『知られざる革命』は邦訳されている（いずれも野田茂徳・千香子訳。前者の版元、出版年は現代評論社、一九七一年、後者のそれは国書刊行会、一九七五年）。

〔訳註５〕　リュディガー――ヘルムート・リュディガー。？―？　スペイン内戦当時はＡＩＴ（国際労働者協会）のドイツ代表。内戦のさなかの一九三八年に、バルセローナのＣＮＴ全国委員会から『スペイン革命のなかのアナルコサンディカリズム』を出版。

〔訳註６〕　カタルーニャ自衛隊――スペイン継承戦争（一七〇一―一四）直後に創設された、カタルーニャ地方に固有の武装警察組織。元来、農村地帯の治安維持を旨とした。内戦当時は、ジェネラリタートの管轄下にあった。

2　グループ「ノソトロス」とＣＮＴ・共和国

メーデーの事件をめぐって、ＣＮＴ内の二つの傾向の対立はいよいよ尖鋭化した。穏健派ないし改良主義者にとって、事件はＦＡＩが挑発した結果だった。そして、その点では彼らはジェネラリタートや内務省と見解を等しくしていた。改良主義者たちは、共和国の合法的な枠組みを利用して政府と協力しながら、体制に反逆する者を一切切り捨ててしまおうと望んだ。ＦＡＩや、ＦＡＩに加盟していなかったアナキスト・グループ――「ソリダリオス」の組織自体はＦＡＩに加わっていなかった――には、穏健派のそうした態度はアナルコサンディカリズムの死を意味した。実際、合法性に服すというのであれば、労働省が布告した四月八日法[訳註1]を受け容れなくてはならなかった。四月八日法は、労使交渉の裁定機関としての労使混成協議会の設置やストライキの事前の届け出、それに集団での雇用契約の取り決めを予め謳っていた。ＣＮＴにしてみれば、それは組合を労働市場の調整装置として国家機構のなかに取り込んでしまうことをもくろむ経営者側との和解戦術を含意していたのである。

ＣＮＴが改良主義の陥穽に落ちるのを避けるためには、アナキストたちが適切な行動を起こし、組織に活力と統一性を取り戻すことが必要だった。一九三一年六月に予定されていたＣＮＴ第三回全国大会の準備は、彼らアナキストに自分たちの視点を開陳し、さらにそれを擁護する機会を提供した。

「ソリダリオス」は、アントニオ・オルティスや「エル・バレンシア」ことアントニオ・マルティネスらの若手を迎えて、組織の装いを改めた。そして、新しくなった「ソリダリオス」はＦＡＩの一翼を担うまでに成長する。同名のグループの存在が判明すると、「ソリダリオス」は単なる呼称の問題にはそれほど拘泥せずにグループの名を「ノソトロス（われわれ）」へと改めた。

通常は映画館や劇場を会場に組合の集会が相次いで開催され、ＣＮＴ全国大会へ提出される議事日程の審議や代表の選出が行なわれた。しばしば平日の夜間に開かれたそうした集会の席で、革命派は官僚主義的な立場や改良主義的な立場を批判した。革命社会の組織化という革命の中心的な問題の方が、個々の職場の問題よりもはるかに熱気を帯びて論じられたのだった。

この騒然たる一時期に、ルードルフ・ロッカーがバルセローナにやって来た。第三回全国大会においてＡＩＴを代表するようにとの、ＣＮＴ全国委員会の招きを受けてのことだった。その回想録のなかで、ロッカーはドゥルーティやアスカーソと自身との間で交わされた会話を思い起こしている。

「われわれはスペインの新しい状況と運動の将来の見通しについて語り合った。彼らは大きな希望を抱いていた。もとより、社会の新たな進展を勝ち取ることができるまでにはなお多くの困難を克服せねばならないことも、二人は承知していた。それは、まったく当然のことだった。王政はスペインを非常な混沌のなかに置き去りにしてしまったのであるから、それを手っ取り早く秩序立てることなど無理な話だった。混沌は、新しい土台に拠って立つ強靱で建設的な営為によって克服されねばならなかったのである。アスカーソは、共和国の誕生それ自体よりもそれに先立つ数年間の恐るべき産みの苦しみの方がなお始末が悪い、との意見だった。〔彼の見るところでは〕それが不都合を生んでいた。というのは、例えばスペインにとってきわめて重要だった農業問題の解決のような、経済的・社会的な活動の決定的な変革は、新たな事態を現出させるにちがいない、長期に亘る革命の期間を通じてのみ断行されうるものであったからである。そうした変革はどんな政府の手にも任せられるものではなかった。にもかかわらず、六月の総選挙が済めば状況は自ずと明らかになり、ＣＮＴが大きな役割を果たすことになるはずだとアスカーソは確信していた。

会話を終えたわれわれは、外国からの代表たちを歓迎する目的で、展示会館の一つを会場にCNTカタルーニャ地方委員会が企画していた日曜日の朝の集会での再会を約束して別れたのだった」とロッカーは記している。ロッカーにとって、その集会は一つの驚きだった。ドイツでは、ロッカーはこれほどの規模の示威行動には縁がなかった。自分の演説を終えたドゥルーティが、会場を去る前に少し話をしておこうとロッカーのそばに来て腰を下ろした。

「私が最も驚かされたことの一つは、聴衆が演説する者たちに耳を傾ける際の、彼らと一体となったかのような関心の払いようだった。しかし、他の国の場合とは違って、聴衆は自分たちの熱狂を示そうとして拍手喝采を送ったりはしなかった。ドゥルーティ自身、聞く者たちに印象を与えたと思われたのに、何の喝采も受けなかった。彼は、洗練されているとは言いがたい言葉使いで遠回しの表現を避け、歯に衣着せずに演説を行なった。どうして聴衆が〔演説者たちを〕称賛しないのか、ロッカーはドゥルーティに尋ねた。ドゥルーティは、笑い出してこう言った。『だが友よ、ロッカーよ。われわれアナキストが個々人を礼賛したりなどしないことは、君自身、充分よく承知しているはずではないか。演説する者に向けられる拍手喝采は、彼らの胸に虚栄心や指導者至上の心理を呼び起こす心地よい音色のようなものだ。同志の力量を見定めるのは正当だが、それはそれだけのこと。同志が〔周囲の者たちに〕喚起する関心というのは、彼の発言が醸し出す興味によって自ずと鮮明になるものなのだ』」

組合からアナキズムの影響力を拭い去ってしまおうとするCNTの穏健派の意向が貫徹されていたならば、アナキストたちは労働者階級から孤立し、CNTは一気に改良主義へと転落してしまっていただろう。CNT第三回全国大会が開かれる前日、FAIは結成以来初の半島会議を招集し、CNTの内部に「アナキズムを根づかせる」点で合意した。先の半島委員会のメンバーは、政治家と手を握ったことを理由に激しく批判され、解任された。アナキズムの原則を再確認する広範な革命的展望を開くことを通じて、FAIはその政治的清算をもくろむ者たちに回答を提示したのである。

グループ「ノソトロス」は、組合でのアナキズムの影響力を増幅させればこと足れりと考えていた訳ではなかった。直面する諸条件の分析から出発して、「ノソトロス」は社会党やCNTの穏健派の側からの階級闘争の骨抜きを狙う試みに闘争の急進化の戦術を対置させた。共和国が安定してしまうかどうかは、その点にかかっていた。「ノソトロス」の戦術は、ガルシア・オリベールにより正当にも「革命の訓練」と命名されたが、それは闘争のなかで労働者を戦闘員として鍛え上げていくことを意味した。自身を経験のなかで鍛えていくために、闘争という闘争を一切拒まず、それに馳せ参じることによって、労働者は自分たちに不可能なことは何もないのだと理解できるようになるだろう。そのようにして、ブルジョワジーのイデオロギーの原理やタブーは破綻を来たし、労働者たちは、明白で、しかも日常的な闘争を通じて手の届く現実としての未来社会を垣間見るだろう。大会の代表たちは、戦いの矢面に立つ人材でなければならなかった。

火曜日の午後、CNT第三回全国大会はマドリードのコンセルバトリオの大ホールで開幕した。大会に派遣された者たちは、およそ一〇〇万人の労働者を代表していた。

当初から、二つの思潮は激突した。両陣営が始めた論争は、あらゆる討論の核心に顔を覗かせた。〔自律的な個々の〕組合を「産業別連合」に取って変えるという構造改革の問題が提起された。〔この構造改革が実施された場合にCNTが確保するであろう〕より大きな有効性・凝集力という魅力に訴える者もいれば、産業別連合のなかに官僚主義的動脈硬化が生じる危険や労働者間の連帯感情に亀裂が走る事態を懸念する者もいた。後者にとって、組合とは、職種を同じくする人間の集まりという概念を超えて、そこに所属する労働者一人一人の仕事が何であれ、資本に対する闘争において彼らが連帯する空間でなければならなかった。この点で最も非妥協的だったのが、ガルシア・オリベールを筆頭とするレウスの組合の代表団である。ガルシア・オリベールは、持ち前の火の出るような演説のなかでも最も激しいものの一つを行なった。演説は行きすぎと見なされ、中断の已むなきに至っている。「（……）われわれには、産業別連合は受け容れられない。なぜなら、産業別連合はそれ自体のうちに解体の契機を内包しており、われわれが国家に対抗させようとしている大衆をむざむざ殺してしまうことになるからだ。現にあるものとしてのCNTは、いかなる面でも失敗したことがない。私は、そう断言できる。CNTが何らかの失敗を犯したというのであれば、それはCNT内部の最も卓越した〔と思われている〕活動家たちに革命的な知性が欠けていたからである（……）。今、CNTには果たしておかねばならない、このうえもなく重要な役割がある。現在の時点というのは革命が阻止されてしまった段階だが、〔その成就に向けて〕われわれの力を残らず傾注できるよう、すべての組合組織を覚醒させておくことがCNTにとって必要なのも、今このときなのである……」。

バルセローナの製造・紡績組合の代表として、ドゥルーティも同じ立場を擁護した。

もう一つの争点は、憲法制定議会に対してCNTが取るべき姿勢であり、突きつけるべき要求だった。この点に関しては、全国委員会が議事日程に勝手に挿入した不適切なものと大会参加者の大半が考えていた。CNTの目的は、武力闘争を通じてのリバタリアン共産主義の樹立にあったからである。労働者たちを欺く改良主義的サンディカリズムを支援し、彼らに改良主義的な戦いによって状況が改善されうるなどと信じ込ませるのは、CNTの関知するところではなかった。闘争をそのような側面だけに限定してしまえば、資本主義の余命を長らえさせるばかりでなく、労働者階級の墓穴を掘ることにも繋がった。資本主義を破壊するのは、ただ革命だけだったのである。

大会が終了しても問題は何も解決されておらず、二つの傾向の対立が遅かれ早かれCNTに内部危機をもたらすことになると、誰もが確信していた。〔内相の〕マウラが促進した弾圧のせいで穏健派は梯子を外された恰好となり、両派の確執はいっそう尖鋭化する。

大会出席者が地元に引き上げた後、電話局員のストライキが突発した。それが非合法と宣告され残虐に鎮圧されると、今度は電話局員への連帯の意思表示として一連のストライキが発生した。その動きはセビーリャで頂点に達した。治安警備隊は、警告なしの発砲命令をマウラから受けていた。死者はセビーリャ市で三九名、セビーリャ市を除く同県全体では一〇〇名を数えた。国会からマウラはCNTとFAIを威嚇し、遵法精神に欠けるその姿勢を引き合いに出したうえで、「集会法も結社法も、彼らを助ける他のいかなる法も存在しない」と両組織に言い渡した。政府と雌雄を決せよと、マウラはCNTに果たし状を叩きつけたのだった。バルセローナのモデーロ監獄は、サンディカリストの囚人たちであふれ始めた。八月には囚人の釈放を求めるゼネラル・ストライキが宣言されたが、『労働者の連帯』紙もCNT全国委員会も、いずれも穏健派の掌中にあってストライキを充分に支援したとはいいがたかった。幻滅した金属工や建設工は、独自の判断でストライキを継続した。FAIは運動の拡大を図って大規模な集会を催した。集会では「ノソトロス」のメンバーが奮闘した。建設工組合が警察と軍に急襲され、数時間に及ぶ銃撃戦の末に占拠されてしまった。兵士たちはそこで矛を収めたが、獲物が逃げようとするのを見た突撃警備隊員たち[訳註2]は、一ダースほどの労働者を選び出すと、警備隊本部の門のあたりで彼らに機銃掃射を浴びせかけた。

社会戦争の空気が醸成されるなか〔の九月一日〕、穏健派の批判を煮詰めた「三〇人宣言」がブルジョワ新聞の紙面に登場した。この声明は、階級闘争の急進化の元凶としてFAIの「独裁」を告発するとともに、労働省からラルゴ・カバリェーロ[訳註3]により推奨されていた労使間の協調政策を、技術者や知識人をサンディカリストの陣営に吸引するうえで必要な社会平和の視点から正当化していた。ジャーナリズム、わけてもカタルーニャのそれは、宣言に盛り込まれた批判を「CNT内の良識派の表現」と受けとめ、「ドゥルーティとアスカーソとガルシア・オリベールの三人の匪賊を頭目とする恐るべきFAI」への攻撃に乗り出した。

数日後、宣言について問い質してきた記者に、ドゥルーティはこう応えた。

「攻撃がガルシア・オリベールと私に直接向けられているのは、一目瞭然だろうと思う。〔マドリードでの大会を終えて〕バルセローナに着くと、私はすぐに件の面々と議論を戦わせた。数時間に亘って討論を重ねた末、われわれは今やいっそう旗印を鮮明にしつつある二つの立場をはっきりと確認したのであるから、それも当たり前のことだろう。

われわれFAIの人間は、多くの人が思い描く存在からかけ離れているどころの話ではない。われわれの周囲に、さっさと掻き消してしまわねばならない不当なオーロラのようなものができてしまっているのだ。アナキズムは、臆病な精神の持ち主の多くが想像するようなものではない。正義という領域において、われわれの理念は特権階級が考えているよりもはるかに大きな広がりを示している。それは、資本にとって、また至極高尚な任務に従事しておられるプロレタリアートの庇護者気取りたちにとってさえ、本当に危険な思想なのである（……）。

つい先だってセビーリャでの四人の労働者の殺害を許可し、マルティネス・アニードの恥ずべきやり口に再び訴えた現政権[訳註4]とわれわれが折り合うことが、どうして望ましいというのだろうか。先のプリモ・デ・リベーラの独裁体制の支持者たちに制裁を加えようとはせず、しかも彼らがラサルテにあってまったく自由に陰謀を企て続けるのに目をつぶっているような政府[訳註5]とわれわれが折り合うことが、どうして望ましいというのだろうか。プリモ・デ・リベーラの独裁体制の協力者たち〔社会党・UGT〕が参加している政府とわれわれが折り合うことが、どうして望ましいというのだろうか（……）。

四月一四日に革命が実現されなかった以上、現在起きていることは起こるべくして起こったこと以外の何ものでもない。実際に前進した以上に、前に進むべきであったのだ。そして今、われわれ労働者にそのつけが回ってきているという訳だ。われわれアナキストだけが、CNTの原理とリバタリアンの原則を擁護している。他の者たちは、そうした原理・原則をどうやら忘れてしまったらしい。その証拠に、闘争はいよいよ力強く開始されねばならないという段になって放棄されてしまったではないか。ペスターニャとペイローの場合は道徳的に妥協してしまったから、リバタリアンとして行動するのが難しくなっているのは明らかだ。

現に成立している共和国はリバタリアンの理念にとって大きな脅威であって、アナキストが精力的に動かなければ、われわれは必ずや社会民主主義へと堕落してしまうことだろう。革命が行なわれねばならない。それも、早ければ早いほどいい。なぜなら、共和国は人民に経済的にも社会的にも何ら保障を与えてこなかったからである。共和国がこうやって築かれたそのままの姿で確固たるものになる日を手をこまねいて待ち続けることなど、われわれには断じてできない（……）。

無理もない話だが、スペインの共和派の脳裏にはロシアの実例が焼きついている。彼らには、ケレンスキー政権の時代と同じ事態がどうしても起こらねばならなかったことがわかっている。ケレンスキー政権は、真の革命を実現するための準備段階に他ならなかった。そして、それこそ共和派が避けたがっていることなのである（……）。

ブルジョワは、あえて労働者たちと一戦交えようとはしなかったけれども、陣地は確保した。ドイツやベルギーの場合と同じように社会民主主義者を支援するか、あるいは組織された労働者大衆の手で資産を没収されてしまうか――彼らはジレンマに直面した。ブルジョワも馬鹿ではなかったから、自分たちに一番都合のいい社会民主主義の方を選んだという次第なのだ（……）。

日に日に増加しつつある失業労働者の問題の解決が必要不可欠だ。そして、それはわれわれ労働者が解決すべきなのだ。どのようにして？　むろん、社会革命を通じて、である。労働者は動き出さねばならない……」

多くのアナルコサンディカリストを怒らせたのは、内部危機を誘発しようと「三〇人派」[訳註6]が利用したその時期だった。当時は、当局側の弾圧ばかりにではなく、社会党や共産党の策略や中傷にも対処するうえで、多大なエネルギーが必要とされていたときだったからである。ドゥルーティが弟のマヌエルに宛てた手紙は引用に値する。そのころ、マヌエルはレオンにあって社会党と共闘していた。

「お前に一言だけ言っておく。セビーリャの同志たちは、誰とも、ブルジョワジーとも共産党とも手を繋いだりはしなかった。CNTは誰の後ろ楯をも認めないし、だからこそわれわれは、労働者たち自身が鼓舞し、労働者自身の組合によって支えられることのないような運動への参加は拒絶する。

政治運動、とりわけ共産党のそれは、労働者の一般的な利益などお構いなしに、政党の利益に応じて指図される。だが、共産党の場合、話はそれだけにとどまらない。彼らの運動というのは、そっくりソヴィエト国家の利益に結びつけられているのである。モスクワは、いつでも自己の『国家理性』と結びついた政治戦略や国際的な目的に従って、各国の共産党を前に進めたり、後退させたり、まるでチェスの駒のように操っているのだ。

（……）ときが来れば、CNTは自身に浴びせかけられている中傷に回答を示すだろう。だが今現在でさえも、CNTはその立場を明確にし、併せて活動家たちに飽きもせずに向けられる弾圧に対抗することに全精力を傾注する必要に迫られているのである」

CNTがおかれた状況を明確にするため、一九三一年一〇月一一日、カタルーニャ地方委員会は傘下の組合の地方総会を招集した。とはいえ、論争の焦点となったのは産業別連合である。総会の席で、バルセローナ市の組合連合の決議を擁護する代表の一人にアスカーソが選ばれると、ペイローは『労働者の連帯』[訳註7]紙編集長の職を辞任した。産業別連合に関していえば、総会は〔穏健派の意向を汲んだ〕先の全国大会の決定に服したのだったが、その実施に当たっては各組合の判断に任せる方針を採択した。また、総会は「三〇人宣言」に署名した三人を『労働者の連帯』紙編集部から更迭し、同紙の編集長にフェリーペ・アライスを指名した。アライスは、生粋のアナキストとしてあまりにもよく知られた人物だった。

「FAI派」のこの勝利は小さなものではなかった。彼らにとって不都合だった先の大会決定の一つ、産業別連合に関連した決議に修正を施し、加えてCNTの機関紙を「三〇人派」から奪い取ったのだからである。しかし、ドゥルーティが総会の詳細を把握したのとときを同じくして、レオンの警察が彼を探し出そうとその自宅に向かっていた。ドゥルーティの名前は、「エル・トト」の名前と一緒に政府広報に掲載された。ヒホンでの銀行強盗の件で、二人は指名手配されていたのだった。アスカーソは些細な理由で逮捕され、警察で虐待を受けた。同志たちは、アスカーソの釈放を要求してストライキに突入し、アライスとカリェハスは『労働者の連帯』紙上からアスカーソ救援のキャンペーンを繰り広げた。ドゥルーティは、アスカーソを支援する集会の一つで演説した際に「当局を侮辱した」とのかどによっても告発された。

そのころ姉のロサが、バルセローナにドゥルーティを訪ねている。ある手紙のなかで、彼女はこう語っている。「弟がすごしていた環境を目の当りにして、私は呆れるばかりだった。〔プエブロ・ヌエーボ地区のタウラート街を離れた後〕ブエナベントゥーラがクロット地区のフレセール街に腰を落ち着けてからというもの、家のなかはずっと空っぽだったのだから。家具が一つか二つ、マットレスがなくて台のうえにそのままカバーを敷いただけのベッド。弟と、コレットがおなかにいた義理の妹のミミーの所帯道具はそれで全部だった。どうして私たちにおかねのことを話さなかったの、と私は弟を叱りつけた。ブエナベントゥーラは、肩をすくめて冗談交じりに『考えてもみな！　エミリエンヌときたら大した大食いなんだ。この俺がどんなにすげえ子の父親になるか見ていろよ』。弟は、どうにもならないほどの楽天家だった」。一九三一年一二月四日、ドゥルーティに娘コレットが誕生した。

生まれたばかりのコレットを連れて、ドゥルーティとミミーとその妹はレオンに行った。四人がまだ旅の途次にあったころ、かねて重病だった、ドゥルーティの父サンティアゴが亡くなった。サンティアゴ・ドゥルーティの葬儀は、労働者の重要な示威行動となった。

レオンのCNTは、ドゥルーティが顔を見せた機会を利用したいと考え、彼一人が演説を行なう集会を企画し、県内のすべての鉱山地帯から労働者を招いた。集会はぎっしり満員の闘牛場で開催された。ドゥルーティは、以下のように発言した。

「スペインは革命の前夜にある。労働者の世界の中核に、革命は兆しつつある。その革命は、暴動でも騒乱でもない、真の意味での、そして深い革命となるだろう。そしてそのもとで、ブルジョワ的・宗教的・国家的・資本主義的な秩序は崩れ去ることだろう。そして、完全な破壊のなかから、労働者・農民階級は特権を貪る者や寄生虫のいない、すべての人間にパンと自由を約束する新しい世界の芽を吹かせることだろう。なぜなら、自由のないパンは圧制であり、パンのない自由は偽善であるからだ。けれども、革命が一つの現実となるためには、すべての労働者が、一人の脱落もない統一行動によって真の階級意識を追求し、あらゆる活動をただ一つの目的、搾取されてきた労働者階級に許された唯一の目的へと方向づけていくことが肝要だ。その目的とは、隷属の鎖を断ち切って、自由のもとで自己の尊厳を体感するということに他ならない。覚えておくがいい。いかなる革命も隷属状態にあっては成就されるものではない。それは、自由のなかで、自由とともに成就されうるのだということを。だからこそ前進せよ、人間を解放する革命のために！　常に前進せよ、永続的で、決して終わりを知らぬ社会革命を目指して！」

〔訳註1〕　**労働省が布告した四月八日法**——ここで言及されているのは、四月八日「法」のことではなく、主に労働省が労使混成評議会の設置を指令した一九三一年五月七日の「政令」のことである（同年一一月二七日に法制化）。「四月八日法」（「労使職業結社法」）。成立は翌三二年）は、労使混成評議会の設置をはじめとする前年以来の共和国政府の一連の社会政策を補完した内容を綴っている。組織規約の当局への提出を義務づけた同法も、むろんアナルコサンディカリストの激しい反発を買った。

〔訳註2〕　**突撃警備隊員たち**——突撃警備隊に関しては、第一部第14章「共和国に向かって」、九九ページ、訳註4を参照。

〔訳註3〕　**ラルゴ・カバリェーロ**——フランシスコ・ラルゴ・カバリェーロ。一八六四／マドリード－一九四六／パリ。早くから社会主義運動に参加し、一九一八年にUGT書記長に選出される。プリモ・デ・リベーラの独裁政権に協力。第二共和国時代には、労相（一九三一－三三）・首相（一九三六－三七）等を歴任。一九三七年五月に首相を辞任した後、同年一〇月にはUGT書記長の職務も解任され、政治・組合活動の第一線を退く。敗戦間際にフランスへ逃れたが、第二次世界大戦中ドイツ

軍に捕えられ、強制収容所での生活を体験。「第三帝国」の崩壊により自由の身となったものの、ほどなくパリで波乱に満ちた生涯を閉じた。一九七五年のフランコ将軍の死後、遺骸はペール・ラシェーズからマドリードへと移された。

〔訳註４〕つい先だってセビーリャでの四人の労働者の殺害を許可し、マルティネス・アニードの恥ずべきやり口に再び訴えた現政権――次章「洋上に浮かぶ監獄『ブエノス・アイレス』号」、一二五～一二六ページ、訳註6を参照。

〔訳註５〕先のプリモ・デ・リベーラの独裁体制の支持者たちに制裁を加えようとはせず、しかも彼らがラサルテにあってまったく自由に陰謀を企て続けるのに目をつぶっているような政府――ラサルテというのはギプスコア県にある町の名前だが、この町とプリモ・デ・リベーラ将軍の支持者たちの策謀との関連は不明。一九三〇年八月に同県の県庁所在地サン・セバスティアンに結集し、王政の打倒を誓った過去を持つ共和派（第一部第14章、九八ページを参照）の見識や統治能力を皮肉っての発言か。

〔訳註６〕「三〇人派」――一九三一年夏、ＦＡＩの思想傾向に反対する純粋にサンディカリスト的な綱領（所謂「三〇人宣言」）を発表したことにより、その後ＣＮＴを離れた三〇人とその同調者たち。翌年一二月、「三〇人派」はＦＡＩを模倣した政治組織「リバタリアン・サンディカリスト連盟」を結成。「連盟」は組織としての重要性には欠けたが、ペイローとファン・ロペス（第二部第11章「ＣＮＴ第四回大会」、一八〇ページ、訳註3を参照）の影響のもとに、アナルコサンディカリストの伝統的な立場である反議会主義の主張を維持。

〔訳註７〕〔穏健派の意向を汲んだ〕先の全国大会の決定――穏健派が提起した産業別連合の設置案は、賛成三〇万二〇〇〇票（反対九万六七一票）で大会の支持を得た（アベル・パス、アンセルモ・ロレンソ社版、一七八ページ）。

3　洋上に浮かぶ監獄「ブエノス・アイレス」号

ドゥルーティやアスカーソやガルシア・オリベールは、その活動がたたって、自分の野心を共和国によって成就させようと願う者や政治家たち、それに秩序を愛する者たちの目には最大の敵と映るようになった。かつてプリモ・デ・リベーラの独裁期には盟友であった者たちは今や「バリケードの向こう側」に移り、「客観的に見れば反動陣営の同盟者」「カタルーニャとは縁のない分子」「反乱の煽動者」「無責任な輩」などのレッテルを貼って、ドゥルーティらに対する仮借のない紙上キャンペーンを繰り広げていた。カタルーニャ民族主義者のバディーアは三人を「ＣＮＴの組合員証を持った盗賊ども」と呼んだ。こうした人間たちにとっては、軍事クーデタの危険よりも革命の危険の方が気がかりだった。社会党員からカタルーニャ民族主義者までを、自由主義的ブルジョワジーから進歩主義的知識人までを集めた統一戦線が、プロレタリアートとその組織、さらにはドゥルーティとアスカーソに対して立ちはだかった。あらゆる口実のもとに二人は追われることになった。アルフォンソ一三世へのテロ容疑という、およそ共和主義的とはいいがたい理由で、ドゥルーティはヘローナで拘置されたことがあった。ある集会への彼の参加を妨害するのが拘置の狙いだった。〔このときには〕労働者たちが警察署の前で急遽示威行動に出たため、彼はすぐに釈放された。ヒホンでの銀行強盗の件で、レオンでも治安警備隊の少佐がドゥルーティを捕えようとしたが、ゼネラル・ストライキを恐れた少佐は逮捕を思いとどまった。同じように、アスカーソにも捕えられた経験がある。彼を救い出すにはかなりの数の労働者の動員が必要だった。〔しかし結局〕敵は落胆してしまった。執拗な弾圧も、労働者の間での二人の人気を高めるだけに終わったのである。

国会での憲法審議が遅々として進まぬ間にも、状況は加速度的に悪化していった。数週間前から続いていたストライキを中止させようとして、〔一九三一年〕一二月三一日、バダホス県の寒村カスティルブランコに治安警備隊が突入し、騒動が巻き起こった。多数の死傷者が出た。ＦＡＩの機関紙『土地と自由』がこの事件に割いた記事の「スペインは治安警備隊の手に乗っ取られた」との見出しは、農民たちが抱いた事件の印象を過不足なく要約している。

例えば上リョブレガットやカルドネールの鉱山地帯のように、スペインの他のどんなところでも同様の事態は起こりえたのである。この地帯では、治安警備隊と鉱山会社の横暴に歯止めをかけようと、ＣＮＴがプロレタリアートの大義を確認する集会を開いた。反乱に訴えて、リバタリアン共産主義を宣言するという発想は、大半の労働者の精神のなかでいよいよ明確な形を取りつつあった。『労働者の連帯』紙の編集長に就任して間もないフェリーペ・アライスは、獄中から書き送ったいくつかの記事のなかで反乱を提唱していた。だからドゥルーティは、サリェントで開かれた集会の際、誰もが聞きたいと思っていたこと、つまり「共和派や社会党が棚上げしてしまった革命をもう一度企てる必要があること、ブルジョワ民主主義は破産してしまっていること、ブルジョワジーが不当に所有している社会的な富の収用と国家の廃絶を通じてのみ、労働者階級の完全な解放は達成されうること」を口にするのにまったく躊躇しなかった。ドゥルーティはフィゴルスの鉱夫たちに最後の戦いに備えるよう助言し、ブリキ缶とダイナマイトで爆弾を製造する方法を教えてやった。

集会が開催されてから数日後〔一九三二年一月一八日、そのフィゴルスを皮切りに〕鉱山地帯の全域に渡って革命運動が勃発し、マンレーサに至るまでの市町村でリバタリアン共産主義が宣言された。鉱夫たちは、国家・かね・私的所有の廃絶を定めたマニフェストを発表した。蜂起は血なまぐさいものではなかったが、アサーニャ[訳註1]が軍部に命じた弾圧は過酷だった。反乱者の収監と移送は鉱山地帯の枠を越えて実施された。一月二〇日にはアナキスト狩りが開始され、スペイン各地の地下牢は逮捕されたアナキストであふれかえった。ドゥルーティは二一日の朝、アスカーソ兄弟も同じ日の昼に捕えられた。二一日の午後、移送されることになった者たちは残らず「ブエノス・アイレス」号に乗船させられた。この船は、トランスアトランティック会社が政府のために提供したものだった。

囚人の乗船は、巡洋艦「カノバス」から監視されていた。「カノバス」は大砲で囚人たちに狙いを定めていた。銃の引き金に指をかけたまま、水兵たちは船倉に入っていく拘留者に目を光らせていた。船底には、わらも毛布も便所もなかった。空気は、小さな明り取りからわずかに入り込んでくるだけだった。水はほとんどなく、食糧も微々たるもので、囚人の積み込みはさながら奴隷の輸送を思わせた。

手入れを逃れたドゥルーティの同志たち、ガルシア・オリベール、サンス、オルティスの三人は全国委員会がスペイン全土にゼネラル・ストライキを指令するよう、それぞれの組合においてすぐさま行動に移った。しかし委員会の実権を握っていたのはペスターニャであり、プロパガンダ・キャンペーンを通じて、彼は多くの地方委員会から要請されていたストライキの宣言を攪乱しようと画策した。ペスターニャの策略のおかげでCNTの有効な抗議活動が妨げられているのを見て取った政府は、「ブエノス・アイレス」号をただちに出港させるよう命令した。ガルシア・オリベールは労働者たちに対して自殺行為に出たペスターニャの前代未聞の態度について所感を執筆したが、ガルシア・オリベール本人は〔公の場で〕それを自ら読み上げる機会を失した。彼自身も逮捕され、バルセローナのモデーロ監獄に収容されてしまったからである。

一九三二年二月一〇日、蒸気船は港を離れた。ドゥルーティの連れあいのエミリエンヌは、フランス・アナキスト同盟にことの次第をこんな具合に伝えている。

「家には絶望があるばかりだ。『ブエノス・アイレス』号はギネアへ、おそらくはバータに向けて今朝四時にバルセローナ港を離れた。この船には一一〇名の逮捕者が乗っている。船は他の活動家たちも乗せるため、バレンシアとカディスにも立ち寄らないといけない。彼らがこの二つの港で流刑に処されるのを待っているからだ。お別れのために船内に入ることも、私たちには許されなかった。ただ何人かの子供たちが、水兵に手を引かれて父親にお別れを言うことができただけだった。生まれて二ヵ月半の私たちの小さなコレットも、水兵に抱かれて船内に入った。ドゥルーティは娘にキスをしてあげることができた。ほぼ三週間前にドゥルーティたちが逮捕されてから、私たちは彼らと話すことも会うこともできなかった。

船が港に停泊していた間に、ドゥルーティとその同志数名はハンガー・ストライキに入った。このため、ドゥルーティとアスカーソ、ペレス・フェリウ、マサーナは他の護送囚から引き離されてしまったのだった（……）。

共和国が内包していた最大の矛盾の一つは、『ブエノス・アイレス』号の一一〇人もの囚人が裁判にもかけられぬまま流刑処分に服している一方で（おまけにその多くはフィゴルスでの事件には無関係だったのだ）、王党派は自由に陰謀を巡らせ、大地主たちは土地を荒れるにまかせ、農民は腹を空かせて死んでいくという現実にあった。有名な『共和国防衛法』[訳註2]は共和国の敵に対してではなく、労働者に対して行使されていたのである。労働者の唯一の罪といえば、自分たちの階級に一貫して忠実であるというだけのことなのに。

プリモ・デ・リベーラに協力していた社会党が今になって労働者の求めに耳を傾けるなどということが、どうしてありえただろうか。目には目を。そして歯には歯を。私たちの法はこうでなければならない。同志たちはいなくなってしまったし、もう一度会えるかどうかもわからないけれど、私たちは負けを認めるつもりはないし、頭を垂れもしない。戦い続けるまでのことだ」

他の囚人たちを積み込むために船はカディスに着いたが、住民の襲撃を恐れて沖合に錨を降ろした。次の寄港地はカナリア諸島だった。囚人たちが去った後のスペインは、彼らの流刑に抗議する数多くのストライキに見舞われた。

二月一四日、タラッサで革命的ゼネラル・ストライキが宣言された。地元の複数のアナキスト・グループの手で引き起こされたものだった。一五日の夜には市内の主な戦略上の拠点が武力で制圧され、治安警備隊の兵営も包囲された。あるグループは市役所を占拠したうえ、ポールに黒と赤をあしらったCNTの旗を掲げた。サバデールから警察が到着したが、労働者たちは力が尽きるまでは降伏しなかった。サラゴーサやレバンテ、それにアンダルシアでも似たような事件が起きた。

苦境に立たされた政府は大きな規模でプロパガンダ・キャンペーンを展開し、国会の場では秩序を維持するための厳格な手段の適用を正当化した。こうした手段は、社会党員をも含む代議士たちによって承認された。しかし、政治的な辻褄合わせも、容赦のない弾圧も、高まる一方の大衆の興奮に水を差すことはできなかった。フィゴルスやタラッサにおける反乱の失敗にもかかわらず、反徒たちの目的は達せられた。リバタリアン共産主義の理念が、スペインのプロレタリアートや農民大衆の関心の中心に据えられたのである。

そうこうするうち、「ブエノス・アイレス」号はギネア湾を目指してカナリア諸島を離れていた。船はダカールでバナナを補給した。船底に押し込まれた囚人たちに与えられる唯一の食べ物がバナナだった。栄養不足と非衛生的な監禁状態のせいで、敗血症が数多く発生した。船がフェルナンド・ポー島に接岸したところで、患者たちは病院に収容された。海相のヒラール[訳註3]は、この下船の報を受けるが早いか、電報で全員をもう一度乗船させ、「カノバス」号に常時警護に当たらせたうえで彼らをバータへ移送するよう命じた。

命令とその取り消しは移送の劣悪な条件とも重なって囚人たちを激昂させ、反乱へと駆り立てた。騒ぎの思いがけない衝撃に乗じて、囚人たちは甲板を占拠した。船長は度を失ったものの、冷静さを取り戻すと反徒たちとの交渉に応じた。彼らが矛を収めるのと引き換えに、食事や待遇が改善されることになった。以来、囚人たちは簡易ベッドで眠ったり、甲板に出たりできるようになった。

病人を抱えたままバータまで航海を続ける訳にもいかず、蒸気船は航路を引き返してカナリア諸島へ戻った。ラス・パルマスで病人たちを降ろしてから、船はリオ・デ・オロに向けて旅を続けた。だが、この植民地の軍司令官はドゥルーティの身柄の引き受けを拒絶した。軍司令官はレゲラール某といい、レオンで殺害されたかつての県知事の息子だった。彼は、父親を殺害したのはドゥルーティだと確信していたのである。「ブエノス・アイレス」号はカナリア諸島に戻り、フエルテベントゥーラ島のプエルト・デ・カブラスでドゥルーティとさらに七人ほどの囚人を下船させた。残りの者たちは改めてアフリカ大陸へと向かった。そして二ヵ月あちこちを行ったり来たりした末、ようやく流刑地のビリャ・シスネーロスに到着したのだった。

　船旅の模様が国民に伝えられるようにと、政府はある新聞記者に航海記の執筆を依頼していた。歓喜に満ちた船旅ならではの奇抜な光景を描いて記者が悦に入ったことについて、われわれが何を付け加えておかねばならないというのだろう。このころ陰謀家だったラモン・フランコ[訳註4]は、ビリャ・シスネーロスの流刑囚たちのもとを訪れ、帆船で逃亡してはどうかと助言を与えている。お抱えの記者が書いたルポルタージュをもっと真実に近いもので打ち消してもらった方が流刑囚たちにとってはずっとありがたいのだと、アスカーソはフランコに持ちかけた。本国に戻ったフランコは流刑囚たちの生活のありさまを綴った連載記事を書き、政府の政策を非難した。

　家族に宛てて認められた手紙のなかで、ドゥルーティはこの悲しい冒険談を語っている。

「あちこちの海を舞台にしたこの俺の長旅もようやく終わった。忘れ去られたような島に腰を落ち着けて、お前たちに俺のことを教えてやれる。

　きのう、バルセローナを離れてから初めての知らせを受け取った。ミミーとペリーコ、それに他の友人たちからの手紙だった。きのうまで俺は世間から隔離されていたから、お前たちのことは何もわからなかった。共和国政府は俺たちを最も過酷な条件のもとに流刑に処すだけでは飽きたらず、俺たちを侮辱し、一番厳しいやり方で孤立させてみせたのだ。政府の紳士の皆さんはたいへんな吝嗇家で、革命家だというだけのことで俺たちには物を欲しがる感情が欠落しているし、俺たちのことを生存に関心を払わないくらい愚鈍な生き物だと思っている。

　お前たちも俺たちのオデッセイの一部は知っているだろう。俺たちの移送のとんでもない悲劇をお前たちに説明してやるには紙がたくさん必要だし、それにもっと冷静にならないといけないみたいだ。俺たちはひどい苦しみを味わった。まったく悲劇的な時間を体験したものだ。哀れな水兵たちの手で、もう少しで銃殺されかかったこともあった。酔っぱらった将校たちに唆されて、祖国への義務を果たすのだとばかり、水兵たちは危うく銃の引き金を引くところだったのだから（……）。

この島はひどい。スペインの統治を怠ってきた歴代の全スペイン政府からも見事に見捨てられてきた土地だ。俺たちは兵営のなかで暮らしている。一日の生活費として一ペセータ七五センティーモが支給されている。政府の皆さん方は、俺たちが食費として数千ペセータも持っていると信じ切っている。俺たちをウナムーノやロドリゴ・ソリアーノと混同しているのは確実だ。俺たちはマドリードに異議申し立てを行なっており、現在その回答を待っているところだ（……）。

島の住民は怯えていた。俺たちが子供たちを生きたまま食ってしまうような輩だと吹き込まれていたからだ。それでも、彼らも俺たちと会って話をし、つきあいだしてからはすぐに落ち着いた。今では、子供を俺たちと一緒に遊ばせたりしている（……）。

この追放がいつまで続くのか俺にはわからない。俺には追放の理由も示されなかった。ある国際的な集会の席での攻撃的な言動を処罰しなければならないという口実のもとに、俺は逮捕されたのだったが（……）。

俺がイベリア半島に戻ったら、社会主義の何たるかを忘れてしまった社会党の皆さんは、どうして俺たちの流刑に賛成票を投じたのか労働者階級に釈明しなければいけなくなることだろう。そして俺個人には、俺が王党派に協力した〔と彼らが言い張る〕根拠と、彼らの話では俺が受け取ったとかいう数百万ペセータの所在についても明らかにしてもらわねばなるまい。

こんなやり方で共和派や社会党が共和国を救おうと考えているのなら、それは彼らが間違っている。なぜなら、毎朝働きに出るために目を覚まし、奴隷として工場の門をくぐっている俺たち〔言われるところの〕社会秩序の攪乱者が、本当の意味での労働者階級として、つまり社会的な富を生産する唯一の階級として、工場の門をくぐる日がいつかはやってくるであろうからだ」

アナキズムとは無縁のある島民がドゥルーティとの親交について、彼の人間としての最も特徴的な側面のいくつかを浮かび上がらせながら述べている。

「確かにわれわれは知り合いになったし、あの男に本を貸してやったこともある。私が貸した本を、彼はずいぶん熱心に読んでいたものだっけ。けれどもドゥルーティが島を離れてからは、直接には何の便りももらっていない。ドゥルーティは、根っからのアナキストだった（……）。

行動派で実に大胆なあのアナキストが、一面ではたいへんに感傷的な人物でもあったのを、私は覚えている。自分の連れあいから受け取った手紙の一節を、ここで私に読んで聞かせてくれたことがあった。その手紙には、幼い娘が重い病気にかかっていると書かれてあった。何とか最後まで読み通すことができたものの、ドゥルーティはひどく辛そうだった。込み上げてくるものがあって、手紙を読み続けるのは彼にとって容易ではなかったのだ（……）。

ここでのドゥルーティは規則正しい生活を送り、毎日物思いに耽っていた。私に本を求めてくると、貸してやった。何時間でも波止場ですごしていたものだった。大の女好きで、女たちとはうまくやっていた。一緒にここに追放されて来た人間たちとはいつもいがみ合っていた。ものを考えない馬鹿どもが、と彼らに毒突いていた。連中ときたらまともに字も読めないんだから、とこぼしもした。『お前たちは、自分たち自身に勝ちたいとは思わないのか』と、ドゥルーティはいつも彼らに言っていた……」

イベリア半島では、ストライキの発生しない日はなかった。しかし、政府は社会改革や逮捕者の釈放の要求にはあいかわらず耳を貸そうとしなかった。そうしたなかで、〔一九三二年八月、共和国に対する〕最初のクーデタの企てであるサンフルホ[訳註5]のクーデタ宣言が発せられたのだった。逆説的なことに、〔サンフルホに従って守備隊が決起した〕セビーリャではCNTが人民に闘争を呼びかけたため、クーデタは失敗に終わった。ほんの少しばかり前にマリーア・ルイーサ公園[訳註6]やアルネード[訳註7]やカスティルブランコその他で労働者を虐殺した共和国をCNTが救ってやった訳である。決起した軍人たちへの処分は寛大なものだった。あらゆる便宜が図られたうえで、彼らはすみやかにビリャ・シスネーロスへと送られた。ビリャ・シスネーロスに流刑中の身だったアナキストたちは、そのあおりでフエルテベントゥーラへ移される破目になった。

九月に入って、流刑囚の釈放措置が取られた。手初めはリョブレガット川流域の鉱夫たちだった。ラス・パルマスからバルセローナまでの寄港地のすべてで、プロレタリアートの大がかりな示威行動が彼らを迎えた。アスカーソとドゥルーティとカーノ・ルイスは最後にプエルト・デ・カブラスを離れた。大衆の歓待ぶりを思い知らされた当局は入港の度に示威行動が繰り返されるのを好まなかったから、ラス・パルマスで三人を乗せた「ビリャ・デ・マドリード」号はどの港にも立ち寄らずに直接バルセローナを目指した。にもかかわらず、バルセローナで途方もない示威行動がドゥルーティらを出迎えるのを阻止することは不可能だった。明らかに、政府による弾圧はCNTに痛手を与えるものではなかったのである。一年の間に、CNTの組合員は一二〇万人にまで膨れ上がっていた。

〔訳註1〕　**アサーニャ**――マヌエル・アサーニャ・イ・ディアス。一八八〇／アルカラ・デ・エナーレス―一九四〇／モントバン（フランス）。文筆家にして政治家。数次の首相体験を経て、第二共和国大統領（一九三六―三九）。内戦末期にスペインを脱出したのも束の間、失意のうちに南フランスで死去。

〔訳註2〕　**共和国防衛法**――一九三一年一〇月に成立した同法は、政府・首相に共和国の敵対者と判断された分子を処罰するきわめて広範な権限を付与。

〔訳註3〕　**ヒラール**――ホセ・ヒラール・ペレイラ。一八七九―一九六二。アサーニャ政権の海相（一九三一―三三、一九三六）。一九三六年七月、内戦が勃発した直後から同年九月まで共和国首相。内戦後は、フランスを経てメキシコへ亡命。一九四五年には亡命共和国政府首班。

〔訳註4〕　**ラモン・フランコ**――フモン・フランコ・バアモンデ。一八九六―一九三八。後の独裁者フランシスコ・フランコ・バアモンデ（一八九二―一九七五）の実弟。ただし、両者は犬猿の仲だった。極左の活動家。著名なフリーメーソン。

〔訳註5〕　**サンフルホ**――ホセ・サンフルホ・サカネール。一八七二―一九三六。対キューバ・モロッコ戦役で頭角を現わした軍人。一九三二年八月、共和国政府に反旗を翻したものの失敗、一九三四年までサントーニャとカディスで獄中生活を送る。大赦により出獄した後、ポルトガルへ。スペイン国外から共和国打倒の陰謀に深く関与した。内戦の開始直後、ブルゴスへの移動に際し飛行機事故で死亡。

〔訳註6〕　**マリーア・ルイーサ公園**――セビーリャ市内の公園。一九三一年七月のストライキのさなか、当時「赤」としてよく知られていた市内の活動家四人が逮捕された。護送の途中、四人はここで「逃亡の企図」を理由に射殺される。背後で有力なブルジョワや王党派が糸を引いていたこの悪名高い「マリーア・ルイーサ公園の犯罪」ばかりでなく、左右両陣営の間の緊張

が異常なまでに激化した第二共和国時代のセビーリャの街頭では、しばしば流血の修羅場が演じられた。

〔訳註7〕 **アルネード**――北スペインはログローニョ県に位置。カスティルブランコの惨劇の直後、今度はこのアルネードで治安警備隊がストライキ中の労働者とその家族に発砲。六名が死に、三〇名以上が負傷した。なお、アベル・パス、アンセルモ・ロレンソ社版、三二四ページによれば、本章の一一八ページに引用されている「スペインは治安警備隊の手に乗っ取られた」との『土地と自由』紙の見出しは、カスティルブランコの騒擾ではなく、このアルネードの事件を報じた記事の見出し。カスティルブランコで死者が出たのは治安警備隊の側である。

4 分 裂

〔一九三二年〕四月にサバデールで開かれたCNTカタルーニャ地方総会の席で、穏健派とFAI派は激論を戦わせていた。五月には全国総会が開催され、二九日を争議の一日とすることが決められた。ペスターニャにはすでに裁定が下されており、彼は全国委員会での自分の職務を辞していた。もう一人の穏健派だったアリーンも、ペスターニャと一緒に委員会から去っていった。「三〇人派」の辞任は、分裂が既定の事実であることを告げていた。流刑囚を支援した二月のストライキの妨害。政治家との協調。集会での代議士よりの発言。穏健派の『クルトゥーラ・リベルタリア』紙上からの「FAIの独裁」に対する攻撃。そして中傷。多くのことがらが二つの陣営を隔てていた。しかし、内部の危機を取り除き、活動に一貫性を持たせることによって、分裂はむしろCNTを強化した。実際、二つの傾向の軋轢はCNT内の防御態勢の構築等の、絶対不可欠な、従来の組合活動を阻害していたのだった。重要な役割を果たす目的で、今や「CNT防衛カードル」が形成された。全国防衛委員会が〔下部の〕防衛委員会の活動を調整することになる。

九月一五日、ドゥルーティとガルシア・オリベールはバルセローナの装飾美術会館での集会に臨んだ。ドゥルーティはそこで再び断言した。

「CNTとFAIが被ったあらゆる打撃にもかかわらず、二つの組織はその革命的な目的から一インチたりとも逸脱しなかった。今夜のデモンストレーションはブルジョワジーや政府や社会党の皆さん方への警告となるだろう。アナキストたちは飼い慣らされて監獄や流刑先から戻るのではなくて、その意志においてより堅固に、そしてその目的においてより明確になって戻ってくるのだということを、彼らも思い知るだろう。

政府に鎮座する共和派や社会党の面々は、ＣＮＴやＦＡＩの陣営で戦い活動している男女のことを、自分たちがその政党のなかで指導し飼い慣らしている野獣に似た存在だと考えている。そこで何人かの『指導者』を投獄したり流刑にしたりしてしまえば、すべては丸く収まるものと決めつけていた。ＣＮＴは活動を停止し、彼らは国家という家畜小屋のなかで安心して寄生虫もどきの暮らしを続けていけるという按配だ。〔しかし〕彼らの計算には穴があった。そのため彼らは、社会の実情やアナキズムの存在理由について無知であることを一度ならずさらけ出してきたのである。

われわれを貶めようと、ブルジョワジーはお抱えの三文文士を動員して数ある議論のなかで最低のものの一つを持ち出してきた。何しろわれわれが王党派に身を売り渡しただの、泥棒だの、盗賊だのといったその中傷があまりに度を越したものであったから、われわれを知る労働者たちがわれわれの最良の弁護人となってくれたのである。泥棒は工場で一日汗を流すために朝六時にベッドを離れたりはしないものだということを、労働者たちは申し分のないほどよく知っている。『ＦＡＩの領袖たち』や『アナキストの泥棒ども』をめぐるご高説などは、この集会への君たちの参加が打ち消してくれている。

（……）本当の泥棒とは、われわれの労働を盗んで肥えているブルジョワジーのことだ。われわれの空腹につけ込む商売人のことだ。プロレタリアートの血と汗にまみれた数字を操る大銀行家や大金融家だ。調子のいいことを言いながら、代議士の地位に就くや甘い汁を吸って俸給を貯め込む一方で、約束したことなど国家の秣桶のなかできれいさっぱり忘れてしまう政治家だ。

（……）われわれの同志である社会党の代議士諸氏が、われわれの流刑を承認しようと国会の場で一致団結して票を投じてみせたとき、彼らはわれわれが彼らについて述べてきたこと、つまり彼らは議会制社会主義というクロロホルムを嗅がせて労働者階級を眠り込ませてしまうような連中だということを、まさしく暴露したのである（……）。

われわれが王党派に身を売ったと社会党や政府の面々が言い、それを労働者が真に受けるという事態がよしんばありえたとしても、セビーリャの同志たちがサンフルホに与えた回答は、そんな労働者の疑念を打ち消してしまったことだろう。だが、政府の面々もセビーリャでの事件はいい薬になったはずだ。サンフルホは、『アナキストは通さない』と言っていた。ところが、アナキストたちは、サンフルホを打ちのめし、その壁を突破したのだった。CNTはサンフルホに対し『否』と言明した。だが、われわれを支配しているような類の共和国にも『否』と言おう。

共和派や社会党が知っているであろうことを、彼らが知っていればこそはっきりと確認しておこう。共和国が農民や産業労働者の問題を解決するのか、それとも問題を解決するのは労働者大衆なのか、ということを。けれども、現にある共和国はこうした緊急の問題を、あるいはその他のやはり急を要する問題を解決できるのだろうか。誰も欺きたくないから、われわれは労働者階級の全員が聞きとどめるように断言しておく。共和国にも、社会党の参加の如何を問わず類似のどんな政治体制にも、労働問題は解決できない。私的所有と支配的な権威に基づく体制というものは、奴隷を手放せないからだ。労働者が自尊心を持ち、自由に生き、自分の運命の主体でありたいと願うのなら、それが譲り渡されるのを待っていてはいけない。経済的自由も政治的自由も与えられるものではない。自由は勝ち取られねばならないからだ。そこで、現代の奴隷であり続けるのか、それとも自由な人間となるのかは、私の話に耳を傾けている君たち労働者の双肩にかかっているのだ！　だから君たち自身で断を下すがいい！」

数日後、警察はタラッサで手入れを行ない、「非合法的な会合」を持ったとの嫌疑により一八名を逮捕した。ドミンゴ・アスカーソとドゥルーティも同じ憂き目を見たが、この二人は「政府の命令によって」捕えられたのだった。彼らはモデーロ監獄で二ヵ月を送った。

興業組合のおかげで映画館の切符売りとして働いていたミミーが、ドゥルーティが家庭に戻ってくれれば、暮らし向きは今ほどひどくはなくなるだろうと考えていたのなら、彼女は間違っていた。ドゥルーティが投獄されてからというもの、その世話もあって家計はいよいよ苦しくなった。他からの援助は期待できなかった。どこの家もたいていは貧しかったし、多かれ少なかれ、誰もが身内に囚人を抱えていたからである。ミミーは活動家のテレサ・マルガレーフが娘のコレットのめんどうを見てくれないものかと思い立ったが、〔テレサがやや離れたオルタ地区に住んでいたため〕ミミーが娘の顔を見ることができるのは週に一度、仕事のない日だけになってしまった。複雑な家庭事情は、ドゥルーティの胸に重石のようにのしかかった。

　分裂は、一九三三年三月、メリディアーナ劇場で開かれた会議の席で公式に動かしがたいものとなった。たった一つ、そして繰り返し投げつけられたのが「ＣＮＴの内部にあって独裁権力を行使しようとするＦＡＩの意向」に向けられた非難だった。ＦＡＩはただ単に影響力を行使していたにすぎない訳だが、非難の意味するところはアナキストである労働者はＣＮＴに加入することができない、ということだったのだろうか。そしてもしそうなのであれば、ＦＡＩが自己の視点を伏せておいたり、それを弁明しないでいる何らかの理由があっただろうか。

　フランシスコ・アスカーソは、今では「独立派」を自称するようになっていた一派からの非難を反駁する論文を『労働者の連帯』〔三月一九日付〕紙上に発表した。

「われわれの組織において今最も関心を呼んでいる問題の一つは、組合のなかでのアナキストの影響力である。組織にあって任務を探し求めるというよりも、むしろ任務を回避していたアナキストたちが、その能力と倫理性、そしてまたとりわけ革命に捧げられたその一途さのゆえに、労働者たちにとって達成可能と思われた成果のための最良の保障であった過去の時代のことを、私は思い出している。一見したところ今日では事情が変わってしまい、一番叩かれているのがこの同じ一途さなのである（……）。

　言われるような『ＦＡＩ派』として組合の問題に首を突っ込んでいる活動家は一人もいない（……）。私が組合の集会で発言する場合には、〔……〕搾取されている人間の一人として、自分が所持している組合員証に認められている権利のもとにそうするのである。ＦＡＩに所属していようがいまいが、他の活動家たちが行なっているのと同様に、である。

　ＣＮＴがアナキストたちの行動によって鼓舞され、構造化され、拡大されたとの認識が定着しているものとしよう。そして、同じCNTの枠内で、彼らアナキストが搾取されている者たち一人一人に認められた権利に基づいて行動しているのだとしたら、『〔FAIの影響力からの〕組合の独立』を謳う類のキャンペーンは理解しがたい。そのキャンペーンがわれわれの組織のアナキーな原点を否定するところから始まって、われわれの組織に何のイデオロギー上の目的をも認めず、それを労働者階級の経済的防衛だけの、他には望むものとてないような地平へと移し変えてしまうことを含意しているというのでもない限りは。逆に、CNTのリバタリアン共産主義の目的に関して合意ができているのであれば、そのときにはわれわれの組合のなかで展開されているアナキズムの量的な軽重を論難することはどうあっても許されない。そうではなくて、われわれは、われわれの理念に合致したわれわれ自身の願望に忠実でありながら、ともに手を携え、われわれの組織において発現しているアナキズムの本質を尊重していかなければならないのである（……）」

アスカーソは主張する。FAIがCNTにノルマを強要したことはない。FAIには活動の特殊な分野、固有の意味でのアナキスト的な活動の分野がある。組合のなかでのアナキストの活動にも枠組みがある。起こっているのは、CNTの中枢において資本と国家に対する革命的な行動を妨げている改良主義的志向の一派が存在するということだ。革命的な行動を妨げている、というのは、この一派にはそれを引き受ける能力が欠けているからである。実のところ、CNTの独立のためと称された闘争は、

「CNT内外のアナキストに対する闘争であって、それは組織・戦術・目的に関わる原則への正面からの攻撃を間違いなく意味している（……）。

CNTの主要な戦術や目的に賛同する者全員が、それぞれの属する組合において、CNTの内側から同じCNTの自律性を要請したり、要求したりすることを私は是認する。〔しかしながら〕所謂FAIの独裁に抗議している人間たちが、自らCNTの助言者を僭称したり、CNTの周縁に組織を形成して彼らの独裁を押しつけようと画策するのは断じて容認できない。同志たちよ。論理的で、なおかつ一貫していなければならないのだ。そうでない場合には、言われるところの組合の独立のための戦いは、アナキズムに対する、ひいてはCNTのイデオロギーに対する偽装された攻撃と何ら変わるものではない、と思ってもいいだろう。そして、そんなことには組織

も活動家も寛大である訳にはいかないのである」

5　反乱のサイクル

一九三二年一二月の初旬、ドゥルーティはモデーロ監獄を出た。亡命先から帰ってきて以来働いていた工場で、前と同じ機械工の仕事に戻るのに差し障りはなかった。グループ「ノソトロス」は、サンツ地区のガルシア・オリベールの家で三日間に亘って会合を開いた。会合の目的は、CNTカタルーニャ地方委員会がガルシア・オリベールに一任していた反乱計画を作成し、機を見てそれを実行に移すこと以外にはなかった。そして、少なくともカタルーニャに関する限り、機は熟しているように思われたのである。ジェネラリタートとCNTである。〔九月に〕自治権章が可決されてから、カタルーニャでは二つの権力が並存していた。ジェネラリタートは、CNTを叩きつぶそうと、系統的に組合を閉鎖し、新聞の発行を停止し、行政命令だけで数百名もの活動家を監獄に送り込んだのだった。公式の権力はもう一つの権力に対して寛大ではありえなかった。そこでジェネラリタートとCNTである。

グループ「ノソトロス」にとって、些細な要求を掲げた闘争の迷路に迷い込むなどということは論外だった。ガルシア・オリベールが述べたように、「スペイン共和国が内外の資本家たちへの奉仕に挺身するようになってからは、工場や作業場や会社のなかで経済闘争の次元で行なわれる部分的なストライキは、もはやその存在意義を失った。国家権力は、ただ革命という権力によってのみ打倒されるのである」。

ドゥルーティはといえば、CNTが内部論争で浪費してしまった時間を惜しんだ。権力側はその時間を自分たちの強化のために活用し、警察の特殊組織である「突撃警備隊」を創設していた。「『三〇人派主義』がスペインのプロレタリアートに及ぼした重要な害悪は次の点に、つまりプロレタリアートの勝利を先送りにしたことにあった」。グループ「ノソトロス」にしてみれば、共和国が発足してから数ヵ月の間に革命を引き起こすのは簡単なことのはずだった。当時、国家には確実な抑止力がなく、その権威には亀裂が入っていたからである。今では勝利は〔すぐには〕手の届かぬところにあったとはいえ、革命的な騒乱を持続させることにより国家の土台が固まるのを阻止することは可能だった。それが、換言すれば「革命の訓練」を実地に手解きすることが、アナキストたちの仕事だった。「フィゴルスの鉱夫の行動が、労働者の精神のなかで数多くのプロパガンダにもまして実現の見取り図として革命を前進させた」ことを、グループ「ノソトロス」は確認した。「フィゴルスの鉱夫たちのような反乱の行為がもたらす心理的な効果は、不可能を可能に近づけるという利点を持っている。大事なことは表面的な勝利ではなく、深層において勝利を収めるということだ。こうした型の大胆な攻撃の一つ一つが労働者階級の間に深い反響を見出し、彼らは勇気と力を獲得した。そして、労働者階級の力の増大はブルジョワジーと国家の抵抗力の致命的な減退を意味したのである」。

一二月の半ば、CNTカタルーニャ地方委員会は地方総会を招集した。その席で、ガルシア・オリベールはグループ「ノソトロス」の反乱計画について説明した。「三〇人派」の影響のもとにあった一部の代表は、ことを急ぐのには難色を示した。しかし、CNTには逆風が吹きつけていた。たび重なる打撃を受けていたCNTには、ジェネラリタートとマドリードの政府に対し、CNTの意向に反して統治することなどできはしないのだと教えてやるためにその力を誇示する必要があったのである。

「革命委員会」が任命され、ドゥルーティとガルシア・オリベールとアスカーソがそれに参加した。反乱の期日は、状況により自ずと定まるであろうとの観測のもとに決定されなかった。一月の初め、「革命委員会」においてCNT全国委員会を代表する者として、ドゥルーティはカディス県に向かった。ヘレス・デ・ラ・フロンテーラで開催されることになっていたCNTアンダルシア地方総会に出席するためだった。

地方総会は秘密裡に招集されていたが、警察は総会の代表たちを一人残らず逮捕せよとの命令を発し、地域の警官を総動員していた。おまけに密偵をも潜り込ませていたにもかかわらず、警察は会合の場所を正確には把握していなかった。おかげで、県内各地で警察が監視の目を光らせパトロールを続けるのを尻目に、ヘレスの総会は何の支障もなく開催された〔この会合は、正しくはヘレス・デ・ラ・フロンテーラの「地域総会」〕。

カタルーニャと同様にアンダルシアでも「革命委員会」が任命され[訳註1]、反乱計画が練り上げられた。バルセローナの反徒が放送局を占拠し戦いを宣言するや、アンダルシアも反動勢力の武装解除へと突き進むものとされた。

ドゥルーティとアスカーソとガルシア・オリベールの指揮下、バルセローナは三つの地区に分けられた。「CNT防衛カードル」をもとに形成された複数のグループが、兵営・放送局・電話局等の攻略目標を分担した。すべてが念入りに準備されていた。ところが予期せぬ出来事が生じたため、計画の実行の予定を繰り上げねばならなくなった。爆弾を製造していた作業場で爆発があり、警察が警戒の色を強めたのである。怪しいと睨まれた場所は家宅捜索を受け、著名な活動家が数人逮捕された。そのため、反乱の日取りは一月八日の朝と決定された。七日、「革命委員会」はまる一日を計画の検討に費やした。この間、戦略上の要所に武器・弾薬が設置された。

八日の午前五時、バルセローナのラジェタ－ナ街にある警察本部で爆発が起こった。爆発は、バルセローナ市とバルセローナ県各地における戦闘の開始を告げた。当局が差し向けた歩兵・騎兵の武装勢力が市中のパトロールに当たったため、グループ各派が動き回るのは困難になった。これらのグループは散発的な銃撃戦を繰り広げただけだった。兵営では、闘争に参加するはずだった兵士たちが失敗を恐れて動こうとしなかった。プエブロ・ヌエーボやサン・マルティンやクロットの各地区では、治安警備隊との間で死闘が展開されていた。朝八時、ラ・トラベセーラ・デ・グラシアからオルタまでの一帯に銃声がとどろいた。ラ・トラベセーラでは、ドゥルーティが治安警備隊の兵営の奪取を狙ったものの成功しなかった。サンツやラ・トラッサ、それにサンタ・エウラリアの各地区の労働者の方がまだよかった。彼らは地区の役場を占拠し、赤と黒のCNTの旗を掲げた。市の中心街では、強力な警官隊の予期せぬ出現に度を失ったため、どのグループも目的を遂げることができなかった。放送局は治安警備隊がしっかりと押さえていたし、それは官庁の場合も同じだった。

反乱は九日の未明に終わった。レリダでは「ラ・パネーラ」兵営の襲撃が試みられ、その際CNTの組合員四人が命を落としている。タラッサでは銃撃戦が展開され、セルダニョーラ〔とリポリェット〕ではリバタリアン共産主義が宣言された。レバンテの反乱は若干の農村地帯に限られていたが、アンダルシアの反乱はマラガ・カディスの両県において大きな拡がりを示した。[訳註2]

弾圧は、ベテラ（バレンシア県）とカサス・ビエハス（カディス県）では悲劇的な様相を呈した。いずれも治安警備隊が過剰に応戦して残虐な殺戮を行ない、世論の憤激を招いた。大衆の怒りは国会にまで及び、首相のマヌエル・アサーニャの直接の責任が明らかにされた。

九日のバルセローナは戒厳令下に置かれた観があった。反徒たちは残された武器を手放すまいとしながら、警察の目を逃れるべく腐心した。各地区の警察署の地下室は逮捕者であふれた。彼らはそこで、反乱が失敗に終わった原因の一つを知った。深夜のサンツで、爆薬を積んだタクシーもろともガルシア・オリベールが捕えられていたのである。組合は、もちろん閉鎖された。

ドゥルーティとアスカーソはオルタ地区のある家に身を潜め、密かにアナキスト・グループや組合の再建に打ち込んだ。二人は、逮捕者とその家族への支援や地下新聞〔の発行〕、プロパガンダといった、最も急を要する問題を解決するために企画された会合に参加した。CNTの地下の機関紙『ラ・ボス・コンフェデラール』〔日付不明〕において、ドゥルーティはあらゆる方面から、なかでも「三〇人派」から浴びせられた、FAIの「一揆」に関する批判に反論した。

「われわれの革命的な企図は必要なものだった。それは必要だったし、今後も必要なのだから、われわれは自分たちの行動の基本方針を放棄したりはしない。唯一この方針に沿うことによってのみ、政府の強化は阻止されうるし、労働者階級は必然的にその解放へと連なる革命闘争の場で自身を鍛えることが可能なのである。われわれが大胆な一撃で権力を奪取し、われわれの独裁を押しつけようと考えている、などと周囲を欺く者がいる。われわれの革命的な意識は、そのような目的を拒絶するものである。われわれは人民のための、人民による革命を熱望している。なぜなら、そうした展望を離れてしまっては、プロレタリアートの解放もありえないからだ（……）。われわれの行動のうちには、ブランキズムもトロツキズムもない。あるのは、行く手は長い、長いけれども絶えず動き、前に進みながらこの歩みを完成させなければならないという明確な理念なのである……」

この論文のなかで、ドゥルーティは農民たちについて注意を喚起している。

「われわれとしては、むしろ農村部に重きを置くべきだろう。農民は革命へ向けて成熟しているのだから。農民には、自分たちの絶望に方向を示唆する理想だけが欠けていた。そしてリバタリアン共産主義を通じて、彼らはその理想を発見したのである。われわれの革命は、深く人間的で深く農民的なものになるだろう」

モデーロ監獄に入っていたガルシア・オリベールも、同じ見解に固執していた。「失敗」という問題のとらえ方は正確ではなかった。蜂起は目的、つまりリバタリアン共産主義の宣言の点ではさほど実を結ばなかったものの、手段としてはむしろ成果を収めたからである。ところで、これこそプロレタリアートがその革命的な本質を表現し、その歴史的な使命に目覚めるために訴える唯一の手段だった。死傷者が出るのは避けられなかったにせよ、政府がカサス・ビエハスのような残虐非道を働いたとき、それは破局の近いこと、ブルジョワ民主主義がその熱烈な擁護者たちの魂のなかでさえも死に絶えたことを物語っていた。[訳註3]

〔訳註１〕**カタルーニャと同様にアンダルシアでも「革命委員会」が任命され**――このときのアンダルシアの「革命委員会」のメンバーの一人が、一九三六年の初頭にはＣＮＴ全国委員会書記長の候補者の一人にも数えられたビセンテ・バリェステール・ティノーコ（一九〇三―三六。一六〇ページ上段の写真）である。

〔訳註２〕**レバンテの反乱は若干の農村地帯に限られていたが、アンダルシアの反乱はマラガ・カディスの両県において大きな拡がりを示した。**――レバンテ地方の農村部に位置するベテラ、リバロッハ、ペドラルバ、ブガーラでは、治安警備隊の武装解除と町村役場の占拠に続いて、土地台帳が焼却された。アンダルシアでは、マラガ市、カディス県のアルカラ・デ・ロス・ガスーレス、アルコス・デ・ラ・フロンテーラ、サンルーカル・デ・バラメーダ、メディナ・シドニア、カサス・ビエハス（現ベナループ）等でアナルコサンディカリストによる反乱が生じた。セビーリャ県でも、ウトレーラとラ・リンコナーダで騒擾が記録されているが（アベル・パス、アンセルモ・ロレンソ社版、三四七ページ）、これらのなかで第二共和国の政治情勢を大きく左右することになったのが、カサス・ビエハスの蜂起である（左の訳註3を参照）。

〔訳註３〕**政府がカサス・ビエハスのような残虐非道を働いたとき、それは……ブルジョワ民主主義がその熱烈な擁護者たちの魂のなかでさえも死に絶えたことを物語っていた。**――リバタリアン共産主義体制の樹立を狙った一九三三年一月のカサス・ビエハスの反乱の際、鎮圧に投入された治安・突撃の両警備隊は、有名な老アナキストのフランシスコ・クルース（通称「六本指」）以下二〇名を超える貧農を虐殺し、世論の憤激を招く。カサス・ビエハスの殺戮は、同年九月のアサーニャ政権退陣の重要な一因となった。

6　強奪ではない！　集団による没収だ！

単にCNTの組合員証を持っているというだけの罪で安易な逮捕に踏み切ることにより、さほど熱心ではない組合員たちを意気消沈させようと願っていたのなら、権力側は間違っていた。無実でありながら入獄した者たちは、革命家となって出獄した。他の囚人たちとの議論や連帯活動の実践が〔かねや食物や、その他のあらゆる差し入れは共同のものとされた〕、弾圧〔に訴えた当局〕が一番嫌がっていたもの、すなわち階級意識を彼らに植えつけたからである。囚人たちの間には、先の運動にあってより反逆的だった〔周囲に強い影響力を及ぼす〕分子も含まれていたのだった。

オルタ／カルメーロ地区に潜伏していた二ヵ月の間、ドゥルーティは娘と連れあいにしばしば会うことができた。しかし、ほどなく彼は三月二七日にセビーリャで予定されていたCNTアンダルシア・エストレマドゥーラ地方連合の組合臨時大会の閉会式で演説を行なうよう、全国委員会から依頼された。アスカーソと「コンビーナ」ことビセンテ・ペレスが、ドゥルーティに同行した。ドゥルーティがセビーリャに姿を見せることになると、多くの市町村で集会や会議の準備に拍車がかかった。セビーリャ県当局には、集会の許可を求める申請が七五件もよせられた。ところが、ドゥルーティもアスカーソも「コンビーナ」も、最初の集会が終わったところで「当局を侮辱し、反乱を教唆した」かどで起訴され、セビーリャの監獄に送られてしまった。この監獄で、三人は同じ夜に捕えられた多くの囚人と一緒になっている。保釈金が支払われると判事はドゥルーティらを釈放したが、一時間後に三人は県知事の命令により再び逮捕された。彼らの身柄は〔プエルト・デ・〕サンタ・マリーアの刑務所に移された。一〇月七日まで、三人はそこを出なかった。刑務所に着いてすぐ、暴動が発生した。囚人たちのおかれた悪名高い生活環境と暴動の顚末について、ドゥルーティは連れあいにこう語っている。

「兵士たちが（……）一人の囚人を殺害した。当局が信じさせようとしているように、あの男は窓によりかかっていた訳じゃない。兵士たちは、兎を狩るように男をなぶり殺しにした（……）。仲間たちは、男が殺害されるのを目の当りにしてひどく騒ぎ出した。彼らは独房にではなく、確か二〇〇人収容の集団房にいて、（……）拳を握りしめて俺たちを見据えていた。どうするんだ、と言いたがっているみたいだった。

突撃警備隊の隊員たちがすぐにも入ってきて、ほんのちょっとした口実さえあれば俺たち全員が蜂の巣にされてしまうことはわかっていた。俺自身、不安で恐ろしいひとときだった。まさしく隊員たちが引き起こそうとしていたこと、つまり殺戮を避ける以外に手はなかった。俺は腹を決めて中庭に下りることにした。中庭には五〇〇名ほどの囚人がいて、誰かが『やっちまえ！』と言い出すのを待っていた。最初に目に入ったのは、巧妙に配置された機関銃だった。俺はベンチに飛び乗り、囚人たちに呼びかけた。気違いじみた怒りに駆られて、危うく本当に『やっちまえ！』と叫ぶところだった。しかし、そんなことを叫んでいたら、自分の手で恐ろしい過ちを犯してしまったことだろう。生きて出所しても、俺は自分の過ちを絶対に許せなかっただろう。まあ、そんな具合になっていたら、生きて刑務所から出られたとは思えないんだが。そこで、俺は反対のことを言った。うろたえるな。落ち着きを取り戻すんだ。まだそんなときじゃない、と。たぶんなかには『臆病風に吹かれた』と思って俺を内心では嘲っていた者もいたことだろう。だが、そんなことはどうでもいい。皆そろって集団房や独房に引き上げたのだから。死んだ男は運ばれていった。それから刑務所には何ともひどい重苦しい沈黙の一瞬が訪れた。誰もあえて視線を合わせようとはしなかった。アスカーソと俺が互いに相手の目を避けようとしたのは、あのときが初めてだった……」。この手紙は、七月一四日付になっている。

すでに七〇〇〇名もの「政治犯」が国内各地の獄に繋がれていて、なおかつこうした専横な体制が自らを脅かす社会の混乱をいささかも鎮静化できない間にも、右翼は猛り狂ったかのようにアサーニャ政権を攻撃し、一方で社会党は危機に陥っていた。この危機は、アラキスタイン[訳註1]を旗頭とし、古参の指導者ラルゴ・カバリェーロから好意的な評価を得ていた党内の重要な一派の左傾に起因するものだった。新たに生み出された政治情勢を前に、共和派と社会党の提携にひびが入った。アルカラ・サモーラ大統領は、レルー[訳註2]に新たに組閣を一任した。ところが、〔九月の〕退陣を前にアサーニャ内閣は「浮浪者取締法」を「政治囚」に適用しようと、なおも逮捕に精を出していたのだった。

ドゥルーティと獄中の同志たちは、裁判を不公平で屈辱的なものと考えて宣誓を拒んだ。ドゥルーティは判事にこう言った。「この私に浮浪者取締法を適用してみるがいい！　もう働き詰めでくたくたなんだ！　警察権力に発砲したとのかどで私に有罪の判決を下すことは可能だろう。あるいはまた、自分が行使できるあらゆる手段に訴えてこの社会を変革しようとしたとの理由で、私を裁くこともできるだろう。私はこんな社会を認めないし、憎んでもいるからだ。だが、こともあろうに浮浪者だから、とは！　どんな判事にも、浮浪者だからなどと言って労働者であるこのドゥルーティを裁く権利はない。お偉方にはそう伝えてくれ」。

囚人たちは、ハンガー・ストライキへの突入を宣言した。全国的な支援運動が始まってから八日後、ドゥルーティやアスカーソらは自由の身となった。

バルセローナに帰った二人の盟友は、仕事を探してみたが無駄だった。ただでさえ仕事を見つけるのが難しかったのに加え、二人は「公共の敵」としてボイコットに苦しめられたのだった。一九二九年の国際的な経済危機が遅れて波及したため、スペインでは失業者の数が劇的なまでに増加していた。CNTは、一種の失業者救済委員会を運営した。巷では、力づくでレストランでの食事にありつこうとする失業者たちのグループや、店先でつけでの買い物を要求する女たちのグループが形成されていった。そうした動きは、借家人たちのストライキで頂点に達した。追い立てに備えて警察に抵抗すべく、家屋・通り・地区ごとに借家人委員会の組織化が叫ばれた。電話局員や市内を走る路面電車の乗務員たちもサボタージュを行なうように促され、恒常的なストライキに突入した。

ブルジョワジーは露骨な挑発に出た。そして、それは何も雇用問題に限ったことではなかった。ジャーナリズム、なかでも『ラ・バングアルディア』紙は、飢えるに甘んじていなかった者たちがしでかした強盗事件を派手に取り上げては、決まってFAIを非難して記事を結んでいた。ドゥルーティとアスカーソはそうした報道姿勢に歯止めをかけることに決め、正真正銘のFAIの代表として『ラ・バングアルディア』紙の編集長室に乗り込んだうえで、次の声明を手渡し、同紙へのその掲載を迫ったのだった。「スペインにあって、FAIは社会革命という手段を通じて〔ブルジョワの資産の〕集団的な没収を実現しようと意図している。そして、それをわれわれはリバタリアン共産主義と呼んでいる。その実現のためにわれわれが用いる手段は、大衆の行動、革命的ゼネラル・ストライキである。個々人による盗み、つまり『強盗』の類のいかなる他の手段もＦＡＩは拒絶するし、実行したりしない。なぜなら、そうした手段はアナキズムの革命的営為と真向から対立するからであり、従ってＦＡＩは革命的見地からそれを効果のないものとして否定するのである」。この文面は公表されなかったものの、ＦＡＩが強盗事件の報道のなかで巻き添えを食わされる事態は解消された。

　にもかかわらず、強盗の問題は気になるところではあった。というのは、経済的な悲惨という問題に対するこのような個人的な解決方法が〔一部の〕アナキストやＣＮＴの組合員によって実行されており、ことが明るみに出ると組合に汚名が着せられたからである。後に、一九三五年のことだったが、バルセローナのアナキスト・グループの会合でこの件が扱われた際、ドゥルーティは以下のように述べている。

「ＣＮＴは組合を結集した革命的な拠点であって、総体としてのスペインの、主として政治・経済の次元における実質的な変革を目指している。組合はＣＮＴの闘争の武器であり、囚人支援委員会は闘争の犠牲者である労働者たちを援助するために設けられたのである。しかしそれは、警察に捕えられた強盗犯に弁護士を宛てがったり、おかど違いの援助を与えたりするために設けられたのではない。われわれのなかのいかなる個人も、いかなるアナキスト・グループも、いかなる委員会も、私の主張に反対する意見を支持することはできないだろう。革命とアナキズムの活動家であるこの私は、基本的に、事実から判断される限りわれわれの名誉を貶めかねない窃盗行為の敵なのだ。だからこそ、組合を基盤とする闘争が窃盗行為と重なり合うのを是が非でも阻止するために、われわれの一人一人が組合のなかで影響力を発揮するという点でＦＡＩが合意を見るよう、われわれとしては進言するものである。また、そうした仕事に励む輩に組織としてどんな連帯の手も差し伸べることのないように」

　ドゥルーティ自身、自分が非難しているような行動に走っていたこともあったではないか、と彼を咎める者もいた。[訳註3]だが、ドゥルーティは冷静さを失わずに返答した。

「友よ、確かにそうだ。私も『ノソトロス』も、かつてはそうした闘争形態に訴えたものだった。けれどもＣＮＴとＦＡＩの上昇に伴い、現在ではわれわれは当時の状況は克服されたものと考えている。組合に加入していて、『集団による〔ブルジョワの資産の〕大規模な没収』を実施する好機を待っている一〇〇万を超える労働者たちが、われわれこの運動の活動家に闘争の必要性に適ったふるまいを求めているからである。今日では個々人の行動のための余地はない。なぜなら、考えられるたった一つの行動とは集団的なそれ、大衆行動であるからだ。だから、歴史の歩みによって乗り越えられてしまったものを維持し続けることはできない。それは、好ましからざる結果しかもたらさない、すでに時期を失した闘争形態だ。さて、時代の流れから離れてい続けたいと願っている人間は、活動家としての資格を返上し、自分が選んだ生き方から生じる責任を自覚したうえで、われわれの陣営からも離れていってもらわねばなるまい」

ドゥルーティの態度は、流行しかねなかったものを押さえ込んだという意味で決定的だった。

〔訳註１〕 **アラキスタイン**――ルイス・アラキスタイン・イ・ケベード。一八八六―一九五九。社会党。ラルゴ・カバリェーロ派。『クラリダー』紙・『レビアタン』誌の編集長。

〔訳註２〕 **レルー**――アレハンドロ・レルー・ガルシア。一八六四／ラ・ランブラ―一九四九／マドリード。急進党党首。第二共和国首相（一九三三／三四―三五）。二〇世紀の初頭、反教権主義的な主張を掲げて政界に登場するも、共和国時代の所謂「暗黒の二年間（一九三四―三五）」には、カトリック・ＣＥＤＡと手を握って政権を維持した。政治理念の欠落したデマゴーグ。

〔訳註３〕 **ドゥルーティ自身、自分が非難しているような行動に走っていたこともあったのではないか、と彼を咎める者もいた。**――この人物は当時アルゼンチンからスペインへやって来たばかりのルアーノという若者で、ディ・ジョヴァンニの最後の同志の一人だった。ディ・ジョヴァンニは、一九三一年二月に銃殺された（アベル・パス、アンセルモ・ロレンソ社版、四二五～四二六ページ）。ルアーノは、南アメリカでのドゥルーティの行動を念頭に置いて発言した訳である。なお、このルアーノは、内戦が始まってまもなくアラゴン戦線へ出撃した「ドゥルーティ軍団」の戦争委員会のメンバーの一人だった「ルイス・ルアーノ」（アベル・パス、アンセルモ・ロレンソ社版、五四二、五四五ページ）の兄弟と見て間違いない。Joan Llarch, *La muerte de Durruti*, Barcelona, 1983, pp. 25-26, によると、ルアーノ兄弟の父親は、かつてサン・マルティンの銀行を襲って追われる身だったドゥルーティら（第一部第11章「南アメリカのゲリラたち」、八一～八二、八四ページ）を匿った人物。スペインへやってきた二人の息子は、そのせいもあってドゥルーティの信頼を獲得し、軍団の重要なポストに抜擢されたという。二

六七ページ上段の写真に、兄弟いずれかの――おそらくルイスの――顔が見える。

7　一九三三年一二月の運動

共和派と社会党の連合政権が解消し、一一月一九日の選挙が公示された。CNT全国委員会は、多数の傑出した活動家にも参加の枠を拡げたうえで地方連合の全国総会を招集した。総会は深刻な政治状況を検討した。ヒル・ロブレス[訳註1]に率いられた右翼は、あらゆる反動勢力を結集した統一集団を形成した。そんなCEDA〔スペイン独立右翼連合〕や王党派に対し、左翼は分裂していた。共和派にしても同様だった。おまけに、政権の座にあった当時の彼らの仕事ぶりはとても誉められたものではなかったし、手厳しい批判にさらされていた訳でもあったから、CNTが彼らのために投票を呼びかけることなどありえなかった。しかし、共和派と社会党の権威を失墜させた無能な旧連合政権の再現を経ずにCEDAの独裁を回避したければ、社会革命を措いて解決策はなかった。そこで、CNTは労働者階級にそうした見解を率直に伝えたのだった。右翼が勝てば、行動に移らねばならない。そして、その行動の準備がなされなければならなかった。アントニオ・オルティスが任に当たっていた〔全国委員会の付属機関である〕防衛書記局を通じて、CNTの防衛に備えたグループ各派が連合した。また、〔選挙後の〕運動に向けて「全国革命委員会」が設立された。この「委員会」には、シプリアーノ・メラ[訳註2]、アントニオ・エハルケ、イサアク・プエンテ[訳註3]、ブエナベントゥーラ・ドゥルーティが名を連ねた。

CNTの全国機関紙『CNT』〔一二月三日付〕は、スペインの偉大な歴史的伝統に裏打ちされた理念である自由な自治体もしくはコミューンという、リバタリアン共産主義の基盤を構築するうえでの包括的な指示を与えていた。

「われわれ人民の革命への熱望は、コミューンにその表現の場を見出す。そしてコミューンは、それが連合された形で、管理・経済・政治……といったさまざまな側面における社会組織の原理を提示する。

自治体庁舎を占拠し、自由コミューンを宣言することが、社会革命の第一歩である。自治体議会を自由コミューンに転じてさえしまえば、あらゆるレベルで自主管理が行き渡り、人民集会を通じて人民が唯一にして最高の権力となる」

CNTは、すべての県庁所在地で集会を開いて議会制度にメスを入れるとともに、ファシズムか革命かという二者択一を明瞭な形で示した。だが、事態を仔細に見てみれば、蜂起を即座に促すような結論は出てこなかった。労働運動は、一月の蜂起の試みに続いた弾圧から立ち直っていなかった。あの反乱に参加した活動家の多くは、まだ獄中の身だったのである。さらに、選挙の結果が判明してから蜂起の準備に取りかかるというのでは時間が足りなかった。

グループ「ノソトロス」のなかでも意見が食い違っていた。出獄していたガルシア・オリベールは、一月の運動から教訓を引き出して、アナキスト・グループとCNT防衛カードルを支柱とする労働者軍の組織化を提唱した。しかし、それには時間が不足していたし、時期尚早の反乱は好ましいものではなかった。ドゥルーティとアスカーソを除くグループのメンバー全員がガルシア・オリベールと同じ意見だった。〔それでも〕二人にとって次の選挙の結果は無視できないものだった。アナキズムとCNTには、右翼の勝利に何らか形で対応する義務があった。「社会党傘下の大衆も指導者たちの議会での失敗に学んだように、〔反乱に〕感染したり、〔反乱から〕示唆を得たりすることは可能だろう」。最悪の場合でも、スペインには独裁者に跪いたりするつもりのない下部の労働者が存在するのだということを思い知らせるうえで、「この反乱の運動は次期政権への警告になるだろう」とドゥルーティは言った。「革命運動をためらってはいけない状況というものがある。今がそんなときだ」。

CNTは一一月一二日にバルセローナのモヌメンタル闘牛場で集会を開催し、パボン[訳註4]、フランシスコ・イスグレアス[訳註5]、ドゥルーティ、オロボーン・フェルナンデス[訳註6]が演説した。オロボーンは最良にして最も聡明なアナキストの一人であり、亡命時代以来のドゥルーティの友人だった。この人物は〔選挙を目前に控えたスペインの状況と〕ドイツ・ファシズムの勝利との比較を行なった。ドイツでも投票が推奨され、とどのつまりナチスが権力を掌握したのだった。ヒトラーの狙いがわかっていながら、共産党や社会民主党は最後まで票を投じた。そうした票のおかげで、ナチスは権力の座に到達したのである。

ドゥルーティは、こう発言した。「民主主義の破綻とファシズムの脅威とに照らして、ＣＮＴは革命を行なう自らの権利を肯定する。われわれが棄権すればファシズムを後押しすることになる、と社会党や共産党は言っている。けれども、かねがね述べてきたように国家とはある特定のカーストに奉仕する抑圧装置なのであるから、われわれは自分たち自身にあくまでも忠実であり続けたい。そして、リバタリアン運動は常に国家と対立していなければならないと考える以上、われわれは積極的な意味での棄権を勧めているのである。積極的な意味での、とは、茶番としての選挙は棄権するにしろ、生産の場や街頭にあっては警戒を怠ってはならぬということだ」。ジレンマは「革命か、さもなければファシズムか」にあった。他に出口はなかった。

一一月一六日、モンジュイックの装飾美術会館で、今度はＦＡＩが集会を催した。会場には〔先のＣＮＴの集会と〕同じくらいの数の人間が詰めかけた。「コンビーナ」やアスカーソやドゥルーティ、それにカタルーニャ地方委員会書記のヒラベール、ドローレス・イトゥールベ、ドミンゴ・ヘルミナール、それにフランス人のセバスティアン・フォールが登壇した。

アスカーソの演説を要約しておこう。

「共和国の仕事ぶりを分析してみれば、それがあらゆる点で失敗したことがすぐさま明らかになる。共和国防衛法・治安維持法・浮浪者取締法という、体制の根幹を支える最も基本的な法律のなかでも〔とりわけ〕反民主主義的な法律が、三つも発布された。この三つの法は天下の恥さらしだ。第一の法は、もっぱらＣＮＴを抑えるためにだけ制定された。ＣＮＴを国家という荷馬車につなぎ止め、労働者の権利を削り取るのが狙いだった。第二の法は市民としての保障を一切停止したうえで、当局の専横を合法化するために導入された。浮浪者取締法は個々人に的を絞った狡猾なやり方で、就中アナキストを攻撃するために発布されたのである。国家は、すべての点で破綻をきたした。だから、どの政党にも社会問題を解決することなどできはしない。政党というものは、資本主義のさまざまなあり方を代弁している〔にすぎない〕のであるから……。

われわれは、政治家たちの試みを残らず失敗させた。そして、資本主義は最後の砦に退却している。それがファシズムなのだ。右翼も左翼も敗北した。軍人たちが、その後を引き継ごうとてぐすねひいて待ち構えている。

ここに真の危険がある。現在の諸問題に立ち向かう覚悟のできている政党は一つもない……。CNTとFAIにはその覚悟がある。直面する諸問題を解決してみせることだろう。

共和国は、経済的・社会的な問題を解決してこなかった。解決できなかったし、できないのだ。ファシズムか革命か、というジレンマしか残されてはいない。そしてファシズムが不可能である以上、革命は不可避なのである」

ドゥルーティは、自分が以前から演説してきたテーマに固執する。

「われわれは、議論ばかりに時間を費やしすぎた。今や行動のときである。われわれは投票する以外、何の役にも立たないのだ、とレルーは言う。だが、一九日にはただの一票も投じてやるものか。もはや、いかなる政党もスペイン人民を代表してはいないのだ。レルーに向かって、こう言ってやろう。脅しても無駄だ。人民にはたぶらかされない権利がある。共和国が血にまみれた軌跡を経た後、どうしてお前さんたちのことが信じられるというのか、と。

〔……〕脅してみるがいい。無駄なことだ。そして、反動勢力の企みを抑え込むため、われわれは目を見開いている。労働者たちよ。社会的にも、政治的にもスペインは真に重大な局面を迎えている。全員、武器を手にして持ち場に着くように〔……〕。

工場や生産の場を統制しているはCNTだ。だから、FAIはCNTの労働者に勧告する。機械のそばにとどまれ。軍部が独裁やクーデタの宣言を企図した場合には、正面から応戦せよ、もちろん精力を傾けて。専門家委員会や工場委員会は、監視を怠ることのないように……。

軍事反乱の類のあらゆる企図に対抗しつつ、労働者は即座に工場を占拠せねばならない。すべての生産手段の奪取をもって開始される革命を完成するために、FAIの人間は工場以外の地点〔の制圧〕に向かうことになる」

ヒラベールの演説で、集会はその幕を閉じた。

「労働者たちよ。イベリア・アナキスト連盟の名において、半島委員会は以下の決議の是非を人民の判断に委ねるものである。

一、ファシストが選挙に勝利を収めた場合、リバタリアン共産主義を導入するためにイベリア半島全域に渡って社会革命を断行すること。

二、国家をそのあらゆる権威主義的な付属装置もろとも徹底的に消滅させるまで全員が戦うこと」

「アナキー万歳」が連呼されるなか、右の決議は拍手で承認された。

〔一一月一九日の〕選挙結果には誰も驚かなかった。ヒル・ロブレスとCEDAが勝ったのである。すぐにも〔それまで鳴りを潜めていた〕反動勢力の側からの報復が予想された。CNTの指令は広く遵守され、棄権率は高い数字を示した。社会党が妨害しないことを前提に、今や先の取り決めを実行に移し、反乱の準備に着手しなければならなかった。

実際、「全国革命委員会」は、一一月二三日からサラゴーサで計画の作成に入っていた。〔その計画に従えば〕今回の蜂起はアラゴン、リオッハ、ナバーラの各地帯が中心になる。カタルーニャでは、闘争の武器として〔蜂起よりもむしろ〕ゼネラル・ストライキの方が好んで採用され、レバンテとアンダルシアでは二つの戦術が交互に用いられるだろう。社会党の影響力が強い中央部と北部の両地方でも、UGTの労働者がストライキの呼びかけに支持を表明することが期待された。

用意はすべて整った。だが、土壇場になってアラゴンの同志たちがためらいを見せた。彼らは、蜂起に際して自分たちが果たすべき起爆剤としての役割に確信が持てなかったのである。そんな彼らをどうにか説き伏せることができたのは、ドゥルーティその人だった。

一九三三年一二月八日、県知事たちの警告を受けて政府は厳戒態勢を敷いた。イベリア半島の半分の地域で戦闘が始まっていた。バルセローナ、ウエスカ、セビーリャ、コルドバ、グラナダ、カディス、バレンシア、バダホス、ヒホンではゼネラル・ストライキが展開されたが、社会党の拠点であるビルバオやアストゥリアスのストライキは部分的なものだった。マドリードやその他の都市では、大きな混乱が支配していた。

反乱は、結局ゼネラル・ストライキの様相を呈した。警察との衝突も幾度となく生じていた。ダイナマイトで橋や官庁がいくつか爆破された。革命派によって統制された地域では、人民の集会が私的所有の廃止・抑圧機構の解消・ブルジョワジーによる支配の撤廃を命じた。革命の防衛は武装した民兵隊に一任され、民兵隊は戦略上の要所に陣取った。

しかし、夢は七日しか続かなかった。革命派の拠点は大半が孤立しており、その枠を越えた革命の波及は生じなかったのである。反乱した地域を一つ一つ制圧することなど、体制側の武装勢力にはたやすいことだった。

サラゴーサでは戒厳令が発令された。この状況のもとでは「全国革命委員会」の脱出の可能性は考えられなかったから、「革命委員会」のメンバーは運動の全責任を引き受けることにした。〔運動の責任の所在に関わる〕議論は公開の形で行なわれることになる。資本主義体制に対して宣戦を布告し、人民が革命を行なう権利を要求するために、彼らはこの議論を活用しようと決意した。

弾圧は過酷だった。CNTは非合法化され、その組合や文化センターも閉鎖に追い込まれた。蔵書は焼却されたし、サンディカリスト紙やリバタリアン紙はすべて発行を停止させられた。

数多くの人間が逮捕され、数ヵ月後、彼らにはおよそ七〇〇にも上るさまざまな刑罰が科せられた。手初めに「全国革命委員会」のメンバーに対する逃亡者処罰法の適用が求められたが、〔世論への影響を懸念した〕何人かの大物政治家が直接乗り出してきたため、サラゴーサ県知事オルディアーレスの企みは阻止された。それでも、「革命委員会」のメンバーは手ひどい虐待を受けた。無数の逮捕者も同じような試練にさらされ、彼らは拷問されたあげく供述書に署名させられたのだった。

サラゴーサ商事裁判所の建物のなかに、反乱の予審を行なうための緊急法廷が開設された。被告人たちの調書はそこに集められた。バルセローナで、「カタルーニャ防衛委員会」に最終的な指示を与えているところを逮捕されたドゥルーティは、サラゴーサに身柄を移され、「全国革命委員会」の他のメンバーと一緒に裁かれることになった。

プレディカドーレス監獄で、メラとプエンテとドゥルーティは逮捕された者たちをできるだけ多く釈放する手立てを話し合った。起訴状のファイルをそっくり隠してしまってはどうか、とドゥルーティは提案した。作戦がうまくいけば、すべての供述をやり直さなければならなくなるから、被告人たちは強引に引き出された供述の内容を修正することができる。メラもプエンテも、彼の案に賛成した。作戦の実行は、サラゴーサの若いリバタリアンたちのグループが引き受けた。一週間後、新聞はある盗難事件のあらましを報じた。「全部で七名からなる拳銃で武装した一味が、判事たちが執務中だった一室へ乱入した。一味は、拳銃で威嚇しながらじっとしているよう判事たちに命じたうえで、一二月八日の革命運動に関する周知の証拠書類を袋に詰め込んだ」。

予審を再開するための新たな尋問の過程では、ただ「全国革命委員会」だけが事件の責任を負い、逮捕者の多くは前言を翻した。それが、後に彼らの釈放の際にものを言うことになる。だが、サラゴーサの組合は訴訟手続きの遅れにしびれを切らしてゼネラル・ストライキを宣言、逮捕者の最後の一人が釈放されるまではストライキを継続すると言明した。ストライキは四ヵ月続いた。労働者たちが監獄を襲うのを恐れた政府は、「全国革命委員会」のメンバーをブルゴスへ移送するよう命じた。

〔訳註1〕ヒル・ロブレス——ホセ・マリーア・ヒル・ロブレス・イ・キニョーネス。一八九八—一九八〇。スペイン第二共和国の右翼陣営にあって、最大の指導力を発揮した政治家の一人。CEDAの総帥。内戦前夜、カルボ・ソテーロの暗殺（第二部第10章「人民戦線の勝利」、一七五ページ、訳註2を参照）に触れて人民戦線政府を糾弾する国会演説を行なった後、ピレネーを越える。まもなく、やはり人民戦線が統治するフランスを追放されると、今度はポルトガルへ逃れた。一九五三年に帰国。代表的な著作に、『平和は不可能だった』（一九六八）。

〔訳註2〕シプリアーノ・メラ——シプリアーノ・メラ・サンス。一八九七—一九七五。左官。内戦中は民兵隊の正規軍化を主張した、マドリードCNTの指導的人物。その回想録には邦訳がある（シプリアノ・メラ、土谷洋子訳『スペイン革命の栄光と敗北　アナキスト将校の内戦と亡命と監獄』三一書房、一九八二年）。

〔訳註3〕イサアク・プエンテ——イサアク・プエンテ・アメストイ。?—一九三六。アラバ県出身の医師。『リバタリアン共産主義　スペインにおけるその実現の可能性』（一九三二）等の著作で知られるCNT-FAI屈指の論客。一九三六年七月、ファシストにより殺害された。

〔訳註4〕パボン——ベニート・パボン・スアレス・デ・ウルビーナ。?—?　CNTの活動家にして弁護士。後に、アンヘル・ペスターニャの「サンディカリスト党」に入党。

〔訳註5〕フランシスコ・イスグレアス——フランシスコ・イスグレアス・ピエルナウ。一八九五—一九七七。CNTの活動家。

一九三六年一二月から翌年六月まで、ジェネラリタートの防衛会議議長。一九三八年、ＣＮＴカタルーニャ地方委員会書記。一九三九年三月には、亡命スペイン・リバタリアン運動のメンバー。

〔訳註６〕　**オロボーン・フェルナンデス**――バレリアーノ・オロボーン・フェルナンデス。一九〇一―一九三五。バリャドリー生まれのアナキスト。一九三四年二月にＣＮＴ‐ＵＧＴ間の「革命的労働者同盟」を提唱、アストゥリアスにおける翌三月の二大労組の同盟協定の成立に大きな影響を与えた。一九三五年に病没。なお労働者同盟をめぐる諸問題に関しては、次章「労働者同盟への、ただし下部大衆の発意に基づくそれ〔のみ〕へのゴー・サイン」、一四八～一六三ページを参照。

8　労働者同盟への、ただし下部大衆の発意に基づくそれ〔のみ〕へのゴー・サイン

アナキストの囚人たちの小さな集団の到着は、ブルゴスの市民の間に生々しい好奇心を呼び起こした。司祭たちは日曜日の説法をその件に当て、反乱の間に彼ら異端者がしでかした「残虐な行為」について恐怖の相を顔に浮かべながら語って聞かせた。

サラゴーサの監獄に比べて、ブルゴスの監獄で収監されている者には連絡を取り合うのは不可能も同然だった。囚人たちは他の受刑者たちから隔離されてしまい、わずかに新聞に目を通すことによって政治の動向をたどることが許されただけだった。だが、こうした孤立が後になって彼らに幸いした。おかげで一二月の運動の結果を反省し、社会党の動きを落ち着いて検討することができたからである。

社会党にとって選挙の敗北は打撃であり、党内の労働運動に近い一派の発言力を増大させる結果を招いた。さらにラルゴ・カバリェーロは、ブルジョワ共和制の、より広範な社会的基盤を有する共和制への改造を口にするとともに、労働者階級の統一を提唱した。ラルゴ・カバリェーロは、レルーとヒル・ロブレスが労働運動に猿ぐつわを噛ませるのに利用した法律が、元来は社会党が共和派との提携のために已むなく導入したものであったことを、気休めにではあれ認めたのだった。

ＵＧＴと社会党の内部で生じつつあった変化には、リバタリアンの側でも注目していた。ブルゴスの監獄にいた一人、バレリアーノ・オロボーン・フェルナンデスは、マドリードの『ラ・ティエラ』紙〔一九三四年二月四日付〕に「革命的同盟[訳註1]には賛成する！　党派的なご都合主義はご免だ！」という示唆的な表題を掲げた長大な論文を発表した。オロボーンにとって、状況の深刻さはプロレタリアートの行動の統一を促すものだった。それは「生きるか死ぬかの問題」であり、革命はそのような統一を、ただしデマゴギーなしの統一を要求していたのである。オロボーンは、結論として五つの項目を含んだ「労働者階級の革命的同盟の基本方針」を提示した。五つの項目とは、(a)あらゆるブルジョワ政治を排除した、純粋に革命的な傾向の戦術計画、(b)共通分母としての革命的労働者民主主義の受け容れ、(c)生産手段の社会的所有への転換、(d)労働者の手で直接に指導された連合経済、(e)経済活動以外の（政治的な、かつ管理上の）諸活動を手がけるうえで必要なすべての執行機関も人民によって統制されていること。人民がそうした機関を選出したり解散させたりできること、である。

オロボーン・フェルナンデスの論文がリバタリアンの間で大きな反響を呼んだため、二月一三日、ＣＮＴ全国委員会はマドリードに地方連合の全国総会を招集した。中央とアストゥリアスの両地方連合はＵＧＴとの同盟を支持したが、カタルーニャはこの同盟を上層部によってではなく、ただ下部によって実現される同盟としてのみ了解した。同盟への賛同の意志を公表するようＵＧＴに求める形で、総会は問題にけりをつけた。

リベルト・カリェハスに宛てた手紙のなかで、ドゥルーティは自分の見解を説明した。

「同盟は、それが革命的であるためには労働者たちの間で、真に労働者たちの間で樹立されなければならない。いかなる政党も、現在の社会党であっても、そのような性質の協定には参加できない。私に言わせれば、労働者同盟を代表し、その土台となる機関は公開の集会において選出された工場委員会なのだ。私は、地区・区域・自治体・地域・地方・全国の各レベルで連合する工場委員会こそ下部大衆の意向の真の表現であると考えている。そこで私は、皆が解釈するように解釈する。つまり、工場であれ作業場であれ鉱山であれ、それらの委員会から〔上部の〕諸機関が遊離してしまいかねないなかで、後者の権限をいよいよ小さく、〔換言すれば、労働者同盟の運営は〕下から上へ、という具合に解釈する。これと正反対の方向で労働者同盟を考えるのは、同盟の機能を損なわせてしまう政治的なやり方だ。従って、『どんな方法に訴えてでも』労働者同盟を結成することが可能であるとは——そう信じている同志もなかにはいるようだけれども——私は思わない。そしてそんな方法の一つがCNTとUGTの今の全国委員会を介しての上層部による協定という訳だが、それが孕む官僚主義的な危険性の故に、私は上からの協定なるものを拒絶する。繰り返しておこう。労働者同盟というものは、本当の意味で革命的であるためには、労働の場において、労働者たちによって体感され、愛され、擁護されねばならない。なぜなら、労働者同盟の第一の目的は、社会主義を導入するために生産手段を労働者の手で獲得することにあるのだから」

　UGTは、CNTからの呼びかけに応じなかった。社会党は革命にはまったく関心がなく、このときにはレルーとその取り巻きを権力の座から追い落とすという限られた目的に沿って、政治綱領について議論していたのだった。彼らは政権の交替だけを狙っていた。そして、そのためには自分たちだけで充分だと信じていた。だから、オロボーンが提案したような同盟など彼らにとってはものの役に立たない、どうでもいいことだったのである。社会党は、相変わらず共和派を盟友と考えていた。その社会主義は、一九三一年から三三年までの間に彼らが実践していたものと〔結局のところ〕大差がなかった。

　一方で右翼は、サンフルホのクーデタ宣言に加担した軍人たちや資本の引き揚げにより有罪判決を受けていた金融家たちの罪の減免措置を獲得するために奔走していた。そして、それが一二月の反乱の逮捕者をも間接的に助けることになった。政治囚の大赦が国会に上程され、四月の末にその法案が可決されたのである。三四年の五月初旬、大赦の布告が発せられ、ドゥルーティはブルゴスの監獄を出た。獄内で彼と一緒だったラモン・アルバレスというアストゥリアスの若者——CNTアストゥリアス地方連合書記——が、バルセローナへ行くのに必要なかねをドゥルーティに差し出してくれた。おかげでラモン・アルバレス自身は、ヒホンに戻る旅費を同志たちが送ってくれるまで監獄にとどまっていなければならなかったのだが。

　ドゥルーティは、ホアキン・アスカーソ、エハルケ、アルクルード兄弟らの〔やはり〕ブルゴスで釈放されたアラゴンのリバタリアンの囚人たち数人と一緒にサラゴーサに到着した。サラゴーサは、一二月の事件の囚人たち全員の釈放を求めるゼネラル・ストライキの渦中にあった。そこでドゥルーティは、ストライキ参加者の子供たちをバルセローナへ組織的に送り出していたカタルーニャのＣＮＴの組合員たちと会っている。子供たちは、ストライキが終わるまでバルセローナの労働者たちの家で暖かく迎え入れられる手筈になっていた。〔バルセローナの〕フレセール街の自宅に着いたドゥルーティは、ほとんど記憶になかった自分の娘が口を開いたり、駆け回ったり、家のなかを引っ掻き回したりする様子を見ることができた。しかし、一家団欒の喜びもほんの束の間だった。同夜、ドゥルーティのもとに数人の同志がやって来て、地区内で靴職人として働いていたあるイタリア人移民がジェネラリタートの警察の手にかかって殺害され、復讐しようとした友人も同じ目に遭ったという話を伝えたからである。

　ドゥルーティはまず、サラゴーサの同志たちの状況についてＣＮＴカタルーニャ地方委員会と協議した。たまたまこのとき、アスカーソが地方委員会の書記をしていた。当時唯一実行できたことといえば、五月六日に大挙して到着する予定だった数千人の子供たちの世話をすることくらいのものだった。当日、自分の連れあいや子供と一緒に〔サラゴーサからの〕子供たちの一行の到着を待っていた労働者の集団は、保安隊の騎兵中隊によって残虐に蹂躙され、死者一名と負傷者多数を出した。労働者大衆は自然発生的に市の中心部を制圧し、路面電車に火を放ち、警察署を襲った。同じ日の夜、ゼネラル・ストライキの指令が出された。ストライキは一週間続いた。アスカーソとドゥルーティは、ジェネラリタートが派遣した突撃警備隊により子供たちの一行がタラッサで足留めを食わされているのを知った。二人がタラッサへ急行してみると、地元の労働者たちはすでに動き出していた。労働者たちに守られながら、二人は一行の先頭のバスのところまで行き、運転手に叫んだ。「行き先はＣＮＴだ。『アラゴン・センター』へ急いでくれ！」。同夜、子供たちはバルセローナで眠りに就いた。

　バルセローナに戻ってからというもの、ドゥルーティはかたときも休まず、組合にあっても、アナキスト・グループにあっても精力的に活動を展開した。むさぼるように書物に当たり、スペインやフランスのさまざまな傾向の新聞の論調をたどった。〔とはいえ〕持って生まれた楽天主義にもさすがに影が差すこともあった。当時は同志たちの間に理論や情報への相応の関心が見受けられないほど、運動が低迷していたからである。努力が足りない。理論の研究や新聞記事の検討にほとんど身を入れていないではないかと、ドゥルーティはしきりに同志たちを叱咤した。ドゥルーティは、スペイン革命のなかでアナキズムに割り当てられた歴史的な使命を確信していた。サンディカリズムは闘争の武器だった。革命の過程でこの武器を維持し続けるには、エネルギーを吹き込む必要があった。アナキストたちの尽力により、サンディカリズムは資本主義体制を破壊する、意識に目覚めた革命勢力へと転じることになるのである。それがCNTだった。もっとも、実際には何度かそうした本来の姿勢に反したこともある。コンパニスのもとをCNTの組合員たちが訪れたとき[訳註2]というのが一例で、それらの組合員のなかには、あろうことかサンスとガルシア・オリベールという二人の「ノソトロス」のメンバーも含まれていたのだった。活動家の集まりがあった際、ドゥルーティはこう述べた。

「われわれも『三〇人派主義』を実行しているのなら、何のために『三〇人派主義』と戦ってきたのだろうか。われわれは弾圧されている、などとコンパニスに苦情を申し立てに行くというのはそれこそ『三〇人派主義』ではないのか。コンパニスとカサーレス・キローガ[訳註3]とマウラとの間にどんな違いがあるというのだ？　そろって労働者階級の明白な敵ではないか。彼らは皆、ブルジョワではないか。われわれを弾圧しているではないか。ところで、われわれが弾圧されるのは当たり前のことだ。われわれは、彼らが代表している体制にとって常に脅威の存在なのだからである。彼らがわれわれを弾圧しないためには、われわれは彼らの法律に服従し、彼らの体制に溶け込み、骨の髄まで官僚風に硬直化し、労働者階級の完璧な裏切り者とならなければいけない。社会党や、労働者階級を踏み台にして生きようとする人間たち皆がそうしているように、だ。われわれもそうなってしまえば、弾圧されることはないだろう。だが、われわれはそんなことを願っているのだろうか。

（……）すでに演じられてしまったこの手の失態を繰り返せば、われわれは自分たちが望んでもいないような人格に変えられてしまうこともありうる政治的なご都合主義に陥りかねないのだ……」

六月、アンダルシアの農村部ではゼネラル・ストライキが行なわれた。CNTとUGTの農民たちは、このストライキを足がかりに相互の結びつきの強化を図った。その結果、アナキストが望んでいたような下部の農民による同盟が〔実質的に〕実現した。そうしたストライキは社会党〔中央〕が準備していた運動の妨げになるとの理由を盾に、ラルゴ・カバリェーロは農民の党指導者を厳しく叱責した。事態が熱気を帯びるなかの六月二三日、

1931年９月のバルセローナ。メルカデルス街で共和国の治安維持装置に抵抗した後，警察本部へと連行される金属工組合所属のCNTの組合員たち。このように，新体制は先行する諸体制の労働者への抑圧的な姿勢を模倣した。

第2共和国樹立の宣言を受けての，労働者のデモ行進。1931年4月15日のバルセローナ。

1931年5月のバルセローナ（モンジュイックのスペイン村）。左から右へ，ガルシア・ビバンコス，ガルシア・オリベール，ルイ・ルコワン，オデオン，アスカーソ，最後にドゥルーティ。

流刑中のドゥルーティ（カナリア諸島）。

1932年2月のフエルテベントゥーラ。カナリア諸島への流刑者たち。後列中央にドゥルーティ。その左がドミンゴ・アスカーソ。1937年5月3日，ドミンゴはバルセローナで共産党のスターリン主義者の手にかかって暗殺された。

流刑中のドゥルーティと同志たち。プエルト・デ・カブラス（カナリア諸島）。

1933年１月のカサス・ビエハス。包囲され，焼き殺された農民たち。彼らが立てこもった木と藁でできた小屋へ，治安・突撃の両警備隊員は火を放った。

1934年２月。サラゴーサのプレディカドーレス監獄。後列，左から右へ，ドゥルーティ，エハルケ，ラモン・アルバレス，アルクルード博士。座っているのは，彼らと同じ1933年12月８日の全国革命委員会の同志たち。この月，委員会は反乱を実行に移した。

アストゥリアスの10月革命。治安警備隊によって，連れあいやその他の身内と一緒にラス・ブラニョセーラスの森で逮捕されたアストゥアスの鉱夫たち。

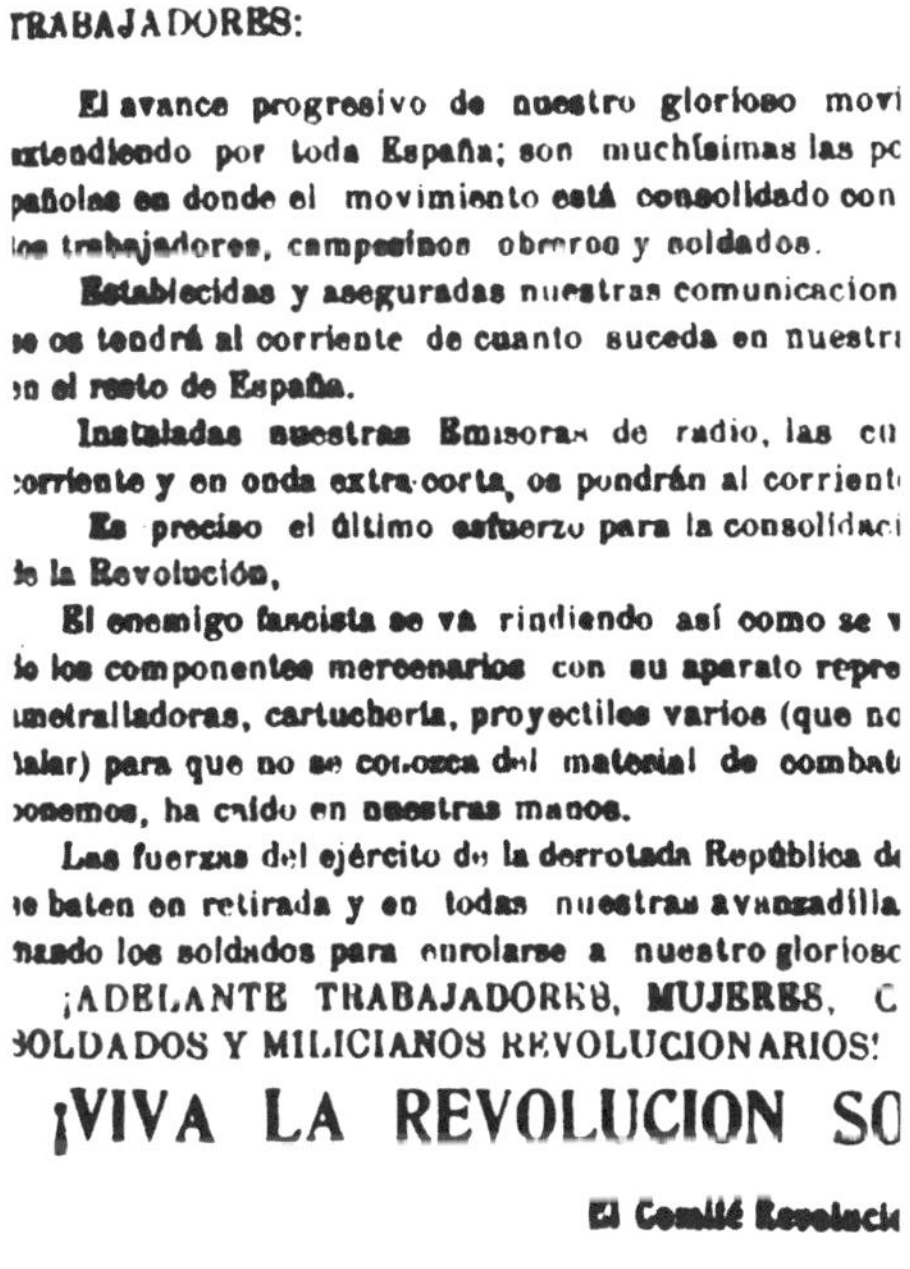

TRABAJADORES:

El avance progresivo de nuestro glorioso movi
extendiendo por toda España; son muchísimas las po
pañolas en donde el movimiento está consolidado con
los trabajadores, campesinos obreros y soldados.

Establecidas y aseguradas nuestras comunicacion
se os tendrá al corriente de cuanto suceda en nuestr
en el resto de España.

Instaladas nuestras Emisoras de radio, las cu
corriente y en onda extra-corta, os pondrán al corrient

Es preciso el último esfuerzo para la consolidaci
de la Revolución,

El enemigo fascista se va rindiendo así como se v
de los componentes mercenarios con su aparato repre
ametralladoras, cartuchería, proyectiles varios (que no
talar) para que no se conozca del material de combat
ponemos, ha caído en nuestras manos.

Las fuerzas del ejército de la derrotada República de
se baten en retirada y en todas nuestras avanzadilla
nando los soldados para enrolarse a nuestro gloriosc

¡ADELANTE TRABAJADORES, MUJERES, C
SOLDADOS Y MILICIANOS REVOLUCIONARIOS!

¡VIVA LA REVOLUCION SO

El Comité Revolucic

1934年の10月革命。アストゥリアス労農共和国革命委員会の声明。

1935年11月のレオン。闘牛場での集会。壇上で演説するドゥルーティ。

1936年２月の総選挙を目前に控えて，大赦を要求するデモ行進。総選挙では，左翼が連合した人民戦線が勝利する。

1936年２月。人民戦線の勝利後，バルセローナのモデーロ監獄の前で身内の政治囚の釈放を待つ群集。

1936年10月のバルセローナ。ディエゴ・アバ・デ・サンティリャン宅で。立っているのがサンティリャンとその連れあい。前列中央にエミリエンヌ・モラン。

1936年２月末のバルセローナ。ドゥルーティと連れあいのエミリエンヌ，そして娘のコレット。

1936年５月23日のカディスの闘牛場。ラルゴ・カバリェーロも交えて開催された集会でのビセンテ・バリェステール・ティノーコ。1903年６月13日カディス生まれ。1936年９月20日，同じカディスで反乱軍の手で銃殺された。才気煥発な著述家にして雄弁家。

1936年３月。バルセローナ県（ラス・プラーナス）。日曜日のハイキング。前を歩く２人はドゥルーティとアウレリオ・フェルナンデス。

フアン・ペイロー。アナルコサンディカリズムのプロパガンディスト。スペインの労働者自主管理の有能な組織者・推進者。1940年，バレンシアの監獄でフランコ体制により銃殺された。

CNTは改めて地方連合の全国総会をマドリードに招集した。それに先立ちカタルーニャでは地方総会が催されており、下部労働者の間で同盟委員会を実現させつつ、下からの同盟を推進していく立場が再確認されていた。この立場を擁護するため、ドゥルーティとアスカーソとエウセビオ・カルボーの三人が〔マドリードへ〕派遣された。

総会が始まると、アストゥリアスの代表たちがUGTや社会党アストゥリアス連盟との協定に調印した経緯について報告を行なった。他の地方の代表たちは、既成事実を突きつけられて反発した。UGTは先のCNT総会の呼びかけに回答を示していなかったし、アストゥリアス社会党連盟の存在が労働者階級に害を及ぼす形で同盟の活動を制約するであろうと受け止められたからだった。実際、アストゥリアス社会党連盟は労働者同盟がなしうることの一切をボイコットして見せた。他の地方連合との連帯の意識に乏しいとの非難に対して弁明を試みながら、アストゥリアスの代表たちは次のように総会を要約した。「……労働者同盟をめぐって白熱した討論が始まり、三月にUGTとの間で調印された協定のため、われわれの地方連合は告発されている。対立を解消、もしくは軽減しうるような一致点を求めて懸命の試みがなされているのである」。しかし、ドゥルーティやアスカーソ、オロボーン・フェルナンデス、エハルケ、セルベン、マルティネスが示した〔同盟設立に向けての〕高邁な努力よりも、現実の動きの方に有無を言わせぬ強さがあった。さらに、すべての組合員を招くのが無理な以上、全国総会はCNTの態度を決しうるような、投票による全国的な照会作業が不可欠であると判断することで合意を見るにとどまったのだった。

〔CNTアストゥリアス地方連盟書記の〕ラモン・アルバレスは言う。

「最大限三ヵ月以内に組合の全国会議の招集に取りかかるよう、総会はCNT全国委員会に指令した。会議の決定は全地方連合に対して強制力を持つ。それが自由に表明された多数の意志なのであれば、アストゥリアスは同盟の取り決めを破棄することになる。アストゥリアスの主張を会議が支持する意向を明らかにした場合には、われわれの地方以外では効力を持たなかった労働者同盟が、自動的に全国へと拡大することになるはずだった。一〇月——総会から三ヵ月後——、革命が起こった。組合の全国会議は開催されておらず、〔アストゥリアスの運動に参加したことに関する）われわれの責任は不問に付されている。いずれにせよ、誰もが革命の敗北から逃れられなかった訳なのだが」

レルーの急進党と連合したうえでCEDAが入閣する構えを見せたとき、社会党は抗議運動の火蓋を切った。アストゥリアスにおいて、それは革命的な反乱に転じた。社会党は、自らにもう一度政府の扉が開かれる結果をもたらすような危機を誘発するため、単に右翼とアルカラ・サモーラ大統領に揺さぶりをかけようとしたにすぎない。そのためCNTは運動の外に置かれ、反乱のための技術的な準備も組織化も検討されていない状態だった。多くの県庁所在地では、運動はそれが開始された五日の日を超えて展開されることはなかった。マドリードの場合、兵営の襲撃が企図されたものの、その後はストライキに限定されてしまった。そのストライキも一三日には終息した。にもかかわらず、運動はバスクとアストゥリアスとカタルーニャでは広範な反響を呼び起こすことになった。

バスクでは、労働者同盟の委員会がいくつか発足し、若干の都市では一定の役割を果たしている。とはいえ、バスクの社会党指導者たちは総じて中央の公式方針に従い、CNTから距離を保っていた。

あらゆる労働者勢力の同盟に立脚したアストゥリアスの運動は、プロレタリア革命の性格を帯びて、深い社会変革にまで突き進んだ。アストゥリアスのコミューンは、武装した労働者で構成された独自の部隊を編成した。部隊は正規軍との不利な戦闘に臨んだが、一九日、敵兵力の圧倒的な優位の前に降伏を余儀なくされた。

カタルーニャでは、ジェネラリタートとエスケーラ（カタルーニャ左翼共和党）が運動を自分たちの利益のために利用し、カタルーニャ国家を樹立しようと思い立った。だが、カタルーニャの労働者階級の三分の二を占めるCNTが集会の権利すら享受していないなかにあって、カタルーニャの自由を云々するというのは説得力のある話ではなかった。運動は、カタルーニャ民族主義者の小ブルジョワジーと、CNTを排除した自称「労働者同盟」の手により開始された。反乱の首謀者たちにとって、状況は逆説的だった。二年間に亘って自分たちが残忍なまでの弾圧を加えてきた労働者をあてにしないで、ゼネラル・ストライキを始めることは不可能だった。しかし同時に、労働者を活用するにしては、反乱の首謀者たちはあまりにも彼らを不信の目で見すぎていたからである。

おまけに、四日には手入れが行なわれており、ドゥルーティも捕えられていた。ジェネラリタートは、すでに兵士を市中に投入していたバテー将軍その人よりも、ＦＡＩが介入して運動の枠組みが乗り越えられてしまうことを恐れたのだった。軍隊を前に「同盟」はさっさと解散してしまい、反徒の大半は戦わずに逃げ出すか、降伏を申し出た。彼らが放棄した武器類は、ＣＮＴの労働者が掻き集めてしっかりと保管した。

六日の朝六時、ジェネラリタート政府はおずおずと白旗を掲げた。投降に際し、ジェネラリタートは投獄されていた有能な労働者の活動家数名を反動陣営に引き渡した。ドゥルーティには、さらにもう半年の刑期が加算されることになった。

〔訳註１〕**革命的同盟**――スペインの労働者組織の全国的な協定である「労働者同盟」は、一九三三年の総選挙における右翼の勝利をきっかけに、ＢＯＣ（労働者農民ブロック）が提案。カタルーニャでは、ＢＯＣの他、社会党・ＵＧＴ・カタルーニャ社会主義同盟・左翼共産党・ラバサイレス同盟、さらに――一九三四年九月以降――スペイン共産党が労働者同盟に名を連ねた。特にアストゥリアスでは強く主張され、ＣＮＴアストゥリアス地方連合も同盟協定に参加。同地方の蜂起（一九三四年一〇月）では決定的な役割を果たした。産業の国有化やカトリック教団・軍部・治安警備隊の解散を要求（アベル・パス、ナウティルス社版、七〇九ページ）。

〔訳註２〕**コンパニスのもとをＣＮＴの組合員たちが訪れたとき**――ジェネラリタート首班と「ＣＮＴの組合員」――ＣＮＴカタルーニャ地方委員会の面々。ただし、このとき同委員会書記長だったフランシスコ・アスカーソは除く――との会見は、一九三四年五月九日――サラゴーサの子供たちがバルセローナに到着した三日後――に行なわれた（アベル・パス、アンセルモ・ロレンソ社版、三八七ページ）。

〔訳註３〕**カサーレス・キローガ**――サンティアゴ・カサーレス・キローガ。一八八四―一九五〇。ラ・コルーニャ出身の弁護士・政治家。ガリシア共和連盟を代表して、サン・セバスティアン協定に署名。第二共和国時代には、海相・内相・公共事業相を経て首相（一九三六、陸相を兼任）。

9　三万人の政治囚

スペインの労働者や農民にとって、アストゥリアスのコミューンは革命はユートピアなどではなく、働く者すべてが団結しさえすればすぐにでも実現可能なものであるということの明白な証しだった。それに引き換え、社会党の指導者たちにとっては、労働者の統一には党のための一定の政治的な支援以上の意味はなかった。そこで革命を避けるため、彼らはその影響力を残らず注ぎ込んで、三万人の政治囚の釈放といった情緒的なテーマに訴えたのだった。一〇月の運動に続いた弾圧が一段落した後、右翼政権はこれだけの数の政治囚を監獄に閉じ込めていたのである。社会党の戦略は、同党に主導権を委ねることになるようなUGTとの協約に署名させたうえで、CNTに反議会主義的なその戦術の修正を迫るか、あるいはCNTを孤立させつつ、一方で労働者の間に議会制への期待感を掻き立てるような他の政党との連合を形成するという内容だった。こうした謀略は、一九一七年の八月に社会党が企んだものと何ら変わりがなかった。

レルー政権の動向。「もっと多くの〔労働者の〕首」を求めて飽くことを知らぬ右翼の貪欲さ。アストゥリアスで続けられていた憂慮すべき弾圧。さらには労働者同盟の問題。ドゥルーティは、獄中から政治状況の進展に目を凝らしていた。モデーロ監獄の中庭や独房棟では、他のことは話題に上らなかった。ドゥルーティの立場は、エネルギーを浪費せずに組合を再建するという一点に集約された。「反動陣営が街頭での実力行使に出るときは、プリモ・デ・リベーラがクーデタに踏み切ったのと同じやり方で、という具合にはいかないだろう。スペインの問題はブルジョワ民主主義かファシズムかにではなく、ファシズムか社会革命かにあるという現実を理解するうえで、アストゥリアスは実例として役に立たねばならない。一九三三年一一月一九日の選挙の後、ブルジョワ民主主義は死に絶えたのだ」と彼は示唆した。

それまでのあらゆる反乱の企ての失敗は、どんな組織であれ単独で行動に出たのでは革命の成就する見込みのないことを明らかにしてきた。CNTは教訓を汲み取ったが、社会党もそうすることができただろうか。「CNT

のなかには」いかなる代償を支払ってでも社会党に近づこうとする者もいたし、革命的な決断のもとに状況に立ち向かう能力がこの党には欠けているのだと考える者もいた。ドゥルーティは中間的な立場を取っていた。

「……多少なりともクーデタを遅らせることはできるだろう。けれども、結局われわれはクーデタと対決することになる。こうした情勢を認識し、われわれが、つまり労働者階級の最も革命的な一翼であるわれわれが最初の一撃にさらされるであろうということを承知したうえで、UGTの労働者たちを自分たちの側に引き入れるか、彼らにわれわれが置かれている状況の重大さを理解させるために、労働者同盟の線に沿って行動を強化していかねばならない。ときがくれば、革命が雪崩を打つようにして引き摺り込むことになる労働者勢力の厚みの度合は、われわれのプロパガンダの強化の如何にかかっているのである」

「政治囚」としての時期は四月で終わり、ドゥルーティは出所した。彼の釈放と時を同じくして、政府は危機を迎えていた。それは、一〇月の運動との関連で宣告されていた一八の死刑判決への減刑措置にCEDAの閣僚が異を唱えた件に端を発していた。結局、CEDAから六人が入閣して危機は解決された。CEDAの首領は陸軍省のトップの座を占めた。反動陣営は事実上のクーデタをやってのけた訳である。ところが、ヒル・ロブレスは王党派として最もよく知られていた将軍たちを軍の要のポストに据えるにとどまった。この布石を打つことによって、ヒル・ロブレスは独裁者になる宿願を後回しにしながらも、クーデタを狙う将軍たちに便宜を図ってやったのだった。将軍たちは、自分たちの意向を胸に秘めておくほどに慎み深くはなかった。

あたりに漂う空気は予兆を孕んでいた。人民の感情の激発は、それが生み出されるための起爆剤を待っていたのである。そして、その起爆剤は反動的な軍事クーデタかもしれなかったし、軍事クーデタに対して共和国を支持する側からの反撃かもしれなかった。ドゥルーティは同志たちに警告を発した。「同志たちよ。君たちがわれわれの置かれている今の状況の重大さを認識しているものかどうか、私にはわからない。私の判断に従えば、今の状況の重大さはいつ革命が勃発しても不思議はないというほどのものである。そして、それはわれわれが革命を引き起こすから、ではない……。しかし、目下の環境を活用すべく、われわれは用意を整え、心の構えを築きあげておくべきだ。そして、あるとき解き放たれるであろう革命の奔流の波頭に立つべきだ。その闘争はどんな表現を取りうるだろうか。私の見るところ、それは内戦だ。破壊的で残虐な、だがそれに向けて備えておかねばならない内戦だ（……）。われわれは民兵隊を組織し、戦場に飛び込んでいかねばなるまい。そしてその場合、われわれの言う意味での規律が、しかしいずれにせよ規律が要求されることになるだろう。私が話していることをよく考えてみてほしい。今日は仮定でしかないものが、成り行き次第ではすぐにも現実となりかねないのであるから」。引っ切りなしに出入獄を繰り返していたにもかかわらず、ドゥルーティは革命家らしい、そして自身の現実主義に合致した明晰さを失わなかった。アスカーソ――サバデールで肺疾患から回復しつつあった――とドゥルーティは、社会党の新しい政策をめぐって話し合っている。その際二人は、人民戦線という新戦術がスペインに導入されれば、CNTにとって困難な状況が生み出されるであろう点を確認した。選挙ブロックはCNTを孤立させてしまうだろう。労働者階級が四月一四日の幻影に再び捉えられることのないよう、そうした蜃気楼を霧散させてしまうのが得策ではあった。しかし、ドゥルーティにはどうすることもできなかった。またしても逮捕されてしまい、今度はバレンシアのモデーロ監獄で「政治囚」として刑期の数ヵ月を送る破目になったからである。

　ドゥルーティを落胆させたことに、CNTは歴史的な一時期に直面している現実を理解しているようには見えなかった。CNTは〔「三〇人派」に呪縛された〕反対派の活発な政治的活動[訳註1]を目の当りにして方向を見失い、守勢に回っていた。バルセローナではプロタリアートに革命的な選択肢を提供することの重要性が忘れ去られてしまっていて、CNTは水道と路面電車の二つの部門での暴力的で不毛な争議に精力を集中していた。こうした戦術のため、CNTの革命的な企図は棚上げされたうえ、その活動は純粋なサンディカリズムへと矮小化されてしまった。その結果、労働者階級はアサーニャから共産党までの全野党勢力により提唱されていた左翼ブロックに勝利をもたらすはずの選挙に期待をよせ始めたのだった。獄中の数千の政治囚たちはもはやCNTを話題にしたりせず、選挙や国会に、つまりは政治に期待をかけていたのである。ドゥルーティは自分の見解を総合的に述べた文書を執筆し、それを囚人たちに読んで聞かせてから全国委員会に送付した。文書は問題の核心を突くものであったから、不快な反応を引き起こさずにはおかなかった。CNT全国委員会はドゥルーティが送ってきた文書を公表しなかった。だが、その文書に言及することも差し控えなかったため、文書をめぐって支離滅裂な論議が巻き起こった。最も突飛な意見がドゥルーティのものであるとされた。事態はドゥルーティを苛立たせ、彼は責任を果たすべき各種の委員会と衝突した。

一九三五年九月一一日付のホセ・ミラ宛の手紙のなかで、ドゥルーティは、全国委員会や地方委員会によって「組織に関わる責任の故に」沈黙を余儀なくされた自分の考えを披瀝している。

「（……）賃上げや労働時間の短縮のためにCNT傘下の組合が演じてきた戦いは、組織にとって必要な小競り合いではあった。しかしながら、それはCNTとアナキズムの目的としての最終上陸地点では断じてなかった。いつも私はそう信じていたし、信じ続けている。CNTには、はっきりと定義された原則がある。リバタリアン共産主義の導入を目指して資本主義体制の変革に一路邁進する、との原則が。けれどもそのような革命は、血の気の多さにではなく、アナキズムの理念と革命的な教育に裏打ちされていなければならない。ましてや、CNTが当事者たちが日曜日の食卓にもう一切れの鱈を添えられるようにと願って展開される若干の闘争にその全力を傾注すべきだと思うことなど、あってはならないのだ。

CNTはスペイン最強の組織なのだから、集団的な秩序のなかでそれにふさわしい位置を占めるべきである。CNTの闘争は、その偉大さに見合ったものでなければいけない（……）。

一〇月の運動の際の同志たちや組織の〔英雄的な〕行為の後では、一台だろうと二〇台だろうと路面電車に火を放ったところで、CNTの倫理的な偉大さについて語ることなどできはしない。われわれが生きているかくも困難なこのときに、バルセローナの組織が革命の最低限の保証ですらありえない、などと確認せねばならないとは嘆かわしいことではないか。今このとき、予想もしなかった日に革命の可能性がわれわれの前に立ち現れたとして、組織が一個の集合体として本来あるべき位置を占めることができない、ということがあってもいいのだろうか。二つの水道と路面電車の部門でのありふれた争議は、何人かに利益をもたらすだろう。だが、そんな争議と引き換えに集団の利益を捨てるようなまねをして、恥ずかしくはないのだろうか。私が〔二つの争議から利益を手にできるような〕選ばれた人間の一人であって、自分の一週間分の仕事のせいでCNTがその革命的な企図を危険にさらすことにでもなるのなら、それは私の恥だ。組織を自分の単なる経済的な利益を守ってくれる集合体としか見ない者もいる。他方で、組織を社会変革の過程でアナキストと手を携える集合体と見る者もいる。友よ、ミラよ。だからわれわれが、アナキストと単なるサンディカリストが理解しあうというのはひどく難しいことなのだ。（……）間違っても私はストライキ闘争を放棄しようなどという考えに与したことはない。けれども、ストライキ闘争を放棄しないことと、われわれのあらゆる活動を一つの争議を軸に展開させることとは別なのだ。それではCNTの行動範囲が制約されてしまう。CNTの行動を賃上げ闘争に収斂させたのでは、その最終的な諸目的が限定されてしまうのである（……）。

それは、われわれ自身の陣営の勢力に対する信頼を根絶する組織の立場が勝利したということだ。最も多くの囚人を抱えている以上、CNTは選挙の前であれ後であれ重要な役割を果たすべくもないだろう。CNTの囚人は、政治家のおかげで出獄しなければならないだろう……。そしてアナキストである私には、それについて言っておきたいことがある。私は同志たちの奮闘のおかげで自由を勝ち取りたいのだ。出獄したらすぐにも徹底的な戦いを交えねばならない相手の博愛精神によりかかって、ではなく……」

ドゥルーティは、サボタージュのなかに獲得された利益とは釣り合いの取れない途方もない力の浪費を見た。手に入れた以上のものが、サボタージュが原因で失われていた。他でもない争議がそのことを証明した。争議の解決は経営者側との交渉に求められたが、それはCNTの方法を逸脱する形で行なわれたのである。ドゥルーティは、あらゆる戦術的考慮を無視してサボタージュに走った者たちに、「乱暴者」と名指しで矛先を向けた。一一月に出所したドゥルーティは、活動家の会合の際、彼らの眼前で自分の立場を擁護しなければならなかった。勇猛果敢との名声で彼はがんじがらめになっていたから、わずかな弱みを見せただけでも容赦されなかっただろう。だから会合をうまく乗り切るために、ドゥルーティはその論法よりも名声に訴えねばならなかった。理屈よりも、テーブルに叩きつけられた拳の方に説得力があった。

数日後、ドゥルーティとアスカーソはヘロニモ・ミサを支援する集会で発言を行なった。ヘロニモ・ミサは若いリバタリアンで、プエルト・デ・サンタ・マリーアに送られた囚人たちを繋いでいたロープを〔拳銃を片手に〕

断ち切ったために死刑を宣告されていた。

アスカーソは生存権に関する人道主義的・哲学的な考察から演説を始めていたが、若いミサの件に話が及んだところで、一転して政府に対する激烈な非難を繰り広げ出した。係の警官が彼を逮捕しようとしたため、当然のように暴動が発生した。ドゥルーティはアスカーソの腕を摑んで会場を抜け出した。政府を侮辱したとのかどで、警察は二人を告訴した。地下に潜ったドゥルーティは、レオンの友人たちから招きを受けた。彼はその機会を利用して、家族の顔を見ておくことにした。

〔ドゥルーティが参加したレオンの〕集会は、労働者で膨れ上がった闘牛場で開かれた。ガリシアやアストゥリアスからも、〔労働者を満載した〕バスが繰り出してきた。自分の演説のなかでドゥルーティは、闘争が日程に上っていること、用意を整えておかねばならないこと、を告げた。今度の戦いは過酷であると同時に決着をつけるものになるであろうことをも、である。

治安警備隊の手により、会場の出口でドゥルーティは捕えられた。今回の拘留は短かった。一九三六年一月一〇日、ドゥルーティは釈放された。

〔訳註１〕〔「三〇人派」に呪縛された〕反対派の活発な政治的活動――CNTからの離脱後も「三〇人派」はバレンシアその他に依然として根強い支持基盤を擁していたから、CNTを取り巻く重要な論点――CNTとFAIの関係、CNTと他の政治勢力との関わり――をめぐるアナルコサンディカリストの立場は簡単に一本化された訳ではない。サバデールの組織はUGTもしくはエスケーラとの協調への傾斜の度合を強め、CNTと最終的に袂を分かつ。ペスターニャとその一派は一九三三年に政党（サンディカリスト党）を設立。また、CNTに対するFAIの「独裁」を非難しつつ「反対派組合」に結集していた穏健派の活動家たちは、三二年には「リバタリアン・サンディカリスト連盟」を結成するに至っていた（アベル・パス、アンセルモ・ロレンソ社版、四三五～四三六ページ）。

10　人民戦線の勝利

ドゥルーティは、選挙戦のさなかに監獄を出た。左翼各派の思惑は、穏健な綱領のなかに一本化されたように思われた。その綱領にあって唯一大事な点は、大赦に関連していた。CNTは選挙戦の周縁に位置していたのだったが、社会党主催の集会ではUGTと一緒に「プロレタリア革命における友愛組織」を形成しよう、とのCNTへの呼びかけが行なわれていた。本当のところは、CNTの組合員の票が目当てだった。というのも、CNTに関する社会党の立場は実質的には変化していなかったし、最近のその「ボリシェヴィキ化」によって、ロシアで起こっていたのと同じように反対派としてCNTが粛清される可能性さえ感じられたからである。

しかし、〔このとき〕CNTの重責を担った各種の委員会を構成していた人物たちは、自分たちの手に余る状況を前に当惑し、態度を明確にしなかった。彼らは、自分自身の才覚によってではなく、当局の弾圧が最良の活動家たちを組織上の責任から引き離してしまったおかげで委員会にまで上り詰めていた人間たちだった。迷いが周囲を支配していた。確信的なアナキストたちでさえ、三三年一一月の選挙棄権のキャンペーンを繰り返すべきか否か逡巡した。直面している状況とその成り行きに関して確かなことは、誰にもわからなかった。見たところ、例外はドゥルーティだけだった。ある会合の席で、ドゥルーティは一年前から表明していた時局についての見通しをかいつまんで述べている。

「実際、われわれアナキストはスペインでは極めて少数派の部類に属している。われわれの理念やプロパガンダは労働者たちに強い影響を及ぼしているとはいえ、それも影響を及ぼすうえで好都合な状況があれば、という話だ。一九三三年一一月の選挙の際にわれわれが棄権のキャンペーンを行なったにせよ、行なわなかったにせよ、選挙という視点から見れば結果は同じことだっただろう。共和派の政治家たちも社会党の政治家たちも、完全に評判を落としていたというはっきりとした理由があったのだから。そして左翼には他に目新しい候補者もいなかったから、労働者たちは右翼に投票することもなかったけれども、彼ら自身の判断で左翼に投票することも差し控えたといったところだろう。あのとき重要だったのは、棄権が意識的かつ積極的であったということ、つまりプロレタリアートに意識を持たせるような態度であったということだ。われわれは、プロレタリアートの意識の覚醒に成功した。社会党や共和派の政策は、われわれによって支えられてきたのだったからである。今日では状況は異なっている。われわれはこの二年間、剥き出しの弾圧に苦しんできた。圧倒的多数の労働者はそんな弾圧にうんざりしている。さらに、三万もの人間が獄に繋がれている。投票を通じて彼らを救い出す立派な動機ではある。そして、左翼の政治家たちがスペイン全土で開催するはずの集会の際、囃し立てられるのがこの点なのだ。残念ながら、労働者階級はどうしようもないくらい寛大だ。君たちは覚えていないだろうか。一九一七年八月のあのもの悲しいストライキの後、フランシスコ・ラルゴ・カバリェーロを監獄から救い出そうと、バルセローナの労働者階級が代議士候補だったこの人物に票を投じたときのことを。あのとき労働者たちは、ストライキのさなかの社会党の姿勢を忘れてしまい、ただラルゴ・カバリェーロを釈放させることだけを考えたものだった。今日、圧倒的多数の労働者は、一九三一年から三三年にかけての〔左翼による〕弾圧は水に流したうえで、アストゥリアスにおいて右翼が犯した残虐な行為にばかり気を取られている。われわれがプロパガンダを行なおうが行なうまいが、今なら労働者たちは左翼に投票することだろう。しかし、われわれの姿勢は、一九三三年一一月にわれわれが示した姿勢と同じでなければならない。つまり、われわれには労働者階級を欺くことなどできはしないのだ。われわれの仕事は、われわれが直面している現実を労働者階級に認識させることである。右翼は、選挙に勝てば権力の座から独裁体制を樹立するだろうし、負ければ街頭で決起するだろう。いずれにしろ、労働者階級とブルジョワジーとの衝突は避けがたい。そして、ブルジョワジーとの対決が不可避であるということこそは、労働者階級が警戒し、武装し、身構え、ときが来たら自分たちを守り切ることができるように、彼らにはっきりと強く言っておかねばならない事実なのである。われわれの合い言葉は、ファシズムか社会革命か、ブルジョワジーによる独裁かリバタリアン共産主義か、でなければいけない。ブルジョワ民主主義はスペインでは死滅した。そして、それを闇に葬ったのは共和主義者たちだったのである」

他の労働者勢力との同盟・選挙問題という二つのキー・ポイントに関する態度を決定するため、急遽ＣＮＴカタルーニャ地方委員会は傘下の組合の会議を招集した。

一月二五日、会議はメリディアーナ劇場で開催された。委員会は、選挙の動向に迎合しようとするその姿勢を糾弾された。しかし、代表たちの多くは棄権は戦術上の問題にすぎず、基本原則に関わるものではないと考えたうえで、この問題を討論することを望んだのだった。討論はCNT内部のイデオロギー上の不確かさを浮き彫りにしたものの、結局は伝統的な〔投票に積極的な価値を認めない〕立場が通った。労働者同盟の問題についても、やはり従来の立場が是認された。

「UGTは、ただ革命的な行動によってのみ労働者階級の解放が可能だという現実を認識しなければならなかった。〔そして〕この点を受け容れた場合、UGTがブルジョワ体制との政治的・議会主義的な協力を一切破棄すべきことは理の当然なのである。（……）社会革命が実を結ぶためには、スペインの経済的・社会的生活を統制している現在の社会体制を完膚なきまでに破壊しなければならない（……）。革命の勝利から生まれ出る新しい共存の体制は、公の場に結集した労働者たちの明確な意志によって制御されることになる。そこでは、すべての者に完全で絶対的な表現の自由が認められることだろう（……）」

ドゥルーティは、カタルーニャ地方のプロパガンダを任された活動家たちの会合に出席するようにと、CNT地方委員会から呼び出された。もっとも獄中にあった当時、ドゥルーティは地方委員会とは見解を異にしていたのだったが。会合の席で彼は、フェデリーカ・モンツェーニ[訳註1]やフランシスコ・イスグレアス、アバ・デ・サンティリャン、それに〔グループ「ノソトロス」の〕同志だったアスカーソやガルシア・オリベールらと会っている。会合では、人民戦線を支援する立場から選挙への介入を肯定する思潮の存在がまたもや表面化した。サンティリャンや多くの者にとって、左翼の難破はCNTのそれでもあった。かつての分裂の際には、一部がペイローとペスターニャに従っただけであったCNT内部の改良主義的傾向が頭をもたげたのである。それは、何名かのアナキズムの評判の「理論家」たちと歩調を合わせていた。ドゥルーティやガルシア・オリベールのような行動派は、投票では何も解決されない。選挙の後にやって来る革命か内戦がすべてを決するのだ、と主張した。投票して家に帰ろうが、投票せずにじっとしていようが、反革命的であるという点では同じことだった。選挙が済んだら、武器を手にして街頭へ飛び出していかなければならなかったのである。労働者同盟に関して、ガルシア・オリベールは「マルクス主義者はＵＧＴに、アナキストはＣＮＴに、そして資本に対する闘争において二大組織は合体を」と提案した。

協調主義的な恥多き姿勢と革命的な姿勢とでは、明瞭に異なっていた。しかし、その違いを見極めることははばかられた。そうした曖昧さによりかかるようにして、人民戦線向けの声明が作成された。ドゥルーティとガルシア・オリベールの以下のような立場は、いかにも政治的な混乱の渦のなかに飲み込まれてしまったのだった。

「状況に立ち向かうためには、今すぐ効果を発揮するような革命的協定を是が非でも結ぶことが必要だ。なぜなら、右翼は合法的にであれ、内戦によってであれ、選挙の勝ち負けには関わりなく権力を奪取するであろうからだ。従って、投票は何も意味しない。まったく取るに足りないとさえいえる。必要なこと、死活のことは、戦いを始める心の用意をし警戒を怠らずに生きることだ。後から用心していなかったなどと嘆くくらいなら、（たとえ目測に誤りがあろうとも）気概を持って注意を怠らないでいた方がいい。同志たちよ、監視の目を光らせておけ！」

一九三六年二月一六日、投票は人民戦線に幸いした。一七日の早朝、反動側の二人の巨頭であるカルボ・ソテーロ[訳註2]とヒル・ロブレスが首相のもとを訪ね、戒厳令を敷くよう警告した。同じ時刻、同じ判断に立つ陸軍参謀総長のフランコ将軍は各司令部との一連の話し合いを始めていた。だがフランコは、共和国大統領からの通知を受け取ると、そうした工作を中断しなければならなかった。もっとも、クーデタは、首相のポルテーラ[訳註3]や大統領のアルカラ・サモーラの反対意見によってではなく、話を持ちかけられた軍部首脳の過剰なまでの用心深さが原因で未遂に終わったのである。意見の定まらない者たちを刺激しないようにとの配慮から、権力の引き継ぎのための暫定的な期間が長引くことを好まなかったアルカラ・サモーラは、二月一九日、マヌエル・アサーニャに新たな組閣の仕事を託した。

人民戦線への支持を明らかにし、並行して囚人をじかに解放する目的でいくつかの監獄の門をこじ開けることだけに自分たちの行動をとどめていた労働者階級は、共和国の統治者たちをもう一度信用した。にもかかわらず、労働者階級はすぐに最初の幻滅を味わった。フランコやヒル・ロブレスやカルボ・ソテーロが手のうちを見せたというのに、政府は何も知らないふりを装い、何の策も講じなかったからである。おまけに、陰謀家のフランコとゴデーは〔左遷の名目ながら〕見返りにそれぞれカナリア・バレアーレス両諸島の司令官の地位を手に入れたのだった。

第二の幻滅は大赦だった。というのは、大赦の対象が政治犯罪に限定され、無数の社会囚が獄中に取り残される結果になったからである。彼らは、所有を脅かしたとの理由により、〔実際には〕その行為が政治犯罪の性格を帯びていたにもかかわらず、通常の犯罪の範疇に分類されて有罪を宣告されていた。なかには、もはやCNTの多数の活動家ばかりでなく、家族のために食べ物を盗んだ、腹を空かせたただの百姓もいたのだった。

三月六日、バルセローナのプリンス劇場でドゥルーティはこのような裏切りを非難した。

「政府の人間たちに、そこにいられるのは労働者階級が彼らに票を投じたからであるという事実を思い起こさせてやろう。だが、労働者階級の忍耐力が尽きれば、権力の座につけてやったのと同じやり方で、彼らを追い落とすことだって可能なのだということも。そして、彼らが行なっている政治についていえば、労働者階級の我慢は限度にまで達しているのだと考えるだけの根拠がある」

農村部でも都市部でも、ブルジョワジーの態度は挑発的だった。経営者たちは政府が定めたノルマに背き、政治理念や革命運動への参加を理由に解雇された労働者の再雇用を拒絶した。しかし都市部にあっては、充分に機能していた組合がブルジョワジーに各種の規定の遵守を強制していた。それに引き換え農村部の場合には、多くの地主がむしろ好んで土地を放棄したのだった。

農村の状況は悲惨だった。飢えた農民は、地主によって放棄された土地を占拠するしか手がなかった。当初、政府は治安警備隊を農民たちに対して差し向けるという従来からの手続きに訴えた。それにより、ムルシアでは二七名の農民が蜂の巣にされた。[訳註4] 以後、土地占拠は減少するどころか、イベリア半島全土に拡大していった。

土地占拠に続いたのが教会の焼きうちだった。五月には、クーデタの噂が頻繁に飛び交うようになった。聖職者たちは共謀し、説教かたがた金持ちに暴力行為を唆した。彼らは教会内部の香部屋に武器を隠すことまで行なっていたから、不安を覚えた住民は教会を監視し、他の自分たちの敵と聖職者とを結びつけた。結果は上に述べた通りの教会の焼きうち以外にはありえなかったのである。

スペイン各地で破滅的な戦争を回避するための小競り合いが繰り返されるなか、五月一日、ＣＮＴはリラゴーサのアイリス・パーク劇場のホールに四回目の全国大会を招集した。

〔訳註１〕　**フェデリーカ・モンツェーニ**――フェデリーカ・モンツェーニ・マニェー。一九〇五／マドリード―一九九四／トゥルーズ（フランス）。『自由な自治体』（一九三二）等の著作を残したアナキズムの著名な理論家フアン・モンツェーニ・カレット（一八六四―一九四二。別名フェデリーコ・ウラーレス）の娘。母親は、やはりよく知られたアナキストのテレサ・マニェー（？―一九三九。別名ソレダ・グスターボ）。ＦＡＩに加入。一九三六―三七年にはスペイン第二共和国厚相。内戦終了後は、亡命先のフランスでのリバタリアン運動の指導組織に所属。

〔訳註２〕　**カルボ・ソテーロ**――ホセ・カルボ・ソテーロ。一八九三―一九三六。王党派のスペイン刷新党首。一九三六年七月一二日、共和派の突撃警備隊員ホセ・デル・カスティーリョ中尉（一九〇一―一九三六）が殺害されると、報復として翌日にはこの右翼の大物が惨殺された。左右両翼の間の憎悪の深まりを象徴した二件の殺人事件は、内戦の事実上の幕開けを告げる序曲となった。

〔訳註３〕　**ポルテーラ**――マヌエル・ポルテーラ・バリャダーレス。一八六六（六八？）―一九五二。ガリシア出身の政治家。第二共和国首相・内相（一九三五―三六）。

〔訳註４〕　**……ムルシアでは二七名の農民が蜂の巣にされた。**――この事件は、当時「新たなカサス・ビエハス」にもなりかねなかった、一九三六年五月のアルバセーテ県ジェステの騒動を指すものと思われる。今日の地方行政区分では、アルバセーテ県はムルシアではなく、カスティーリャ・ラ・マンチャに属している。

11　ＣＮＴ第四回大会

一九三六年一月以降の一時期ほど、グループ「ノソトロス」が確固とした足場を踏みしめたときはなかった。三一年以来初めて「ノソトロス」は投獄の脅威から解放され、他のすべての活動家たちと同様、組合の構造を強化し、防衛委員会間の連携を図り、集会で発言し、会合に参加し、会議に駆けつけ、兵営の空気を伝えてくる軍内部の同調者たちとの関係を確立するなど、多岐に亘る仕事に精力的に取り組んだのだった。

「ノソトロス」は〔労働者たちに彼らを〕尊敬し、賞賛することを強要せずにはおかない後光に包まれていた。報酬のついた任務のない、官吏も「専従」もいない組織にあって――CNTでは、ただ全国委員会書記長だけが組織から支払いを受けていた――、指導者というのは官僚の執務室のなかでではなく、闘争の第一線において自ずと頭角を現わしてくるものだった。彼らは、他の労働者と同じように仕事に出かけた。闘争に際しては最もよく奮戦し、真っ先に監獄に入れられた。他の者たちであれば容易に許されるような弱さを持ち合わせていなかったし、決定的な瞬間にはためらうことなどできなかった。さもなければ、手厳しく批判されたことだろう。彼らは、自らの模範的な生き方の奴隷だったのである。「ノソトロス」のなかには、委員会のポストを占めた者は誰もいなかった――ただ一人アスカーソを除いては。もっとも、それもわずかな間、暫定的な形でのことにすぎない。ドゥルーティらがCNT〔やFAI〕の内部で果たした役割[訳註1]は、いつも挿話の域を出ない些細なものだった。総じて、彼らの役割は反乱の組織化と不可分に結びついていた。この主要な活動を「ノソトロス」は下部大衆のなかで行なった。「ノソトロス」が博した名声は非常に大きかったから、彼らは策略家やご都合主義者たちの批判に動じるものではなかった。この問題に関しては、ドゥルーティは決して譲らなかった。

「下部に身を置かずに委員会に身を置くアナキストなど決していない。経営者との争議に際して、〔サンディカリストの〕活動家は合意に達するために折り合いをつけねばならない。その手の交渉に付随した連絡や活動は、活動家を官僚主義的な硬直化へと導くものだ。そうした危険性を認識している以上、われわれとしては彼らと同じ轍は踏みたくない。われわれの役割は、下部を起点としたうえで、われわれの組織のような組合組織が犯すいろいろな危険を分析することにある。どんな活動家も相応の期間を超えて委員会にとどまるべきではない。ましてや、専従や絶対・不可欠の指導者を云々するなど論外だ」

〔まさに〕右に述べられたことがそっくり災いして、ドゥルーティもその同志たちも、彼らの意志にお構いなしに巻き起こった礼賛の渦から逃れることができなかった。ドゥルーティはこの点にいっそう神経を尖らせており、折を見ては自分たちによせられる礼賛への反発を表明していた。「他人の影響に自分から服する者には、自分を律することなど及びもつかないだろう」し、また「自分自身を律することなくして、人間の完全な解放はありえない」からだった。

グループ「ノソトロス」には、二つの強烈な人格が並び立っていた。両者はその個性があまりにも対照的であったから、互いに衝突せずにはいられなかった。ドゥルーティとガルシア・オリベールである。前者の人間性は、もう一方の虚栄心とぶつかった。ドゥルーティは、自分に対して周囲が抱いた敬意を懸念していた。そのような敬意が自らのアナキズムの原則に反するものであったからである。ガルシア・オリベールの方は、影響力のある自分の役どころに満足しているように思われた。二人は大衆に率直に接したが、接し方は異なっていた。ドゥルーティは理念に、ガルシア・オリベールは剥き出しの現実に、それぞれ訴えたのである。類型的にすぎるかもしれないが、ガルシア・オリベールが革命の「実践派」だったとすれば、ドゥルーティは「理想派」だったとすることも可能だろう。だからといって、われわれはオリベールには理念がないのだ、であるとか、ドゥルーティは雲のうえを歩いていたのだ、などと言いたいのではない。要するに、先を読む際に効果を優先させたか、あるいは倫理的な考察を優先させたか、ということなのである。オリベールは信じがたいほど大胆ではあったものの、一九三三年一二月の反乱のときのように「否」と言うこともできた。大衆が革命を望んだとき、ドゥルーティも彼らの影響から逃れることはできなかった。決定的なひとときが訪れれば、一方は民兵隊の優れた指導者に、もう一方は非凡な組織者になるだろう。一人は革命の意識を体現したがために畏れられ、そのために命を落とす。もう一人についていえば、そのアナキスト独裁論が周囲を震撼させることになる。反革命は、ドゥルーティを英雄の座に、ガルシア・オリベールを閣僚の座に据えてしまうことだろう。そのために、一人は殺されねばならず、もう一人は生き長らえたのだった。

ドゥルーティとガルシア・オリベールは、軍事クーデタが切迫しており、ＣＮＴは革命を実施するためにそうした状況を活用すべきであるという点では見解を等しくしていた。しかし、そこから先は意見が分かれた。ガルシア・オリベールにとって、後は自明だった。クーデタ派を打倒し、権力を掌握するため、ＣＮＴは軍隊式の武装集団を組織すべきだったのである。だが、革命はアナキスト的でなければならず、ＣＮＴ-ＦＡＩの独占であってはならない、とドゥルーティは反論した。ガルシア・オリベールの発想では、CNT-FAIによる独裁と変わるところがなくなってしまったことだろう。二つの見解の奥底に、革命権力という永遠の問題が横たわっていた。このアナキズムのタブーは、じかに検討に付されぬまま、ある種の曖昧さを助長した。事態がCNTを権力という現実に直面させたとき、その曖昧さは致命的なものとなる。

　ドゥルーティとガルシア・オリベールの衝突は、二人が活動していた紡績・製造組合において革命の準備と防衛についてのサラゴーサ大会の議題が論じられた際に生じた。ドゥルーティは、分散したゲリラ戦のタイプを支持した。「確かに、軍事組織という視点に立てば、私の擁護するゲリラ戦よりもガルシア・オリベールの理論の方が有効だ。けれども、私は確信している。軍隊式の組織というものが、まさしくその効率のために革命の敗北へと帰着するのだということを。なぜなら、効率の名において、そのような組織はまず〔周囲を〕威圧し始め、権威を振りかざし、しまいには革命に対して自らの権力を押しつけるであろうからだ。効率の名のもとに、ボリシェヴィキはロシア革命を闇に葬った。もちろん、ボリシェヴィキはそんなことは望んでいなかった。だが、そうなってしまっては取り返しがつかなかった。われわれの革命には独自の道を歩ませようではないか」。

　七万名の組合員の多くが、ガルシア・オリベールの発議に賛同した。ガルシア・オリベールは、革命的な見地から権力の問題を提起したただ一人のアナキストだった。その動議は引用に値する。というのは、内戦が勃発したときに民兵隊となるであろう組織をそれが先取りしていたからである。「CNTの行動グループ各派とアナキスト・グループ各派とが全国的な防衛組織を構成する。そして、その防衛組織がグループを基軸にプロレタリア軍の主要な単位である百人隊を形成することになるだろう」。

　五月一日、CNTの第四回全国大会が始まった。これほどの数の代表が一堂に会したことはかつてなかった。最初の議題は、一九三三年に袂を分かった「反対派組合」のCNTへの再加入だった。分裂は、それを引き起こした者たちが望んだような反響を呼び起こすものではなかったし、彼らが期待した未来もやって来なかった。彼らの一部は政治の道に手を染め、[訳註2]他の者たちは指導者のフアン・ペイローやフアン・ロペス[訳註3]のイニシアティヴのもとにCNTへ復帰するまで無為な時間を送っていた。大会の空気は〔再〕統一にお誂え向きだった。もっとも、

〔再〕統一を口実に、組合内でのアナキストの役割をめぐる根本問題を不問に付すことには異を唱える向きもあったのだが。今一つの重要な論点は、一九三一年以来CNTが引き受けてきた革命のサイクルの分析に関わっていた。ガルシア・オリベールはこう述べている。

「一九三一年にはプロレタリアートやわれわれのリバタリアン革命にとって好都合な諸要因が、社会を倒壊させるうえで、その後はもう再び現れることのなかったほど好都合な環境が存在した。体制は最大規模の解体状況に陥っていた。国家は弱体化しており、権力を維持するための手段を掌中にしたうえで、その基盤を固めるまでにはまだ至っていなかった。軍部は士気が緩んでいたし、治安警備隊は数が減っていた。警察力の組織状態は劣悪で、官僚たちは小心だった。われわれの革命には、恰好の一時期だったのである（……）。

〔一九三三年の〕一月と一二月の二度、CNTは革命的な企図を実行に移した。それにより、われわれは地均しを行なった訳である。最初の〔一月の〕企ては、カサス・ビエハスの犯罪を経て左翼を完全に粉砕した。大衆を、そして他ならぬ社会主義を革命的な方向へと押しやったのだ。それはすべてを動かしたのだ。政治という幻想の仮面を引き剥がしたのである。なるほど、われわれは二度の試みのいずれにも失敗した。しかし、初めてCNTが広範な視野に立った全国的な闘争を企てたということを、二度の失敗はわれわれに示しているのである。周知の通り、そのときまでCNTはいつも経営者たちに対する職場内での闘争に汲々としてきた。CNTの何たるかが、世間には知られていなかったのである。だが、今では世界中の誰もがわれわれのことを知っている。われわれは、リバタリアン共産主義社会の期待を背負っているのだ。われわれは、労働者階級に対して戦いの旗とシンボルとを与えたのである」

ガルシア・オリベールが提示した革命軍の計画は退けられた。実際のところ、大会を支配した空気はアナキスト的に昂揚しており、未来社会のリバタリアン共産主義について意見を述べるのにはいっそう適していたものの、差し迫った現実の圧力に対峙するにはあまりふさわしいものではなかった。政治・軍事の両面の状況や労働者の失業についても、あるいは（以前に何度か使われたのと似たような言い回しで）労働者同盟についても、意見が表明された。農業革命の綱領も作成された。

大会は一五日に終了した。大会に関して、国中のジャーナリズムが論評した。ブルジョワ紙はサラゴーサ大会を「革命の第一章」と形容した。閉会式には、列車やバスで全国各地からやって来た労働者たちが参加した。まる一日、サラゴーサはプロレタリアートの都となった。『労働者の連帯』紙は大会特集号〔日付不明〕の総説を次の一文で締め括った。「革命を行なうためのわれわれの決意のほどを、世界中の労働者たちに見せつけてやろうではないか」。

〔訳註1〕 ドゥルーティらがCNT〔やFAI〕の内部で果たした役割――例えば、一九三一・三三年の武装蜂起に備えて設けられた委員会への彼らの関与を想起せよ（アベル・パス、ケ・ヴォルテール社版、二二三ページ）。
〔訳註2〕 彼らの一部は政治の道に手を染め――第二部第9章「三万人の政治囚」、一六九ページ、訳註1を参照。
〔訳註3〕 フアン・ロペス――フアン・ロペス・サンチェス。一九〇〇―一九七二。サンディカリストの活動家。ペイローやペスターニャとともに「三〇人宣言」に署名。一九三六年秋には、ラルゴ・カバリェーロ政権に商相として入閣した。

12　七月一九日までの焦燥

政府に陣取った共和派は、大衆を幻滅させ、反動への道を開いた一九三一～三三年の政策に類似した政策を実施した。違いはといえば、大衆が当時のそれではなかったということだった。自分たちの力を認識し、合法政権に期待をよせることがまったく不可能であることを悟った大衆は、囚人を監獄から解き放ち、失業者を自分たちの職場に迎え入れ、さらに三月以降は土地占拠にも訴えた。飢えや失業やファシストの側からの挑発は無数のストライキを引き起こしたが、そのほぼすべてが労働者の勝利に終わっている。大規模なデモが都市の街頭を席巻し、集会は数万にも上る数の人間を集めた。〔経営者によって〕放棄されてしまった工場は、労働者自身の手で操業された。サラゴーサ大会の代表たちの熱狂ぶりには、まんざら根拠がない訳でもなかったのである。大衆は政府を無視し、自分たちの腹づもりに従って行動した。大衆が革命の完遂を要求するのを見れば、彼らは政治への期待感から人民戦線に投票したのではなく、囚人の釈放を勝ち取り、戦いを組織するうえで有利な陣地を獲得するためにそうしたのだということが察せられるだろう。六・七月の闘争はブルジョワジーの政治的清算の色彩を帯びていた。権力自体、ひどく矮小なものと化し、対立する複数のグループに分裂していた。状況は革命前夜の決定的局面に突入した。

並行して、反動陣営の代議士の暴力的な言辞やファランヘ党員によるテロ行為や挑発、あるいは経済的なサボタージュを通じて、しかし就中、国会において告発され、集会の場を騒がせていた将軍たちの陰謀という公然の秘密を通じて反革命も表面化しつつあった。

二つの真の意味での権力が対峙していた。都市・農村のプロレタリアートと、ブルジョワジーと教会・軍部とのブロックの拮抗である。ドゥルーティがブルジョワ独裁か社会革命かの二者択一を持ち出した際、彼は間違っていなかった。しかし、「スペイン人労働者は闘争の舞台をスペインだけに限定してはならない。その勝利のためには、戦いを国際的に展開させる必要があった」。事実、スペインに二ヵ月遅れてフランスでも人民戦線が選挙に勝利を収めていた。そして、フランスの社会党・共産党は実質的に権力を手にしていたのである。

首相が社会党員で、国会が左翼の掌中にあろうとも、国家としてのフランスは革命を断行しないであろうということをスペイン人労働者は知っていた。だが、おそらくフランスのプロレタリアートの工場占拠運動にならば、革命の断行も可能であっただろう。両国の労働者が合体すれば、革命を全ヨーロッパに波及させることもできるだろう。ある集会で、ドゥルーティは社会党員たちに向けて次のように述べた。「仮にフランスにおいてストライキ運動が急進化し、労働者たちが政党や組合の指導者の言いなりになるのを止めれば、われわれはヨーロッパ全土を舞台とした革命の段階に公然と突入することになる。同志たちよ！　事態の進展を速めようではないか！」。

ガルシア・オリベールは、サラゴーサ大会において提案された革命的労働者同盟の締結に向けてＵＧＴの執行部に圧力を加えるよう、ＣＮＴ全国委員会に強く申し入れた。ところが、ＵＧＴはＣＮＴからの呼びかけにはただの一度も応じなかった。アスカーソは、ある集会の際にそうした姿勢を非難した。「社会党の同志たちよ、フランスの労働者階級への君たちの連帯の意志を表明するのに、何をもたもたしているのだ？」。もっとも、当のフランス人労働者たちにしたところで、社会党や共産党の指導者にクロロホルムをかがされており、自分たちの解放を八日間のヴァカンスと引き換えようとしていたのだったが……。[訳註1]

ドゥルーティは、連れ合いがフランス人だったこともあって、隣国の活動家たちと密接な関係を維持していた。フランスの労働者たちの混乱に気づいたドゥルーティは、バルセローナを訪れた折に彼のもとへも足を運んできたフランス人の活動家たちに腹を立てた。ドゥルーティは、革命に対する現実的な感覚の欠落、活動家としての一貫性の無さ、仲間内での些細な軋轢を並べ立てて、彼らを責めた。それらのことがらが、労働運動を誤った方向に導き、延いては運動を改良主義の側へと追いやってしまっていたからである。スペインでも、CNTは共産党や改良主義者の側からの激しい攻撃や潜入〔戦術による組織の切り崩し〕の意図に苦しめられてはいた。しかし、と彼は言った。スペイン人の活動家をフランス人の活動家から分かつのは、前者が日々の闘争のなかで自ら体験しつつある革命に盲目的なまでに忠実であり続けているのに比べ、後者は大衆から遊離してしまい、革命を哲学者風のサークルのなかで育むことに専念している点にある、と。ドゥルーティはさらに言葉を継いだ。「革命に理論は必要ない。必要なのは持続的な行動だ。理論はいかなる革命的行為をも生み出すものではないが、行為は理論の構築を可能にする」。最後に彼は、フランス人のリバタリアンたちに労働者の戦いに合流するよう誘った。なぜなら、「フランスの労働者たちが敗北を体験したにせよ、すぐさま彼らは行動の機会に恵まれるであろうからだ。スペインは革命に向かっている」。

七月初旬、ドゥルーティはヘルニアの手術を受けた。同じ月の一四日、彼はグループ「ノソトロス」の同志たちと会合を開いた。その席で、彼らは「バルセローナ防衛委員会」を発足させた。彼らが以前からじっくりと検討を重ねてきた計画が実を結んだ。

アタラサナス砲廠との連絡は、プラット空軍基地との連絡と同様、継続して保たれていた。プラット空軍基地の将校たちとは、サン・アンドレス中央砲廠の爆撃に関して合意ができていた。この作戦に乗じて周辺の地区の労働者たちが兵営を襲い、機関銃や大砲は措くとしても、兵営に格納されている九万丁の銃を奪取する手筈になっていた。[訳註2] 兵営の襲撃がなされれば、人民には武器が確保されるという筋書だった。

前日には地区単位の防衛委員会が広く集い、バルセローナ市の攻撃・防衛の可能性が、地図を広げて検討されていた。地区ごとに、最寄りの将校の詰め所・警察署・治安警備隊や突撃警備隊の兵営の監視役が任命された。ガス・電気組合のグループ各派は、送電所・ガス工場・ＣＡＭＰＳＡ[訳註3]の石油貯蔵基地を占拠する。戦闘員の移動を容易にする目的で、ＣＮＴとＦＡＩのグループ各派が下水道と地下鉄の路線を統制する。各防衛委員会は、兵士たちの出撃を阻止せぬよう指令を受けた。彼らを兵営から引き離したうえで、迅速にその退路を断つためである。その後は、弾薬が尽き、反乱した部隊間の連絡の確立を断つまで、兵士たちを執拗に攻めつける必要があった。それぞれの地区委員会が自分たちの地区の防衛を引き受け、兵力の無駄な移動や挑発分子の危険な暗躍を避けることにした。

ＣＮＴとＦＡＩの活動家たちは、夜を徹して市中のパトロールに当たり、兵営の動向を窺った。警察の方も街頭をパトロールし、場合によっては出くわしたＣＮＴやＦＡＩのグループから武器を押収した。

一五日のマドリードでは、いずれもテロに斃れた〔左翼の〕カスティーリョ中尉と右翼の指導者カルボ・ソテーロの葬儀が執り行なわれた。軍人や体制側の人間たちはカルボ・ソテーロの亡骸に随行し、労働者たちの一団は、治安警備隊の騎兵中隊に取り囲まれながら、カスティーリョ中尉の遺骸に付き添った。フランコは、サンタ・クルース・デ・テネリーフェから反乱の準備の詰めを行なっていた。

この日、ドゥルーティはコンパニスの使者の訪問を受けている。使者が帰ると、ドゥルーティは、その場にいた者たちにこう語った。

「あれはペレス・ファラースという男で、カタルーニャ自衛隊の少佐だ。われわれが何を企んでいるのか知りたくて探りを入れにやって来たのだ。われわれ抜きでは〔一九三四年〕一〇月の二の舞になることが、彼らにはわかっている。ところが、彼らはわれわれを恐れている。〔だから〕われわれには武器を渡したくないのだ。われわれを盾に使おうというのが、彼らの戦術だ……」

一六日の夜、クロット地区の某所で各地区の防衛委員会のメンバーが一堂に会した。ＣＮＴへの武器の提供をジェネラリタートが拒絶したことが伝えられ、サン・アンドレス兵営の襲撃というすでに練り上げられていた計画が重ねて主張された。

一七日、ＣＮＴの代表たちはジェネラリタート顧問官〔のエスパーニャ〕と会見し、一〇〇〇人の労働者のための武器を要求した。だが、顧問官はジェネラリタートには自由になる武器がないと応えた。ＣＮＴは、兵営から盗み出すことのできたわずかばかりの武器や、一九三四年の一〇月にカタルーニャ民族主義者が投げ捨てた際に、掻き集めることのできた武器しか持ち合わせていなかった。そこで、組合員たちは警察まで出向き、数は知れたものだったとはいえ、労働者のパトロール隊から徴発された武器の引き渡しを申し立てることまでしなければならなかった。

この日の検閲は、『労働者の連帯』紙が掲載した、労働者に指示を与えるＣＮＴとＦＡＩのマニフェストを削除した。マニフェストは密かに印刷され、配布された。同日、フランコはラス・パルマスに移った。夕刻、メリーリャの守備隊が決起した。その直後、フランコはスペイン保護領モロッコに飛んでいる。内戦は始まっていた。にもかかわらず、夕刊各紙は「状況は把握している」と請け合う政府の声明を掲載しただけだった。

夜になって、ジャグエという水夫と海運組合の労働者たちの一団が多数の商船を急襲し、およそ二〇〇丁の銃を手に入れ、武器の装備の埋め合わせをした。この襲撃を知ると、ジェネラリタートは警察長官のエスコフェット大尉と軍務長のグアルネール少佐に、突撃警備隊の一団を率いて銃を取り戻すよう命令を下した。グアルネールは、銃があると目星をつけた金属工組合に姿を現した。力ずくで銃を差し押さえるつもりだった。グアルネールを迎えたのは、組合書記のベンハミーン・サンチェスだった。こんなときにＣＮＴと突撃警備隊との闘争を煽るなど正気の沙汰ではない、とサンチェスは警告した。何しろ「武器がないという口実のもとに、ジェネラリタートは人民への武器の提供を拒んでいる。そしてそのジェネラリタートが、労働者たちが武器の存在を実証して見せると、今度は一転して彼らを武装解除しようと警察力に訴える」というのである。「われわれが悲劇的な事態に直面しているというのに、権威という原則にどうあってもしがみつこうというのは子供じみている。少佐、あなたはそうはお思いにならないのだろうか」。

そんなことは、グアルネールも充分すぎるほど承知していた。決起の命令を兵士たちに伝えようとした突撃警備隊のある大尉が逮捕されたことが、彼の耳にも達していたからである。にもかかわらず、命令は命令であったから、グアルネールは警察と労働者の戦闘を開始する覚悟だった。そこへ、ドゥルーティとガルシア・オリベールが現れた。激昂したドゥルーティは、グアルネールにこう言い放った。「どんなに位の高い人間が発した命令であれ、それを実行するのが不可能な状況というのが人生にはあるものだ。人間は、命令に従わないことによって賢明になる。あなたの場合、人民との連帯を通じて賢明になられるがいい。今や、制服には何の意味もない。革命的な秩序以外に権威はないのだ。そしてその秩序は、銃が労働者の手中にあることを要求しているのである」。

納得したにせよ、しなかったにせよ、グアルネールは一ダースばかりの使い物にならない銃を持って組合を後にした。これらの銃は、「当局の威信に傷をつけないよう」彼に手渡されたものだった。同夜、何人かの若者が機を見て夜警の武器を取り上げている。だが、そうやって手に入った拳銃は、ほとんど役に立たない代物だった。CNTはあいかわらず武器の獲得に奔走していたものの、成果はなかった。そこで、一〇件ほどの銃砲店を襲撃しては、という案も出されたが、〔敵の圧倒的な量の〕銃や大砲を前にそれが何を意味しただろうか。

一八日、CNT地方委員会は二つの会合を招集した。数千人の労働者が出席した。一方、ジェネラリタートは、決起した上官には従うなと兵士たちに命じるなど、馬鹿げた策を講じていた。兵士たちが兵営内で足止めされており、上官や兵営に難を逃れたファランヘ党員のおかげで、情勢に関して何も知るところがなかったそのときに、である。似たような効果を発揮した〔つまりは無意味な〕もう一つの措置は、ファシズムに共感を抱いた上官たちを、彼らが立ち上がり、共和国に忠実な同僚の逮捕に取りかかろうとした矢先に更迭したことだった。

夜半過ぎ、ドゥルーティとアスカーソとガルシア・オリベールの三人は、顧問官〔のエスパーニャ〕に治安と突撃の両警備隊の一部を武装解除させ、その武器を労働者に分配させるべく、彼をもう一度だけ説得してみようと顧問府[訳註4]へ足を運んだ。顧問府には治安警備隊の司令官アラングレンが到着しており、その部下三〇〇〇名の共和国への忠誠を保証していたが、この世で一番の楽天家といえどもそれを鵜呑みにする訳にはいかなかった。そうこうするうち、群集は顧問府の外のパラシオ広場やコロン通りに殺到し、武器を要求した。CNTの人間たちが車を徴発し、銃砲店を襲撃している、との電話連絡が入ったのはそのときである。顧問官は憤激し、CNTの代表者たちに向かって仲間の活動家たちの行動を止めさせるよう命令した。ドゥルーティは、机を打ち据えて返答した。「それにしても、あなたはわれわれのことを何者だとお考えなのだろう？　われわれは、街頭で武器を求めて叫んでいる人間たちの代表であり、車を徴発したり、銃砲店を襲ったりしている者たちの代表であり、無防備のまま戦闘に入ることを望んでいない労働者階級の代表なのだ！　だが、われわれは権力の狗ではない！　エスパーニャ氏よ。あなたは労働者階級を『下衆ども』とお呼びのようだが、その『下衆ども』を宥めるのはあなたのお仕事だ……」。

彼らはさっさと顧問府を離れた。三人は、やはり武器を求めに来た、サンティリャンと建設工組合の二人の代表とすれ違った。彼らは、〔ドゥルーティたちよりも〕まだ幸運だった。というのは、突撃警備隊の将校の一人が、誰の許可も得ずに一〇〇丁の拳銃が入った箱を彼らに手渡したからである。サンティリャンらは、さっそく拳銃をパラシオ広場に集まっていた人間たちに分配した。

「友人たちよ、ここにいてもやるべきことはもう何もない」。ドゥルーティは、同志二人にそう言った。

ドゥルーティとアスカーソとガルシア・オリベールは、路上で港湾労働者たちと話し込んでいた。オリベールは、サン・アンドレス兵営に向かうことを彼らに勧めた。しかし、ドゥルーティは、港湾労働者たちも他の人間と一緒に同じ場所にとどまって、武器を要求しながら近くの兵営の監視に当たった方がもっと得策だろうと述べて、ガルシア・オリベールの意見に反論した。アスカーソは建設工組合へ行った。ドゥルーティは、サン・アンドレス兵営を襲撃・奪取するつもりの労働者たちが集まっているあたりに足を向けた。ガルシア・オリベールは、サンツ地区やラ・トラッサ地区、それにオスピタレットの労働者たちに合流した。『労働者の連帯』紙は軍事反乱のニュースを報じ、行動を呼びかけた。

カタルーニャにおける反乱の領袖は、バレアーレス諸島軍司令官のゴデー将軍だった。マリョルカ島からのその到着は、一九日の早朝に予定されていた。ゴデー将軍が到着するまでの間、〔フェルナンデス・〕ブリエール将軍が指揮をとった。この地方の総司令官だったリャーノ・デ・ラ・エンコミエンダは共和国側についていたものの、周囲の将校たちはそろって反乱分子を支持していた。そうした訳で、リャーノ・デ・ラ・エンコミエンダは捕虜であるとも考えられたのである。手短にいえば、反乱分子が味方として計算に入れた勢力は、ブリエールのいたタラゴーナ街のモンテーサ連隊に、ロペス・アモール少佐が武力にものを言わせて指揮権を掌握していたペドラルベス兵営の歩兵連隊。レパント街の兵営。共和国側に立つ将校が少なくなっていたサン・アンドレス砲兵隊の兵営と同砲廠。埠頭にあったモンターニャ連隊。スペイン広場近くに兵営のあった技術将校の大隊。海軍の航空部隊。そして最後に、コロンとランブラスの二つの通りの角にあって、同姓の将軍〔エミリオ・モラ[訳註5]〕の弟ラモン・モラが指揮していた軍総本部である。

若干の装置類を持ち出して逃走した数名の飛行士を除けば、プラット空港は共和国側にとどまっていた。シウダデーラ公園兵営の歩兵連隊は、将校たちが分裂したため中立を維持することになった。税関警備兵たちも中立の立場をとったが、それは一九日の早朝から彼らの兵営が包囲されてしまったからである。同様に、治安警備隊も、多くが反乱分子を支持していたにもかかわらず、彼らに――一騎兵中隊を例外として――合流できなかった。指導者がいなかったうえ、〔ジェネラリタートの指示で〕パラシオ広場に集結した隊員たちが〔ここでも人民から〕監視される形になっていたためだった。

反乱軍陣営は、総勢およそ五〇〇〇名を数えた。この充分に武装した兵力に、ジェネラリタートはその保安隊や突撃警備隊の隊員一九六〇名を立ち向かわせようと考えた。彼らには大砲も手榴弾もなかった。装備の点で劣っていたし、訓練も不足していた。ジェネラリタートの計画はまったく専守防衛的な内容であり、保安隊と突撃警備隊を市中に分散させて、要と思われる地点を確保することに尽きるものだった。

一九日の午前三時ごろ、ドゥルーティとアスカーソとガルシア・オリベールは、各地区の防衛委員会や労働者の集結場所に選ばれた組合の建物を訪れた。視察を終えた彼ら三人は、グループ「ノソトロス」の会合の場になっていたプハーダス街二六七番地のホベールの家に入った。皆、そろってくたくただった。一人ドゥルーティだけには、軽口を叩くだけのユーモアがあった。

「連中も、今日ぐらいは街頭で暴れない程度の能はあるみたいだぜ」

「ノソトロス」の面々が食事をとっていると、ラジオが音楽を中断し、ファシストの反乱を警告するフランス人民へのアピールを伝えた。暗い眼差しで、ドゥルーティは周囲の男たちを見やった。アスカーソは神経質そうに煙草を吸っていた。ガルシア・オリベールは、アウレリオ・フェルナンデスがこんな機会のためにと選んであった取って置きのエレガントな背広に目を止めていた。ホベールは食べ物を手に、台所を出たり入ったりしていた。腹を空かせたサンスは、スペイン風のサンドイッチにかぶりついていた。オルティスは、手で髪を撫で付けていた。最年長の「エル・バレンシア」は、立て続けに煙草に火をつけた。いよいよ始まろうとしていた先行きの不透明な戦いで、誰が生き延びることになるのだろうか。ガルシア・オリベールの声が沈黙を打ち破った。

「機関銃は積み込んだのか」

「ああ」と、誰かが応えた。「もうトラックに積んである。この部屋のがらくた――自動小銃二丁とウインチェスターの連発銃数丁――以外には下に降ろすものはない」

ドアが叩かれ、「兵士たちの第一陣がペドラルベス兵営を出た」との知らせがもたらされた。皆、立ち上がって武器を摑んだ。外には二台のトラックと十数名の男たちが待機していた。男たちとグループ「ノソトロス」は、トラックに分乗した。先を行くトラックには、機関銃とCNTの赤と黒の小旗が積まれていた。二台のトラックはバルセローナの中心街へと疾走した。夜間の労働者のパトロール隊が、すぐにもこの街唯一の合い言葉となる「CNT-FAI!」の叫びでトラックに挨拶を送ってよこした。

パラシオ広場では、数千人の労働者たちが虚しく武器を求め続けていた。〔そんななか〕一人の突撃警備隊員が群集を見やり、それから銃を持ち拳銃をベルトにはさんだ自分自身に視線を落とした。隊員はベルトに手をやり、拳銃を一番近くにいた人間に差し出した。他の隊員たちも、即座にそれにならった。一九日の〔午前〕四時四五分。このとき、CNTと各防衛委員会が前もって定めていたように、工場という工場のサイレンが一斉に鳴り出した。戦いのときは告げられたのだった……。

〔訳註1〕……当のフランス人労働者たちにしたところで、社会党や共産党の指導者にクロロホルムをかがされており、自分たちの解放を八日間のヴァカンスと引き換えようとしていたのだったが……。――一九三六年五月、フランスでは社会党の党首

レオン・ブルム（一八七二―一九五〇）を首班とする人民戦線政府が誕生、翌六月には同政権により有給休暇と週四〇時間労働の制度が導入されていた。

〔訳註2〕……機関銃や大砲は措くとしても、兵営に格納されている九万丁の銃を奪取する手筈になっていた。――アベル・パス、アンセルモ・ロレンソ社版、四五六ページでは、大砲は別にして、兵営には九万丁近い銃と何ダースかの機関銃が格納されていた、とある。

〔訳註3〕CAMPSA――Compañía Arrendataria del Monopolio de Petróleos S.A. 石油専売株式会社の略称。プリモ・デ・リベーラの独裁体制下の一九二八年、石油の独占的な供給を目的に創業された国策会社。国家が同社の三〇パーセントの株を保有。

〔訳註4〕顧問府――ジェネラリタートによるカタルーニャの自治を監督する中央政府の出先機関。治安・突撃の両警備隊の指揮権を有していたのはこの顧問府であり、顧問官は多くの分野においてジェネラリタート首班のコンパニスに優る実権を握っていた（東谷岩人『スペイン　革命の生と死』三省堂、一九八三年、五二ページ）。

〔訳註5〕エミリオ・モラ――エミリオ・モラ・ビダール。一八八七―一九三七。フランコ将軍の共謀者の一人。ナバーラ地方における反乱軍最高司令官。一九三七年六月に飛行機事故で死亡。

第三部　革命家（1936・7・19―11・20）

1　激動のバルセローナ

午前五時、バルセローナの街頭で戦闘が始まった。反乱分子の参謀本部は軍司令部にあった訳だが、ではもう一方の側の参謀本部はどこに置かれていたのだろうか。それは、どの官庁のなかにも置かれていなかった。ジェネラリタートには参謀本部は存在しなかった。ジェネラリタートの兵力は動かないか、CNTやFAIの労働者たちに合流するかのいずれかだった。これらの労働者たちには、POUM〔マルクス主義統一労働者党〕の各グループや他の諸組織の個々の活動家たちも加わっていた。劇場門広場には「バルセローナ防衛委員会」〔ジェネラリタートとは異なり〕確かに彼らは、劇場門広場に共闘のための拠点を据えていた。劇場門広場には「バルセローナ防衛委員会」が置かれており、ラジェターナ街の「カンボー会館」[訳註1]に設けられたCNT地方委員会と連絡係を通じて接触を保っていた。「カンボー会館」というのはカタルーニャの経営者たちの組織、全国労働振興会の旧本部だった。ゴシック地区や第五区の街路を通じて、パラレーロ街やパラシオ広場との連絡が維持されていた。この一帯を支配できたことが、〔以下に見るように〕労働者が勝利を収めた一番の理由だった。

朝八時には、趨勢が明らかになっていた。サン・アンドレスからは、砲兵連隊の二つの部隊が出撃していた。一方の部隊は、バルセローナを迂回してバルメス街を下ってきたところ、ディアゴナール大通りとの交差点で、突撃警備隊の隊員たちも混じった労働者たちから浴びせられた銃弾・砲弾によって進撃を阻止された。もう一方の部隊は、市中を突っ切り、クラリース街を下ったところで、カタルーニャ議会大通りに配置されていた複数のグループにより行く手を阻まれた。ペドラルベス歩兵隊は同じ大通りを前進し、意表を衝いて大学広場を攻略した。「共和国万歳！」と叫びながら、この広場に雪崩れ込んだのである。さらに歩兵隊はカタルーニャ広場にまで達したが、そこで迎撃され広場のあちこちの建物に分散して逃げ込んだ。スペイン広場へは、モンテーサ騎兵隊の兵士たちが侵入した。彼らは、パラレーロ街とカタルーニャ議会大通りに沿って二手に分かれ、スペイン広場には大砲を設置した。最初のうちは、たいへんな混乱が支配した。突撃警備隊の指揮官の一人が反乱分子の側に移ったことと、砲撃が被害を及ぼしたことが混乱を生んだ原因だった。この情勢を利用して、反乱分子はブリエール将軍配下の中隊を通過させ、軍司令部のリャーノ・デ・ラ・エンコミエンダを押さえ込んだ。スペイン広場に残った者たちは、技師大隊を迎えて一緒にパラレーロ街を下って行き、サン・パブロのロータリーで木工組合の労働者たちが築いたバリケードに遭遇した。埠頭を出たモンターニャ砲兵隊は、港湾労働者たちが港から運んできた圧縮紙でできた巨大な動く弾除けに出くわした。その背後から、港湾労働者や突撃警備隊員は間断なく銃を発射した。彼らは、周辺の建物の屋上からの援護射撃によって護られていた。混乱はすさまじく、兵士たちが防戦に努めるなか、武器を背にしたままのろばが怯え切って右往左往していた。背中の爆薬に弾が当たって、体をズタズタにされたろばもいた。〔グラシア大通りとディアゴナール大通りが交差する〕「シンク・ドルス」では、レパント街の兵営を後にしたサンティアゴ連隊が、最後の最後になって合流してきた治安警備隊の分遣隊と一緒に突如として行く手を遮られた。「シンク・ドルス」に入った彼らに、無数のバリケードから、あるいはまた木立ちや戸口や屋上から銃火が雨霰と降り注いだのだった。コロン〔コロンブス〕の像を中心とした一角では、運輸・金属関連の労働者が、ランブラ・デ・サンタ・モニカのやや入ったところに自分たちが築いたバリケードから、あらゆる反乱分子の動きを阻止した。

午前一〇時ごろになって、モンターニャ連隊の兵士を率いていた指揮官が死傷者の数を考慮したうえで埠頭の兵営への退却を命じた。しかし、兵士たちが退却しようとするなか、大砲に抵抗していた紙製の弾除けが、それを盾にして身を守っていた後ろの労働者たちに押されて前進してきた。おかげで退却は総崩れとなった。そこで労働者たちは最後の突撃を敢行し、機関銃や大砲を奪うと同時に多数の将校を捕虜にした。労働者が勝利を収めたこの最初の戦闘は、この一角にやって来たばかりのドゥルーティの目の前で演じられた。埠頭の兵営の周囲には、複数のバリケードが構築された。バリケードに陣取った労働者たちは兵営の包囲を開始し、〔ついには〕その攻略に成功する。

反乱分子の間では、まったく連絡が絶たれてしまっていた。前夜のうちに労働者たちが郵便・電信の本局を占拠し、回線を傍受したうえでその内容を変えていた。こうして、反乱分子は完全な混乱状態に陥っていたのだった。

カスペ街にあったラジオの放送局を占拠しようとしてシウダデーラ公園近くの兵営を離れた歩兵中隊は、劇場門〔広場〕で労働者の集団により前進を阻止された。同中隊は人員を失いながらウルキナオーナ広場まで後退したあげく、ホテル・リッツに逃げ込んだ。同じ時刻の午前一〇時、労働者たちはパウ・クラリースとカタルーニャ議会大通りの交差点に配備された機関銃の脅威を取り除いた。それらの機関銃に、三台のトラックを時速一一〇キロで突っ込ませたのである。突進したトラックは機関銃と反乱分子を押しつぶした。〔無傷で残った〕機関銃を手に入れた労働者たちは、兵士たちに銃火を浴びせた。兵士たちは四散した。

バルセローナ市内のあちこちが騒然としていた。というのも、教会や金持ちの家、あるいは右翼の拠点から、通りすがりの者を狙って銃が火を吹いていたからである。闘争の焦点の外にあったこうした地区にもバリケードは築かれていたし、パトロール隊は伏兵を発見すると追い立てを食わせ、彼らが潜んでいた場所を掃射した。

「シンク・ドルス」では、配下の兵士たちが追いつめられたと悟った上官が、カルメル派の修道院への段階的な撤退を命じた。スペイン広場―大学広場―カタルーニャ広場を結ぶ軸では、戦闘が続いていた。

サン・パブロのロータリーの状況が懸念された。労働者側にとって、そこはスペイン広場の兵士たちと港湾地区との連絡を遮断する、生死を分かつ地点だったのである。〔ロータリーの反対側に陣取った反乱分子の〕機関銃が労働者たちの接近を許さず、いかなる動きも封じていた。「バルセローナ防衛委員会」の本部に、ドゥルーティとアスカーソとガルシア・オリベールが木工組合のベルモンテを交えて集まった。彼らの他に、アントニオ・オルティスとアウレリオ・フェルナンデス、さらにマンサーナとゴルドの両軍曹も加わった。この二人は、アタラサナスを占拠しようと試みて失敗したものの、脱出の際に弾薬の入った箱をいくつか持ち出している。

二つの武装グループが形成された。一つは、ガルシア・オリベールを先頭にサン・パブロ街を通ってロータリーへ向かう。もう一つは、アスカーソに率いられてヌエバ・デ・ラ・ランブラ街を突破する。ドゥルーティは劇場門広場にとどまって、最も必要とされる場所に投入される予備の兵力の指導に当たることになった。命知らず男たちの群れと化した二つのグループは、両翼からの砲火にさらされながらも、ロータリーの分遣隊に襲いかかり、彼らを壊滅させた。

正午、海軍基地にゴデー将軍の乗った水上飛行機が到着した。将軍は反乱を指揮すべく飛んできたのだった。護衛兵に付き添われて軍司令部に移った将軍は、不利な形成を見せつけられた。アラングレンは、治安警備隊を決起させるのを拒絶した。税関警備隊の兵営も、埠頭やアルカンタラの兵営も包囲されていた。カルメル派の修道院やカタルーニャ広場のホテル・コロンや電話局、それに大学―スペイン広場とアタラサナス―軍部の付属施設の地区を結ぶ軸の〔なおも〕抵抗していた各要衝にあっても、状況はどう見ても管められたものではなかった。

カタルーニャの他の地域の守備隊は、バルセローナの情勢が把握できぬまま決断をためらっていた。ゴデーは、それらの守備隊と連絡を取ろうとしたが無駄だった。労働者たちが回線を切断していたからである。他の県庁所在地に援軍を依頼することもできなかった。個人的に誰かを派遣するのも無理だった。この時点で、軍司令部はたいへんな数の労働者や治安・突撃の両警備隊員たちに取り囲まれていた。死ぬまで抵抗すると言い張る者もいたが、ブリエールは降伏を望んだ。ゴデーは、ただ鼠取りに入るためだけにマオーンからやって来たのだった。

〔訳註1〕「カンボー会館」――この建物の名称は、フランセスク・カンボー（一八七五―一九四七）の名前に由来する。カンボーはカタルーニャの有力な銀行家・政治家。カタルーニャの保守的な地方組織「リーガ（リーグ）」の総帥でもあった。

2　フランシスコ・アスカーソの死

七月一九日の日曜日の昼ごろには、革命的な気分が広まった。軍人たちの敗北が判明すると、街頭は群集であふれた。誰もが革命的な熱狂の渦に身を投じようとした。バリケード付近のカフェやレストランが店を開け、戦闘員用の食堂や軽食スタンドに様変わりした。ＣＮＴの三文字を塗りたくった車があちこちを走り、闘争の詳細を伝えていた。ホセ・ペイラーツ[訳註1]も加わっていたＦＡＩのあるグループが、ペドラルベス兵営を奪っていた。後の「バクーニン」兵営である。以来、ＣＮＴは高性能の銃を手にしたのだった。

午後二時、戦闘員たちは、パラシオ広場に集結していた治安警備隊の問題にきっぱりとけりをつけようとアラングレンに申し入れ、警備隊をカタルーニャ広場に移すよう詰めよった。そこで、治安警備隊の一部隊がカタルーニャ広場に送り出された。彼らを信用していなかった労働者たちが両脇を固め、ラジェターナ街を通ってカタルーニャ広場まで同行した。広場では、ホテル・コロンが急襲・奪取された。ホセ・ロビーラに率いられたＰＯＵＭのグループが、このホテルを占拠したのだった。ときを同じくして、広場の反対側では、ドゥルーティを先頭に立てたアナキスト・グループ各派が中央電話局に激しい攻撃を仕掛けていた。このときから、中央電話局はＣＮＴが握った。闘争は激烈だった。広場中に死体が散乱していた。ほどなく、大学構内に立て籠っていた軍人たちが白旗を掲げた。

午後四時半、軍司令部が投降した。そこから〔なおも〕抵抗を試みた者たちも、群集に制圧された。ゴデーはコンパニスのもとへと連行された。コンパニスは、まだ抵抗を続けている反乱分子にラジオで話しかけるよう将軍を説得した。ゴデーは、今日すっかり有名になっている宣言を行なった。

「運に恵まれず、私は捕虜となった。そこで、私に従っている諸君、諸君が〔さらなる〕流血を回避したいのであれば、それはまったく諸君の自由である」

一時間後、アルカンタラ兵営が陥落した。レパントとモンテーサの両兵営やサン・アンドレス砲廠、モンジュイック要塞、海軍基地……これらも次々と同じ運命を辿ることになった。

ＣＮＴ万歳・ＦＡＩ万歳の叫びが耳を聾した。誰もが、ドゥルーティやアスカーソやガルシア・オリベールの名前を口にした。最も困難なときに常に最前線に立ち、最も困難な部署の戦闘員たちを助け、励ましている彼らの姿が周囲の目に止まっていたのである。夜になると、労働者のパトロール隊が市中を巡回し、各所の動向やバルセローナへの出入りを厳重に監視した。各地区委員会は「バリケード連合」を構成した。その夜、この「連合」は市の実権を掌握した。依然として続けられていた反乱分子の抵抗を絶つために、地区委員会はカタルーニャ地方の市町村に武装した人員を派遣した。

夜の間にカタルーニャ各地から届けられた知らせは、見通しを明るくするものだった。レリダとタラゴーナは労働者が押さえていたし、ヘローナとラ・セオ〔セオ・デ・ウルヘル〕でも、バルセローナの情勢が明らかになるや軍人たちはさっさと要塞を放棄していたのである。

二〇日の朝、カルメル派の修道院に籠城していた兵士や治安警備隊員たちが降伏した。アタラサナスと軍部の付属施設だけが残っていた。反乱の立役者だったラモン・モラは、夜明けを待たずに拳銃で自分の頭を撃ち抜いていた。劇場門広場では、ガルシア・オリベール、アスカーソ、オルティス、ドゥルーティ、パブロ・ルイスを始めとする多くの活動家たちが意見を交換していた。抵抗の最後の燃えかすまで残らず一掃すべきだと、全員が考えていた。マットレスで覆ったトラックを街路に機銃掃射を浴びせながら走らせ、その後ろからアタラサナスへ突撃してはどうかと、誰かが提案した。トラックには、サンスとアウレリオ・フェルナンデスが乗り込んだ。トラックは、ランブラ・デ・サンタ・モニカの空き地まで来たところで猛烈な銃火にさらされてしまった。トラックの後ろについた者たちは、近くの塀に身をよせて銃弾の雨を逃れようとした。アスカーソとガルシア・オリベールとドゥルーティも同様だった。彼らは身動きもままならなかった。兵営の門衛所から、一人の兵士が完璧に照準を定めていたからである。門衛所に近づき、なかの男を説得しようと、アスカーソが隠れていた場所からいきなり飛び出した。だが、トラックのなかに身を潜めようとした瞬間、その額の真ん中を弾丸が貫いた。即死だった。目の当たりにした友人たちは呆然としていた。午後一時前後のことだった。

アスカーソが死んでからというもの、すべてが尋常ならざる速さで展開した。労働者たちは怒りを倍加させ、数分のうちに軍部の付属施設とアタラサナスを攻略した。

プロレタリアートが職業軍人を打ち負かしていた。将校たちは、人民に監視されて〔兵営を〕出た。パブロ・

ルイスは、「捕えた将校たちをどうしたものだろうか」とガルシア・オリベールに尋ねた。

あまり深く考えずに、「運輸組合に連れていって、捕虜としてそこにとどめておけ」と、彼は返答した。

それから、ガルシア・オリベールは同志たちに向かって言った。

「行こうぜ！　ここはもうけりがついたんだ。われわれは勝った。これからは、今日始まった新しい世界のことを考えなきゃいかん」

彼らはランブラスを上っていった。劇場門広場のバリケードまで来ると、それを死守した者たちの一人が、

「われわれはこのバリケードから離れるつもりはない」と言い放った。

ドゥルーティは、この労働者を一瞬まじまじと見つめた後、こう応じた。

「君が放棄してはならないのはバリケードじゃない。銃なのだ。われわれの勝利は、われわれが武器を堅持することを肝に銘じたうえで、その武器を用いて革命の勝利をさらに推し進めうるかどうかにかかっている。革命はまだ勝利していない。〔勝利に向かって〕前進しているさなかなのだ。どんな片田舎にであれ、スペインに反乱分子の拠点が存在している間は、われわれの革命は脅威にさらされているのである……」

〔訳註1〕　ホセ・ペイラーツ——ホセ・ペイラーツ・バルス。一九〇八—一九八九。ＣＮＴ-ＦＡＩの活動家。内戦後は、フランスを中心に各国で亡命生活を送る。その主著『スペイン革命におけるＣＮＴ』（一九五一—五三）は、全三巻のうち第一巻のみ訳出されている（ホセ・ペイラツ、今村五月訳『スペイン革命におけるＣＮＴ——スペイン労働組合総連合の歴史——』第一巻、自由思想社、一九八四年）。

3　最初の敗北

マドリードの人民が兵営を攻撃し始めたころ、バルセローナでは、革命の波がすべてを飲み込んで、旧来の社会構造やそれが支えてきた生活様式を寂れたものにしてしまっていた。一方、革命的自発性のおかげですべてが

宙に浮いていた。各地区委員会は、革命委員会へと転じていた。それは、武装したプロレタリアートが行使する現実の権力を真に表現していた。食品組合がバルセローナの食糧の供給を引き受けた。たまたま『労働者の連帯』紙の印刷所の前を通りかかった労働者たちは、編集室が空っぽなのに気づくと、自分たちで七月二〇日号を急いで編集・発行した。この号はバリケード上で配られた。

人民の発意のこのような実例は、数千の実例のなかの一つにすぎなかったにしろ、バルセローナの戦闘から現れた新しい社会組織の土台を開示している。日常生活はそれまでとは質的に異なった地平を獲得し、そこから労働者の手による運輸部門や工場での自主管理の最初の形態が出現した。こうした進展は、あらゆる種類の行動を網羅するまでになった。

制度としての軍隊・警察は消滅し、兵士と治安警備隊や突撃警備隊の隊員と労働者の交歓が実現していた。兵営では、労働者の民兵隊のための義勇兵を募集する最初の戦争委員会が形成された。至るところで連帯と兄弟愛の精神が自然発生的に芽を吹き、それまでの偏見から解放された男女は旧世界と訣別し、各人がその願望の顕現であると考える未来に向かって歩み始めたのだった。七月二〇日は、精力と情熱を解放する偉大な祝祭としてその幕を降ろしたのである。

熱狂に酔いしれた住民は、その屈辱・隷属を物語る象徴を破壊した。燃え盛る炎のなかで、宗教的な品々や聖像が灰と化していった……。フェデリーカ・モンツェーニは、女や子供が銀行に入っていき、その設備や紙幣に火をつけるのを目撃したと言っている。かねが燃える傍らでは、賃金労働も人間の搾取も焼かれているのだと語られていたことだろう。先へ先へと突き進もうという大衆の決意は、他でもないCNTの責任者たちの思惑さえも乗り越えてしまった。どんな組織も、傘下の者たちを統制していなかった。彼らは、ただ労働者階級として文字通り一致団結して動いていたのである。

ジェネラリタートの建物のなかでは、コンパニスが部下とともに敗北感に打ちひしがれていた。歴史の時計の針を逆に進めるために、あるいは彼自身が言ったように「秩序を呼び戻す」ためにできることは、もはや何一つなかった。コンパニスは、それまでの権力のイメージ以外の何ものをも代表していなかった。それにしても、大

SUPLEMENTO DE

SOLIDARIDAD OBRERA

A I T

ÓRGANO DE LA CONFEDERACIÓN REGIONAL DEL TRABAJO DE CATALUÑA — PORTAVOZ DE LA CONFEDERACIÓN NACIONAL DEL TRABAJO DE ESPAÑA

Barcelona, lunes, 21 de julio de 1936

La C. N. T. con las armas en la mano está luchando a muerte con los criminales del fascio

La amenaza fascista se ha consumado. - Los generales Goded, Franco, Queipo de Llano y Moraté se han insurreccionado. - En Marruecos, en Canarias y en diversos lugares de la Península, la oficialidad fascista irrumpe en la calle. Los asesinos de la clase trabajadora derraman la sangre del pueblo. - Los militares insurrectos emborrachan a la tropa y la engañan alevosamente. - La tropa confraterniza con los trabajadores. - Los templos religiosos se consumen en el sagrado fuego de las teas populares. - Los plutócratas, los financieros, los obispos y los terratenientes abandonan precipitadamente el suelo peninsular. - La C. N. T. se ha impuesto en la calle con un valor espartano. - Las mujeres han luchado al lado de los hombres con el fusil en la mano. - Persiste el peligro fascista. Los militares continúan resistiendo en diversas localidades. - El proletariado español está en pie de guerra.

Confederación Regional del Trabajo de Cataluña

En la hora grave que se atraviesa, se impone que cada cual se atenga exclusivamente a las consignas generales de este Comité

QUEREMOS JUSTICIA

EL PUEBLO ES EL ENCARGADO DE SANCIONAR A LOS ASESINOS DE LA CLASE TRABAJADORA

Los fascistas son unos cobardes y unos vulgares asesinos

1936年７月20日に出た『ソリダリダー・オブレーラ（労働者の連帯）』紙号外。軍事蜂起に端を発した重大な事態の展開が詳細に伝えられている。恐るべき混乱のなかで急ぎ編集されたため、日付が間違っている（21日付）。

衆の反乱はなぜこの象徴〔的な人物〕に引導を渡さなかったのだろうか。革命は、コンパニスを打倒したと確信し、彼を無視した。しかし、コンパニスを無視することによって、CNTは彼を救ったのである。状況を政治的に統御しようとの絶望的な意図を胸に秘めて、このジェネラリタート首班はCNTやその他の政治・組合組織を招いた。

アタラサナスの闘いを終えたグループ「ノソトロス」の面々や、その他のCNTやFAIの傑出した活動家たちは、メルカデルス街にあった建設工組合に向かった。組合の入口は、武装した警備の一団により厳重に固められていた。この時点で、CNTカタルーニャ地方委員会は建設工組合の集会所に置かれていた。ひどく手狭なこの集会所に詰めかけていた人間たちの動きは印象的なものだった。電話が鳴り、地方委員会書記長のマリアーノ・R・バスケス[訳註1]〔通称マリアネ〕が受けた。受話器を置いたところで、彼は回りの者たちにこう告げた。

「ジェネラリタート首班のコンパニスが、地方委員会に代表団の派遣を要請している。彼は交渉を望んでいるのだ」

隣接したカンボー会館のホールのいくつかに、大急ぎで会合の場が設けられた。カンボー会館は、若いリバタリアンたちが占拠したばかりだった。同時に、あらゆる委員会や組合組織が、三六時間前にはまだカタルーニャの金融家や産業資本家たちの拠点であったこの建物に移ってきた。

会合の列席者たちは、コンパニスの招きに関してばかりではなく、革命的な状況に関しても見解が分かれていた。この数日間、誰も睡眠をとっておらず、コーヒーと煙草で眠気を追い払っていた。勝利が失われることを願う人間は一人もいなかったが、三つの異なった立場が存在した。ガルシア・オリベールは、「すべてを手に入れ」、リバタリアン共産主義を宣言することを望んだ。アバ・デ・サンティリャンは、闘争に加わっている他のすべての勢力との協力を提唱した。エスコルサは、生産及び生産物を社会的所有に転じ、サンディカリズムを支配的な勢力にするためのジェネラリタートの活用を提案した。彼は、権力の問題は事実上CNTがそれを握っていることによって解決された訳であるから、ジェネラリタート政府と協定を結ぶことには意味がないと考えていた。下リョブレガット代表のシェナもジェネラリタート政府との協力には反対だった。結局、コンパニスが彼らに告げるはずの内容を聞いたうえで、という次第となった。

コンパニスは、政治の本質を熟知した名人ならではの話術でCNTの代表たちを迎えた。

「何よりもまず、CNTとFAIが、本来のその重要性に照らして相応の扱いを受けてはこなかったと、諸君に申し上げておかねばなるまい。諸君はいつも過酷な弾圧にさらされてきた。そして、この私は、かつては諸君と行動をともにしていたにせよ、後には大いに苦しんだあげく、しかし政治の現実に強いられるままに、諸君と対立し、諸君を弾圧することを自ら引き受けたのだった。今日、諸君はこの街とカタルーニャの支配者である。もっぱら諸君だけの力でファシストの軍人たちを打倒したのであるから。ところで、その数はともかくとして、私の政党〔エスケーラ〕の、さらには治安警備隊や突撃警備隊やカタルーニャ自衛隊の忠実な人員たちの支援も、諸君には欠けてはいなかったということを思い起こしていただいても、さほど諸君の気分を害するものではないと、私としては思いたい……。

けれども、一昨日まで手酷く弾圧されてきた諸君が、今日、ファシストの軍人たちを打ち破ったのは事実である。であるから、諸君のことを知っている私には、心からの誠実さを欠いた発言に訴えることなどできるものではない。諸君は勝った。すべては諸君の意のままだ。カタルーニャの代表としての私が諸君には必要ないのか、私など欲しないのか、今ここで、教えていただきたい。そうであれば、私はこの反ファシズム闘争における一兵卒となろう。反対に、ただ命を落とした場合にだけ、勝ち誇るファシズムに明け渡していたであろうこの座にとどまることで、私が、私の部下や私の名や私の名声とともにこの闘争において役に立つと考えておられるのならば、諸君は私を、私の人間としての、また政治家としての忠誠を当てにしていただいてもいい。戦闘は、この街では今日にも決着がつくにしても、スペインの他の地域では、いつ、どのようにして終わるのか、われわれにはわからない。今日、汚辱にまみれた過去はそっくり死に絶えつつあると確信し、カタルーニャが社会的な面で最も進んだ国々の先頭を歩むことを誠実に希求しているこの私の真心を、どうか信頼していただきたい」

CNTの代表たちは、自分たちはただ話を聞きに来ただけであり、決定は組織が下すことになる、と回答した。コンパニスは、カタルーニャのあらゆる反ファシスト勢力の代表たちが別のホールで待機していると彼らに告げ、さらに「勝利を確保するまで革命闘争を遂行するという目的に適った機関」の形成について議論するため、他の代表たちと同席するように勧めた。報告者としての資格で、CNTの代表たちは〔コンパニスの申し入れを〕受け容れた。この会合でコンパニスは、「ファシストの反乱のために大きな混乱を被ったカタルーニャの市民生活を調整し、立ち現れるであろう反乱分子との戦闘に打って出る武装兵力の組織化に努める民兵委員会」の創設を提案した。「なぜなら、国中が混乱しているさなかに、戦闘集団の状況がまだ把握されていなかったからである」。

会合が終わると、出席者たちはそれぞれの組織の本部に引き上げた。カタルーニャ地方委員会のアセンスと、「バルセローナ防衛委員会」のドゥルーティ、ガルシア・オリベール、アウレリオ・フェルナンデスで構成されたCNTの代表団は、コンパニスが語った話の内容を地方委員会に報告した。地方委員会は、すぐにも開催されるはずの緊急総会の決定を見越してコンパニスの提案を受け容れた。

コンパニスが打ち出した民兵委員会の構想それ自体のなかに、すべてを以前のままにしておくために時間を稼ごうという意図が内包されていた。コンパニスは、他方でこの委員会をジェネラリタートの防衛会議の下部機関としか考えていなかった。同〔二〇日〕夜、彼はペレス・ファラースの指揮下に共和国を防衛するための市民で構成された民兵隊を創設する布告を作成し、消滅したばかりのブルジョワ的な秩序を守る機関としてのカタルーニャ反ファシスト民兵中央委員会が誕生したのである〔翌七月二一日付の『カタルーニャ・ジェネラリタート公報』紙上で発表〕。しかし、政党や労働組合の各派が会した翌日〔二一日〕の会合では、リバタリアンの代表たちが委員会は革命的な秩序を死守するために設立されるべきであると強硬に主張した。こうして、権力は彼らの手に、支配的な勢力であるCNTとFAIの手に握られることになった。ジェネラリタート当局は、事実そうであったように、ただの飾りとして存続するにとどまった。第一ラウンド、アナキストたちはコンパニスの外交手腕を制して勝利を収めた。コンパニスは、民兵中央委員会の設置を提案したことを早くも後悔した。とはいえ、民兵中央委員会がバリケードからではなく、ジェネラリタートの最初の謀略のなかから生まれた混成組織であるということもまた確かだった。ところで、ジェネラリタートはもはや何も代表していなかった。それは、一時的に機能麻痺に陥った反革命に他ならなかった。CNTとFAIが決定権を保持していたとはいえ、革命に敵対する諸勢力との協調機関に労働者の勝利を巻き込んでしまうことによって、労働者が獲得した成果を圧迫していく官僚主義的力学が醸成された。

この同じ日、ＣＮＴカタルーニャ地方総会が開催された。総会は、〔コンパニスらとの〕協調路線を採択した。反対票を投じたのは、ガルシア・オリベールと下リョブレガット地域だけだった。確かなのは、総会の当日か、あるいは翌二二日か翌々日の二三日には、反革命が踏み出した決定的な足取りが漠然とした印象のなかに包み込まれてしまうということである。

この総会に関しては、議事録の有無や出席者数はおろか、出席者たちの代表としての資格すらはっきりしていない。地方委員会と民兵中央委員会のメンバーたち、アセンス、ガルシア・オリベール、アウレリオ・フェルナンデス、ドゥルーティ、サンティリャンに加え、おそらくアルコーンとフェデリーカ・モンツェーニ、それにＣＮＴの他の有力者も出席していたことはわかっている。ドゥルーティは、すでに民兵中央委員会の任を放棄し、軍人たちの掌中にあったサラゴーサを攻略するために民兵たちの一団を率いて出撃することに決めていた。

下リョブレガットの代表は、民兵中央委員会から引き上げてリバタリアン共産主義の導入に向けて革命を継続することを要求した。ガルシア・オリベールは、ジェネラリタートや他の政治勢力と協力するのか、それとも「すべてを求めて」、つまり権力の奪取を目指して突き進むのかというジレンマの形を借りて、権力の問題を提起した。モンツェーニは、ＣＮＴとＦＡＩによる権力の掌握は、まさに自分がアナキストであるがゆえに受け容れがたいアナキスト独裁を含意していると反論した。サンティリャンは、「すべてを求めて」突き進んだ場合には、ヨーロッパの資本主義列強が介入する可能性があると示唆した。マリアネは、街頭から統治していく妨げにならない形で民兵中央委員会にとどまることを提案した。結局、多数決により協調路線が採択されたのだった。

総会に大急ぎで招集された若干の代表たちは、自分たちが何を企てようとしているのかもわからずに、従って彼らが代表している人間たちの意見も知らぬまま、アナキズムの根本原則を捨て去る決定を行なった。廃止されたばかりの旧秩序の代表者たちと手を組んで、恥じ入っていたジェネラリタート政府を支持すると、彼らは公言してしまった訳である。

解決策がなかったからであれ、目まぐるしく推移する事態の重大さをきちんと把握していなかったからであれ、あるいはただ単に承認されていない決定に深く関わろうとしなかったからであれ、いずれにせよ多くの者が沈黙した。ドゥルーティも口を噤んだ。後日、ドゥルーティはガルシア・オリベールに自分の態度をこう説明している。「サラゴーサ攻略後のために、われわれは当面こうした計画は棚上げにしておくべきであると、私は強く主張する。目下のところ、カタルーニャだけを基盤としていたのでは、われわれは地理的に見て最少の空間にまで〔活動範囲を〕限定されてしまうだろう」。

所謂アナキスト独裁へのあらゆる反対論の要約が、一九三七年一一月に〔パリで〕開催されたＡＩＴの大会にＣＮＴが提出した報告のなかで開陳されている。この報告は、ＣＮＴが協調路線をその論理的な帰結にまで推し進めてしまっていた時点における、〔まさしくその〕協調主義的な立場の「事後的な」弁明なのだが、興味深い内容を含んでいる。

「われわれは協調路線を受け容れた。だが、なぜそうしたのか。レバンテは無防備で、動揺していた。兵営のなかでは守備隊が決起していたし、山間部では猟銃と鎌で武装した労働者のグループが闘っていた。北部の情勢はまだ不明であったし、スペインの残りの地域はファシストの手に握られているものと思われた。カタルーニャへのまさに入口に位置するアラゴンでは敵がうごめいていた。国内的にも国際的にも、われわれには敵の実情がわかっていなかったのである（……）。

革命は突如として革命家たちの眼前にその姿を現わし、それを指導し、方向づけるという課題を彼らに突きつけたのだった。しかし、革命家たちには革命の深さと広がりを見極めるゆとりはなかった。革命の絶頂期、状況は他の反ファシスト勢力との協調をわれわれに示唆していた（……）。また、地中海を航行する途中、われわれの港の沖合に出没する軍艦の数の多さは、他国の外交代表たちの苛立ちを物語っていた（……）。

他に道はなかった。国外には何も期待できなかった。国際プロレタリアートの指導者のなかで、スペイン革命を支援したせいで監獄に入った者は誰もいなかった。彼らも、その卑近な自由や生活や利益を危険にさらしたくはなかったのである。われわれと連帯したために命を落とした国際プロレタリアートの指導者というのも存在しなかった。ファシスト政権や民主主義政府の側がわれわれを窒息させようとした試みを打破しようとして、ストライキや暴動が起こった例しも一度としてなかった。わずかに、そして国際プロレタリアートの連帯活動の周縁において、数千人の労働者たちがわれわれの大いなる悲劇を分かち合い、ともに体験しようとスペインにやって来ただけだった。

〔……〕〔スペインの〕リバタリアン運動は、国際プロレタリアートの無関心・神経衰弱がわれわれにもたらした唯一の道を歩むことを決断した。スペイン革命は、固有の可能性に自らを適応させてきたのだと言いたいのである」

総会の終了後、〔協調路線が採択されたにもかかわらず〕ドゥルーティもガルシア・オリベールも敗北したとは思っていなかった。それぞれの占める位置から、二人が奮戦し、革命を拡げていく様子をわれわれは見るだろう。ガルシア・オリベールは民兵中央委員会の枠を乗り越え、ドゥルーティは束縛されるところのないリバタリアン革命をアラゴンの大地に拡大していくのである。

〔訳註1〕　マリアーノ・R・バスケス——マリアーノ・ロドリーゲス・バスケス。一九〇七—一九三九。通称マリアネ。CNTカタルーニャ地方委員会書記長を経て、一九三六年一一月からCNT全国委員会書記長。敗戦後、亡命先のフランスでリバタリアン運動の再建に着手した矢先、マルヌ川で溺死。

4　カタルーニャ反ファシスト民兵中央委員会

CNTとFAIの圧力によって、カタルーニャ反ファシスト民兵中央委員会は状況を引き受けるともに、革命的な「現状」を維持するための指示を住民に与える姿勢を示した。民兵中央委員会が追求した目的は、食糧・弾薬・ガソリン等が枯渇しないようにバルセローナ市の生活を正常化すること以外にはなかった。しかし、労働者たちが創り出した各種の革命委員会の制度化も並行して図られたのである。

カタルーニャ反ファシスト民兵中央委員会

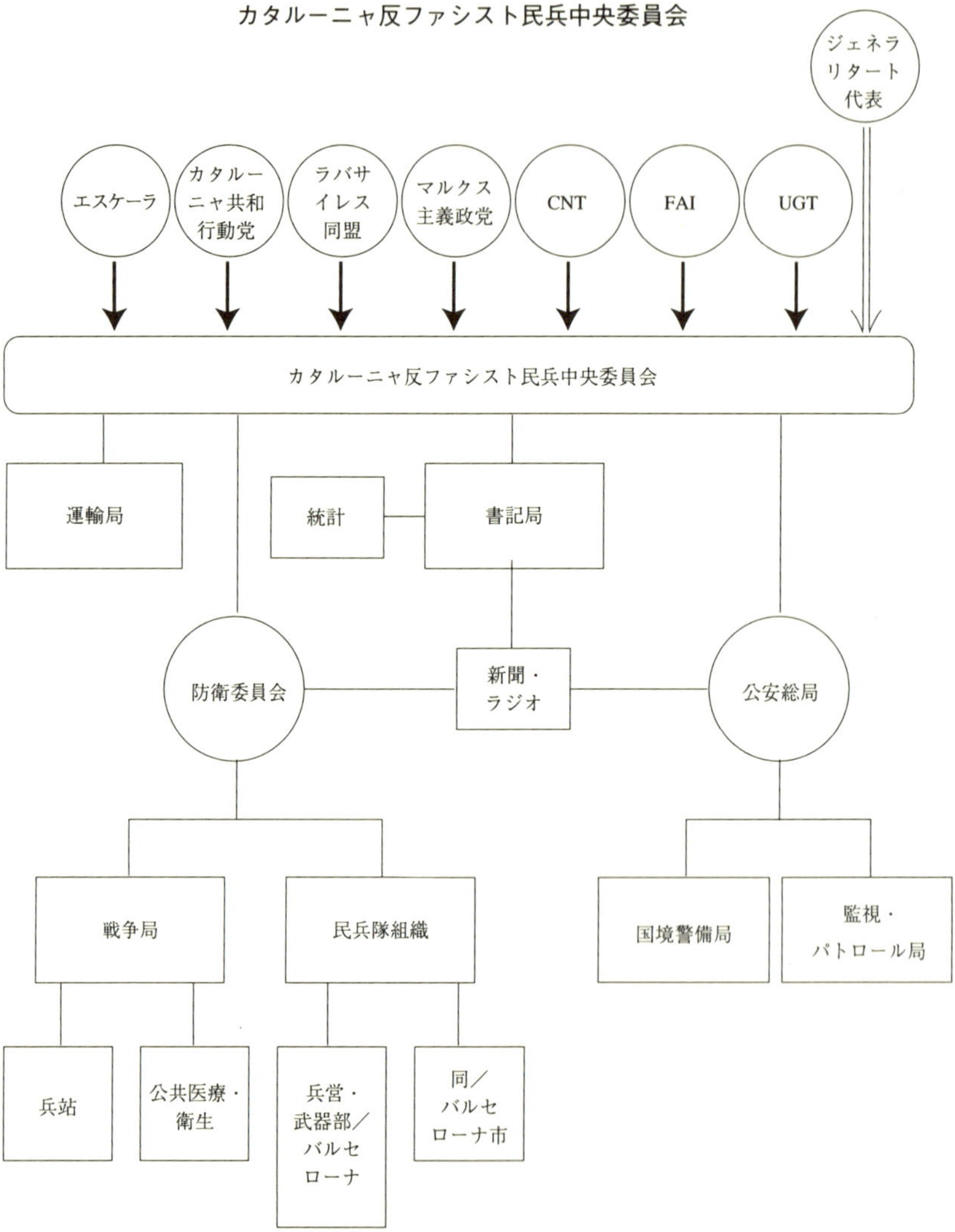

Abel Paz, *Durruti en la Revolución española*, Madrid, 1996, p.519.
カタルーニャ反ファシスト民兵中央委員会参加の各政党・組織については，「政党・団体等一覧」（3～5ページ）を参照。なお，図のなかの「マルクス主義政党」とはPOUMとPSUCを指す。

コンパニスは民兵中央委員会の占有する権能を快く思っていなかったものの、自己増殖を続ける革命の脅威にさらされて、大衆に対する歯止めとして機能しうる権力というこの必要悪を認めたのだった。ガルシア・オリバールがこの新しい機関を反革命勢力と考えたとき、彼は間違っていなかった。CNTとFAIの存在だけが、反革命の顕在化を阻止していた。民兵中央委員会では、現実にそぐわない代表比率が受け容れられた。カタルーニャではまったくの少数派だったUGT・PSUC〔カタルーニャ統一社会党〕に、CNT・FAIと〔ほぼ〕同数の代表が割り当てられたのである。それは、UGTとPSUCを合法的な協調路線に導くという目的に沿った、〔多数派のCNTとFAIが払わされた〕一つの犠牲を意味していた。革命の自滅にも等しい諸党派間の抗争のせいで、協調路線が混乱させられるような事態が生じてはならなかったからである。[訳註1]

反ファシストの協調路線は人民戦線を蘇生させた。そしてその結果、新しい機関のなかで、労働者の諸勢力はブルジョワ共和主義の各政党や、秩序を擁護する新しい政党、つまり後の〔正式には七月二五日に発足する〕PSUCと共存することになった。

各地区の防衛委員会は、サラゴーサの救援に向かう民兵の募集を行なった。わずか数日の間に、一万二〇〇〇名の義勇兵の用意が整った。さらに、一〇万を超える人間たちがファシストと戦うために出撃する出番を待っていた。民兵の募集には、組合に属する設立されたばかりの民兵隊本部が当たっていた。ところが、民兵中央委員会は、民兵隊本部を無視し、各政党がその代表のもとに独自の民兵隊を組織するという取り決めを行なった。こうした行為は、戦闘に加わっていなかった、従って武装もしていなかった者たちには好都合な、労働者の最初の部分的な武装解除を意味していた。

右の決定からすぐさま導き出される論理的な帰結は、労働者たちが武力で奪取し、そのときまで押さえていた兵営の割り当てを改めるということだった。民兵中央委員会におけるリバタリアンの代表たちは、兵営の他の政党への引き渡しをめぐって労働者たちを説得しなければならなかった。CNTとFAIは、ペドラルベス、サン・アンドレス、埠頭、レパントの各兵営を保持した。これらの兵営は、「バクーニン」「サルボチェア」[訳註2]「スパルタクス」〔等〕と命名された。POUMはタラゴーナ街の兵営にとどまり、それを「レーニン」兵営と名付けている。ＰＳＵＣとなる政党は、シウダデーラ公園の兵営に「カール・マルクス」の名を冠した。エスケーラはモンジュイックの要塞を自分たちの管轄下に置いた。砲廠と兵站部は、民兵中央委員会の全組織が共有するものとされた。

兵営の割り当ての変更に、各組織の本部のそれが続いた。ＰＯＵＭはホテル・コロンをＰＳＵＣに譲り、やはり先に占拠していたランブラスのもう一軒のホテルの方を保持した。ＣＮＴは引き続きカンボー会館に残った。各地区では、いろいろな委員会が適当な場所に居を定め、組合が大きな建物を占拠した。

戦闘のただなかで誕生した軽食スタンドがホテル内に〔も〕置かれ、大衆食堂となった。ホテル・リッツは民兵たちの宿舎に転じた。

ゼネラル・ストライキは依然として継続されていたものの、労働者自身の手ではどなく公益業務が再開され、路面電車や列車やバスも動き始めた。戦闘が始まった直後に占拠された病院や薬局は、集産化されたうえで運営された。電話・食料品市場・研究施設・地下鉄・パン屋も同様だった。バルセローナ市の周辺では、農業労働者たちの組合が土地の集産化に着手し、バルセローナ市に食糧を供給するために倉庫を建設した。このような経済の機能形態は、従来の商業の流通機構を廃し、それを協同組合的な流通機構に取って代えたのだった。

大衆食堂の場合に顕著だったのだが、革命はかねを受け取らないという現象を生んだ。階級やかねが廃棄されたと思われるような状況が、自然発生的に醸成されたのだった。民兵中央委員会が急いで設立されたことにより、社会的な組織の新しくて、より深い形態の展開は阻止された。それでもなお、生産手段と配送・流通部門での集産化は、民兵中央委員会が歯止めをかけようとしたにもかかわらず継続されたのである。

港湾労働者たちは、即座に海運会社の集産化に踏み切った。金属工たちも、戦争に備えて工場とその機能を集産化した。彼らはトラックに装甲を施した。ドゥルーティ軍団は、それらのトラックに乗ってサラゴーサへと出発する。ＣＡＭＰＳＡの石油貯蔵基地や送電所やガソリン・スタンドやガス工場は、労働者の自主管理のもとで操業されていた。すでに軍人たちが敗退し、労働者たちが職場に復帰した後になって、やっとプロレタリア革命の規模の大きさの判別が可能となったのだった。

1936年７月。プロレタリアートと反乱軍との激突。血なまぐさい戦闘の後のカタルーニャ広場。

1936年７月19日のバルセローナ。パラレーロ街のバリケード。

1936年７月。プロレタリアートと反乱軍との激突。コロンブスの記念柱のそばにあった軍部の付属施設の前。破壊された車。

バリケードを死守するバルセローナのプロレタリアート。軍事反乱に対するバルセローナの戦闘。

1936年８月から９月にかけてのバルセローナ。1936年７月21日に創設され，同年９月28日に解散したカタルーニャ反ファシスト民兵中央委員会の総会。この組織の本部は海運学校に置かれた。

7月20日。いとこのホアキン・アスカーソと語らうフランシスコ・アスカーソ〔左〕。フランシスコは，この数時間後アタラサナス兵営攻略の際に落命。

1936年7月9日。バルセローナのメリディアーナ大通りでのフランシスコ・アスカーソ。

フランシスコ・アスカーソの妹マリーア・アスカーソとドゥルーティ。マリーア・アスカーソがアラゴン戦線のドゥルーティ軍団を訪れたおりの1コマ。

バルセローナにおける軍事反乱の首謀者マヌエル・ゴデー・リョピス将軍〔左〕。
共和国側に忠実であり続けたリャーノ・デ・ラ・エンコミエンダ将軍〔右〕。

1936年８月のバルセローナ。コロン大通り。アラゴン戦線へ向かう赤と黒軍団の民兵たち。

1936年９月のバルセローナ。CNT-FAI会館のテラス。左から右へ，CNT-FAIの外交問題顧問のリトアニア人マルティン・グデル。CNTカタルーニャ地方委員会書記長マリアーノ・R・バスケス。その連れあいコンチータ。フェローズ・ガンディ，弁護士にして〔その右の〕インディラ・ガンディの夫。インディラ・ガンディは後ろに立つネルーの娘。さらに，CNT-FAIの情報・プロパガンダ局の責任者ベルナルド・ポウ。スリ・ジャワハルラル・ネルー（1889－1964）は，インド国民会議派の代表として共和国側スペインを訪れた。その後，この国の事態について世界中の関心を呼び起こそうと『スペイン！ なぜ？』を書く。同書は，1937年にロンドンで出版された。

1936年８月28日のバルセローナ。ウエスカ戦線へ向かうアナルコサンディカリストの若鷲軍団の出発。先頭を行くのは，ガルシア・オリベールやリカルド・サンスらFAIの重要なメンバーたち。

1936年８月13日のバルセローナ。出撃直前のフランシスコ・アスカーソ軍団の民兵たち。

1936年９月のアラゴン戦線。カランダ（テルエル県）の農民で構成された百人隊。ドゥルーティ軍団所属。

1936年10月のアラゴン戦線。ドゥルーティと，彼の前線視察に随行したパイロット，フランシスコ・カブレー。

アラゴン戦線のドゥルーティ。

自分の名を冠した軍団の総帥として，アラゴンで活動しはじめたころのドゥルーティ（1936年7月)。

前線でのドゥルーティ。民兵たちとともに。

前線で同志たちと話しあうドゥルーティ。

野戦の報道。ドゥルーティ軍団の移動印刷所。『エル・フレンテ』紙はここで印刷された。

EL FRENTE

C. N. T. BOLETIN DE GUERRA DE LA COLUMNA DURRUTI F. A. I.

AÑO I | Pina de Ebro, 27 de agosto de 1936 | NUM. 3

TODOS ADELANTE; NINGUNO HACIA ATRAS

Este Comité Central recibe diariamente innumerables peticiones de permisos para ausentarse de la columna por uno o varios días. Esto representa un constante desplazamiento de milicianos y un ir y venir de personal que altere todo posible control de las centurias, y que hace imposible toda distribución regular de los servicios.

Para evitar estos inconvenientes, y otros que no debemos detallar, nos vemos obligados a recordar a todos los milicianos lo siguiente:

Hemos venido a hacer la guerra, y no a practicar un deporte, y en una lucha que tiene objetivos tan sublimes como los que perseguimos, el que se ausenta de su puesto por un momento falta a los deberes que nos imponen las circunstancias. Está la libertad amenazada, y el porvenir se está creando y conquistando con el apoyo de todos, en cada momento del día.

Al venir al frente, el miliciano viene a ofrecer su vida, a sacrificar comodidades, a dar todo su ser por el triunfo de nuestra causa. El que no viene con estas disposiciones no sirve para el frente.

Hay que desligarse de toda traba que no sea la de conseguir con constancia y con energía el triunfo.

No nos vengan a pedir, por tanto, permisos de ausencia con pretextos fútiles. El nacimiento de un hijo, la jaqueca de una compañera, la falta de noticias de un familiar, no pueden, no deben influir en la desorganización de nuestra columna.

Desde Barcelona vinimos. Los caminos quedaron a nuestra espalda, claros y limpios. El que no sirva para recorrerlos hacia adelante, sin mirar atrás, que vuelva la espalda definitivamente. No haremos comentarios sobre los ausentes, pero queremos tener el convencimiento de que los que van con nosotros, no tienen más idea ni más pensamiento que la de avanzar, liberando hermanos y creando el porvenir.

Cuando volvamos, cumplida nuestra misión, podemos compartir dolores y alegrías en el seno de nuestras familias.

Mientras tanto, prestemos nuestra atención absoluta a los pueblos que sufren bajo la espuela. En ellos están nuestras madres, nuestros hermanos y nuestros hijos, y su dolor nos ha de importar más que el nuestro propio.

B. Durruti.—L. Ruano.—Manzana.—M. Yoldi.—Carreño.

PARA LOS LLAMADOS A FILA

Por acuerdo del Comité de Guerra del frente de Aragón y siempre de acuerdo con el Comité Superior de las Milicias Antifascistas de Barcelona, se pone en conocimiento de todos los reclutas de los reemplazos llamados por decretos del Gobierno que no puede tolerarse de ninguna de las maneras que con el pretexto de la desmilitarización y constitución de las Milicias Antifascistas existan ciudadanos que se queden en sus casas mientras los amantes de la libertad luchan en la calle. Por tanto, este Comité, de acuerdo siempre con el Comité Superior y Central de Milicias Antifascistas de Barcelona, ordena a todos los incluidos en los decretos mencionados de incorporación a filas que se presenten con toda urgencia en sus respectivos cuarteles o en alguna Milicia controlada por los partidos u organizaciones Obreras, dando éstas cuenta a los cuarteles donde debieran haberse presentado los milicianos en ellas existentes para el debido control y que jamás pueda ningún camarada perteneciente a estos reemplazos quedarse en su casa mientras los demás luchan en bien de sus intereses.

Sariñena, 26 de agosto de 1936,

Por el Comité de Guerra:

Buenaventura Durruti, C. N. T. Antonio Ortiz, C. N. T. Cristóbal Aldabaldetrecu, C. N. T. José del Barrio, U. G. T. Jorge Arquer, P. O. U. M. Franco Quinza, Aviación. Coronel Villalba. Comandante Reyes, Aviación. Capitán Medrano. Capitán Menéndez. Teniente Coronel Joaquín Blanco.

El diá 23, el Depósito de Lérida suministró a la Columna Durruti un coche Hudson, 8 cilindros, para el servicio del Comité de Guerra: 1.764 camisas, 2.000 calzoncillos, y 1.920 calcetines y granotas.

ピナ・デ・エブロで編集されたドゥルーティ軍団の機関紙『エル・フレンテ』の第3号（1936年8月27日付）。民兵としての自己規律・責任の必要を訴えている。

名称こそさまざまではあったものの、いずれもそろってリバタリアン的な傾向を示していた地区単位の委員会は、「革命協調ローカル委員会」とでもいうべき連合組織に結集した。これらの地区委員会は、治安の維持やバリケードの保持、それに以前は役所が行なっていた雑務を一手に引き受けた。

事実上、執行権力を握っていたのは〔地区ごとの〕防衛委員会と組合だった。民兵中央委員会は防衛委員会と組合なしでは一歩も前に踏み出せなかったし、ジェネラリタートは幻影だった。

二二日、地区委員会は大きな百貨店を開け、衣類を無料で分配した。公設の質屋からは質草が引き出され、もとの持ち主の手に返された。こうした「暴力」は、コンパニスや革命によって政治的に無力化されてしまった階級、なかでも中小のブルジョワジーの怒りを買った。だが、彼らの怒りも虚しかった。これらの階級は、伝統的な支持政党を離れ、以後自分たちの指導部となるＰＳＵＣの腕のなかにあわてて飛び込んでいく。

二三日、民兵中央委員会は、武器を地区委員会に集め、それを兵営に移管することを命じる布告を発した。このやり口は労働者たちを武装解除する意図と見なされたから、バルセローナの組合連合は次のような訴えのビラを通じて〔民兵中央委員会の布告に〕回答した。「労働者よ、民兵隊のもとに結集せよ。銃も弾薬も放棄するな。自分の組合との連絡を絶ってはならない。君の生命も、君の自由も、君自身にかかっているのだ」。

事態が大きく揺れ動くなかで、グループ「ノソトロス」の面々は散り散りになっていた。アウレリオ・フェルナンデスは、民兵中央委員会にあって、労働者の警備団である「統制パトロール隊」を組織していた。同じく民兵中央委員会に加わっていたサンスは、アラゴンへ向かうべき民兵たちの軍団を組織していた。ガルシア・オリベールは、同委員会において最も重要な戦争局を統率し、軍需工場や陸軍学校や空軍学校を設立していた。ドゥルーティとオルティスとホベールは、ガルシア・ビバンコスやドミンゴ・アスカーソやクリストーバル・アルダバルデトレークなどのグループ「ノソトロス」の同志たちのように、それぞれの軍団の組織作りに励んでいた。「エル・バレンシア」は、弟やアルフォンソ・ミゲルと一緒に、武装した多数の労働者の一団を率いてバレンシアへ出撃する。兵営を包囲したものの、まだ攻略するには至っていなかったバレンシアの同志たちを鼓舞するためだった。

にもかかわらず、「ノソトロス」は最後にもう一度だけ顔を合わせることができた。その際、CNTと諸政党の間で樹立された同盟を乗り越え、〔下部の〕委員会と組合に立脚した真に革命的な機関を創設することで全員の意見が一致した。しかし、革命は国際プロレタリアートの支援に多くを負っていた。そして、国際プロレタリアートは革命をそれ自身の運命のなかに置き去りにしたのだった。ここにスペインのアナキズムの悲劇があった。スペインにあって、アナキズムはその基盤を拡大し、ついには一つの強大な力と化すまでになった。スペイン以外の国々では、アナキズムは退却に退却を重ね、仕舞には労働者階級への影響力を完全に失うまでになっていた。彼ら労働者階級は、今やすでに社会民主主義者やスターリン主義者の支配下にあったのである。

ソヴィエト連邦にとって、スペイン革命はその外交ゲームを滞らせる厄介な一幕だった。外交ゲームは、「プロレタリアートの祖国」としてのソ連の仮面を引き剥がし、その実像を暴露した。すなわち、資本主義の新しい形態を代表する警察国家としての実像を、である。その官僚主義的な国家資本主義は、ロシアの労働者たちが〔旧暦の一九一七年〕一〇月に下絵を描いた革命の完遂を願うのであれば、粉砕してしまわねばならない代物だった。

保守党政権のイギリスと結んだ人民戦線のフランスには、どんな援助も期待できなかった。資本主義国として、両国ともどんな革命をも敵視していたからである。革命がすぐそばで起こっているとなれば、なおさらだった。こうして、国際ブルジョワジーとスターリン主義と社会主義者たちが、換言すれば、あらゆる国家が、自分たちを脅かすものに対抗して手を握ったのだった。革命を救う唯一の道は、それを国際的に展開させることだった。グループ「ノソトロス」は、実現可能と思われた行動の見通しを練り上げた。まず〔スペイン保護領〕モロッコを反乱させ、それをフランス領モロッコへ波及させる。できれば、同時にポルトガルで蜂起を引き起こし、フランスでは革命のプロパガンダを行なって、スペインとの国境での紛争を誘発する。そうなれば、フランスの人民戦線政府ははっきりと革命への敵意を表明する外あるまい。そのような事態に対して、フランスのプロレタリアートが正当な反応を示すことが期待されるという具合だった。

計画は野心的なものだった。ガルシア・オリベールは、その初めの部分を実現させようと、つまりフランコの兵站部であるスペイン保護領モロッコを反乱させようと試みたが、無駄だった。〔その場合〕イベリア半島のなかではなく、〔まず〕リフ山脈で戦争に勝利を収めなければならなかった。フランスの圧力が計画を挫折させた。そして、グループ「ノソトロス」にとっては、これが最後の会合となった。

〔訳註1〕 **革命の自滅にも等しい諸党派間の抗争のせいで、協調路線が混乱させられるような事態が生じてはならなかったからである。**——著者の指示に従って修正・加筆。なお、カタルーニャ反ファシスト民兵中央委員会は、CNT三名、FAI二名、UGT三名、PSUC一名、POUM一名、エスケーラ三名、ラバサイレス同盟一名、カタルーニャ共和行動党一名の各代表で構成された。

〔訳註2〕 **サルボチェア**——フェルミン・サルボチェア・イ・アルバレス。一八四二—一九〇七。ブルジョワ出身の共和主義者としてまず名声を博し、第一共和国が成立した一八七三年には故郷カディスの市長を務める。所謂「革命の六年間（一八六八—七四）」の挫折を経て共和主義の立場を放棄し、アナキストとなった。反軍国主義の古典とも評される主著『血の貢献』（一九〇二）を残す。「スペインのブランキ」「リバタリアンのキリスト」とも呼ばれるなど、スペインのアナキズムの全歴史を通じて、おそらくは最も伝説的な人物の一人である。

5　武装したプロレタリアート

軍団形成の知らせは大きな興奮を巻き起こした。最初に出撃する軍団への志願者登録を済ませようと、たくさんの労働者が〔地区ごとの〕防衛委員会や組合に殺到した。あまりの戦意の昂揚は禁物だった。軍団への参加を志願した労働者のなかで最も思慮深い者たちは、放棄することの許されない任務の遂行のためバルセローナにとどまるよう求められた。

この動員は、上から発令されたであろう他のどんな動員とも異なっていた。義勇兵たちは、軍団にとって最適の組織形態について自分たちで論じ合った。旧来の軍人精神だの、上意下達の指揮だのが復活する幕はなかった。そして、このような空気のなかから、一九三七年の正規軍化まで労働者の民兵隊が維持し続ける構造が次第に姿を現わしてきたのだった。組織は単純なものだった。一〇人が一つのグループを形成し、そのグループが代表を一人指名する。一〇のグループが百人隊を形成し、それが今度は、隊の代表一名を選出する。五つの百人隊が一つの大グループを形成し、その頂点に百人隊の代表たちと並んで軍団の戦争委員会を形成する責任者が位置することになるのである。

ドゥルーティ軍団の軍事顧問となったあのペレス・ファラースは、こうした性質の組織には悲観的で、信頼をよせていなかった。ドゥルーティは、軍隊風の思想を骨の髄まで叩き込まれてしまった軍人を顧問として随行させても無駄だと思い、その任務のためにマンサーナ軍曹を抜擢した。軍曹は、命令や服従を意味するものの一切にきっぱりと反発するアナキストの性癖をよく理解していた。ドゥルーティは、マンサーナと学校教師のカレーニョに弾薬と大砲と機関銃の確保を依頼した。二人はさらに、緊急の外科手術のスタッフを含む、医師と看護兵の衛生班をも編成しなければならなかった。マンサーナは、自分が知る何人かの将校や兵士たちをドゥルーティ軍団に編入した。声を荒げるでもなく、彼らは教官として奉仕すべくグループに溶け込んでいった。

ペレス・ファラースは、そんな流儀に遂にはあからさまな反感を示した。ドゥルーティは、ファラースにこう応じた。

「すでに話したことではあるけれども、ここでもう一度繰り返しておこう。これまでの人生を通じて、私はアナキストとして行動してきた。そして、ある人間集団の責任ある代表に指名されたところで、そんな指名が私の信念を変えることなどありえないのだ。民兵中央委員会から託された任務を遂行することを私が引き受けたのも、私がアナキストとしての姿勢を変えないという条件のもとでの話だからだ。

思うに——そして、われわれの周囲で起こっていることのすべてが私の見解を裏書きしている訳だが——労働者の民兵隊というのは、古典的な軍隊の規範に従って指導されうるようなものではない。ところで、私は、規律や協調や計画の実施が不可欠であると考えている。だが、われわれが破壊しつつある世界で用いられていた価値基準に従って、この点をそのままそっくり解釈することは不可能だ。われわれは新しい基盤のうえに立って、建設的な営為を行なわねばならない。人間同士の連帯こそが、自己規律としての規律を受け容れることのできる個々人の責任感を呼び起こすための最良の刺激なのだ。私も同志たちも、そう信じているのである。

戦争がわれわれを圧迫している。そして、この戦争の行方を左右するに違いない戦法は、われわれが勝利したばかりの〔バルセローナの〕戦闘で用いた戦術とは質を異にする。しかし〔いずれにせよ〕、われわれの闘争の目的は革命の勝利にある。それは、敵に対する勝利を意味するばかりではなく、勝利が人間の根源的な変革によって達成されねばならないということをも意味しているのである。そのような変革が実現されるためには、人間が自由な存在として生き、かつふるまう態度を身につけることが肝要だ。そうした生き方を習得するなかで、人間は自分自身の行為の主体として、その責任能力や人格の資質を開花させていくのである。仕事に勤しむ労働者は、ただ単に素材の形を変えているのではなくて、その営みを通して自身をも一新している。戦闘員というのは、銃を〔日頃使いこなしている〕工具のように用いる労働者に他ならない。だから、その行為は労働者と同じ目的に沿ったものでなくてはならないのだ。闘争にあっては、〔単に〕命令に服す兵士として行動することは許されない。自分の行為の重要性を認識した自覚的な人間としてのみ、行動することが可能なのである。それを達成するのが容易でないことは、もとより承知している。けれども、道理で手に入らないものは、力に訴えても手に入るものではない、ということも私は承知している。われわれの軍事機構が恐怖によって維持されねばならないのであれば、その恐怖の色合いは別にして、われわれは何も変えなかったことになる。恐怖から解放されたときに、ようやく社会は自由のうちに構築されることができるのだ」

サラゴーサには、カバネーリャス将軍指揮下の第五師団があった。七月一七日、カバネーリャス将軍は共和国に対する自分の忠誠心を政府に保証していた。そのカバネーリャスが一九日に全市に戒厳令を敷くまで、状況ははっきりしなかった。CNTはゼネラル・ストライキを宣言したが、サラゴーサ県知事は「人民を武装させる」約束を反故にした。軍人たちが取った一連の暴力的な手段に対して、サンディカリストたちは武器も持たずに立ち向かった。二二日、軍人たちはあらゆる抵抗を圧殺した。

ファシストが握る最も重要な軍事拠点となったサラゴーサは、民兵隊の側にとっては障害と化した。このサラゴーサが、カタルーニャとスペイン北部との連絡を阻む形になったからである。おまけに、県知事の優柔不断をいいことに、ファシストはアラゴン地方全域に自分たちの兵力を迅速に展開させた。人民の抵抗を粉砕した後、彼らはウエスカ、テルエル、ハーカ、カラタジュー、ベルチーテ、カスペを制圧し、レリダの城門にまで到達した。バルバストロは、陸の孤島のように抵抗していた。バルバストロでは、ビリャルバ大佐の率いる守備隊が共和国に忠実であり続けた。人民は兵士たちと一丸となって奮戦したものの、それでもこの町が孤立したままで長く持ちこたえるのは不可能だった。そこで、ドゥルーティ軍団とは別に、カタルーニャ反ファシスト民兵中央委員会はこの地域に向かわせる軍団をさらにもう二つ編成した。

二四日の午前八時、ドゥルーティは、軍団の食糧物資の補給に加わるよう、バルセローナの人民にラジオを通じて呼びかけた。この呼びかけは、民兵たちの供給部門の責任者や地区ごとの委員会や食品組合、それに民兵中央委員会を驚かせた。ドゥルーティは、以下の通りに説明した。

「革命の一番強力な武器は熱狂だ。全員が勝利に関心をよせ、一人一人がそれを自分自身の大義とするような場合、革命は勝つ。私の呼びかけへの回答を見れば、バルセローナ市が革命とその勝利によせる関心の度合が明らかになるだろう。またそれは、個々人を自己の責任に直面させる方法であり、われわれの闘争が集団的なものであって、その勝利が全員の奮闘にかかっているのだということを皆が認識するための機会なのである。われわれの呼びかけの意図は、まさしくこの点にある」

軍団が出発する直前、同じ〔二四〕日の一〇時、金属工組合でトラックの装甲の問題を議論していたドゥルーティは、『トロント・スター』紙のヴァン・パーセン記者の訪問を受けた。ヴァン・パーセンは、「二〇〇万名ものアナキストが革命のために奮戦中」との見出しを掲げたインタヴュー記事を〔八月一八日付で〕発表することになる。反乱した軍人たちがすでに打倒されたと考えているのかどうか、ヴァン・パーセンはドゥルーティに尋ねた。

「いや、われわれはまだ彼らに勝利していない」と、ドゥルーティは応えた。「彼らはサラゴーサとパンプローナを押さえているし、そこには兵器廠や弾薬工場がある。われわれはサラゴーサを攻略しなければならない。その後は、フランコ将軍に指揮されて北上中の外人部隊で構成された軍隊との対決に向けて出撃するはずだ。二、三週間のうちに、われわれは決定的な戦闘に突入していることだろう（……）。

どう短く見ても、闘争は八月一杯は続く。労働者人民は武装している。この戦いでは、軍隊は重要ではない。二つの陣営が存在する。自由のために戦っている人間たち〔の陣営〕と自由を圧殺するために戦っている人間たち〔の陣営〕とが。ファシズムが勝てば、飢えと隷属が襲ってくることをスペインの労働者たちは一人残らず知っている。だが、ファシストも、負ければ自分たちがどうなるのかわかっている。だからこそ、この戦いは仮借のないものなのだ。われわれの課題は、スペイン国内で二度とその鎌首をもたげることができなくなるようなやり方でファシズムを壊滅させてしまうことだ。われわれにはファシズムを根絶する用意がある。政府がどうであれ、だ……」

新聞記者は驚いた。「政府がどうであれなどと、なぜあなたはおっしゃるのか。ひょっとすると、政府はファシストの反乱と戦っていない、とでも？」。

「ファシズムと、それを根絶するまで戦う政府などこの世には存在しない」と、ドゥルーティは返答した。「ブルジョワジーは、権力が自分たちの手からこぼれ落ちそうになると、その独占権を維持しようとして、ファシズムにすがりつく。そして、スペインで起こっているのが〔まさに〕それなのだ。仮に共和国政府がファシスト分子を一掃したいと願っていたのであれば、とっくの昔にそんなことは可能だったのだ。ところが、そうする代りに、政府は時局に迎合し、〔彼らを〕大目に見たうえ、時間を浪費しながら彼らとの妥協点や合意点を探し求めたのだった。現在でさえ、政府のなかには、ファシストたちを相手にひどく穏やかな方策を講じたがっているメンバーがいる。労働者が引き起こした革命運動を打破するために、反乱勢力を投入することに政府がまだ望みをかけているということなのかどうか、わかったもんじゃない！」

「それでは」と、ヴァン・パーセンは尋ねた。「反乱者たちを制圧した後でさえも、困難を予想しておられるということか」。

「その通り。ブルジョワジーの側からの抵抗があるだろう。彼らは、われわれが維持する革命に服することを絶対に甘受しないだろう」と、ドゥルーティは述べた。

新聞記者は続ける。「ラルゴ・カバリェーロとインダレシオ・プリエートは、人民戦線の任務は共和国を救い、ブルジョワ的な秩序を再建することであると断言した。あなたはあなたで、人民は可能な限り革命を前進させたいと願っている、とおっしゃる。この食い違いは、どう解釈したものだろうか」。

ドゥルーティはこう応えた。

「対立は明らかだ。ブルジョワ民主主義者たちと同じように、二人とも自分が信奉しているのとは異なった思想を抱くことができないのだ。けれども、人民は、労働者階級は、もう騙されるのにはうんざりしている。労働者たちは、自分が何を願っているのか知っている。われわれは、人民のためにではなく、人民とともに戦う。つまり、革命のなかにとどまって革命のために戦おうというのだ。この闘争では自分たちが孤立しており、自分たち以外には何も当てにできないことを、われわれは自覚している。世界のどこかにソヴィエト連邦とかと称する国が存在しようが、そんなことはわれわれにはどうでもいい。なぜなら、われわれの革命に関するソ連の姿勢がどんなものであったか、もうわれわれは知っているからだ。ソ連にとっての唯一の関心事は、自国が平穏無事であるということだ。その平穏を享受するため、スターリンはドイツ人労働者をファシストの残虐の犠牲に供した。その前には、中国人労働者がやはり見殺しの犠牲となっている[訳註1]。われわれは教訓を得ているし、自分たちの革命を推し進めたいと思う。おそらくは近く始まるであろうヨーロッパ戦争の後に、ではなくて、今日この日に、われわれは革命を望んでいるのだから。ヒトラーとムッソリーニにとって、われわれの姿勢は赤軍以上に頭を悩ませる見本だろう。ドイツ・イタリアの両国民が〔われわれに倣って革命に〕感染しファシズムと訣別することを、二人とも恐れているのだ。けれども、われわれの革命が必ずやロシアの人民に〔も〕影響を及ぼさずにはおかない以上、同じ恐怖をスターリンも共有しているのである」

ヴァン・パーセンは要約した。

「これが、およそ二〇〇万名もの組合員を擁する組織を代表する人物である。共和国といえども、この組織の協力なしには、たとえ反乱分子に勝利するものと仮定したところで何もできはしない。私は、彼の考えが知りたかった。スペインの現実を理解するうえで、労働者たちがどう考えているのかを知っておくことが必要だからである。そこで、私はドゥルーティへのインタヴューを試みた。なぜなら、ドゥルーティこそは、人民の間でのそろかどの国も革命を絞殺してしまおうと躍起になっている」

ドゥルーティによれば、ヨーロッパのどの国もスペイン革命のリバタリアン的感覚に共鳴しておらず、それどこ

彼の回答から、モスクワにはスペイン人労働者の名において語るだけの影響力も権威もないことがはっきりした。

の重要性によって、武装した労働者たちの本当の意味での、そして彼らにふさわしい代表者なのだからである。

ドゥルーティは乾いた調子で語った。

「私は、リバタリアン革命のための援助を世界中のどんな政府にも期待しようとは思わない。われわれの闘争に帝国主義列強の争いが何らかの影響を及ぼすという事態は、生じるかもしれない。それはありうるだろう。ヨーロッパを戦乱に引き摺り込もうとして、フランコ将軍はできることは何でもやっている。ドイツをわれわれに立ち向かわせるためなら、フランコは一瞬たりとも躊躇しないだろう。しかし、結局のところ、私は誰の助けも、それが土壇場になってのわれわれの政府の助けであっても、当てにはしていない」

「あなたたちだけで勝てるということか」と、ヴァン・パーセンは食い下がった。「たとえ勝利を収めても、あなたたちは廃墟の山を引き継ぐことになるだろう」。

ドゥルーティは、少しばかり考え込んでから、はっきりと応えた。

「自分たちは常に悲惨な境遇のなかで生きてきたのだし、しばらくはそれも苦にならないだろう。だが、富の唯一の生産者は労働者だという事実を忘れてもらっては困る。われわれ労働者なのだ。工場の機械を操作し、鉱山から石炭や鉱石を掘り出し、都市を建設しているのは……。ならば、われわれがもっといい条件のもとで建設に乗りだし、破壊されたものを建て直さないなどということがあるだろうか。われわれは廃墟を恐れない。ブルジョワジーはその歴史の最終段階にあって世界を破滅させようとするであろうから、われわれが廃墟以外の何物をも受け継がないのは覚悟のうえだ。けれども、われわれは廃墟を恐れない。われわれは心のなかに新しい世界を抱いているのだから。そして、今このときもこの新しい世界は成長を続けているのである」

〔訳註1〕……中国人労働者がやはり見殺しの犠牲となっている。――国際的な規模での社会主義革命の展望がすでに遠のいた

と思われた一九二〇年代半ばの、スターリンの外交姿勢——非プロレタリア階級政党への接近志向——が極東の政治情勢に強く投影されて実現した、中国国民党と同共産党との間の「第一次国共合作（一九二四〜二七）」の破綻とその帰結を示唆。一九二七年四月、上海における蒋介石の反共クーデタにより中国共産党は壊滅的な打撃を被った。自身の対中国政策の完全な失敗を経てスターリンは極左路線へと方針を大きく転換するが、彼の指令を受けてなされた広東での一時的なソヴィエト政権樹立の宣言もまた、共産党系労働者の大量虐殺を招いただけに終わった（同年一二月）。

6　サラゴーサへ

〔七月二四日の〕朝の一〇時ごろになって、ドゥルーティ軍団に参加する義勇兵たちがパセオ・デ・グラシア通りに殺到し始めた。パセオ・デ・グラシアには、トラックやバスやタクシーや普通の乗用車からなる風変わりな一行の出陣を見ようと、一般の大衆も大挙して押しかけていた。すさまじいばかりの熱狂だった。バルセローナでの迅速な勝利が楽観的な空気を生み出していた。多くの者が、アラゴン遠征など散歩のようなものだと考えていたのだった。

正午になったあたりで、軍団は出発した。万歳が連呼され、拳が突き上げられ、革命歌、特に賛歌「バリケードへ！」が歌われるなど、狂ったような喧騒のなかを、およそ二〇〇〇人が行進した。

十数名の若者を乗せたトラックが先頭を走った。この若者たちのなかでは、赤と黒のCNTの旗を掲げたホセ・エリーンの姿が際立っていた。ホセ・エリーンは、一一月一七日にマドリードで死んでいる。その後を金属工アリースが代表を務める百人隊が、さらにサリェントとフィゴルスの鉱夫たちで編成された五つの百人隊が続いた。鉱夫たちは、後にダイナマイト部隊として勇名を馳せることになった。海運労働者・金属工・紡績工らが鉱夫たちの後を追った。ある百人隊はメキシコ革命の古参の戦士「エル・パドレ（おやじ）」を、他の百人隊はフアン・コスタを、また金属工の百人隊はムニョスを、それぞれ先頭に立てていた。二台のバスに挟まれるようにして、ドゥルーティとペレス・ファラースを乗せた「イスパノ」が走った。

　ドゥルーティは沈黙していた。彼は、状況が自分に差し向けた責任の重さをひしひしと感じていた。ドゥルーティ軍団に馳せ参じた人間の七〇パーセントは、バルセローナの青年アナキストの精鋭だった。皆そろって街頭での戦闘については経験を積んでいたにしても、通常の戦争につきものの、遮るもののない地表での戦闘についてはそうではなかった。

　バルセローナを離れる前に、ドゥルーティは「バクーニン」兵営において軍団の男たちに演説を行なった。彼らがすでに体験した闘いとこれからアラゴンで直面することになる戦闘との違いに関して、あらかじめ忠告しておきたかったからである。ドゥルーティは、〔直接の〕攻撃に先立って行なわれる空爆や砲撃について語った。ナイフ等を使った白兵戦にも言及した。そして特に、農民や後衛の都市民に対する姿勢にからめながら、ブルジョワ軍と武装したプロレタリアートとの違いを力説した。

　命令・指揮の問題が残っていた。ドゥルーティは、〔この問題に関する〕自分の立場をしっかりと把握していた。同志たちはドゥルーティに無条件の信頼をよせており、たとえドゥルーティが彼らを死に追い込むようなことがあっても、彼に従ったことだろう。職業軍人であれば、部下を死なせたところでどうという訳でもなかっただろう。だが、ドゥルーティはそうではなかった。彼は、自分についてくる革命家たちがかけがえのない存在であることを知っていたのである。

　軍団はレリダ街道を進んだ。町や村を通過すると、一行を見物しようと住民が押しよせた。一人の男が、ドゥルーティを見て叫んだ。

「しかし、あの男が隊長であるはずはない！　階級章をつけていないじゃないか！」

事情をよく知る別の男は教えてやった。

「アナキストというのは、決して隊長にはならないんだ。だから、階級章なんかに用はないのさ」

軍団が一息入れたところでは、ドゥルーティも車を下りて住民たちに話しかけた。

「もう君たちは集産体を組織したのか。これ以上待つことはない。土地を占拠してしまえ！　君たちのなかに頭目や寄生虫が入り込まないようなやり方で、君たち自身を組織するのだ。君たちにそれができないのなら、われわれが前進を続けたところで無駄というものだ。われわれは、われわれが破壊しつつある世界とは違った、新しい世界を創造しなければならない。さもないと、若者たちの戦死も犬死にに等しいということになってしまう。われわれの戦いの場は革命なのだ」

こうして、ドゥルーティ軍団の行く先々で新しい世界が築かれていった。そして、この新しい世界の創造こそが闘争の真の目的なのだった。

二三日、民兵たちのある重要なグループが独自の判断で一足先に出撃していた。民兵たちのなかには、スビラーツ兄弟も含まれていた。カスペに到着した彼らは、この町を制圧していた治安警備隊との戦闘に入った。軍団の到着が戦局を決定し、カスペは解放された。新たな参加者を得て、軍団は増強された。軍団は、フラーガ、カンダスノス、ペニャルバ、ラ・アルマンダ……と進撃を続け、二七日にはブハラロスに入った。サラゴーサから三〇キロの距離にあるこの町に、戦争委員会が設置された。

翌日、軍団はピナ〔・デ・エブロ〕とオセーラ〔・デ・エブロ〕の軍事目標へと向かったが、進軍を開始してまもなくファシスト軍の三発機三機の爆撃を受け、三〇人以上の死傷者が出た。このため、多くの民兵が士気をそがれてパニック状態に陥った。いくらかでも冷静だった民兵たちのグループが、潰走だけは食い止めた。ドゥルーティは、以後は敵の位置や兵力に関して部下たちも情勢を把握していた方がいいと考え、ブハラロスへの退却を命じた。この町で、ドゥルーティはやはり民兵隊に加わっていたエミリエンヌと会っている。

今回の件を利用して、ペレス・ファラースは最も厳格に正規軍的な形に即した軍団の再編成を改めて提案した。ドゥルーティは、自尊心を傷つけられながらも「今日逃げ回った男たちも、明日はライオンのように戦うことだろう。ただし、彼らを敵前逃亡を企てた兵士ではなく、不意を衝かれて狼狽してしまった労働者と見なしてやればの話だが」と応えた。

ブハラロスの町役場のバルコニーから、ドゥルーティは、町の広場に集まっていた軍団の男たちに語りかけた。演説の内容は厳しいが、しかし情感のこもったものだった。

「友人たちよ。強制されてこの軍団にやって来た者は誰もいない。君たちの一人一人が自分の運命を自由に選び取ったのだ。そして、ＣＮＴとＦＡＩの最初の軍団の運命というのはひどく頼りないものだ。ガルシア・オリベールがバルセローナのラジオ放送を通じて明言したように、われわれはサラゴーサを制圧するか、あるいはその企てのなかで命を投げ出すためにアラゴンへと出発したのだ。私も同じことを繰り返そう。後退するくらいなら死ぬべきだ、と。サラゴーサはファシストたちの掌中にあり、そこでは数百、数千もの労働者が銃の脅威にさらされている。銃は今すぐにも火を吹くかも知れず、その場合、われわれの兄弟たちの命が失われてしまうことになる。彼らを解放するためではないというのならば、いったいわれわれは何のためにバルセローナを後にしたのだろうか。彼らはわれわれを待っている。そして、そのわれわれときたら、敵の最初の攻撃にうろたえ、逃げ出してしまったのである。世間や同志たちに、アナキストの勇猛さを見せつける見事なやり方だった！　三機の飛行機を目の当りにして、怖じ気づいたアナキストの勇猛さを見せつける見事なやり方だった！

ブルジョワジーは、われわれがリバタリアン共産主義の導入を図ることを決して許さない。理由は簡単だ。このリバタリアン共産主義の実現こそが、われわれの願いなのだからである〔……〕。われわれがあとに残してきた農民たちは、われわれの理論を実践し始めている。農民たちは、われわれの銃を自分たちの収穫の保障と考えたうえで、そうしているのだ。もしもわれわれが敵に道を開いてやるようなことがあれば、農民が発揮している自発性は無駄なものとなる。さらに悪いことに、農民を虐殺することによって、勝者たちは彼らにその豪胆さのつけを支払わせるだろう。われわれの戦闘の意味は、まさに以上の点に関わっている。今までわれわれが切り抜けてきたどんな闘いとも違った、先の読めない闘いだ。今日起こったことはただの警告にすぎない。〔……〕われわれには何トンもの散弾が浴びせられるであろうし、われわれは手榴弾や、場合によってはナイフまで使って身を守らねばならなくなるだろう。包囲されたと察知すれば、敵は囲いに入れられた野獣のように、われわれに対して獰猛に牙を剥いてくるだろう。もっとも、まだその段階にまでは達していない。敵は、われわれの攻勢の圧力で崩れてしまうことのないように戦っているといったところだ。ことはそれだけではない。敵はドイツとイタリアの援助を当てにしている。一方のわれわれには、自分たちの理想に対する信念があるだけだ。ところで、われわれの信念の前に、あらゆる弾圧はその牙を叩き折られてきたのだ。そして今日、ファシズムの牙もまた、叩き折られねばならない〔……〕。

われわれの勝利は、迅速な行動にかかっている。攻撃が速ければ速いほど、勝利の可能性も大きくなるからだ。目下のところは、われわれの方が優勢だ。けれども、今すぐサラゴーサを奪取しなければ、勝利は確固としたものとはならないだろう……。明日は今日みたいなまねを繰り返すわけにはいかない。ＣＮＴやＦＡＩの陣営に臆病者はいない。最初の銃声を耳にしたくらいで縮み上がってしまうような人間など、われわれのなかにいてほしくない。

今日逃げまどい、軍団の前進を妨げた君たちにお願いする。勇気を持って銃を置き、それをもっと決意に満ちた人間が手にすることのできるようにしてほしい……。残るわれわれは進撃を続けよう。サラゴーサを征服し、パンプローナの労働者たちを解放しよう。アストゥリアスの鉱山の同志たちと握手を交わそう。勝って、われわれの国に新しい世界をもたらそうではないか。それから、戦闘を終えて〔後衛へ〕戻ろうという君たちにはお願いする。今日起こったことは誰にも話さないでほしいのだ……。何しろ、われわれは恥ずかしくてたまらないのだから」

銃を投げ出した者は一人もいなかった。逃げまどった男たちは、他の同志たちの目の前で、〔自分自身への〕怒りのあまり涙を流した。ドゥルーティの忠告は厳しいものだったが、効果的だった。泣きじゃくった男たちの多くが、以後は優れた戦闘員になったからである。そして、三二ヵ月にも及んだあの絶望的な戦闘のなかで、彼らの多くは命を落としていったのだった。

7　ドゥルーティ軍団

激戦の末、ドゥルーティ軍団はピナ〔・デ・エブロ〕とオセーラ〔・デ・エブロ〕を攻略した。軍団はサラゴーサまでおよそ二〇キロの地点にまで到達したものの、国民軍〔フランコ軍〕の兵士の抵抗のために、エブロ川で進撃を中断された。そこで、軍団は塹壕を掘り、機関銃を各所に配置した。カタルーニャ反ファシスト民兵中央委員

カタルーニャ - アラゴン戦線における共和国側の各軍団の進撃過程（1936年夏）

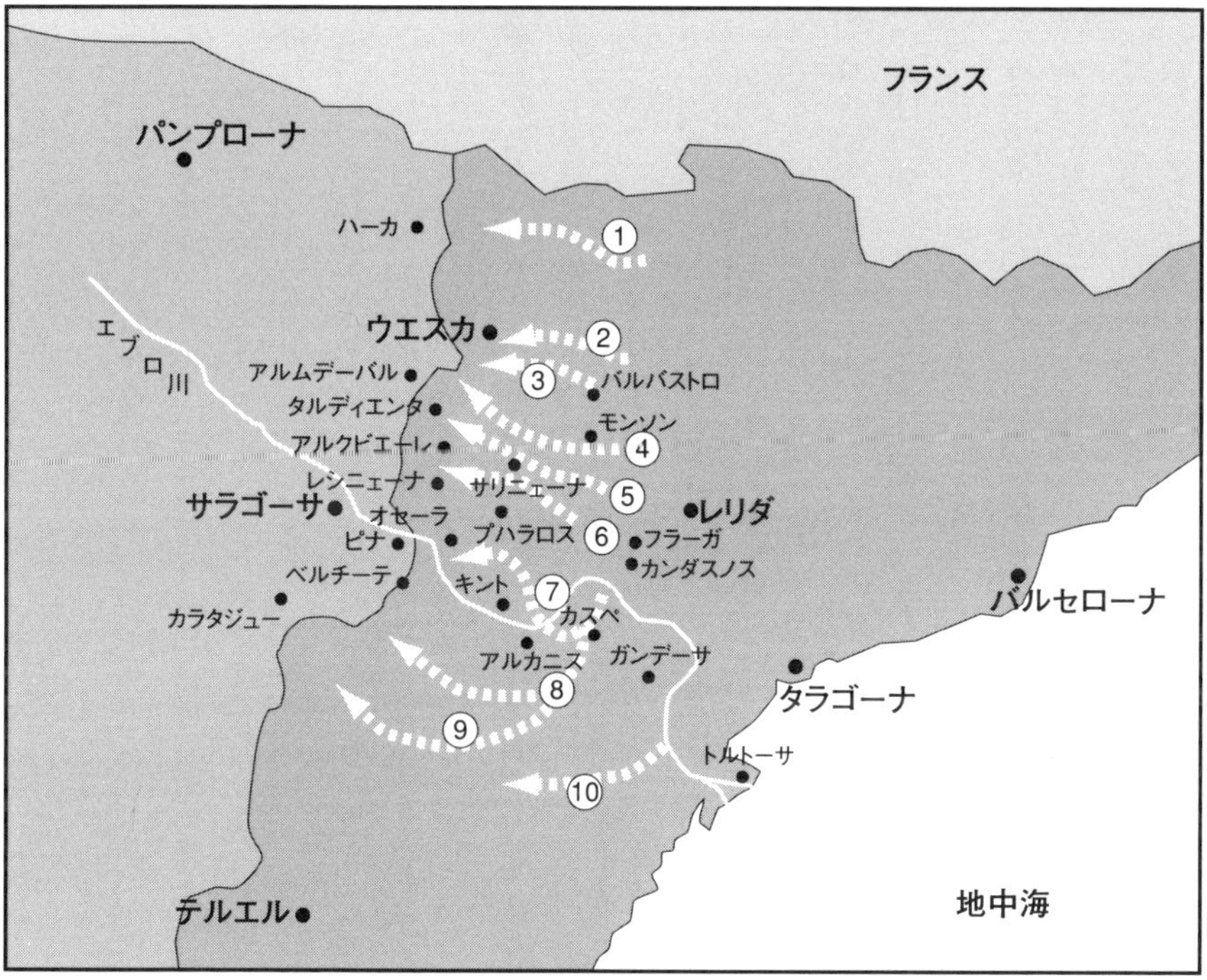

① ブエノ軍団——ほぼ全員がエスケーラ（カタルーニャ左翼共和党）所属のカタルーニャ人で構成された小軍団。

② レーニン軍団——POUM（マルクス主義統一労働者党）の民兵と国外からの義勇兵の一団で構成された軍団。

③ アスカーソ軍団——CNT - FAIの民兵で構成された重要な軍団。バルバストロの軍人も吸収。総帥はグレゴリオ・ホベール。

④ 若鷲軍団——CNT - FAIの民兵で構成された軍団。総帥はガルシア・ビバンコス。

⑤ カール・マルクス軍団——PSUC（カタルーニャ統一社会党）の民兵で構成された軍団。総帥はホセ・デル・バリオ。

⑥ マウリン軍団——POUMの民兵で構成された軍団。大半がレリダの出身。総帥はホセ・ロビーラ。

⑦ ドゥルーティ軍団——CNT - FAIの労働者で構成された軍団。総帥はブエナベントゥーラ・ドゥルーティ。

⑧ 南エブロ軍団——CNT - FAIの労働者で構成された軍団。総帥はアントニオ・オルティス。

⑨ ペニャルベール軍団——タラゴーナから出撃した小軍団。労働者と軍人で構成。総帥はペニャルベール。

⑩ メーナ軍団——タラゴーナから出撃した小軍団。総帥はメーナ。

ペニャルベール軍団とメーナ軍団は，南エブロ軍団とペレス・サラス指揮下のマシアー - コンパニス軍団［本書の記述には登場せず］に吸収された。

Abel Paz, *Durruti en la Revolución española,* p.537.

会から、アルカニス方面を進撃中のオルティス軍団がキントとベルチーテを押さえるのを待て、との指令が下された。

〔アラゴン戦線にあって民兵中央委員会の厚い信任を得ていた〕ビリャルバ大佐[訳註1]やその他の軍事顧問たちとブハラロスで議論した末、ドゥルーティは、サラゴーサを正面から攻め落とすには他の兵力の到着を待つべきだ、と確信するに至った。にもかかわらず、ホセ・アルベローラ以下のアラゴンの〔最も抜きんでた〕活動家たちは、直ちに攻撃に入らねばならないと主張した。まず第一に、バルセローナの勝利という心理的な要素を活かさぬ手はなかったし、第二に、攻撃は正面からではなくて、カラタジューとタルディエンタから、つまりサラゴーサの左右両翼から行なわれるべきであったからである。後に、サラゴーサ攻略が不可能なのがすでに確実な情勢になった段階で、ドゥルーティは自分の誤りを認めなければならなかった。サラゴーサへの攻撃が孕んでいた、軍団が壊滅的な打撃を被りかねなかった危険性と、その際には軍団の同志の間に無駄な犠牲者が出たであろう点を指摘したうえで、ドゥルーティは自ら釈明した。[訳註2]

ブハラロスの町役場がドゥルーティ軍団の総司令部となった。ベリーリャ・デ・エブロからモンテ・オスクーロまで、すぐに七八キロの長さにまで伸びた前線の拠点を、軍団はレシニェーナに据えた。アルムデーバルまでのドゥルーティ軍団の右側面は、〔ホセ・ロビーラの率いる〕ＰＯＵＭの〔マウリン〕軍団とＰＳＵＣの〔カール・マルクス〕軍団が引き受けた。左側面を受け持ったのは、アントニオ・オルティスとサラベーラ少佐の率いるＣＮＴの南エブロ軍団である。

右の軍団の他にも、小規模な軍団が生まれている。一つは、アントニオ・オルティスが行動しつつあった戦線に組織された〔フェレール・カロー〕軍団で、サラゴーサを追われたアラゴンの人間たちで構成され、ＣＮＴの活動家のサトゥルニオ・カローが指揮を取っていた。このグループと並んで、アナキストのイラリオ・サモーラが指導する、レリダを離れた一団が存在した。これら二つのグループは、後にオルティスの〔南エブロ〕軍団に合流する。その直後、マルティネス・ペニャルベール大佐〔とメーナ中佐〕の指揮下にタラゴーナを後にした六〇〇名の兵士も、ペニャルベール大佐が、自身の語るところではアナキストのオルティスと折り合えず、バルセローナへの帰還を決意した際、二つのグループと同じ選択に出た。

一方、ウエスカの戦線にもPOUMの小さな軍団〔レーニン軍団〕とアスカーソ軍団が到着した。アスカーソ軍団の代表は、フランシスコの兄のドミンゴ・アスカーソとグレゴリオ・ホベールだった。ビリャルバ大佐の三〇〇〇名を擁する軍団とともに、これらの兵力はバルバストロに本部を置いてウエスカの包囲を開始した。

作戦の中断を利用して、ドゥルーティは軍団の再編成を行なった。白人隊を形成しているグループは均質ではなかったから、その弊害を除くために新しい組織形態が構想されたのだった。一つのグループを二五人の民兵が、一つの百人隊を四つのグループが、一つの大グループを五つの百人隊が、それぞれ構成する。三つの大グループが一つのブロックを編成することになった。アナキストの国際グループは、それぞれ五〇人のメンバーを数える五つのグループで構成された。軍団の純粋に軍事的な作戦に備えて、ペレス・ファラースとマンサーナが統率する、軍団内の職業軍人を集めた軍事顧問会議が設置された。伝令や地図の作成、戦略計画の立案の際の戦争委員会からの諮問が、同会議に一任された。指揮系統には、特権も序列も存在しなかった。

組織のそれぞれのレベルに、集会で選出される、いつでも更迭可能な代表が置かれた。その任務には、指令を伝達するうえで〔やはり〕何の特権も序列も含まれていなかった。大グループやブロックの代表が戦争委員会を形成した。軍事顧問や国外から来た義勇兵のグループやゲリラ兵の特殊グループや砲兵隊・戦車隊の各代表も、戦争委員会に参加した。

戦争委員会は、兵站部・衛生部・通信部・運営部・教練部・文化部・情報部等、委員会付属の多様な活動組織を編成した。

プロパガンダ部は、『エル・フレンテ』という名の機関紙の編集を引き受けた。後には、ラジオ局をも持つようになる。

ゲリラ兵のグループ各派は、敵陣で活躍した。彼らは、「夜の子供たち」「黒い一味」「金属工たち」「ダイナマイト野郎ども」等の異名を頂戴した。これらのグループを指導したのはフランシスコ・ポンサーンで、アラゴンを熟知した貴重なアナキストの活動家だった。

ドゥルーティ軍団

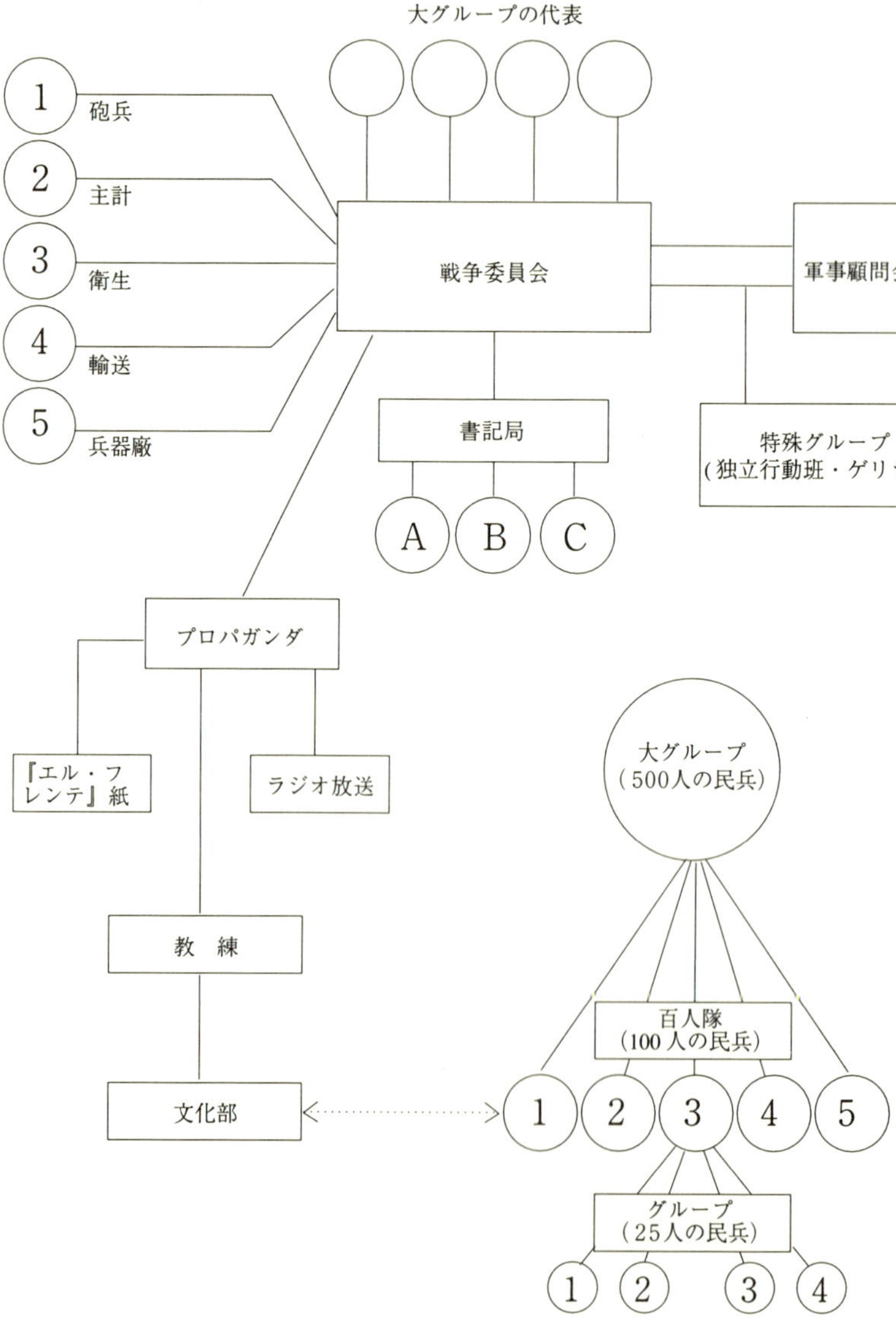

Abel Paz, *Durruti en la Revolución española*, p.543.

ドゥルーティ軍団の軍事構造が外国人の訪問者を満足させたことはほとんどなかった。彼らは、軍団を非効率的で、失敗を運命づけられた組織だと判断した。スターリン主義の作家コリツォフ[訳註3]は、ブルジョワの同業者たちと同じように民兵隊のシステムを嘲った。一方で、もっと革命が提起した問題を理解する心づもりのできていた他の作家たちは、革命勢力の特異な組織に称賛を惜しまなかった。それらの作家のなかで最も重要なのが、〔以下のように書いた〕ジョージ・オーウェルである。

「民兵隊のシステムを嘲っている記者たちは、後衛で人民軍が訓練を積んでいた間も、民兵隊は敵の進撃を阻止しなければならなかったことを、ほとんど思い出そうともしない。民兵隊が前線にとどまっていたという単純な事実だけでも、革命的規律に裏打ちされた勢力にとっての一つの貢献なのである。というのも、一九三七年六月まで民兵隊を前線に繋ぎ止めておいた唯一の契機は、階級に対する忠誠心であったからである（……）。後になって、民兵隊を批判し、武器や訓練の不足に起因する欠陥は、平等主義的なシステムの結果であると主張するのが流行した……。実際には、革命的な規律のスタイルは、もっと信頼に値する……。労働者たちで構成される軍隊にあっては、規律は自発的なものでなければならない……。民兵隊のなかでは、軍隊特有の行きすぎはいっときたりとも容赦されなかっただろう……。軍隊風の懲罰は存在したのである。しかし、それは際立って重大な場合に限って適用されたのだった……。革命的な規律は、政治意識に、なぜ命令に従わねばならないのかを理解する能力にかかっている。それが形成されるには時間が必要だが、一人の人間を兵営の内部でロボットに改造するのにもやはり時間が必要なのである……。民兵隊のなかでは、階級のない社会を見越した一つのモデルを創造することが意図されたのだった」

八月の日々は相対的には平穏で、わずかにゲリラ隊による攻撃で混乱が生じただけだった。戦闘が小康状態になったといっても、ドゥルーティは満足している訳にはいかなかった。そこでドゥルーティは、解放されたアラゴンの全域に渡って自然発生的に芽吹きつつあった農民の集産体に関心を集中した。周囲の地域の集産体と軍団との関係は良好だった。農民たちは軍団へ足を運んできたし、そうした折には、彼らの方からドゥルーティに集産体を訪れて話をするよう求めもしたのである。

幾度となく集産体を訪れるうちに、ドゥルーティは革命の拡大にとって集産化の営為が持つ重要性と、革命勢力の統一がなされない場合に表面化するであろう危険性を認識した。そこで彼は、アラゴン地方の集産体の連合化を発議した。その連合は農民に組織力を与え、さらにはリバタリアン的な社会主義経済を展開させる見取り図を描くことを可能にするものだった。ドゥルーティの考えでは、敵の手から集産体を防衛するうえで農民の連帯こそが最良の武器となるような新しい条件を、その連合が創り出すはずだった。

ある集産体の視察から戻ったドゥルーティは、小麦の刈り入れ作業に協力する民兵たちのグループの派遣を戦争委員会と各百人隊に提案した。真っ先に自発的に協力を申し出たのは、若いリバタリアンのグループだった。そしてそれは、短期間のうちにアラゴン集産体連合となるものの端緒だったのである。

セバスティアン・フォールやエマ・ゴールドマンらの国際アナキズムの巨人たちもまた、ドゥルーティ軍団を訪れた。規律もなければ指導者もいない軍隊を取材しに来た記者たちは、「君たちはドゥルーティは上官ではないと言ったけれども、その君たちがあの男に従っているのはどうした訳だ?」と、民兵たちに問いかけた。民兵たちの回答はこんな具合だった。「ドゥルーティがうまくやっているから従っているのだ。だが、彼が本来やるべきことをやらなくなってしまえば、われわれの評価もそこまでだ。われわれは彼から離れてしまうだろう」。

しかし、すべてが牧歌的という訳ではなかった。戦争は残虐な側面をも見せていた。それが人間を、他でもない革命家さえをも変えてしまいかねないことを、ドゥルーティはしっかりと見据えていた。戦争が強いる生き方は、人間を堕落させるものだからである。ブハラロス郊外のベンタ・モンソーナという、〔町役場に代わって〕軍団の総司令部となっていた建物の広間を大股で歩き回りながら、ドゥルーティは述べている。

「今の状態が長引けば、革命はおしまいだ。こんな状態を潜り抜けたところで、人は人間というよりもむしろ野獣に近い存在と化してしまっているであろうからだ……。できるだけ早く〔戦争を〕終えるために、われわれは急がねば。とにかく急がねばならないのだ」

そう考えると、ドゥルーティは憔悴した。眠れない夜には、藁をしいただけの寝床を抜け出して見張りたちのところへ行き、何時間もサラゴーサの明かりをじっと見つめながら、彼らと一緒にすごしたものだった。そうこうするうちに夜が明け、はっとすることもたびたびだった。

懸念はまだあった。軍団の代表として、立場上自分が対処しなければならない難題が付け加えられるようになったからである。ときおりドゥルーティは、ある村での民兵のふるまいについての農民たちの苦情に耳を傾けねばならなかった。苦情はふつう、それほど重大なものではなかったにせよ、この戦争が抱えているものの明白な兆候ではあった。そんな場合、ドゥルーティは苦情を引き起こした者たちの説得に努めた。が、叱責だけでは不充分なこともなくはなかった。ある日、ドゥルーティは、持ち場を遠く離れた百人隊の代表とばったり顔を合わせた。代表は、見張りの任務を放棄してしまった自分の隊の五人の部下を探しているところだと説明した。結局、隣の村で五人は見つかった。葡萄酒を飲みながらお楽しみの最中だった。ドゥルーティは、彼らを怒鳴りつけた。

「お前たちには、自分たちが仕出かしたことの重大さがわかっているのか。ファシストたちがお前たちの投げ出した持ち場を突破し、お前たちに身の安全を委ねた同志たちを虐殺しているかもしれない、とは考えなかったのか。お前たちはこの軍団やＣＮＴにはふさわしくない！　組合員証をよこせ！」

五人は、どうということもなさそうに組合員証を差し出した。ドゥルーティは激怒した。

「お前たちはＣＮＴの組合員でも労働者でもない！　屑だ！　屑以外の何者でもない！　軍団から出ていけ！とっとと家に帰ってしまえ！」

五人はショックを受けたどころか、むしろこれ幸い、といった様子だった。五人の態度にいよいよドゥルーティは腹を立て、出し抜けにこう叫んだ。

「お前たちの着ている服が人民のものであるということは、わかっているんだろうな？　ズボンを脱ぐんだ！」

こうして、五人はパンツ一枚でバルセローナ送りとなった。

いくつかの集産体を視察したある日のこと、どこでも専門家の不在が苦情の種であったことに、ドゥルーティは気がついた。試みてみたい新しい耕作方法を指導できる農業技師・専門家を求める集産体もあったし、結局のところ、最も有能なメンバーたちがドゥルーティ軍団に馳せ参じるために出ていってしまったことに不満を漏らす集産体もあった。ドゥルーティは、集産体への復帰を要請された男たちの名前を控え、彼らを呼び出したうえで言い渡した。

「君たちの奉仕は軍団には必要ない」。自分の一言に〔集産体を離れて軍団に入っていた〕農民たちがうろたえる様子を見てとると、ドゥルーティは口調を改め、彼らに微笑みかけた。

「そうじゃない。君たちが考えているようなことではないのだ。君たちがよく戦っていることは知っている。勇敢で心が広いということも。けれども、君たちが始めた仕事を推し進めるうえで、村の同志たちが、君たちを求め、必要としているのだ……。戦争が終わった後、われわれが放った銃弾から、いったい何が残るというのだろう？　君たちが村で実現しつつある仕事の方が、ファシストを殺すことよりも重要だ。なぜなら、君たちがその仕事で抹殺しているのは、ブルジョワ体制〔そのもの〕だからだ。そして、その意味ではわれわれが創造性に富んでいるということ、歴史が唯一後世にとどめてくれるのはそれだけなのだ」

〔訳註1〕〔アラゴン戦線にあって民兵中央委員会の厚い信任を得ていた〕ビリャルバ大佐——アベル・パス、アンセルモ・ロレンソ社版、五四〇ページを参照。

〔訳註2〕後に、サラゴーサの攻略が不可能なのがすでに確実な情勢になった段階で、ドゥルーティは自分の誤りを認めなければならなかった。……ドゥルーティは自ら釈明した。——この箇所と、さらに一段落置いて、「右の軍団の他にも、小規模な軍団が生まれている」からその次の段落の「……ウエスカの包囲を開始した」までは、アベル・パス、アンセルモ・ロレンソ社版、五四〇〜五四一ページより訳出した。ライア社版のテキスト（一五九ページ）では、各軍団が直面した状況の記述に混乱が認められる。ただし、五四〇ページでは、グループ「ノソトロス」のアントニオ・オルティスが統率する「南エブロ軍団」は「赤と黒軍団」の別名と説明されている一方で、六〇九ページには、両軍団が別個の組織として併記されるなど——ライア社版では二つは別の組織——、アンセルモ・ロレンソ社版にも若干の綻びが見えるが。なお、ライア社版には、当初はガルシア・オリベールが、次いでガルシア・ビバンコスが指導に当たった「若鷲軍団」や、ハーカを逃れたブエノ少佐の率いるカタルーニャ民族主義者の小部隊の名前も登場する。

〔訳註3〕ミハイル・コリツォフ——一八九八—一九四〇。『プラウダ』紙特派員としてスペイン内戦を取材したロシア人ジャーナリスト。一九三八年にソヴィエトへ帰国。四〇年、スターリンに粛清された。『赤軍の戦士たち』（一九三七）や『スペイン戦争日記』（一九三八）などの著作がある。後者には抄訳がある（ミハイル・コリツォフ、小野理子訳『スペイン日記』

三友社出版、一九八七年)。

8　秘密裡の革命

アラゴン戦線では、戦闘が一週間を超えたあたりで銃の弾薬のストックが底を突いてしまったものと考えられた。だが、そればかりではなかった。九四型の旧式銃は頻繁に修理に出されなければならなかったし、その多くが使い物にならずに廃棄されたのである。やはり弾薬の不足を思い知らされた砲兵隊は、砲弾の使用を手控える外なかった。数が激減していた〔共和国側の〕戦闘機は短時間だけ飛来するようになり、その結果ファシストたちは〔ますます〕猛り狂った。彼らはイタリア製やドイツ製の戦闘機を配備していた。

オルティス軍団は、何度となくベルチーテを攻略しようと試みた。一方、アルクビエーレ地域の側では、〔POUMの〕マウリン軍団と〔PSUCの〕カール・マルクス軍団がウエスカとサラゴーサとの間の連絡を絶とうとしたものの、いずれも運に恵まれなかった。ファシストたちにとって、この地域の喪失はサラゴーサの喪失を意味していたから、ベルチーテとアルクビエーレの防衛態勢の強化を図って、彼らは絶えず援軍を送り込んでいたのである。

ドゥルーティ軍団の両翼に戦場が移り、軍団が受け持つ戦線では動きがなくなった。ゲリラ兵のグループのみが小競り合いを繰り広げていた。遠くからサラゴーサを見つめる戦闘員たちには、このような膠着状態は一つの責め苦だった。ドゥルーティは、じっと待機している間に心身ともに消耗してしまうのを嫌い、バルセローナへ行くことに決めた。武器・弾薬の不足に起因するこの閉塞状況を打開する最も迅速な方法について、カタルーニャ反ファシスト民兵中央委員会を相手に個人的に掛け合ってみる腹づもりだった。

ブハラロスからバルセローナまでの道をたどりながら、ドゥルーティは革命が人間と事態に及ぼした変革の実態を完全に把握することができた。闘争の初期に人々を巻き込んだ旋風は、ほとんど終息していた。労働者や農民は、生き方を改め、同時に新しい社会的な関係を創造することによって、自分たちの熱狂を方向づけていた。

人民は武装を解いておらず、町村の出入口には見張りが立っていた。検問所には、治安警備隊や突撃警備隊の隊員たちの影すらなかった。そこでは、プロレタリアだけが革命的な秩序の防衛に当たっていたのである。

レリダ県のある村の入口に設けられた検問所で、ドゥルーティは車を止め、後衛に戻る一介の民兵としてガソリンを求めた。ドゥルーティは、その村の住民たちの態度の端々に〔革命によって〕創り出された変化を読み取ってみたかったのである。旧村役場に置かれた革命委員会に行けば、ガソリンを補給するための「交換券」が支給されるだろうと、民兵の一人が教えてくれた。

ドゥルーティは村の広場を横切り、食糧の入ったかごを下げて教会から出てきた数人の女たちに、ミサが行なわれているのかどうか聞いてみた。

「いいえ。とんでもない」と、女たちは答えた。

「司祭がいないんだもの。司祭は、村の他の男たちと一緒に野良仕事に精を出しているわ。司祭を殺してしまわないのか、ですって？　どうして殺さなきゃいけないの？　彼は危険な人物じゃないし、村の女と暮らすんだって話しているくらいだわ。それに、今起こっていることすべてに、彼はとても満足しているのよ」

「でも」と、ドゥルーティは指差した。「そこに教会があるじゃないか」。

「ええ、教会はあるわ。あの建物に火を放ったり、壊してしまえっていうの？　いったい何のために？　聖像は引き出されて、広場で焼かれてしまったわ。だから、神（ディオス）はもういない。この村から追放されてしまったの。神がいなくなったんだから、集会は『さよなら（アディオス。字義通りには「神のみもとへ」）』に代えて『元気で（サルー）』を使うことに決めたところよ。教会のなかには協同組合が置かれていて、何もかもが集産化されているから、村はその協同組合で切り盛りされているわ」

委員会で、ドゥルーティは一人の老人にあった。村の古顔の教師だったが、革命の二ヵ月前にレリダ出身の若者に職を譲っていた。革命が起こると、老いた教師は委員会の事務の仕事に自分から進んで志願した。委員会の他のメンバーは、一日中畑に出て仕事をしていた。刈り入れを急がなければならなかったからである。若者は前線へ向かってしまっていた。村に残ったのは老人ばかりだった。彼らは必死に働かねばならなかった。

「しかし、信じられないかもしれないが、誰にとっても仕事は重荷になっていない。今では、われわれは、われわれ全員のために働いているのだから……」

ドゥルーティは、この元教師に委員会が指名された経緯を尋ねた。

「われわれは人民集会を開催し、そこで個々人の資質が検討された。しかし、特に問われたのは革命前の姿勢である。そしてその場で、委員会が指名されたのだった」

「でも、政党は？」と、ドゥルーティは質問した。

「政党だって？　私のような古参の共和主義者や社会党員は何名か存在する……。人民を代表しているのは委員会だ。そして人民に対し、委員会は人民から自己に委ねられた任務、つまり集産体の利益に配慮する任務について報告を行なう」

ドゥルーティは、またもや政党の件を繰り返した。

「政党か。何のためにわれわれに政党が必要だというのだ？　人間というのは、食べるために働き、働くために食べる。政党の政策とやらでは、小麦の種蒔きもオリーヴの収穫も家畜の世話もままならない。駄目だ、駄目だ。問題は集団的なもので、集団で解決が図られるべきなのだ。政治は〔われわれを〕分断するが、この村の人間たちは一緒に、全員を包括する集産体のなかで共存したいと願っている」

「見たところ、この村では皆が満足しているようだが、以前の地主たちは？」と、ドゥルーティは問い質した。

「以前の地主たちが満足していないのは明らかだ。恐くて何も言わないけれども、顔に出ている。集産体に入った者もいれば、今言われるところの『個人主義』を選んだ者もいる。彼らは土地を手放してはいないが、自分自身でその土地を耕さないといけないことになっている。この村では人間による人間の搾取はもうなくなったのだから、地主たちも賃金労働者を見つけ出すという訳にはいかない」

「それでも」と、ドゥルーティは食い下がった。「地主が自分たち〔だけ〕では所有地を耕せない場合には、どうなるのか」。

「簡単なことだ。その場合、地主が土地を持ちすぎているということだから、集産体が未耕地での農作業を引き受ける。何も植えずに土地を放置しておけば、村に打撃を与えることになるからだ」

ドゥルーティは教師に別れを告げ、「交換券」をもらうと車に乗り込んだ。検問所の民兵たちに「元気で！」と叫ぶや、バルセローナへ向けて急いで出発した。

入口の検問所でのこうしたエピソードは、ドゥルーティが通過した街道沿いのすべての町村で繰り返された。それは、あらゆるところで労働者が監視の目を光らせていたことを物語っていた。より重要な町村での生活はもっと錯綜していたとはいえ、変革の深さという点ではどこも同じだった。変わったのは〔それぞれの町村の〕革命委員会であり、カタルーニャ反ファシスト民兵中央委員会のイメージに沿って、複数の政党や労働者組織の代表たちで構成されていた。しかし、民兵中央委員会とは異なって、委員会の代表は単に自分たちを指名した組織にばかりではなく、下部大衆に服していたのである。民兵中央委員会の文書には、八月一〇日まではＦＡＩ〔カタルーニャ地方委員会〕の判も必要とされたものの、〔統一的な意志を表明する上級機関としての〕同委員会専用の判が押されてあった。町村の諸委員会の文書には、全参加組織のそれぞれの判が押された。これらの委員会は、かつては町村役場が果たしていた行政・管理に関わる一定の権限を行使した。とはいえ、経済的な分野での権力は、工場や作業場や運輸関連等の、組合を通じて結びついた労働者委員会が握っていた。組合もまた、革命による変革を経験していた。すべてが集団の名のもとに処理され、集会の決定に従った。集会こそは、責任者を指名し、各種の活動を統制する際の唯一の権威だったのである。

バルセローナでは、労働者による武装統制はなお一層強固なものだった。工場の門にさえ、武器を携えた人間が立っていた。路面電車・バス・列車・船は、集産化されたうえで運行されていた。工業分野も労働者たちの手中にあった。あらゆる生産の場に、赤と黒のＣＮＴの旗が翻っていた。掲げられた看板の文字は、そうした生産の場が集団所有に移されたことを謳っていた。広い意味で、集産化はすべての公益業務・大衆芸能にまで及んでいた。

所有に施された変革は人間の間にも反響を見出し、社会関係を改変し、男女間の旧来の隔たりを取り払った。大勢が往来する場でも、以前には想像もできなかったような男女の交わりが見られるようになった。ブルジョワ家庭の伝統的な基盤は一掃された。革命は、交歓の実践をより深め、広いものにする兄弟愛的な性質を社会関係に持ち込んだ。旧い世界は見事に死に絶えていたのである。

議会制社会主義の指導者たち、なかでもスターリン主義者たちは、革命が進展する過程で何の影響力も発揮しなかった。そして〔それどころか〕、彼らは革命の過程を絶つべく事実を歪曲する作業に専念し、革命を卑小で異常な事態として提示しようと努めたのだった。その手口の最たるものが「共和国政府への人民の熱狂的な支持」〔というキャンペーン〕だった。しかし、社会と個々人の双方に及ぼされた変革を無視するには盲目でなければならなかった。そして、ドゥルーティは盲目ではなかった。ＣＮＴ‐ＦＡＩの諸委員会を訪れるのに先立って、ドゥルーティは〔バルセローナの市内各所の〕労働者センターを見て回った。足を運んだ先ではどこでも、彼は革命的な熱情がプロレタリアの間に滲み出ているのを発見した。今度の革命は本物だった。

視察を終えると、ドゥルーティは「ＣＮＴ‐ＦＡＩ会館」へと向かった。会館の入口とロビーでは、武装した労働者のグループが警戒に当たっていた。玄関は土嚢で築かれた壁で守られており、土嚢の隙間から機関銃の銃身が顔を出していた。会館全体が忙しく動いていた。ロビーの貼り紙の字が踊っていた。「同志よ、すみやかに理解せよ。革命は、口ではなく、行動を通じて実現されるのだということを」。

しかし、こうした機構・装置は革命をむさぼり食う怪物、つまり官僚主義に結局は転じてしまうということにはならないのだろうか。この問題に関して、ドゥルーティはマリアーノ・Ｒ・バスケスと論じ合った。このＣＮＴ〔カタルーニャ地方委員会〕書記長は、革命的営為が官僚主義的惰性へとスリップする可能性を認めた。にもかかわらず、ＣＮＴには他に行動の余地がなかった。なぜなら、ＣＮＴがカタルーニャの地方全体や各市町村のあらゆる問題を解決するうえで不可欠の存在であることを、ＣＮＴ自らが示してきていたからである。生産の場や流通の経路は、労働者たちが握っていた。組合は、集団による生産の運営を必然たらしめる諸問題を検討しなければならなかった。

「実際のところ」と、マリアネは理解していた。「君が見ている機構・装置はいずれも単一のセンター〔の指示〕には従っていないのだ。それぞれの機関をそれが属する組合自体が統制している。諸機関を担当している同志たちは、それぞれの工場の労働者であり続けている。そして、そこで開かれる集会が彼らの行動を統制している。今のところ、活動家に対する統制は失われていない」。

「革命は」と、マリアーノ・R・バスケスは結論めいた口調で語った。

「アナキズムの有効性を俎上に載せている。数年間に亘って、われわれは革命を推奨してきた。そして真実のときが訪れた今、われわれには革命を方向づける責任を回避することは許されない。われわれは、自分たちのアナキストとしての資質が人間としての堕落に対抗しうるものであることを願っている。今や状況は、下部大衆がわれわれ指導者層への統制力を行使することを、かつてないほど要求している。指導者であることなどわれわれの望むところではないにしても、である。委員会が下部大衆に取って代わるのを阻止するたった一つの方法は、革命が指導的な地位に押し上げた活動家たちを下部大衆が積極的に制御するということだ……」

　当時、新しい状況の主役の座に突如として躍り出たアナキストは、〔緒戦に〕勝利を収めたからといってわれを忘れてはいなかった。だが、その後もそうあり続けたのだろうか。権力を握ったアナキストは、それを振りかざす誘惑から逃れられない。転落への第一歩は、〔軍部に対する勝利と〕同じ七月一九日に刻印された[訳註1]。あのとき、活動家のグループが下部大衆に代わって決定を行なったのである。以来、下部大衆と上層部の間の裂け目が広がり始めたのだった。下部大衆は革命の拡大を望んだ。上層部は革命の制御を望みつつ、それを抑え込んでいた。両者の乖離はほとんど知覚されなかったとはいえ、すでに表面化していた。下部大衆から離れてしまっていたマリアネ[訳註2]は、そうした上下の隔たりを把握できなかったのだが、下部との接触を保ち続けたドゥルーティがそれを見抜くまでに、さして時間はかからなかった。

　「CNT-FAI会館」を後にしたドゥルーティは、パラシオ広場へと足を向けた。パラシオ広場には、民兵中央委員会の本部となった海運学校があった。そこでドゥルーティは、ガルシア・オリベールからサラゴーサ攻略作戦の延期を伝えられた。別の作戦が特別の関心を集めていて、当然のようにアラゴン戦線はその煽りを食らったのだった。別の作戦とはマリョルカ島遠征のことで、バージョ大佐[訳註3]が発案し、諸政党の支持を得ていた。各政党は、マリョルカ島を制圧することで、CNTに対し政治的に優位に立とうと考えたのだった。そうした策略を骨抜きにしようして、CNTはかえって作戦に引き摺り込まれてしまった。島を押さえられた場合には、重要な基地を失うことになるイタリアが干渉に乗り出してくるに違いない。〔そうなれば〕イギリスも何らかの対応を迫られることだろう。加えて、〔フランスが憂慮する〕モロッコ問題もあった。

ドゥルーティは、紛争の拡大を阻止するためにフランスとイギリスがイタリアとうまく折り合いをつけるであろうとの見通しに反論し、マリョルカ作戦は失敗に終わる可能性があり、その場合アラゴンでは貴重な時間が失われてしまう結果になると付け加えた。訳註4 サラゴーサは戦争の行方を左右する重要性を有していた。この都市は北部との結節点だった。仮に北部との連絡を確立できれば、戦局は好転したことだろう。フランコがアンダルシアに上陸させた兵士たちに、〔反ファシストの〕あらゆる営為が立ち向かう展開になったであろうからである。イベリア半島を押さえた者にならば、国際資本主義の包囲網にも抵抗することができたはずだった。

二つの主張が存在した。一つは、国家の戦略に対応し、外交上の駆け引きに訴えるものだった。しかし、この主張の主要な欠点は、その成否が共和国政府にではなく、革命勢力にかかっているところにあった。そして、イタリアもフランスもイギリスも、革命勢力を目の当たりにしては、躊躇せずに一致団結したことだろう。もう一つの主張は、ドゥルーティによって擁護されたものだが、資本主義世界とそのもとでの反革命の包囲網を敵に回すことを覚悟するという内容だった。だが、そうした抵抗を続けるためには、一刻も早くイベリア半島での軍事反乱に終止符を打つ必要があった。多少なりとも戦争が長引けば、それは革命の成果に対する直接的な脅威となった。戦争の長期化は、革命を〔単なる〕戦争に転じてしまう危険を孕んでいたからである。そんな戦いなら、もはや命を賭けるに値しなかった。二つの主張のはざまに、革命とアナキズムの悲劇があったのである。

ガルシア・オリベールは、目下の状況が先の七月総会において行政機構や諸政党との協調路線を採択したCNTとFAIの決定の致命的な帰結であることを、ドゥルーティに思い起こさせた。

「事実上」と、ガルシア・オリベールは続けた。「ジェネラリタート政府を廃止せず、各政党との協調を受け容れたことにより、革命は断念されてしまった。〔アナキストらしい〕極端な立場が取られていたならば、どうなっていただろうか。状況はすっきりとしていたことだろう。さらに、われわれが、われわれ自身に関わる全責任を引き受けていれば、あらゆる問題が異なったやり方で処理されていたはずなのだ。バルセローナに固執して動かないという、パリ・コミューンと同じ失敗を犯すこともなかっただろう。なぜなら、われわれの目はアラゴンとレバンテという二つの地方を見据えていたのだし、アンダルシアへの道も開かれていたのだから……。しかし、そうした方針は、総会の席で拒絶されてしまった。そして、協調主義的な立場が採用されたのだった。長い目で見れば、この選択は革命の死を意味するだろう」。

二人の革命家は、自分たちが望んでいなかったにもかかわらず、「活動家としての責任」のために受け容れた状況に縛られていた。〔もとより〕いずれも革命を断念してはいなかった。それぞれの流儀に従って、革命を拡大し、その勝利を確保するために、両者は奮闘した。だが、実際には革命はファシストの敗北の日まで棚上げにされてしまった形だった。

優れた軍事機構を持ち、しかもイタリアとドイツの援助を受けた敵を、どうすれば打ち破ることができただろうか。カタルーニャには、軍需産業を機能させるうえで不可欠の原料がなかった。おまけに、カタルーニャは必要とされた戦争物資を外国で買い付けるための外貨も持ち合わせていなかった。国庫のスペイン銀行は、マドリードにあった。そして、そこではCNTは少数派だった。マドリードの状況は、共和派と共産党に支えられた社会党が掌握していたからである。マドリードでは、ヒラールのブルジョワ共和主義政権が維持されていた。スペイン銀行の金《きん》に関して、どう対処すべきだったのだろうか。

現実は以上のようであったから、情勢を追いながらその統制に努めるしか策はない、とガルシア・オリベールは考えた。カタルーニャ反ファシスト民兵中央委員会にとどまる一方で、〔下部の〕防衛委員会を支えつつ、旧権力再建の意図を常に威嚇しておくために、人民からなる武装兵力を活用していかねばならなかったのである。また、労働者の手中にある経済を組織し、組合に従属した武装集団を創り出すのも、ガルシア・オリベールに課せられた仕事だった。しかし、それらの行為のすべてに、民兵中央委員会を通じて合法的な性格が付与されなければならなかった。換言すれば、革命は推し進められねばならなかったが、しかしそれは、あくまでも秘密裡に遂行されねばならなかった訳である。

ドゥルーティは、この〔秘密裡に、という〕表現に飛びついた。そいつは共和国時代に地下へ追われていたときのFAIみたいなものだ。あのころ、FAIの〔主だった〕活動家たちのことなら誰でも知っていたというのに、だ！　ドゥルーティは、〔だが〕当時は誰も欺きも欺かれもしなかったではないかと反論した。労働者がブルジョワの財産を収用し、外国の資産に手をつけ、公共の秩序を牛耳り、民兵隊が組合によって統制されていたり、要するに革命が行なわれているそのときに、革命から本来の力を失わせずにそれに法的な認可を与えるなどということが、どうして可能であっただろうか。

「われわれが合法性を追い求めれば追い求めるほど、ますますジェネラリタート政府を強化する破目になってしまう。何せ、法令を発し、判を押すのはジェネラリタートなのだ。それに、ジェネラリタートが強化されればされるほど、反ファシスト民兵中央委員会の方は弱体化してしまうだろう。その意味するところは、CNTがジェネラリタートを強化するということだ。そして、ジェネラリタートは〔労働者により〕統合された経済をその手に握るであろうから、われわれの行き着く先はある種の国家経済社会主義だということになる」

実際、経済評議会[訳註5]の設置は、集産化された経済のカタルーニャ国家への統合の意味合いを持っていた。つまり、それは国家資本主義を志向していたのである。この評議会の創設に当たっては、CNTの名においてサンティリャンが重要な役割を演じていた。経済に合法的な粉飾の施しを押しつけることには、異を唱えるべきだった。武力抗争に訴えるのは避けがたかったし、それが有効であるためには、労働者大衆の革命的熱情を保ち、本当の権力である民兵中央委員会と守勢に回った権力であるジェネラリタートの双方に対し、彼らを立ち向かわせることが必要だった。革命のなかの革命である。ドゥルーティとガルシア・オリベールは、カタルーニャCNT地方委員会が告知していた八月の次期総会において、この問題を単刀直入に切り出すのが不可欠だと考えていた。総会の席で、二人は活動家たちを自らの責任に向き合わせることになる。

地方総会の席で、二人は問題を提起した。革命を混乱させ、エネルギーを浪費し、その前進を阻んでいる他の政治勢力との協調路線と訣別することによって、曖昧な姿勢を克服することが肝要だった。

協調路線を支持する一派は、諸政党との協調が破綻すれば反ファシスト陣営内で内戦が発生するとの理由を示して、自分たちの立場に固執した。登壇した数名の芝居がかった口調は、多くの代表の口をつぐませた。結局、七月総会の決定を再度検討に付すのは不可能だった。打開策として、UGTとの革命的同盟や全国防衛評議会の形成が持ち出された。ガルシア・オリベールとドゥルーティは、再び少数派に甘んじた。二人には、組織の意向に逆らって、問題を街頭に移すという手が残されてはいた。しかし、確かなことは、二人がそうしなかったという事実である。多数派の意志の尊重を求める組織の慣例のために、二人はその「活動家としての責任」に呪縛されていたのだった。

ドゥルーティは、急遽ブハラロスから呼び出され、急いでバルセローナを離れなければならなくなった。しかし、大勢に逆らって自分の立場を堅持し、革命を推進するための強力で大がかりな武装集団を創設するという、彼の行動の青写真はできあがっていた。

〔訳註1〕**転落への第一歩は、〔軍部に対する勝利と〕同じ七月一九日に刻印された。**——アベル・パス、アンセルモ・ロレンソ社版、五五七ページでは、「七月一九日」ではなく、「七月一九日から二〇日にかけての間に」。

〔訳註2〕**下部大衆から離れてしまっていたマリアネ**——ドゥルーティとの対話の際の「委員会が下部大衆に取って代わるのを阻止するたった一つの方法は、革命が指導的な地位に押し上げた活動家たちを、下部大衆が積極的に制御するということだ……」との自身の発言——それは、当時のCNT・FAIのすべての活動家が「公式の席では」いつも表明していた見解でもあったのだが（アベル・パス、アンセルモ・ロレンソ社版、五五六ページ、註108）——にもかかわらず、このCNTカタルーニャ地方委員会書記長、あるいはさらに広くCNTの上層部の大多数は、七月のカタルーニャ地方総会が下部大衆に諮らずに採択した他の反ファシスト勢力との協調路線に沿ってなおも行動していくことになる。アベル・パスの回想録（四部作）中の内戦／革命下における自己の体験を綴った一巻によると、一九三六年九月末の「カタルーニャ地方の地区・地域総会」〔ママ〕は、ブルジョワ権力の本格的な復活を告げる、カタルーニャ反ファシスト民兵中央委員会の解散とCNTのジェネラリタートへの参加（一九三六年九月二七日）の決定を、一つには「マドリードの中央政府がアラゴン戦線やカタルーニャ各地の集産体への物資の供給を拒否せぬように」との見地から、他方で「民主主義諸国」の共和国への支持・支援を確保するために正当化した（同「総会」のマリアネ本人の報告。Abel Paz, *Viaje al pasado (1936-1939)*, Barcelona, 1995, p.65.）。ところで「カタルーニャ地方の地区・地域総会」は実際には「九月末」にではなく、（本章でこの後述べられる通り）八月（下旬）に開催されており、

九月に招集されたのは「単一労働組合地方大会」である。CNTのジェネラリタート参加はすでに八月の「地方総会」の席で――七月の場合と同様、下部大衆の意向を確認せぬままに――決定を見ていたが、それが正式な承認を受けたのが九月二四日から二六日にかけての「地方大会」であった（セサル・マルティネス・ロレンソ、今村五月訳『スペイン革命におけるアナキストと権力』ＪＣＡ出版、一九八二年、一三二～一三九ページ。なお、この今村五月の邦訳ではcongresoに「総会」の、plenoに「大会」の日本語が当てられているが、本書では東谷岩人に従って、「組織構成員の数に応じてその都度代議員を選出して構成される」congresoを「大会」、「常任代議員によって構成される」plenoを「総会」と訳す。「……総会は……、組織指導者層の意志や傾向を反映しやすく、現実の情勢をストレートに表現する大会とは対照的である」〔東谷岩人、前掲書、八七ページ〕）。右の回想録のなかで、アベル・パスは八月の「地方総会」と九月の「地方大会」とを混同しているものと思われる。

〔訳註3〕　**バージョ大佐**――アルベルト・バージョ。一八九二―一九六七。軍人。内戦の勃発時、バルセローナにあって共和国への支持を表明した。一九三六年夏、自ら指揮したマリョルカ島攻略作戦に失敗（左の〔訳註4〕を参照）。中佐として敗戦を迎え、まずメキシコ、次いでキューバへ亡命。キューバでは、フィデル・カストロの革命軍に軍事教練を施し、シエラ・マエストラのゲリラ戦の勝利に貢献した。後に革命に成功したカストロ政権より名誉将軍の称号を授与され、この地で世を去った。

〔訳註4〕　**ドゥルーティは、……マリョルカ作戦は失敗に終わる可能性があり、その場合アラゴンでは貴重な時間が失われてしまうことになると付け加えた。**――事実、一九三六年八月のマリョルカ島上陸作戦は、イタリア空軍の支援を受けた反乱軍の頑強な抵抗にあって失敗に終わる。東谷岩人、前掲書、一五九～一六一ページに従えば、実際に作戦を指揮したバージョ大佐の情勢判断もさることながら、CNTの民兵隊と人民戦線各派の民兵隊との間の連携の欠如が最大の敗因だった。

〔訳註5〕　**経済評議会**――一九三六年八月一一日、CNTの働きかけにより、カタルーニャの社会化された経済の調整機関・対外貿易の窓口機関として発足。反ファシスト民兵中央委員会に参加した各政党・組織の代表で構成された。

9　コリツォフ、ドゥルーティ軍団へ

ドゥルーティを呼び出したのは、アラゴン戦争委員会顧問のビリャルバ大佐だった。戦争委員会はウエスカを舞台とした重要な作戦を練り上げていて、他地域からの援軍を必要としていたのだった。ドゥルーティは、自分の軍団から若干の分遣隊を提供するよう呼び出しを受けたのである。

軍団がピナ〔・デ・エブロ〕を奪取した直後で、シエタモの攻撃に備えていたそのころ、『プラウダ』紙特派員のミハイル・コリツォフがブハラロスにやってきた。コリツォフは、通訳とロシア人の将軍を随行させていた。将軍はパリから「赤い人々を助けるために」馳せ参じた「まっさら」な人物を装おうとした。コリツォフはその『スペイン戦争日記』のなかで、ドゥルーティからの指令書や命令書で、彼によればブハラロスの町は溢れるばかりになっているとの想像力のたくましい記述を行なっている。続いて、コリツォフは本題に入っている。

「この有名なアナキストは、当初さほどの関心も示さずにわれわれを迎え入れた。だが、オリベールからの手紙のなかに『モスクワ』と『プラウダ』という文字を見つけるや、途端にドゥルーティは心を動かされたのだった。われわれを迎えたその同じ路上で、彼は火の出るような議論を開始した。周囲にいた兵士たちの注意を引こうという魂胆が見え見えだった」

スペイン革命のためにソヴィエト連邦は何をしようと考えているのか。ドゥルーティは、コリツォフにまずこの点を問い質した。新聞記者は、ソ連が直接〔革命に〕関与するのを妨げている国際的な性質の理由を引き合いに出した。しかしコリツォフは、スペイン共和国を間接的に支援する可能性は否定しなかった。ロシアの労働者は自分たちの組合を通じて募金活動を行なっており、集められた募金の第一便はヒラール首相のもとへ送られたのである。

そうした回答に、ドゥルーティは満足しなかった。彼は決然と言い返した。

「反ファシズム闘争は、アサーニャ政権の仕事ではなく、スペイン人労働者の仕事なのだ。そしてスペイン人労働者は、軍人たちの攻撃への返礼として革命を引き起こしたのである。共和国政府は労働者を武装させなかったばかりではない。政府は、軍事反乱を阻止するためにまったく何の手立ても講じなかったのだ。そうした状況のもとで、ロシア人労働者が集めた義援金がスペイン人労働者のもとに届けられるのではなくて、われわれの政府のように、スペインの財源を保持しながらも、革命的な民兵隊への武器供与には冷淡な政府に委ねられるというのでは意味がない。われわれの戦争の意味は明らかだ。それは、ブルジョワ的な機構を温存することではなく、破壊するということだ。ロシアの大衆がわれわれの戦いの内実を知らされていないのであれば、彼らに〔それを〕

教えてやるのがロシア紙の特派員たちの義務だろう」

これは、コリツォフが書きとどめるのを「忘れた」ドゥルーティの返答である。コリツォフは、ロシアの大衆にスペインの実情を伝えることに消極的だったソ連共産党の政治方針に忠実だった。反対にコリツォフは、一人のスターリン主義者がアナキストの革命家たちについて抱いている価値判断に裏打ちされたイメージに対応した戯言を、ドゥルーティに語らせたのである。

『日記』中の対話の最初の箇所の結びのところに、この新聞記者は、社会党系・共産党系の労働者やアナキストの労働者の迅速な勝利をロシア人が期待している、との仰々しい数節を書き加えた。

その後、話は前線におけるさまざまな軍事問題、なかでもドゥルーティ軍団の問題に集中した。ドゥルーティの受け答えは的確だった。

「ドゥルーティは、サラゴーサに注意を集中し、このアラゴンの中心都市に決定的な攻撃を仕掛けることが重要であると示唆した。しかし彼は、最前線が他の地域に移ってしまっているのを承知しており、その点を残念がっていた。

ドゥルーティは、自分の受け持ち地区が待機状態にあるのは軍事行動の専門家たちが定めた戦略に従っているからであり、彼らはサラゴーサを攻撃する前に前線の南北両翼の戦力の配置状況を改善しておくべきだと判断しているのだと説明した。『もっとも、われわれがフエンテス・デ・エブロへ仕掛けようとしている攻撃で、状況は改善されるだろう』。それから、所謂『規律』や『命令』の問題についていえば、この軍団にはそんなものは存在しなかった。

ドゥルーティは、軍団の戦争委員会と軍事顧問会議は合意に基づいて行動しており、職業軍人と民兵の間にまったく溝はないと述べた。さらにまた、軍団は自己規律と連帯責任の精神のもとに統制されている、とも。この精神が軍隊風の懲罰を無用にしているのだ、と彼は語っている」

ドゥルーティは軍団がいかに機能しているかを詳しく説明したのだったが、彼の言葉はコリツォフの手にかかって歪曲されてしまった。『日記』のなかで、コリツォフは、脱走が深刻化しており、軍団には一二〇〇人ほどしか残っていないとドゥルーティが彼に語ったと書いている。ところで、当時軍団の兵力は六〇〇〇人を数え、そのうちの四五〇〇人は武装していたのである。

軍団の軍備の状況に関して、コリツォフは「すばらしいもので、弾薬も充分だ」とドゥルーティが語ったと請け合っている。実際には、「全員を武装させるためには、旧式で不充分な銃しか自由にならない。そのため、戦争のための任務と農作業とを交替で行なう制度が取られてきた。農作業には一五〇〇名が従事しており、他の者たちはヘルサ〔・デ・エブロ〕とピナ〔・デ・エブロ〕という村の間で軍事道路の建設に投入されている」と、ドゥルーティは話していたのである。弾薬については、彼は「それが本当のネックになっている。そんな訳だから、民兵たちは空になった薬莢を保管しておかねばならない。バルセローナに送って、もう一度それに弾丸を詰め込むためだ」と言っている。

コリツォフは、「軍事教練」の問題を持ち出した。この点でも、ドゥルーティは具体的だった。

「『戦闘員たちには武器の機能や、陣地を強化したり、爆撃から身を守ったり、敵陣を急襲したりする方法や、さらに白兵戦に勝つ一般的なやり方が教え込まれている。射撃訓練も行なわれている。われわれは、行進や敬礼の作法などは教えていない。というのも、ここには上下の隔たりがないからだ』。代表と民兵との関係には血が通っていた。ドゥルーティは、戦争を行なううえでプロイセン風に踵を合わせる必要はないと確信しているし、民兵たちも彼と同じように考えている」

以上が、「軍事的に見れば、ドゥルーティ軍団は破滅的だ」とコリツォフに書かせることになるドゥルーティの返答だった。

コリツォフは、有名な科白を残して別れを告げた。

「『ドゥルーティさん、いずれまた。あなたにお目にかかりに、私はサラゴーサへ行くことになりそうだ。当地で戦死なさったり、あるいは共産党員たちと争ってバルセローナの街頭でお命を落としたりなさらなければ、この半年ばかりのうちに、あなたはたぶんボリシェヴィキにおなりのことだろう』

ドゥルーティは微笑んでみせ、すぐに私に大きな背中を向けると、たまたまそこにいた誰かと話し始めた」

その誰かとは、戦争委員会書記のモラ以外の何者でもなかった。モラは、フランシスコ・カレーニョやフランシスコ・スビラーツと一緒に会見に同席していた。そして、そのスビラーツの証言のおかげで、われわれは会見の模様を再現することができたのである。

同じころ、『ラントランシジャン』紙のギー・ド・トラヴェルセと『ラ・モンターニュ』紙のアルベール・スイヨンというフランス人の記者やアルゼンチン人の記者ホセ・ガブリエルも、ドゥルーティ軍団を訪れている。

九月初旬、ウエスカ地区では激戦が展開され、サラゴーサを制圧するうえで重要であったシエタモとエストレッチョ・キントの陣地の争奪戦となった。ビリャルバ大佐が作戦を指揮していた。大佐とドゥルーティは、かねてから対立していた。ビリャルバは「統一指揮」の支持者であったにもかかわらず、サリニェーナに〔CNTやUGT-PSUCやPOUMの〕民兵隊がすでに設けていた戦争委員会[訳註1]にバルバストロの自分の総司令部を対抗させていた。そのため、攻撃の指揮をめぐって困難が生じていたのである。両者の申し立ては、アラゴン戦線の各軍団が所属していたカタルーニャ反ファシスト民兵中央委員会に持ち込まれた。〔八月なかば、ビリャルバ大佐の要請に応じて投入された、ホセ・ミラが率いるドゥルーティ軍団の〕民兵たちがシエタモを制圧した後、反乱軍の反撃にあってこの町が奪回されてしまった件に関しても、ドゥルーティは大佐の責任を追及した。シエタモの位置はウェスカ〔の攻防〕にとって死活の重要性を持っていたから、国民軍の首脳陣はその守りを強化し、そこに大量の兵力を送り込んだのだった。ドゥルーティ軍団に対し、ビリャルバは改めて援助を求めた。そこで軍団の戦争委員会は、百人隊数隊とともにホセ・ミラをもう一度派遣した。九月四日、ドイツ軍機の絨毯爆撃にさらされながら、百人隊は戦闘に突入した。三日間の戦闘の後、シエタモは攻略された。[訳註2] しかし、攻勢はそこで停止した訳ではなかった。POUMの百人隊数隊に支援され、「FAI万歳！」の叫びのもとに、革命に向けてアナキストの民兵たちがエストレッチョ・キント、ロポルサーノ、モンテ・アラゴンを奪取し、貴重な軍事物資を獲得したのである。「戦闘員たちを最もよく鼓舞したのは、ドゥルーティがいつも示していた姿勢だった。ドゥルーティもまた彼らと同様に戦局の浮き沈みを耐え忍んだのである……」と、ミラは語っている。

この成功をプロパガンダ的に活用するために、ドゥルーティがラジオでスペイン人労働者に語りかけるのが得策であろうと考えられた。

軍人たちはドゥルーティが規律と指揮系統の統一について話すのを期待したが、彼の関心は別のところにあった。発足して間もないラルゴ・カバリェーロ政権の民兵隊への意図がどこにあるか、さらに後衛、とりわけバルセローナにおいて反革命がいかに鎌首をもたげているかをドゥルーティは、はっきりと見抜いていた。バルセローナでは、七月一九日までは無名の政党であったPSUCが、革命によって資産を没収された人間たちや他ならぬエスケーラの大物たちにより構成され、カタルーニャの労働者階級に牙を剥く政治戦線として立ち現われ始めたのだった。あからさまに革命が攻撃された訳ではなかったし、CNTやFAIが俎上に載せられた訳でもなかった。だが、〔アナルコサンディカリストの〕労働者階級は「手に負えない分子」と同一視され、彼らの成果や方法は「そのユートピア主義によって国民経済を破壊する馬鹿げた試み」として揶揄されていたのである。ドゥルーティの演説は次の通りだった。

「同志たちよ。アラゴン戦線の民兵隊は活動の手を休めてはいない。攻撃し、敵を打ち破り、革命の大義のための地盤を獲得しつつあるのだ。けれども、それもアラゴン戦線の全域に渡って民兵隊が敢行しようとしている大攻勢の序曲であるに過ぎない。スペインの労働者たちよ。君たちにも果たすべき重大な任務がある。なぜなら、革命というものは、弾丸を発射したところで、生産することなしには、勝利を収めたことにも、ましてやそれを確実なものにしたことにもならないからである。前線も後衛もない。なぜなら、われわれ全員が、同一の目的を達成するために団結して戦うべき単一のブロックを形成しているのだからである。そして、われわれの目的とは、労働者階級を真に代表するスペインを樹立すること以外にはありえないのだ。

前線であれ後衛であれ、今日奮闘している労働者たちは、ブルジョワジーの特権を擁護するためにそうしている訳ではない。堂々と生きる権利を求めて戦っているのである。スペインにおける真の力は、この国の労働者階級とその組織にある。勝利の後、CNTとUGTは論議を尽くし、スペインの経済的・政治的な形態と方向づけについて合意に到達することだろう。

戦場に身を置くわれわれは、勲章がほしくて戦っているのではない。代議士や大臣になりたいから戦っているのでもない。勝利が達成され、前線から町や村へと引き上げることになれば、われわれは、自分たちが後にしてきた工場や作業場や農園や鉱山での仕事に〔再び〕就くことになる。われわれの大いなる勝利は、生産の場で勝ち取られることだろう……。

われわれは農民であって、われわれの収穫を脅かしかねない嵐の到来を見越して種を蒔く。われわれには用意ができているから、そうした嵐にどう対処したものか知っている。収穫の機は熟した。収穫物を蓄えよう！　そして、それは全員のものだ。分配の際に特権はない。収穫物を分配するときには、アサーニャにもカバリェーロにもドゥルーティにも、より大きな分け前に与る権利などないのだ。収穫物は全員のものだ。それがわれわれの手から奪われてしまうことのないように、知性と意志と力の限りを尽くして、弛まず誠実に働いている人間すべてのものなのである。

カタルーニャの労働者たちよ。自分自身が実感している、アラゴン戦線にあって君たちを代表しているのだという誇りを伝えたくて、つい先口、サリニェーナから私は君たちに語りかけたのだった。そして私は、君たちがわれわれの銃やわれわれ自身によせてくれた信頼にふさわしいだけの人間になってみせよう、とのわれわれの決意をも君たちに伝えたのだった。

しかし、そうした信頼や兄弟愛が持続されるためには、自分たち自身のことを忘れ去ってしまうほど完全に戦いに没頭しなければならない。まず第一に、女たちよ。君たちは、感情に左右されてはいけない。アラゴン戦線にとどまっている男の同志たちを戦闘に専念させてくれ。手紙を書いて、彼らに悪い知らせなど伝えないでもらいたい。君たち自身で耐えてほしいのだ。われわれを戦いに集中させてくれ。スペインとわれわれの子供たちの未来がわれわれ全員の肩にかかっているのだということを、考えてみてくれ。勝利を願う限り、われわれに自分たちの意志を残らず要求するこの戦争にあって、われわれが強靭であるようわれわれを支援してくれ！

男たちよ。前線には武器がなければならない。敵に対して鉄の障壁を築くため、われわれはあらゆる武器を必要としている。われわれを信じてくれ。民兵隊は決してブルジョワジーの利益を擁護しはしない。民兵隊は、資本主義を向こうに回してわれわれが企てているこの闘争におけるプロレタリアの前衛であるし、これからも常にそうであり続けるだろう。国際ファシズムは戦争勝利を決意している。われわれも、何があっても負けないと腹を決めておかねばならない。敵の陣営内で私の話に耳を傾けている労働者たちよ。われわれは君たちに言っておこう。君たちの解放のときは近い、と。リバタリアンの民兵隊は前進している。そして、その進撃を阻むことは絶対に不可能だ。なぜなら、すべての大衆の意志が民兵隊を後押ししているからだ。ファシストたちの軍需産業を破壊し、都市にも山間部にも抵抗とゲリラ戦のための拠点を築くことによって、われわれの営為に協力してくれ。君たちの体に血が一滴でも残っている間は、戦闘に全力を注いでほしいのだ。

スペインの労働者たちよ！　勇気を奮い起こせ！　人生のなかで勇気を示さねばならないときがあるというのが自明のことならば、われわれは言おう。ときは来た、今日という日がそのときなのだ、と。

同志たちよ。われわれは楽観主義者でありたいものだ。われわれには、われわれの理想がある。そして、その理想がわれわれの力なのだ。気力を！　そして、前進を！　ファシズムに論議は無用だ。ファシズムを根絶してしまえ！　なぜなら、ファシズムと資本主義とは同じ穴の狢なのであるからだ！」『九月一三日付『労働者の連帯』紙』

〔訳註1〕　サリニェーナに〔CNTやUGT-PSUCやPOUMの〕民兵隊がすでに設けていた戦争委員会——アベル・パス、アンセルモ・ロレンソ社版、五六三ページ、註115を参照。

〔訳註2〕　三日間の戦闘の後、シエタモは攻略された。——フランコ軍がシエタモから撤退したのは九月一二日のことであるから、「三日間の戦闘の後」というのは正確ではない。「三日間」というのは九月四日の戦闘開始からシエタモにホセ・ミラらが突入するまでに費やされた日数であり、この町の制圧にはなお多大な時間と犠牲が払われねばならなかった。シエタモの攻防に関しては、アベル・パス、アンセルモ・ロレンソ社版、五七三〜五七五ページを参照。

10　死に瀕した革命

内戦が始まってからも、マドリードでは大衆の圧力は資本主義的な構造や国家の構造にほとんど打撃を与えていなかった。スペインの首都では少数派であったCNTが街頭から行使していた圧力に抗しつつ、共産党の巧妙な庇護を受けていた社会党が状況を把握していたからである。

マドリード政府はなおカタルーニャに敵対する政策を変えておらず、原料や機械設備の獲得に関連した〔カタルーニャ側からの〕援助の要請をことごとく撥ねつけていた。そして、政府が国庫を管理していた以上、カタルーニャは政府の決定に従わざるを得ない立場に置かれていた訳である。政府がカタルーニャとの間で継続していた冷戦は、共和国側の領域内に存在した革命と反革命との間の闘争の取り澄ました表現に他ならなかった。

九月四日、政府ではカバリェーロがヒラールの後任となった。共産党を加えた、社会党が多数派を占める組閣が行なわれたとき、前任者の対カタルーニャ政策は改められなかったどころか、むしろ悪化した。カバリェーロは、八月二八日にマドリードに着いたソヴィエト大使マルセル・ローゼンベルグ[訳註1]の影響にさらされていた。フランスとイギリスのブルジョワジーに、スペイン人たちは革命を断行しているのではなく、最近の選挙の結果成立した〔人民戦線の〕合法政権の防衛に専念しているのであるという姿勢を示すことができれば、との条件を出したうえで、ローゼンベルグは、ただソヴィエト連邦だけがスペインを支援しうるだろう、とラルゴ・カバリェーロを説得したのだった。そうした条件を満たすためには、労働者の権力に終止符を打ち、軍需産業を国有化し、さらに私的所有を尊重してみせなければならなかった。そればかりでなく、国家が貿易業務を独占し、レバンテのＣＬＵＥＡ（レバンテ農作物輸出統一評議会）のような組織を解散させる必要があった。ＣＬＵＥＡは、ＣＮＴとＵＧＴの採算で運営されていた柑橘類の輸出組織である。

序列を復活させ、民兵隊を解散させ、本来の軍隊を創り出さなければならなかった。同様に、組合の後ろ楯から引き離したうえで、国家警察の改造を行なわねばならなかった。カタルーニャに国家権力を再建し、反ファシスト民兵中央委員会を解散させることが不可欠だったのである。

ラルゴ・カバリェーロは、スターリン主義者たちの手を借りて、右の計画を首尾よく実現させようと決心した。仕事を容易に運ぶべく、ローゼンベルグ大使はバルセローナへ総領事としてアントーノフ・オフセーエンコ[訳註2]を派遣した。アントーノフ・オフセーエンコこそは、最適の人材だった。彼はロシア革命において重要な役割を果たしたオールド・ボリシェヴィキであったうえ、その物腰には飾り気がなかったし、儀礼や官僚主義の敵であったからである。この人物は、いくらか譲歩することがあっても戦争に勝ちさえすれば、革命は確かなものとなるのだという話を持ち出して、多くの指導者たちに、急進的なアナキストたちの間にさえも、影響力を行使することができた。

このような雰囲気のなかで、ドゥルーティの演説は、指導する者とされる者との間にあった矛盾を際立たせることによって問題の核心に触れたのだった。一方の者にとって大事なのは人民戦線の反ファシスト闘争であったし、もう一方の者にはファシズムと資本主義とは同じものであり、従ってファシズムに対する勝利はブルジョワ体制の破壊に等しかったのである。

民兵隊と集産化に対する、〔下部の〕革命委員会と民兵隊による監視に対する、総じて労働者階級の諸機関に対する共産党の紙上キャンペーンは、革命家たちを苛立たせ、アナキストたちとの間で大きな緊張を醸し出すところまで来ていた。最初の反応は、各地の防衛委員会から起こった。防衛委員会はバルセローナで会合を開き、共産党のキャンペーンに対抗して次のマニフェストを発表することを決議した。

「革命が政治権力の問題を解決しておらず、マドリード政府の指令に従う一方で労働者の統制に服していない武装勢力が存在している間は、防衛〔委員会の〕グループが武器を手放すことはない。革命の成果を守り、かつまた保障しているは、これらのグループだからである」

『労働者の連帯』紙側は委員会への攻撃は無視したものの、集産体の擁護に打って出た。そして、〔九月の紙面で〕「労働者の成果への攻撃的な政策の採用は、敗北にしか帰結しえないだろう。なぜなら、反ファシズム勢力は労働者階級の革命への熱狂を措いて他に力を持たないからだ。この戦争から革命的な性格を剥ぎ取ってしまえば、七月一九日以前に存在していた政府に似た政府のために命を投げ出したいとほんのわずかでも願う労働者は一人もいなくなることだろう」と論じたのだった。

論争が繰り広げられるなか、サバデールの労働者たちは〔バルセローナの〕「カール・マルクス」兵営にあった武器がＰＳＵＣのサバデール事務局に保管されていることに気がついた。武器の発見をドゥルーティに伝えるため、組合はブハラロスへ委員会を派遣した。武器発見の知らせが軍団の民兵たちの間に広まると、百人隊の各委員会はＰＳＵＣが前線から持ち去った軍事物資が取り戻されるようカタルーニャ反ファシスト民兵中央委員会に最後通牒を送付する決定を行なった。

ドゥルーティ軍団内部の空気は一触即発であったから、軍団の戦争委員会は民兵中央委員会の民兵隊部門の責任者であるサンティリャンとリカルド・サンスを電話で呼び出した。サンティリャンは「カール・マルクス」兵営の委員会と連絡をとり、持ち去られた武器が引き渡されないような場合は、ドゥルーティ軍団の民兵たちとの武力対決に巻き込まれる危険があると警告した。武器というのは八つの機関銃のことだったが、結局民兵中央委員会のもとに戻され、さらに前線へ送られた。

ＣＮＴが加盟していたＡＩＴの書記長ピエール・ベスナール[訳註3]が九月一五日に初めてスペインの土を踏んだときのバルセローナを取り巻く状況は、以上の通りだった。そのときまでベスナールの活動は、〔パリの〕ＡＩＴ国際書記局にＣＮＴが提出した諸問題に注意を払い、〔書記局内で〕その解決に努めることに限られていた。彼は、書面で国庫を奪取する必要を主張したこともあったが〔「パリ・コミューンの参加者と同じ誤りを犯してはならない」〕、スペイン革命を捉えつつあった退行的な性質が明らかになると、書簡を通じて助言を与えるそうした戦術を放棄し、バルセローナに自ら姿を見せたのである。バルセローナで、ピエール・ベスナールはＣＮＴカタルーニャ地方委員会や反ファシスト民兵中央委員会と会見し、「レオン・ブルムが陥れた泥沼からスペイン革命を救い出す唯一の方法は、その戦いを国際的に展開させることである」と両組織に説明した。そのためには、フランスの手でラ・レユニオン島に追放されたアブデル・クリム[訳註4]の逃亡を画策していたリフ族が反乱を起こす必要があった。その計画は、フランコの同盟国であったポルトガルにおける革命に連動されねばならなかった。ＡＩＴはポルトガルの反政府勢力と連絡を維持しており、その反政府勢力は街頭で決起する構えを見せていたのである。ＡＩＴに加盟していた労働総連合（ＣＧＴ）は、ポルトガルの野党と合意に達していた。それにより、ＣＧＴは「サラザール[訳註5]の倒壊後に関しては、行動の自由を確保していた」のである。反乱は、ポルトガルの国民と軍隊の下部組織の共感を考慮に入れていた。ポルトガルでの反乱が成功すれば、フランコは同盟国の一つを奪われ、ファシストを後方から攻撃することが可能となる。世界中のプロレタリアートが、スペイン革命に関心を向けるべきであると認識する。にもかかわらず、スペイン保護領モロッコで反乱が起これば、フランコは鎮圧に当たるべき兵力を持たない状況に置かれる。スペイン政府が保護領の独立を伝える宣言を発表することが必要だった。アラブ人の民族主義者たちはその宣言を熱狂的に歓迎し、共和国に緊密に協力するであろうから、フランコ側の後衛の維持は不可能となるはずだったのである。

パリでは、ブルムの政策に反対するレオン・ジュオー[訳註6]以下の社会主義者たちが、ベスナールが彼らの名においてラルゴ・カバリェーロと対談し、スペイン・モロッコの独立を宣言するようカバリェーロの説得に当たることを承認していた。

問題を慎重に検討するため、サンティリャンとガルシア・オリベールはドゥルーティを呼び出した。オリベールは、自分が七月以来そう考えてきたように、エル・ファッシの〔モロッコ行動〕委員会と手を組むという意見だった[訳註7]。ドゥルーティとサンティリャンは、一層名声を博しており、一層急進的であった指導者のアブデル・クリムの方に傾いていた。結局、ガルシア・オリベールがコンパニスのもとへ、ベスナールがラルゴ・カバリェーロのもとへこの件を持ち込むことで三人の意見が一致した。九月一七日の午後、ベスナールとフェデリーカ・モンツェーニはCNT全国委員会を代表してマドリードのカバリェーロと会見した。カバリェーロは二人を冷やかに迎えたうえで、翌日もう一度会おうと約束した。二度目の会見も最初のそれと同じだった。そこで、全国委員会は『CNT』紙上に公開書簡を掲載し、カバリェーロに公の場から呼びかけを行なうことにした。

バルセローナに戻ったベスナールはガルシア・オリベールに会見の失敗を報告し、その後飛行機でパリに移った。ベスナールの『日記』には、彼がスペインで抱いた印象が書きとどめられている。

「革命は後退しているが、それは大衆に問題があるからではない。大衆は比類のない熱狂にかられて奮闘しているのであるからだ。革命の後退は、むしろ指導者たちの欠点のせいである。彼らは事態に引き摺られるままになっており、革命的な創意の喪失を証明すると同時に、私がラルゴ・カバリェーロと対面した際に味わったような屈辱的な状況を甘受しているのである。

愚かしくもアナキズムがラルゴ・カバリェーロに協力したり、あるいは単に彼を支援するだけでも、革命は救いようがないまでに打ちのめされてしまうだろう。アナキズムがはまり込んでしまったこの地獄のような堂々巡りから抜け出すたった一つの方法は、実力にものを言わせることである。しかし、私は自問している。今日のCNTの指導者たちは七月一九日のあの男たちと同じ人物たちなのだろうか、と。こうした彼らの一般的なあり方から唯一外れていると私には思われるのが、ドゥルーティだ。彼は特異な革命家のタイプであって、多くの面でゲリラ戦士であったネストル・マフノを思い起こさせる。マフノと同じように、ドゥルーティは大衆とともに、大衆から離れずに行動する。そしてその点で、他のアナキストの指導者たちとは一線を画しているのだ」

ピエール・ベスナールは、ドゥルーティを多くの点で「特にその自制心の強さにおいて、あのウクライナ人よりも優れている」と考えている。ベスナールはバルセローナでドゥルーティと会見することができたが、二人の会見はごく短いものだった。敵が軍団の地域に攻撃を仕掛けてきたため、ドゥルーティが急遽前線に呼び戻されたからである。それでも、ドゥルーティは軍団の武器の装備の問題をベスナールと話し合い、新型の武器を豊富に提供してくれそうな武器製造業者と接触を図るよう、このフランス人に依頼したのだった。

ブハラロスに着いたドゥルーティは、ファルレーテとスエルタ・アルタの間の地区がウルティア大佐の率いる敵兵力の猛烈な圧力にさらされているのを見て取った。敵は、外人部隊とレケテ（カルロス派の義勇兵）で構成されたアラゴンの機動部隊の支援を受けていた。

ドゥルーティ軍団への援軍の到着を阻止しようと、敵はピナ・デ・エブロ街道を爆撃し、ファルレーテに圧力をかけた。ファルレーテの状況は危機的だった。ファルレーテではアナキストの国際グループが抵抗を続けていたのだったが、彼らには弾薬が不足していた。司令部に届けられる報告の内容はいつも同じだった。陣地が失われるときには、そこを守っていた者はほとんどが玉砕している、というのである。軍事顧問たちは、攻撃されている地区を救うために他の地区を撤退してはどうかと進言した。ドゥルーティは、それこそ敵の思う壺であり、攻撃されていない地区の守りが手薄だと知れば敵は総攻撃を仕掛けてくるだろうと述べて、顧問たちの計画に反対した。ドゥルーティは、休んでいるか、農作業に従事していた民兵たちからなる救援のための分遣隊を急いで編成し、ファルレーテへと向かった。ピナ〔・デ・エブロ〕街道を突っ切ってファルレーテに着いたときには、ファルレーテを守っていた者たちが、この村をまさに放棄しつつあるところだった。ドゥルーティを先頭とする援軍の到着を見ると、彼らは再び部署に着いた。闘争は熾烈を極め、白兵戦の様相を呈したものの、最後には民兵たちが勝利を収めた。民兵たちは失地を挽回したばかりか、自軍の地域を拡大し、ロス・ペドルスコスとラ・カサ・デ・ロス・リャーノスに新たな陣地を築きさえした。ファルレーテの戦線が立て直された直後、敵が総攻撃を企ててきた。その顚末は、ドゥルーティがウルティアの策略を見抜いており、罠にはまらなかったことを物語っていた。

〔訳註1〕 **マルセル・ローゼンベルグ**――?―一九三七。一九三六年八月からスペイン駐在ソヴィエト大使。スペイン共産党への影響力、さらには共和国の軍事政策に対する高圧的な姿勢のため、ローゼンベルグのラルゴ・カバリェーロとの関係はときを追って悪化した。帰国後、スターリンの粛清の犠牲に。

〔訳註2〕 **アントーノフ・オフセーエンコ**――一八八四―一九三九?　一九一七年のボリシェヴィキ革命の立役者の一人。スペイン内戦のさなか、ソヴィエト総領事としてバルセローナに赴任。三七年にモスクワに召還された後、消息不明に。おそらくは、ローゼンベルグ大使と同じくスターリンの粛清劇に巻き込まれた。

〔訳註3〕 **ピエール・ベスナール**――一八八六―?　フランスのアナルコサンディカリスト。鉄道員。一九二〇年代、フランスCGTは社会党系のCGT、共産党系のCGTU（統一労働総同盟 Confédération Générale du Travail Unitaire）、アナルコサンディカリスト系の**CGT-SR**（革命的サンディカリスト労働総同盟 Confédération Générale du Travail-Syndicaliste Révolutionnaire）の三つの組織に分裂したが、一九二六年のCGT-SRの結成にイニシアティヴを発揮したのがこのベスナールである（CGT・CGTUは一九三六年に再統一）。代表的な著作の一つに、二〇世紀の資本主義の展開――資本の急速な集中化の傾向――に照らしてバクーニンやクロポトキンらのアナキズムの古典を再検討した『労働組合と社会革命』（一九三〇）がある。

〔訳註4〕 **フランスの手でラ・レユニオン島に追放されたアブデル・クリム**――一八八二年―一九六三年、フランスとスペインの共同作戦に敗れたアブデル・クリムはフランス側に投降。モロッコの完全独立を狙ったこの人物は、インド洋に浮かぶラ・レユニオン島へ流されていた。

〔訳註5〕 **サラザール**――アントニオ・デ・オリヴェイラ・サラザール。一八八九―一九七〇。コインブラ大学の政治経済学教授。一八二八年、蔵相として破産の危機に瀕していたポルトガル財政の再建に成功。三二年に首相に就任して以降、独裁的な権力を行使した。スペイン内戦に際しては、フランコ派へのあからさまな肩入れを行なう。三七年にフランコ政権を正式承認。

四二年には、同政権との間で「イベリア協定」を締結した。

〔訳註6〕レオン・ジュオー——一八七九—一九五四。CGT書記長。共和国側を支持する立場から、フランスがスペイン内戦へ介入すべき旨を主張した。ノーベル平和賞を受賞（一九五一）。

〔訳註7〕オリベールは、自分が七月以来そう考えてきたように、エル・ファッシの〔モロッコ行動〕委員会と手を組むという意見だった。——モロッコ行動委員会は、アラール・エル・ファッシの率いる汎アラブ的なモロッコ民族主義者のグループ。スペインからの独立の結果、モロッコがかえってドイツ・イタリアからの脅威に直接さらされることになるのを恐れ、当座は第一次世界大戦後にイギリスがイラクに与えたような自治権の獲得を望んでいた。ガルシア・オリベールがフェズの名望家を中核とする穏健なモロッコ行動委員会への接触を優先した背景には、ラ・レユニオン島へ追放されていた強硬な独立論者のアブデル・クリムを軸にしたベスナールの計画の実行が非常に困難だった点が指摘される。まずカタルーニャ反ファシスト民兵中央委員会とモロッコ行動委員会との間で進められた後にマドリードに持ち込まれた交渉は、モロッコにおける自国の権益が脅かされる事態の発生を嫌ったフランスの圧力のもと、ラルゴ・カバリェーロ政府により退けられた（アベル・パス、アンセルモ・ロレンソ社版、五七九～五九五ページ。同、ケ・ヴォルテール社版、付録2「リフ族とスペイン革命、またはスペインを覆うアブデル・クリムの影」、四二七～四三六ページ）。

11　モスクワとバルセローナの間で

七月の総会において自らに課した道をたどって、カタルーニャCNTは革命の悲惨へとすさまじい勢いでのめり込んでいった。かつてCNTには決して存在していなかったものが、ほとんど忽然と姿を現わしたのだった。それは、官僚主義的動脈硬化であり、指導者層であり、CNTの最も傑出していた人物たちが「活動家としての責任」を理由に「状況」に屈伏したことだった。こうして周囲が挫折していくなかにあって、唯一自己を見失わなかったのが下部大衆を代表する各防衛委員会である。しかし、戦時の必要に迫られ、防衛委員会も活動を中止していた。〔CNT内に急浮上してきた〕こうした問題を〔正規の〕総会や集会での組織の対応にそっくり委ねてしまった者たちもいれば、「責任者」たちに向かって「譲歩を重ねるのはもうおしまいだ。今や反革命と対峙して、リバタリアン共産主義を宣言するときである」と言ってのけることができるようにと、前線での戦いのなかでウエスカとサラゴーサを制圧する以外は眼中にない者たちもいた。一方、ＣＮＴやＦＡＩの各委員会は「現実主義的」になり、政治ゲームを受け容れた。それは、革命を支えるためではなかった。労働者や農民が〔有産階級の〕資産を収用してくれたおかげで、自分たちの機構に集中することになった権力を保持するためだったのである。下部大衆はＣＮＴの官僚機構が決定したカタルーニャ反ファシスト民兵中央委員会の解散[訳註1]に反発していたが、ガルシア・オリベール、アウレリオ・フェルナンデス、マルコス・アルコーン、セベリーノ・カンポス、ホセ・シエナら、最も重要な活動家たちは渋々ながらもその決定を承認したのだった。ＣＮＴの足下は揺らいでいた。そして、ＣＮＴは組織全体が奈落の底に引き込まれそうになるのを感じていた。

前線にあって、ドゥルーティの敵はいつも前方に〔ばかり〕いたのではなかった。民兵中央委員会からバルバストロの戦争委員会の指導者に任命されていたビリャルバ大佐は、軍隊のかつてのような形態への復帰を提唱し、あらゆる弊害や失敗の責めを民兵隊の各軍団に帰していた。ドゥルーティとビリャルバ大佐の衝突は茶飯事と化しており、大佐はドゥルーティの意見にことごとく反対した。サラゴーサを攻略するために、ビリャルバは正面から攻撃する戦術に固執したが、それに対しドゥルーティは包囲戦術を提案していた。ドゥルーティは、ガルシア・オリベールにビリャルバの解任を要求したが、ガルシア・オリベールにはもはや何もできなかった。民兵中央委員会にはわずかな時間しか残されていなかった。ＣＮＴカタルーニャ地方委員会は、ジェネラリタート政府に参加し、その四つの「評議会委員」の地位を獲得するために、〔八月に開かれた〕総会の合意を利用して、誰にも諮ることなく民兵中央委員会の解散を決定していたのである。

組織の責任者たちの姿勢と反革命の進展は、前線における諸問題と並んでドゥルーティの憂慮するところだった。そんななかで、ガルシア・オリベールがブハラロスの彼のもとに電話を入れてきた。ベスナールがスペイン共和国に武器を売る用意のある業者に渡りをつけた、との知らせをドゥルーティに伝えるためだった。彼自身がバルセローナへ行き、その取り引きについて議論する必要が生じた。数時間後の九月二八日夜、ドゥルーティはバルセローナに到着し、有頂天になっているガルシア・オリベールとサンティリャンに会った。ついに彼らは、ウエスカとサラゴーサを奪取するための武器を手に入れるはずだった。この機を逃すことは許されなかった。マ

ブハラロスを進むドゥルーティ軍団。

1936年8月のブハラロス（サラゴーサ県）。左から右へ，ドゥルーティ軍団の軍事顧問だったマンサーナ軍曹。軍団の総帥のドゥルーティ。戦争委員会のメンバー，フランシスコ・カレーニョ。

1936年秋，バルセローナの闘牛場での大集会に登壇するCNT書記長マリアーノ・ロドリーゲス・バスケス。通称マリアネ。

1936年10月25日，バルセローナのモヌメンタル闘牛場での集会。FAIの名において演説するフェデリーカ・モンツェーニ。

フランス人のアナキスト，セバスティアン・フォール（写真中央）が訪ねてきたときのドゥルーティ軍団のあるグループ。フォールの左にドゥルーティとソル・フェレール（リバタリアンの教育者フランシスコ・フェレール・イ・グアルディアの娘）。〔ルイス？・〕ルアーノとモラの間に立っている若い娘はソルの娘。ドゥルーティ軍団のメンバーで，1937年5月のバルセローナでの戦闘の最中に共産党のスターリン主義者により暗殺された。

アラゴン戦線で，民兵たちのグループに取り囲まれたドゥルーティ。

前線での民兵たちの訓練。

ドゥルーティ軍団の装甲トラックに殺到する群集。

ブハラロス。軍団の一部兵力のマドリードへの転戦を部下に告げるドゥルーティ。

1936年10月のブハラロス。ドゥルーティと，雑務や新聞・通訳の仕事で軍団に協力したその連れあいのエミリエンヌ。

イタリアのアナキスト理論家カミッロ・ベルネリ。亡命中の同胞向けに，バルセローナで刊行されていた『階級戦争』誌の編集長。スペインを舞台にしたスターリンの策謀を糾弾し続けたため，バルセローナを血で染めた1937年の5月事件のさなか，GPUの手にかかって暗殺された。

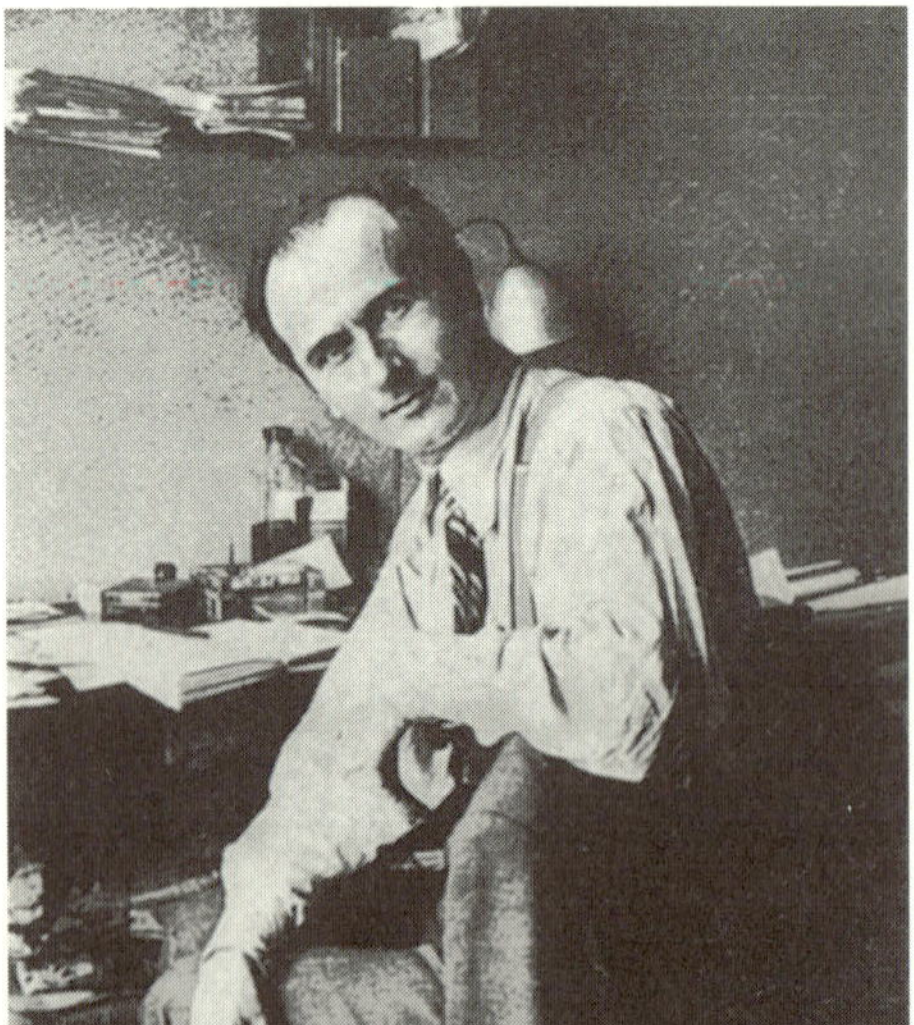

コーカサス出身のK・D・マンスーロフ。別名ハジ。イリャ・エレンブルグによると，ハジはスペイン人になりすましてスペイン国内を自由に動き回ることができた。同じくエレンブルグの〔ミハイル・コリツォフの？〕証言に従えば，ドゥルーティ軍団にいたロシア人の軍事顧問「サンティ」というのはこのハジのことである。GPU所属。

ドゥルーティの生前に撮影された最後の写真のなかの２枚。

フアン・ガルシア・オリベール。カタルーニャ反ファシスト民兵中央委員会におけるCNTの傑出したメンバー。強硬なアナキスト。内戦中は，「活動家としての責任」から共和国法相の任を引き受けた。写真はメキシコで撮影されたもの。

彫刻家ラモン・アシーン。1888年８月31日にウエスカで生まれ，1936年８月６日に同じこの都市で銃殺された。

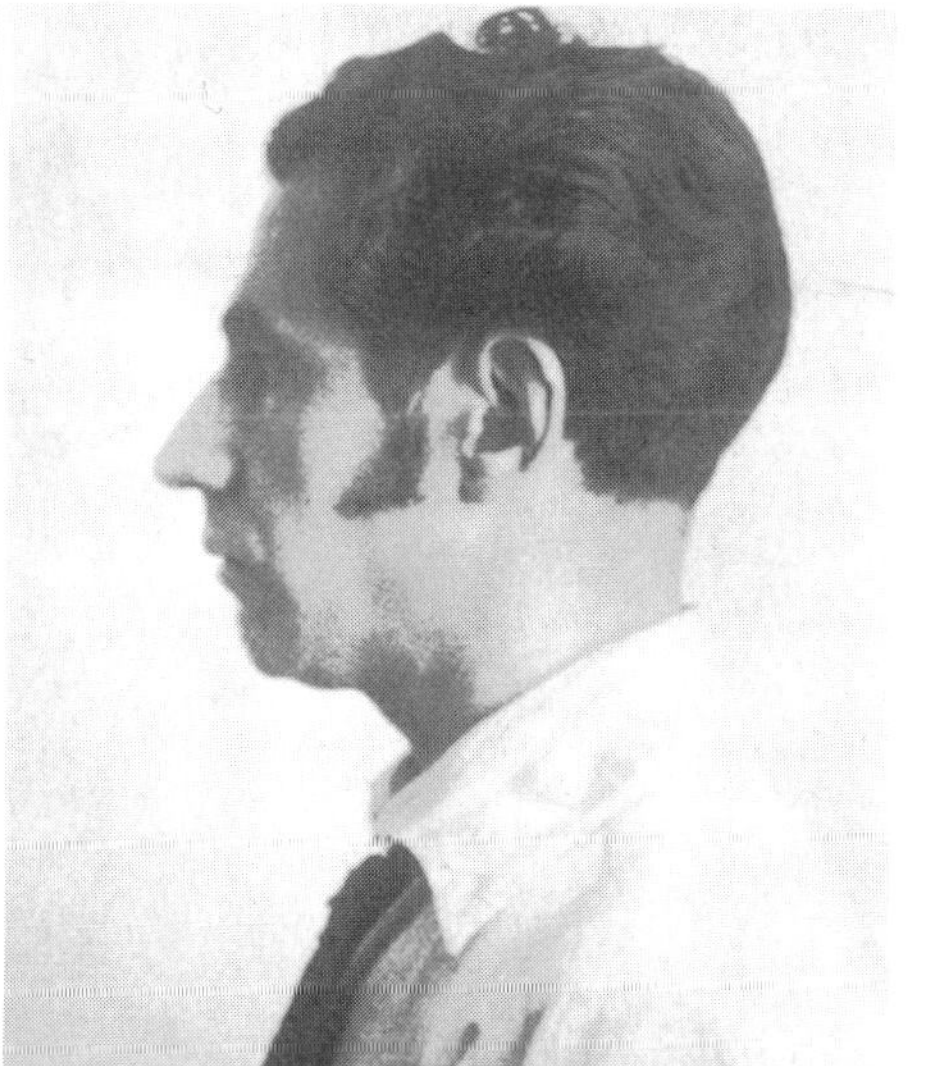

ドゥルーティにちなんだポスター。

ドリードでこのときまでヒラールやカバリェーロを相手になされてきた交渉が、いずれも失敗に終わっていたからである。原料を購入したり、老朽化した機械類を買い替えたりするための外貨をマドリードが与えなかったため、カタルーニャの軍需産業はなかば操業を停止していた。カタルーニャの人間たちに革命を戦争終結後まで先送りにするつもりがあったのならば、マドリードも彼らの求めに応じたことだろう。民兵中央委員会を解散させ、ジェネラリタート政府に参加することによって、CNTの諸委員会は陥穽に落ちていた。だが、下部の労働者たちは委員会に従って同じ道をたどりはしなかったし、生産に関して彼らが実施していた統制を放棄する気もなかったのである。サンティリャンとガルシア・オリベールは、フランコの勝利の方が望ましいというのでもない限り、「不干渉〔委員会〕」[訳註2]に起因する閉塞状況と共和国側の軍備の不足のため、ラルゴ・カバリェーロはこの機会を利用するはずだと考えていた。カバリェーロに武器の購入を決意させるため、二人はアラゴン戦線を代表する傑出した戦闘員として、ドゥルーティがベスナールと一緒にマドリードへ行くことを提案した。

　ドゥルーティは、自分が顔を出したところでカバリェーロの気持ちが動くものかどうか、二人ほどには確信を持っていなかった。おまけに、カバリェーロにはすべてに賛成しておきながら、後でそれを反故にすることもできたのである。革命の側に身を置くのか、それとも革命に敵対するのか。中途半端な態度は終わりにしなければならなかった。前者の場合、前線・後衛を問わずに情報キャンペーンを展開し、労働者たちが態度を決めることができるよう、政府が行なっている政策をはっきりと説明すべきだった。後者の場合は、すでに問題外だった。なぜなら、彼ドゥルーティには労働者階級を裏切るつもりなどなかったからである。この点になると、いつものように議論は滞った。CNTの次の会合が開かれれば、そのときには……。しかし、ドゥルーティはもう「そのときには」にはうんざりしていた。政府のなかには、一刻も早く戦争に勝利しようと願う者は一人もいなかった。カバリェーロは、自分がモロッコの独立を宣言することを望まなかった。同志ブルムの〔フランス人民戦線〕政府の圧力のもとで、ラルゴ・カバリェーロは弁明にこれ努めた。何をなすべきか。われわれの戦争は、国庫に武器を購入するだけの資金があったにもかかわらず、武器装備の不足が原因で敗北を喫する最初の戦いになってしまうのだろうか。この二つの相反する現実〔武器の不足と国庫に眠る購入資金の存在〕を前にして、スペイン銀行襲撃の計画が企てられた。

確固とした方向を示さず、敗北を重ねていた政府の気紛れに国庫を委せておく訳にはいかなかった。もちろん、武力に訴えなければならなかったし、そのためマドリードには信頼できる三〇〇〇の人員が配置されたうえ、特別列車での輸送についてもすっかり手筈が整っていた。その人員はアナキスト軍団「土地と自由」のメンバーで、カタルーニャの数あるアナキスト・グループのなかからの選りすぐりだった。政府のあらゆる独裁のもくろみを監視すべく、彼らはマドリードに送り込まれていたのである。

計画が具体化すると、ベスナール〔のパリからの到着〕も、また首都への旅行の際には必要だった正式の通行許可証の交付も待たずに、ドゥルーティはアンドレ・マルローの飛行機でマドリードへ向かった。計画の結末については、サンティリャンが以下のように語っている。

「いざ実行する段になると、計画の立案者は誰も責任を持ってことを引き受けようとはしなかった。それが大きな歴史的責任を帯びるのは必至であったからである。CNT全国委員会と最も重要な活動家たち数名にスペイン銀行襲撃の意向が伝えられた。計画は、友人たちを驚愕させた。〔……〕計画された内容をそのまま実行に移すことへの反対の主な論拠は、それによりただ反カタルーニャの支配的な空気が助長されてしまうだけだろうというものだった。何ができたというのだろう？　自分たちの組織の意向に背くことは不可能であり、計画は断念されるほかなかった。数週間後、スペイン銀行の金《きん》はカタルーニャにではなく、ロシアに向けてマドリードを離れた——一九三六年一〇月二五日、カルタヘーナからオデッサへのその移送が実施されたのである。スターリンは五〇〇トン以上の金を手に入れた。そしてその金は、われわれの戦争を敗北に追い込み、世界的な反革命戦線を強化するために注ぎ込まれたのだった」

ドゥルーティは、自分に相談せずに行動したサンティリャンの失敗を許さなかった。そして、過去にも似たような失敗を犯してきたことをサンティリャンに思い起こさせた。一〇月二日の朝、ベスナールは業者側の代表二人を伴って〔マドリードに〕到着した。ドゥルーティは彼らと合流し、全員そろってカバリェーロに迎えられた。ドゥルーティがカバリェーロに首相本人が担うべき責任を認識するよう迫ったところ、首相は閣議への問題の提出を了承した。同じ日の午後に開かれた閣議は、八億ペセータ相当の物資の購入を決定した。翌日には、購入資金の総額は倍の一六億ペセータにまで引き上げられた。購入される物資の三分の一がカタルーニャとアラゴンに割り当てられるはずだった。

一〇月三日、海軍省でドゥルーティとベスナール、さらに販売業者の立ち会いのもとで購入される物資のリストが作成された。

その日の午後、ドゥルーティはマドリードの「CNT防衛委員会」を訪れ、陸軍省でのカバリェーロとの終わったばかりの交渉について、同「防衛委員会」書記のエドゥアルド・バールに伝えている。すでに夜に入ったところで、リバタリアンの新聞記者だったマウロ・バハティエラがドゥルーティにインタヴューを行なった。その模様は、二日後の『CNT』紙に次のように掲載された〔実際には、一〇月六日付〕。

「同志ドゥルーティは語る。

『戦争と革命を、われわれは同時に行なっている。民兵は、土地を、工場を、パンを、そして文化を獲得するために戦っているのだということを肝に銘じておかねばならない……。つるはしやシャベルには銃と同じ価値がある。同志たちよ！　この戦争に勝利しようではないか！』

（……）ドゥルーティがあのパンチョ・ビーリャ[訳註3]に似ているとは思われない。あの冒険好きのメキシコ人は、戦うために戦った。政治的な、あるいは社会的な綱領を持たぬまま、〔メキシコ革命の〕大義も目的も知らずに戦争を遂行したのである。一方のドゥルーティは、社会を見通す明晰な視座と強い革命への衝動とを兼ね備えたうえで戦い続けるアナキストだ（……）。

われわれはこの機会を利用して、現在の闘争のさまざまな側面について、この同志と話し合った。中央部の戦線に関して、ドゥルーティはわれわれにこう語った。

『見ての通り、敵はマドリード攻撃に全力を傾けている。しかし、だからといって、スペイン全土で彼らの情勢が好転した訳ではない。まったく逆だ。アラゴン戦線におけるカタルーニャとレバンテからの圧力は、日を追って強まっている。ファシストたちも、いかに抵抗してみたところで、ウエスカとサラゴーサとテルエルがまもなくわれわれの掌中に帰すことは承知している。そうした事態が生じた時点で、彼らはこの戦争に敗れてしまったことになる。戦略的に見て、これら三つの拠点は非常に重要だ。われわれが三つの都市を攻略してしまえば、カラタジューからブルゴスまでの敵の戦線は崩壊しているだろう。そして、〔アルクビエーレ〕山地での〔目下のところは維持されている彼らの〕攻勢とまったく同様、シグエンサの包囲も崩れ去ることだろう。〔……〕』

『戦闘はこんな具合に展開されている。だから、こうした状況のもとで、マドリード制圧によって窮地を脱しようと考えていないのなら、もちろん敵はどうかしているに違いない！　敵はスペインの首都を一種の麻薬と見なしているのだ。だが、敵は中央戦線で敗北する。しかも、そんな絶望的な攻撃を実行するため、他の戦線から兵力を撤退させる必要に迫られる。他の地域でのわれわれの攻撃と連動した当地での抵抗は、敵を壊滅させることになるだろう。以上がすべてだ』

『さて、抵抗は言葉によってではなく、堡塁によって実を結ぶ。つるはしとシャベルには銃と同じだけの価値がある。この点は、倦むことなく繰り返して頭に叩き込んでおけ。マドリードには、お馴染みの浮浪者や後衛をうまく立ち回っている輩が山ほどいる。全員を動員し、一滴のガソリンも無駄にしないことが肝要だ。アラゴン戦線におけるわれわれの力は、それがいかに小さなものであれ、われわれの前進が塹壕や胸壁の即座の構築によって確かなものとなっているという事実に根差している。戦場にあって心身の構えを覚えたわれわれの民兵たちは、いかなる攻撃の際にも、命を落とさないためには後退しないことだと理解するようになったのである。自己防衛の本能にはたいへんに強いものがある。その本能があるから戦争に負ける、というのは確かなことではない。そうではない。命がけで戦うのだ。この同じ戦闘のために、自己防衛の本能を利用しない手はない。私の軍団の同志たちは、防衛本能にすがってでも敵の攻撃に抵抗している。身じろぎもせずに、だ。君たちにはよく理解してもらいたい。ただ堡塁によってのみ、抗戦も可能になるのだということを』

『だから、中央部の戦線に関して君たちが尋ねていることについていえば、塹壕・胸壁・鉄条網を張り巡らし、堡塁を築くことが絶対に必要だと、私は主張したい。マドリードの全市民が戦争に全身全霊を傾け、自分たちの防衛に専心するということも絶対に不可欠だ。しかも、首都を死守するために君たちが結束すれば、今君たちが神経を尖らせているファシストたちの意図が戦争全体の進展にとってむしろほとんど好都合にさえなるだろうとの確信のもとに、だ。なぜなら、敵は他の戦線でわれわれの攻撃に抵抗するために必要な兵力を当地に振り向けてくるだろうが、それも無駄なことになるからだ』

『（……）状況が要求していると私が信じているところに従って、われわれは戦争と革命とを同時に遂行している。後衛での革命的な方策はバルセローナだけで採用されているのではなく、このマドリードから最前線に至るまでの空間の隅々に行き渡っている。われわれが征服した市町村の一つ一つで、革命が展開し始めている。この現実こそが、この戦闘の最良の成果なのだ（……）。砲火の飛び交う最前線からバルセローナまでわれわれがたどった道程には、戦闘員しかいない。全員が戦争と革命のために奮闘している。これがわれわれの力なのである』。

目下の焦眉の問題である規律の件に移ろう。

『（……）私にとって、規律とは自他の責任の尊重に他ならない。私は軍隊式の規律には反対だ。それは、人を野獣化させ、憎しみと感情の喪失に陥れるばかりだからだ。けれども、危ない橋を渡らぬようにと臆病者たちがしばしば訴える、あの曲解された意味での自由というのも、私には許容できない。戦時の必要がそんな自由など撥ねつけてしまうからである。われわれの組織であるＣＮＴには、最良の規律が存在する。つまり、各委員会の任務に就いている同志たちに信頼をよせてきた組合員が、そうした規律に従って各委員会の決定を尊重し、遵守しているという事実である。戦争では、代表の言うことに従わねばならない。さもなければ、どんな作戦も不可能になってしまう。代表たちに同意しかねるような場合には、一般の人間はその交替を検討することができる集会を随時自由に開催することになる』」

続いてドゥルーティは自分の軍団のことに話を持っていき、その運営に満足の意を表した。最後に彼は、「同志たち、この戦いに勝利しよう！」と述べてインタヴューを終えた。

午前三時、ソヴィエト大使のローゼンベルグがグラン・ビアのホテルに投宿していたドゥルーティとベスナールのもとに電話を入れ、出来るだけ早く両者と会見したいとの意向を告げてきた。ソヴィエト大使と話し合わねばならないことなど何一つなかった二人は、大使のご希望は自分たちの希望と同じではないと述べて、その招きを断った。四日の朝、二人はマドリードを離れ、バルセローナへ向かった。

〔訳註1〕CNTの官僚機構が決定したカタルーニャ反ファシスト民兵中央委員会の解散――第三部第8章「秘密裡の革命」、二四八～二四九ページ、訳註2を参照。

〔訳註2〕「不干渉〔委員会〕」――フランス政府の提案、イギリス政府の主導に基づき一九二六年九月にロンドンで発足したスペイン内戦の監視組織。イギリス・フランス・ソ連・ドイツ・イタリア・ポルトガルをはじめ併せて二七の国が参加し、人民戦線・フランコ側の双方への武器の売却の禁止等を謳った。しかしながら、内戦勃発の時点ですでにフランコ側に接近していたドイツ・イタリア・ポルトガルは、「不干渉委員会」の合意を無視しつつ、それまでの姿勢をなかば公然の形で継続した。一方、やはり「不干渉委員会」に加わっていたにもかかわらず共和国側への支援を打ち出したソ連の外交方針に関しては、アナキスト的な視点からの分析が本書のなかで試みられている。

〔訳註3〕パンチョ・ビーリャ――一八七八―一九二三。ある大地主を殺害したことから、流浪の生活を余儀なくされるうちにロビン・フッド的な匪賊に転じたメキシコの豪傑。メキシコ革命に際しては、北部の牛追いを結集したゲリラ軍を指導。反動的な大地主の資産を没収し、その土地を国家に引き渡した。一九二三年にチワウアで殺される。

12　リバタリアンのアラゴン

〔九月二七日の〕カタルーニャ反ファシスト民兵中央委員会の解散と、それに引き続いたCNTのジェネラリタート政府への統合は、革命の退潮をまざまざと示していた。だが、カタルーニャではCNTとFAIが自分たちの旗を下ろしている間にも、アラゴンにおける革命の方向はアナキストだけで構成された防衛評議会の設置とともに急進化していった。以来バルセローナの活動家たちは、視線をアラゴン一帯で実現されつつあった営為に注ぐようになった。アラゴンは戦乱のまっただなかに置かれていたにもかかわらず、一〇月六日、ブハラロスでは集産体の地方集会が開かれようとしていたのである。

ドゥルーティは、アラゴンにおいて提起されるどんな問題をも検討しうる地方連盟を設立する必要を倦むことなく表明してきた。当初からドゥルーティは、自分の軍団が持つ物資を提供しながら農民の自発的な運動を支援し、それを公の場で擁護してきたのだった。

何度となくドゥルーティは、スターリン主義的な傾向を帯びた民兵隊の攻撃から集産体を守らねばならなかった。スターリン主義者の指揮する〔ＰＳＵＣ系の〕民兵隊は、ある自治体では農民たちが公の集会で選出した地元の委員会を暴力的に解散させ、その集産体を破壊した。また、共同の穀倉が略奪されたり、トラクターが盗まれたりした町や村もあった。武装した者の身勝手がまかり通るジャングルのなかでのスターリン主義者のこの手の行きすぎに抵抗するため、集産体に参加した者同士の組織化が緊急の課題となったのである。ドゥルーティは、ウクライナの経験を想起していた。その一方で、他の政治組織との協調はただ否定的な結果しか生まず、他の組織との同盟は反革命的な方策のなかで終息してしまうとの確信を、日に日に彼は強めていった。

アラゴンには、革命の急先鋒となる条件が揃っていた。アナキズムは、この地方の大衆の間にすでに存在していた集産主義の伝統を強化してきていた。[訳註1]そして、実際のところアナキストに対抗しうる政治勢力は存在しなかった。

リバタリアン的な経験は可能であったし、そうした見通しはドゥルーティのような大胆で創造性に富んだ気質の持ち主を魅了せずにはおかなかった。さらにいえば、このリバタリアンの社会は正当にも農民の手で創り出されつつあったのである。あちこちの町や村で、農民は各人の土地を一つにまとめ、カシーケの資産を収用した。このようにして、集産体が形成された。連帯の理念を計画化し、展開させることだけが残されていた。九月一六日、[訳註2]まさにそのことがブハラロスにおいて表明されたのだった。会合には、あらゆる思潮の団体やＣＮＴの地方組織、それにＣＮＴ系の諸軍団の代表が出席した。[訳註3]集会は、戦争によって生み出された複雑な状況を分析した。農民たちは、占領地にいるかのようにふるまう各政党傘下の民兵隊や、ジェネラリタートのアラゴンに対する植民地主義的な政策を向こうに回して、自衛の策を講じなければならなかった。

アラゴン地方防衛評議会がその代表となる、アラゴン集産体連盟の創設が提唱された。戦争によって脅威にさらされた経済を防衛し、住民にいっそう確固とした生活の基盤を提供する発展計画を構想することが不可欠だった。アラゴンの人間たちは、彼らの土地にやってきていた二万名の民兵の生活を支える任務を〔も〕引き受けた。ドゥルーティは、自分の地区の六〇〇〇名の民兵を代表してアラゴン評議会の創設を支持した。それは、九月一五日のCNTの全国総会のなかで描かれていた計画にも呼応していた。総会では、UGTとCNTを根幹とする全国防衛評議会[訳註4]を支えるべく、地方単位の防衛評議会の形成が構想されていたのである。

南エブロ軍団の代表のアントニオ・オルティスは、ドゥルーティの意見に反対だった。また、ウエスカ地区を代表していたグレゴリオ・ホベールは、アラゴン評議会ができればジェネラリタートとの間で深刻な問題が持ち上がるだろうと指摘した。しかし、ドゥルーティによれば、カタルーニャの労働者はアラゴンの労働者と同じ大義を分かち持つことになるはずだった。そして、「いずれにせよ、アラゴンの農民たちは自分たちの生活の主人なのであり、彼ら自身の生活を意のままに組織できるのである。集産主義が肌に合っていると思ったのなら、実行に移すのは彼らの自由だし、武器を手にしてでもそれを守ればいいのだ」。

集会がなかばまで進んだあたりで、ドゥルーティは発言を求め、こう述べた。

「アラゴン地方防衛評議会を設立することが必要だ。それも急いで、だ。評議会の設置によって、われわれは団結し、指揮系統の統一に一度に対処し、さらには戦争に勝利することができるだろう。（……）スペインのなかで事態がどう推移しているのかを正確に見極めておかねばならない。私はマドリードに行ってきた。そしてそこで陸相〔首相のラルゴ・カバリェーロが兼任〕と話し合い、われわれが直面している現実を単刀直入に説明しておいた。彼は現実を受け容れるしかなかった。けれども、それだけではまだ足りない。しかるべくことを運ぶには、CNT全国総会の決議を実行に移すことが欠かせないからである。仮に全国防衛評議会が設立されなければ、われわれは一切を失う危険を冒す結果になる。だから、このゲームではファシズムに勝たなければならない。だが、われわれの提案を受け容れるよう、中央権力に圧力を加えることを可能にするためにも、われわれのあらゆる活動を調整しうる評議会をアラゴンに創設すべきなのである」。この発言から、アラゴン評議会が戦争の指導にも当たるべきだとドゥルーティが考えていたことが推察される。しかし、評議会と戦争指揮に関しては、集会参加者の間で意見が分かれていた。

CNTの慣例に従って、最終的にはすべての見解の一本化を意図した報告が作成され、その報告が満場一致で承認された。こうして、アラゴン地方防衛評議会は誕生した。アラゴン評議会は、一九三六年一二月までほとんど非合法的な形で存続しなければならなかった。CNT全国委員会からは厳しく批判され、ジェネラリタートからは叩かれ、ラルゴ・カバリェーロ政府からは攻撃され、さらには共産党からも中傷される破目になったからである。しかし、アラゴン評議会はスペインの労働者階級から称賛され、その支持を受けたのだった。

他の地方では、戦争と革命は歩調を合わせていなかった。北部の戦況には困難なものがあった。イルンはすでに陥落していた。アンダルシアでの戦いは錯綜していた。マドリードの若干の地区では、CNTとUGTが緊密に協力していた。グアダラーマ、トレード、グアダラハーラ、コルドバの各地で戦っていた軍団には、〔二大組織の傘下の〕組合が合同で食糧を供給し続けた。しかし、この〔中央部の〕戦線では、他の戦線にもまして、武器・弾薬・飛行機・戦車の不足が深刻化していた。次第に包囲網はマドリードに迫りつつあった。

当初からスペイン共産党は、コドヴィーラ[訳註5]、トリアッティ[訳註6]やその他のクレムリンからの使者たちによって指導されており、革命に敵対するために利用された。モスクワの工作員のコントレーラス[訳註7]は、後の共和国軍の雛形として提示された共産党の軍事組織である「第五連隊」を組織していた。「第五連隊」を構成した民兵たちは、最も下劣な軍事規律のなかで訓練を受けた。彼らは音楽に合わせて行進し、音をたてて踵を打ちつけながら上官に敬礼した。

アナキストたちは、マドリードに「CNT防衛委員会」を設置していた。同「防衛委員会」は、CNTの民兵隊の総司令部として、給仕をしていたエドゥアルド・バールの指導のもとに、民兵隊に武器を調達し、その兵站部の役割を果たしていた。

共産党は、政府や共和国の諸機構をめぐる謀略ゲームに完全に没頭していた。一面では社会党内に存在した確執を利用し、カバリェーロとプリエートという相容れぬ二つの傾向の指導者を対立させ、双方から利益を引き出そうと腐心した。他方で共産党は、社会党組織や警察や行政管理職等のなかに浸透していった……。この党はまた、革命を恐れるか、あるいは容易な出世に血道を上げる軍人たちを残らず取り込むことにも熱中していた。ソヴィエト大使のローゼンベルグ、『プラウダ』紙特派員のコリツォフ、スペインにおけるGPU[訳註8]の領袖オルロフ[訳註9]が、黒幕として糸を引いていた。トロツキストの烙印を押したうえでPOUMの異端の共産主義を一掃し、アナキズムを根絶し、〔反クレムリンの〕社会主義を解体せよとの厳命を携えて、オルロフはマドリードに到着したのだった。当時、モスクワをオールド・ボリシェヴィキの粛清・裁判の空気が覆っていた。スペインでは、傀儡政権に自らの意向を押しつけるため、ロシアから移植された官僚機構が同じような手段を必要としていた。不幸にも、後にネグリン[訳註10]政権〔の成立〕に伴い反革命のサイクルが一段落した際、そうした状況が現出することになる。

七月以前の秩序が回復され、正規軍が編成され、国家が社会生活と生産の全般を統制すれば、との条件を掲げたうえで、ロシアは真っ先に政府に武器を供給しようと請け合った。さらに〔右の条件が満たされれば〕、他の民主主義諸国も援助の手を差し伸べてくるはずだった。モスクワで銃殺されていた者たちの親友だったアントーノフ・オフセーエンコが持ち出したこうした論法に、カタルーニャのアナキスト指導者たちは言いくるめられ、民兵中央委員会を解散させてしまっていた。同じ論法はラルゴ・カバリェーロにも効果を及ぼした。ラルゴ・カバリェーロはファシストの破竹の進撃を目の当りにしていたが、にもかかわらずそれを阻止するだけの武器が彼にはなかったからである。武器は金《きん》で購入された。そして金はスペイン銀行の地下にあった。それに手をつけることにカバリェーロが躊躇する理由があっただろうか。ロシア側は武器を約束していた。だが、まだ何も送ってきてはいなかった。武器が届けられるためには、金がソヴィエト連邦に到着し、そこにとどめ置かれねばならなかったのである。

〔訳註1〕　アナキズムは、この地方の大衆の間にすでに存在していた集産主義の伝統を強化してきていた。――復古王政の時代（一八七五―一九二三）のスペインが生んだ最も重要な社会思想家の一人に、アラゴン出身のホアキン・コスタ（一八四六―一九一一）がいる。ホアキン・コスタ・イ・マルティネスがこの世に生を受けた一九世紀半ばのウエスカ県モンソーンの一帯には、集団耕作の伝統的な形態や農村共同体のもとでの意志決定の慣わしがなおも色濃くその名残りをとどめていた。若き日のホアキン・コスタの脳裏に刻み込まれたアラゴンの風景は、後に主著『スペインにおける農業集産主義　理論と実際』（一八九八）に結実する彼の知的格闘の原点を成している。それはさておき、一九三六年の夏にアラゴン各地を襲った革命は、単

に遠征してきたバルセローナのCNT系の民兵隊により——換言すれば「外部から」——リバタリアン共産主義思想がこの地方に移植された結果なのではないと、アベル・パスは考えている。アナキスト史家の見方に従えば、ホアキン・コスタが発見した集産主義の伝統が、アラゴン地方ではすでに内戦のはるか以前の段階でアナキズムが受け容れられるための充分な下地を用意していたのだった（Abel Paz, *Viaje al pasado*, pp. 209—210.）。

〔訳註2〕　九月一六日——アベル・パス、ケ・ヴォルテール社版、三二七ページにもこの日付が見られるが、ブハラロスでの会合はこの日ではなく「一〇月六日」に開催された。

〔訳註3〕　会合には、あらゆる思潮の団体やCNTの地方組織、それにCNT系の諸軍団の代表たちが出席した。——アラゴン地方防衛評議会の設置が決定された、一九三六年一〇月六日のブハラロスでのこの会合は正式には「アラゴン労働組合臨時地方総会」といい、フランコ派に抵抗を続けていたアラゴン地方の全市町村から一三九名の代表の参加を得て開催された。ドゥルーティ軍団やアントニオ・オルティスの南エブロ軍団をはじめ、アラゴン戦線で作戦を展開中だったCNT系の民兵隊も多数参加した。なお、アラゴン評議会の本部はアルカニス（テルエル県）に置かれることになった（アベル・パス、アンセルモ・ロレンソ社版、六〇九〜六一一ページ）。

〔訳註4〕　UGTとCNTを根幹とする全国防衛評議会——一九三六年九月一五日のマドリードの全国総会において、CNTはUGTの代表五人、CNTの代表五人、さらに共和派の代表四人で構成される全国防衛評議会の創設を要求した。この総会での議論の詳細は、セサル・マルティネス・ロレンソ、前掲邦訳、二四四〜二四九ページに譲る。

〔訳註5〕　コドヴィーラ——ヴィットリオ・コドヴィーラ。一八九四—一九七〇。イタリア系のアルゼンチン人。頻繁に「メディーナ」の偽名を用いた。早くから共産党で活動。一九三三年、コミンテルン代表としてスペインに派遣される。国際旅団の設立・運営に深く携わった。

〔訳註6〕　トリアッティ——パルミーロ・トリアッティ。一八九三—一九六四。イタリア共産党。コミンテルン書記局のメンバー。「アルフレッド・エルコーレ・エルコーリ」の別名で、内戦下のスペインの共産党組織にあって重要な役割を演じた。一九三六年の一一月に執筆されたトリアッティの論文「スペイン革命の特異性にかんして」（山崎功編集『〔新版〕トリアッティ選集』1、合同出版、一九八〇年、二二九〜二四九ページ）は、「人民革命・民族革命・反ファシズム革命」としてのスペイン内戦／革命が抱える当面の課題を「ブルジョワ民主主義革命」のそれと規定し、その見地から「封建的残存物の多い国の特徴的な諸事実の集約的な表現」以外の何ものでもないと判断されるCNTのあり方に批判的な姿勢を示している（アナルコサンディカリストの存在が「プロレタリアートに固有であるべきはずの組織と規律の精神」の覚醒を妨げていること、「無政府主義的諸原則の陰に隠れて、人民戦線の一致と団結を危険にさらしている諸分子も多く存在すること」、CNTによる「強制

的な『集産主義化』とか、『貨幣の廃止』などという無分別な、時期尚早の計画」云々）。一九三五年に採択された人民戦線理論に立脚した、コミンテルンのスペイン情勢への基本視角を知るうえで、貴重な文献であるといってよい。

〔訳註7〕コントレーラス――カルロス・コントレーラス。一九〇六―？　イタリア共産党員ヴィットリオ・ヴィダーリの変名。確信的なスターリン主義者。第五連隊や国際旅団の組織化の他、一九三七年五月のアンドレス・ニンの失踪にも関与した。

〔訳註8〕GPU――ソヴィエト国家警察。旧ソ連の国家警察機構に関していえば、一九二二年に、まずGPU（国家政治保安部）がNKVD（内務人民委員部）のなかに設置された。翌年、GPUはNKVDを離れ、人民委員会管轄下のOGPU（合同国家保安部）に改組された。三四年七月に新たな再編が行なわれ、OGPUの機能はNKVDに移されることになった。しかしそれ以降も、ソ連の秘密警察は通称としてGPU、あるいはOGPUとも呼ばれ続けた（バーネット・ボロテン、前掲邦訳、五六八ページ、第一四章「警察権力の再建」、註26）。本来ならばここはNKVDと表記されるべきところであろうが、本書では著者に従ってGPUの呼称を用いておく。

〔訳註9〕オルロフ――アレクサンドル・オルロフ。一八九五―一九七三。本名レオン・ラザレヴィッチ・フェルドビン。ユダヤ系ロシア人。スペインにおけるNKVDの最高責任者。スペイン滞在は一九三六年九月から三八年七月まで。ソ連への金《きん》の輸送、POUM弾圧やニンの失踪の黒幕と目される人物。三七年五月のラルゴ・カバリェーロの首相の座からの追い落としにも、おそらく一枚絡んでいる。スターリンの帰国命令を無視し、一九三八年八月にカナダ経由でアメリカへ逃れた。

〔訳註10〕ネグリン――フアン・ネグリン・ロペス。一八九二―一九五六。カナリア諸島出身。マドリード大学薬学部の生理学講座主任教授。プリモ・デ・リベーラの独裁時代に社会党へ入党。一九三六年九月には共和国蔵相。一九三七年五月、ラルゴ・カバリェーロ辞任の後を受けて共和国首相に。共産党より。

13　スペインを覆うスターリンの影

〔一〇月〕四日、ブハラロスの集会と〔ほぼ〕ときを同じくして、反乱軍がペルディゲーラ―レシニェーナ間の前線全域を脅かす攻撃の火蓋を切り、POUMの兵士たちとは隣り合わせだったこの地区のドゥルーティ軍団の前哨部隊のすべてを完全に打ち破った。反乱軍の目的は、オセーラとモネグリーリョを結ぶ街道を寸断し、オセーラを占領することにあった。〔当初〕敵はいくらか前進し、後に進撃を阻止された。八日、敵は砲兵隊と戦車を注ぎ込んで、新たな攻勢に出た。前回よりも大規模な攻撃だった。敵はファルレーテの近郊にまで達した。戦いは熾烈を極めたが、兵力の点で劣勢だったドゥルーティ軍団が陣地を失う結果となった。他の地区の兵力をも駆り集めたうえで、反撃に転じるための部隊が一つ急いで組織された。だが、弾薬が不足していた。そこで、ドゥルーティ軍団の民兵のうちで平穏な地点にいた者たちの弾薬が掻き集められることになった。彼らの手許には、一人につきわずか一〇個の薬莢しか残されなかった。ファルレーテでは、砲兵隊の機敏な動きが敵の策略を失敗させた。戦闘機の支援を受けて反撃が開始され、敵側は多大な死傷者と捕虜を出した。一二日、敵はもう一度、今度はPOUMの地区であるアルクビエーレの側から攻撃を仕掛け、レシニェーナを占拠した。攻撃にさらされた地区を混乱から救うため、ドゥルーティ軍団は攻勢に出る用意を整えた。民兵たちは連絡を保ち、戦局を支配していたのだったが、攻撃の右側面を受け持った「国際グループ」が戦意に駆られて深追いしすぎたため、残る味方の兵力との連絡が絶たれてしまった。「国際グループ」はペルディゲーラを制圧したものの、国民軍〔フランコ軍〕が彼らを包囲した。ベルトミューとその部下四〇人は民家に立て籠り、弾薬が尽きるまで抵抗した。二人を除いて、全員が戦死した。女の看護兵たちも銃殺された。グループの代表で、ドゥルーティのフランス亡命時代以来の友人だったベルトミューや、クレマンソーへのテロ行為で知られたエミール・コタン、ジラール、トロンタン、ブールドン、それに若い女の民兵だったジョルジェットやゲアトルディスらが命を落としたのだった。味方は八キロ前進した。しかし、ベルトミューとその部下たちの命は、そんな戦果よりもはるかに重かった。ドゥルーティはひどく消沈した。

戦況が一段落したところで、ドゥルーティはベンタ・モンソーナに戻った。そこで彼は、ラルゴ・カバリェーロが取り決めを破棄したことをベスナールから伝えられた。ためらったあげくスペイン銀行の金《きん》を徴発する機会を逃してしまったとして、ドゥルーティはサンティリャンを罵った。そして、カバリェーロの言葉を真に受けた自分をも責めたのだった。さらに正規軍化の政令という、同じくらい悪い知らせが重なった。指揮系統の序列が復活され、旧軍規に効力が付与されたのである。戦闘員たちの多くが軍団からの離脱を申請した。政府の「至上命令」になど、彼らは従いたくなかったからである。彼らに対し、ドゥルーティはどのように応えたのだろうか。

ドゥルーティは何も言わなかった。自分が破局に向かって突き進んでいて、しかも破局への転落を阻止するのは絶対に無理なのだということに気がついて、生まれて初めてドゥルーティは落胆した。彼はすべてを諦めてしまうのだろうか。決して自分の企図を断念したことのなかった、あのドゥルーティが！　アスカーソがいてくれたなら。彼はどれほどそれを痛感したことだろう！

その夜、ドゥルーティは総本部では眠らなかった。前線の向こう側に潜行して敵に打撃を加えるはずの「夜の子供たち」と一緒に、彼も出撃したのである。

〔一〇月一六日に発せられた〕正規軍化の政令は、ロシア人たちが手に入れた最初の勝利だった。彼らは自分たちの政策を押しつけた。ラルゴ・カバリェーロは彼らの術中に陥っていた。政令の布告はスペインの金《きん》のオデッサへの移送と時期的に符合していたのであるから、なおのことだった。カバリェーロが、スターリンの政策に従うことに自分の将来を賭けたことに疑問の余地はなかった。

軍事援助という名の恐喝により、ロシアの影響力は共産党の力を増大させた。おかげで共産党は、一足飛びに状況を左右するまでに成長した。そのときまで、共産党員たちはただ言葉のうえだけでアナキストやトロツキストを攻撃していた。だが、正規軍化の政令に助けられて、彼らは実力行使に移った。「第五連隊」には、人民軍の指揮官たちのその後の萌芽が認められた。「第五連隊」は、鍛えられた幹部たちの苗床だった。共産党は新たな「秩序の党」と化し、そのもとには、ブルジョワ体制期の官僚や官吏、革命に脅かされた知識人層、民兵たちから寛大には扱われなかった軍人たち、労働者や貧農の圧力にさらされた小ブルジョワジーが殺到した……。党員数の増加に伴い、共産党は中産階級の党としての性格を帯びていったのだった。

軍事の分野で自らの方針を強要していたロシア人たちは、政治の分野でもそうしようと画策した。彼らは、アナキストや「トロツキスト」との間に決着をつけねばならなかった。アナキストは正面から攻撃するにはあまりにも強大な勢力であったから、共産党はCNTの指導部を下部の大衆からすでに隔てていた距離をさらに押し広げることに決めた。リバタリアンの間で〔共産党員の〕浸透や活動家の腐敗がはびこったのは、おそらくこのときからである。後衛にあって、責任を負った各委員会の協調主義政策に抵抗していた活動家たちは、「手に負えない分子」として弾圧された。犠牲となったもう一つの組織がＰＯＵＭである。アントーノフ・オフセーエンコは、ジェネラリタート首班のコンパニスにスターリンの最後通牒を突きつけた。アンドレス・ニンはＰＯＵＭを代表して彼がジェネラリタート評議会のなかで占めていた地位から追放されねばならない、というのである。ＣＮＴがどんな姿勢を取るかが問題だった。カタルーニャの産業やアラゴン戦線に援助が是非とも必要とされていたちょうどそのときに、支援の名を借りてロシアはまたしても恐喝を行なったのだった。マリアーノ・Ｒ・バスケスとラファエル・ビディエーリャ[訳註1]とが抱擁を交した一九三六年一〇月二五日のＣＮＴ‐ＵＧＴ間の、さらにＰＳＵＣ‐ＦＡＩ間の統一協定の締結は、アンドレス・ニンのジェネラリタート政府からの追放と三七年の五月事件[訳註2]の序曲を意味した。ＣＮＴとＦＡＩの圧力から逃れようと考えて、コンパニスはＰＳＵＣと手を握った。ＰＳＵＣは、ＰＯＵＭの排除とジェネラリタートにおける自分たちの地位の改善をコンパニスに要求した。アラゴン戦線の民兵隊に狙いを定めたスターリン主義者の一大キャンペーンが、すぐさま開始された。

　正規軍化とそれが含意するものに最初に反発したのは、ウエスカの戦線にいたアスカーソ軍団の国際義勇兵たちだった。

「仮にわれわれが革命的な信条や社会変革の理念や普遍的な闘争という意味合いをこの戦争からすっかり剥ぎ取ってしまえば、それは民族自立のための戦争でしかなくなってしまうことだろう。民族自立のための戦いというのは、なるほど生か死かの問題にわれわれを直面させはするにせよ、それは新しい社会体制を志向する革命的創造のための戦争が問われているのではすでにないということをも同様に示しているのである。自分たちの手からすべてが失われてしまった訳ではないけれども、われわれとしては、すべてが脅かされており、何か思いがけない事態でも起こらない限り、勝利は不可能であるという外あるまい」

　中央部のＣＮＴの民兵隊も、「戦争か革命か」という同じ問題を提起していた。

「いかなる権利の名において、現政権はプロレタリアートを呪縛する新たな軛を鍛造することを自らに許可するというのだろうか。プロレタリアートの宿願の成就を阻んできた軛を、プロレタリアート自身が一掃してしまった後であるというのに。いかなる権利の名において、軍国主義が復活されるというのだろうか。軍国主義に充分に苦しめられてきたわれわれは、その内実を余すところなく知っているのだというのに。われわれにとって、軍国主義とはファシズムの一部なのだ。軍隊というのは、権威主義に特有の道具なのである。軍隊を廃止することは、権威主義が持つ人民を抑圧する可能性を廃棄するということだ。われわれが支えているこの戦争は、国家が布告した戦争ではない。この戦争は、われわれの人間としての尊厳を蹂躙しようと意図する勢力に対する人民の反射的な行動なのだ。結局のところ、戦争を遂行するうえでふさわしい形態と戦術を選択するのは人民でなければならない。労働者階級は、多大な血の代償を支払って手に入れたものを失いたくはない。正規軍の設立は、過去への、七月一九日に葬り去られた過去への回帰に他ならないのである」

〔一一月の〕『レスパーニュ・ヌヴェル』紙上でのドゥルーティの発言を通じて、彼の軍団もまた正規軍化の政令に回答を示した。前線の状況の説明に続ける形で、同紙はドゥルーティの発言を掲載している。

「新しい法に従うか、銃を捨てて民兵隊を出るかという二者択一を迫られて、戦闘員たちはいずれの選択肢も自分たちが推し進めようとしている革命にとって有害なものであると考えている。そして、それらが組織についての指令であるにもかかわらず、彼らの大半はどちらも選択しない立場を取るだろう。しかし、民兵たちの志気は低下している。ドゥルーティ軍団の兵力は、新しい法を無視することを決定した。ただし、政令の若干の措置が持つ積極的な面は取り入れ、それによって無規律という非難の鋒先をかわすことにした訳である。そうした手腕が発揮されるなかで、ドゥルーティの人間としての現実性であるとか、軍団や国内でのその個人的な影響力が明らかになった。ドゥルーティの現実性や影響力というのはある種の農民的な狡猾さに由来しているのだが、われわれは、その狡猾さが頑固でしかも抜け目のない態度で発揮されるのを、われわれの質問に対する彼の返答から確かめてみることにしよう。

『民兵隊において、旧軍隊の規則や指揮系統における序列が復活するというのは本当か』

『違う！　今生じているのはそんなことではない。若干の徴集兵が動員され、指揮の統一が制度化されはした。市街戦には充分な規律も、最新式に装備された軍隊を相手にした、長くて過酷な戦闘には不充分であったということだ。そうした欠点は克服されなければならなかったのである』

『規律の強化とは、どんな点を指すのか』

『今までわれわれには、独自の上官や兵力を有し（しかし、日によって異常なほど人員の異動があったのだ）、保持する武器庫、輸送手段や供給手段、それに一般住民への接し方においてバラバラで、おまけにしばしばきわめて特異な戦争観まで備えている雑多な部隊が恐ろしく多かったのである。そんな状態を続けていくのは無理な話だった。いくらか修正が施されたし、もっと施されねばならないのも確実だ』

『しかし、階級・軍隊式の敬礼・懲罰・褒賞は……？』

『われわれにはそんなものは何も必要ない。その点では、われわれは〔純然たる〕アナキストなのだ』

『軍事法廷の旧法規は、先頃マドリードで布告された政令によって発効したのか』

『そうだ。そして、その政府決定はひどい影響をもたらしている。現実感覚がまったく欠如しているからだ。政府の精神と民兵たちのそれとでは、完全に対照的だ。妥協するところははっきりと妥協するわれわれだが、二つの精神のうち、一方は他方を前にして消え去る他ないことも承知しているのだ』

『戦争が長期化すれば、軍国主義が確立されて革命が窮地に追い込まれる、とは考えていないのか』

『そうだとも！　まさにそれがあるからこそ、できるだけ早く戦争に勝たねばならないのだ！』

右のように応えながら、ドゥルーティはわれわれに微笑みかけてくる。われわれは握手を交わす」

〔訳註１〕　ラファエル・ビディエーリャ――一八九〇―？　CNT・社会党での活動を経て、一九三六年にPSUCへ。同党の創設者の一人。一九三七年から三九年にかけて、共産党よりであったにもかかわらずUGTを代表してジェネラリタート評議会に参加（労働担当）。

〔訳註２〕　三七年の五月事件――一九三七年五月二日、当時CNTが接収していたバルセローナの中央電話局に突撃警備隊が突入、建物の一階を占拠したことに端を発し、治安警備隊（正式には一九三六年九月一日をもって、「全国共和警備隊」へと組織を改編済み）・突撃警備隊、UGT・PSUCの兵力とCNT・FAI　POUMの兵力との間で大規模な銃撃戦が繰り広げられた。およそ五〇〇名の死者が出た五日間の戦闘の結果、共和国陣営のなかでの共産党のヘゲモニーが確立された（東谷岩人、前掲書、二〇四〜二〇六ページ。バーネット・ボロテン、前掲邦訳、第二八章「バルセロナ・五月事件」、四三四〜四

六二ページ)。

14　致命的な下り坂

次のような覚え書で、CNTとFAIは民兵たちの態度と政府の決定との辻褄を合わせようとした。

「政府の絶対的な支配のもとにプロレタリア勢力を置くなどというのは、幼稚なことだろう。動員された労働者は単なる兵士ではなく、工具を銃に持ち換えた労働者なのだ。だから、工場のなかでも、戦場においても、戦うという点では同じなのだ。そこで、諸組織にとっても配下の人員を掌握しておくことが望ましい。CNTは、誰からの指令も待つことなく、動員の対象となる組合員労働者に以下の指令を発することにより、その責任を引き受けるものである。CNTの統制下にある兵営か組合、そして防衛委員会に今すぐ出頭するように。そこでCNT系の軍団に編入されるための民兵の身分証が発行される手筈になっている。以上の決定を通じて、労働者階級は展開中の革命に対するその信念を今一度確認しているのである」

正規軍化の政令に、軍需産業の国有化の政令が続いた。国家の官僚制の意向を汲んだその政令は、軍需工場での労働者の統制力の喪失をもたらした。旧ブルジョワ国家機構の再建を目指すラルゴ・カバリェーロの政策が、労働者階級に敵対するものであったのは確かだった。そして、共和国陣営の他の勢力と協調するという大義名分のもとに政府の諸方策を受け容れた際、CNTはラルゴ・カバリェーロの加担者となったのである。

CNT全国総会は、政党を除外した、CNT-UGTの労働者政権を発足させようと提案した。所謂全国防衛評議会がそれだった。[訳註1] ラルゴ・カバリェーロは、初めのうちはその考えに惹きつけられたのだったが、すぐにローゼンベルグの命により呼び出された。共産党は「CNT-UGTの策謀」を非難し、社会党内のインダレシオ・プリエート派は「戦争を指導する任務から政党を切り捨てる」意図に反発した。すでに反ファシスト陣営のなかで内戦を引き起こすことも辞さなかった共産党は、労働者階級に直接その牙を剥いた。〔一〇月七日〕共産党員の農相ウリーベ[訳註2]は、動かぬ証拠によってファシストであると証明される地主の所有地以外の土地の収用は認められないとする政令を布告した。レバンテやアンダルシアやアラゴンや中央部において労働者が組織していた五〇〇の集産体は、たちまち脅威にさらされることになった。しかし〔のみならず〕、共和国内の反革命は集産化されていた運輸・鉱山その他の中枢にも同じように襲いかかったのだった。労働者が手にしたあらゆる成果が危険にさらされた。こうした共産党の政策が武力衝突に帰結するのは明らかだった。

七月二〇日の夜、国際的なプロレタリアートの支援なしではスペイン革命を推進することが不可能であるとする点で、革命家たちは一人残らず意見が一致していた。一〇月には何の希望も残されていなかった。フランスのプロレタリアートでさえ、一片の期待すら抱いていなかった。このころフランス人労働者たちが愕然とさせられたのは、自国の政府にスペインへの援助を要求するためセーヌ県社会党連盟が組織した〔九月六日の〕集会での出来事である。招かれもしなかったレオン・ブルムが姿を見せ、「スペインに大砲を！」の怒号のなかで迎えられた。このときブルムは、群集にこう語りかけたのだった。

「私のことをよくご存じの諸君なら、私の姿勢に変化のないことがおわかりのはずだ。この私が諸君の心情に同意せず、また諸君の心情を共有していない、などとお思いか。先だっての夜、冬期競輪場において、諸君はスペインの人民戦線の代表たちの話をお聞きになられた。あの日の朝、私は彼らと会見しているのである。代表たちの話に耳を傾けたときの私の感動が諸君のそれに劣るものであったと、諸君はお考えなのだろうか」

満場は総立ちとなり、「ブルム万歳！」の叫びが始まった。スペインへ送られるはずの大砲から「不干渉〔委員会〕」への称賛へと、話はいきなり変わってしまった。スペイン人労働者への裁定は、すでに下されていたのだった。

全国防衛評議会の形成が不可能となり、現実に政治の舞台に立たされたＣＮＴは、結局政府に参加しなければならなくなった。そうした道を選択することによって、ＣＮＴはその反国家的概念や過去をそっくり投げ捨て、自らを解体の危険にさらす内部危機を引き起こしたのである。スターリン主義者の情報員たちは、すぐそばから成り行きを凝視していた。カタルーニャにあって主要な役割を演じていたのは、アントーノフ・オフセーエンコである。アントーノフ・オフセーエンコは、モスクワでの一〇月革命記念日にカタルーニャからの代表団を派遣してはどうかとコンパニスに提案し、その代表団へのドゥルーティの参加を主張することまでやってのけた。コンパニスは、ソヴィエト総領事の意向をCNTカタルーニャ地方委員会に打診した。地方委員会は代表団に加わることに同意し、ドゥルーティを説得するための委員会をブハラロスへ派遣した。

地方委員会から派遣された者たちに訪問の目的を告げられると、「冗談ではない……というのだな？」と、ドゥルーティは訝しがった。そして、委員会の面々を見て笑い出した。

「CNTにとって、プロパガンダのためにはたぶん代表団に混じって代表を一人派遣するというのは都合がいいのかもしれない。けれども、われわれの革命と革命が必要としているものの意味をロシアの国民に知らせる機会がそれで与えられると考えるようでは、ソヴィエトの現実を理解していない。代表団は当局やGPUの情報員らに取り巻かれることだろう。パーティからパーティへと引き回されもするだろう。代表団は公式の演壇でのプラカードと化してしまうだろう。スペインがロシアの国民からの援助に感謝しているということが、そんな具合に彼らの目の前で示される訳だ。だから、ロシアにCNTが代表を送るというのは間違いだし、もちろんこの軍団から代表を送ったところで意味がないと私は思う。いずれにせよ、決めるのは戦争委員会なのだが」

戦争委員会は、フランシスコ・カレーニョの派遣を決定した。だがドゥルーティは、カレーニョがモスクワで公表することになるはずの、ロシア人労働者たちへの挨拶状を認める権利を要求した。その文面は次の通りだった。

「同志たちへ。以下の数行は、アラゴン戦線から君たちに兄弟としての挨拶を送るために捧げられる。アラゴン戦線では、何世紀にも亘って攻撃にさらされ、辱しめられてきた階級を解放するため、数千人もの君たちの兄弟が戦っている。君たちが二〇年前にそうしたように、だ。二〇年前、ロシアの労働者は国際的なプロレタリアートの兄弟愛の象徴である赤旗を東方に掲げた。そして、君たちが着手していた偉業に援助の手が差し伸べられるようにと、君たちはあの赤旗に全幅の信頼を託したのだった。そして、プロレタリアートに可能なすべてを差し出して君たちからよせられた信頼に献身的に応えつつ、われわれ全世界の労働者はその信頼に対する自分たちの務めを果たすすべを心得ていたのである。

今日、革命が再び生起し、同じく一つの理想を体現する旗が翻っているのは西方だ。そして、勝利するその旗は、それぞれツァーリズムと専制的な王政によって愚弄されてきた二つの国民を兄弟愛の絆によって結びつけることだろう。ロシアの労働者たちよ。今日、君たちの手に革命を防衛する任務を委ねるのはわれわれだ。自称民主主義者であれ、反ファシストであれ、政治家というものをわれわれは信用していない。われわれが信頼をよせているのは、同じ階級の兄弟たち、労働者だ。ロシア革命を擁護した二〇年前のわれわれと同じように、スペイン革命を防衛しなければならないのはわれわれの兄弟、労働者だ。

われわれを信じてくれ。われわれは正真正銘の労働者なのであって、われわれの原則を放棄することは断じてないし、労働者階級の象徴である工具を汚すことなどさらにない。

アラゴン戦線において、武器を手にしてファシズムと戦っているすべての労働者から挨拶を送る。

君たちの同志　B・ドゥルーティ

一九三六年一〇月二三日

オセーラの戦線にて」〔一一月二日付『CNT』紙。共和国側の各紙にも掲載〕

フランコ軍の進撃が迅速で、マドリードは一〇月には陥落寸前となった。そのため一〇月一八日に開かれた会合の席で、もっと安全な場所への政府移転の必要性をカバリェーロはあらゆる反ファシスト組織に了承してもらおうと試みていた。CNTを代表していたオラシオ・M・プリエート[訳註3]は「人民は、政府の所在地の変更を恥ずべき逃亡と見なすだろう」と主張し、〔首相の意向に〕反対した。CNTはこうして第一ラウンドを押さえたが、勝利は長続きしなかった。カバリェーロは、国家に対するCNTの自律性を快く思っていなかった。CNTは国家を正常化させるうえでの要であったから、彼はCNTを政府に縛りつけようとした。カバリェーロは、CNT全国委員会書記長のオラシオ・M・プリエートがCNTの入閣の支持者だと知ると、CNTに提供しうる閣僚のポストの数について、この人物と交渉することに知恵を絞った。二人は四つの職務で合意を見た。CNTの穏健な改良主義的一翼を代表するロペスとペイローは、あっさり受諾した。フェデリーカ・モンツェーニは、「活動家としての責任」から父親の助言を容れたうえで〔大臣の職務を〕引き受けた。[訳註4]ガルシア・オリベールの場合には、自分自身を納得させるのにもっと時間が必要だった。バルセローナにあって、ジェネラリタートの防衛会議から陸空軍の学校やアラゴンへ向かう民兵隊を統制していたのが彼だったからである。アウレリオ・フェルナンデスとディオニシオ・エローレス[訳註5]は警察の、アセンスは統制パトロールの指揮権を掌握していた。それらの立場を利用して、ガルシア・オリベールはPSUCを牽制していたのだった。それに、彼に取って代わりうる人材は存在しなかった。彼が〔バルセローナを〕離れることは、PSUCにとっては好都合であり、革命の成果にとっては打撃となっただろう。だが、オラシオは革命を信じていなかった。彼は、選挙の際にはCNTを踏台にするような政党へとFAIを改造してしまおうと願い、ガルシア・オリベールに強い圧力をかけたのである。すったもんだの末、ガルシア・オリベールは内閣の職を引き受ける決意を固めた。

カバリェーロとの取り引きの第二幕は、マドリード防衛のためのドゥルーティ軍団の派遣だった。ドゥルーティに会おうと、プリエートは自らブハラロスまで出向いた。しかし、ガルシア・オリベールから事前に連絡を受けていたドゥルーティは、オラシオ・M・プリエートが到着したのを見るなり、すばやく機先を制した。「私はアラゴンを離れはしない。CNTからも承認されず、共産党からは『手に負えない組織』として扱われ、さらに政府からは無視されたまま、アラゴン地方防衛評議会が存続の危機に立たされているのだからなおのことだ」。プリエートは、「規律」と「活動家としての責任」を持ち出してドゥルーティを激怒させた。「私は、革命に派生する規律以外のどんな規律も認めない」。そして「責任」については、「後衛においては、活動家としてのかつての責任は忌まわしい官僚主義風の責任に取って代わられてしまっているではないか」。

「前線の戦闘員たちの無責任さ」を罵りながら、オラシオはブハラロスを後にした。そしてマドリードに着くや否や、彼は四人のCNTの組合員の入閣のための手続きの仕上げを急いだ。オラシオ・M・プリエートは、ドゥルーティの態度を知ってフェデリーカ・モンツェーニがためらうのを恐れていたのだった。話はそれだけにとどまらなかった。〔オラシオ自らの指名とはいえ〕[訳註6]何せ「お馴染みの伝説の匪賊」の一人、ガルシア・オリベールが法務省の仕事を取り仕切ろうとしていたのである。

〔訳註1〕　CNT全国総会は、政党を除外した、CNT・UGTの労働者政権を発足させようと提案した。所謂全国防衛評議会がそれだった。——二大労組の組合員のみで構成されるラルゴ・カバリェーロ首班の「革命政府」の構想は、九月三日にマドリードで開かれた「地方連合全国総会」の席で、カタルーニャ代表により提案された。しかし、実際にはこの提案は以後「検討に付されること」とされたにすぎない（セサル・マルティネス・ロレンソ、前掲邦訳、二四二ページ）。ジェネラリタート入閣が密かに決定された八月下旬の「カタルーニャ地方の地区・地域総会」（第三部第8章「秘密裡の革命」、二四八〜二四九ページ、訳註2を参照）を経て、CNT上層部の、ブルジョワ共和派をも含む他の反ファシスト勢力との共闘志向の論理的帰結としての共和国政府への歩みよりの姿勢は、すでに否定しがたいものとなっていた。すでに見た通り（第三部第12章「リバタリアンのアラゴン」、二八二ページ、訳註4）、九月一五日に再び開催された「全国総会」がその創設を発議した「全国防衛評議会」には、二大労組の組合員ばかりでなく共和派の参加も想定されていた。従って、本書では二つの「総会」の議事内容の違いが無視、ないしは軽視されてしまっている（アベル・パス、アンセルモ・ロレンソ社版、六二五ページは、この「全国防衛評議会」に「CNTとUGTを柱とし、各政党は副次的な役割を演じるにとどまる政府」との説明を加えている。ただし、九月の二度の「総会」の討論に認められるニュアンスの差異には触れていない）。

〔訳註2〕　ウリーベ——ビセンテ・ウリーベ・ガルデアーノ。一九〇二—?　スペイン共産党員。第二共和国農相（一九三六）。共和国亡命政府蔵相（一九四七）。

〔訳註3〕　オラシオ・M・プリエート——オラシオ・マルティネス・プリエート。一九〇二／ビルバオ—一九八五／パリ。建設工。元来は「純粋」アナキズムを支持し、サンディカリズムには敵対する立場にあった。FAIに加わった経験はない。一九三二年にCNT加入。FAI派と「三〇人派」の抗争に際しては、双方から距離を置き、両派の和解の可能性を模索した。一九三六年にはCNT書記長に（二度）就任。すなわち、同年五月のサラゴーサ大会の後、彼自身の見方によれば、当時のCNTを支配していた理論上の混迷と現実感覚の欠如に失望し（一旦は）書記長の座を退くが（アベル・パス、ナウティルス社版、七〇五ページ）、一〇月、同じ役職に復帰した。この間、ダビー・アントーナが暫定的に書記長の任に当たっていた（アベル・パス、アンセルモ・ロレンソ社版、六二八ページ）。内戦後は亡命先で数多くの著作を執筆、「リバタリアン的現実主義」を主張した。邦訳に、オラシオ・マルティネス・プリエト、今村五月訳『スペイン革命　アナキズムの墓場』ＪＣＡ出版、一九九〇年。

〔訳註4〕　フェデリーカ・モンツェーニは、「活動家としての責任」から父親の助言を容れたうえで〔大臣の職務を〕引き受けた。——F・モンツェーニの父親（ファン・モンツェーニ／フェデリーコ・ウラーレス）については、第二部第10章「人民戦線の勝利」、一七五ページ、訳註1を参照。

〔訳註5〕ディオニシオ・エローレス——?—?　CNTカタルーニャ地方委員会のメンバー。一九三六年九月以降、ジェネラリタートの公安部責任者。

〔訳註6〕〔オラシオ自らの指名とはいえ〕何せ「お馴染みの伝説の匪賊」の一人、ガルシア・オリベールが法務省の仕事を取り仕切ろうとしていたのである。——著者に従えば、オラシオ・M・プリエートが思想的に自らに近い穏健なサンディカリスト（ペイローとロペス）のみならず、組織の左翼を代表するFAI派（フェデリーカ・モンツェーニとガルシア・オリベール）の入閣をも望んだのは、ラルゴ・カバリェーロ政権へのCNTの協力を下部の組合員たちに納得させるうえで、それが最善の策であろうとのオラシオ自身の判断に基づくものであった（アベル・パス、アンセルモ・ロレンソ社版、六二九ページ）。

15　政府なきマドリード万歳！

CNTの四人の組合員が閣議の席に着いたときには、ファシストたちはすでにマドリードの城門にあって、〔市の中心部にある〕プエルタ・デル・ソルを砲撃していた。政府と大勢の要人たちはパニック状態に陥っていた。閣僚たちは、〔マドリードを〕脱出する指令を出すようラルゴを急き立てた。

砲撃がカタルーニャ広場にまで達していた訳ではなかったにしろ、バルセローナも動揺が広まっていた点では同じだった。マドリードへ送られる支援について議論するため、ジェネラリタートの防衛会議はアラゴン戦線の軍団の代表たちを招集した。POUMとCNT以外の代表たちは、正規軍化の政令のおかげで手に入った、階級に応じた制服を着用していた。防衛会議の責任者だったディアス・サンディーノ大佐[訳註1]とアバ・デ・サンティリャンが、共和国の首都を取り巻く際立って深刻な状況を説明した。全員がドゥルーティの方を振り返った。彼は何も言わなかった。話は何も具体化しなかったが、戦闘員たちの志気を高める目的でラジオ演説を行なってはどうかと、ドゥルーティは勧められた。

会合を終えて外に出たドゥルーティは、二〇年代以来の古参の同志マルコス・アルコーンやその他のやはり以前からの同志たちと出くわした。彼らは連れ立って夕食にでかけた。夕食の席で話題になったのは、ただ一つ、全員が憂慮していた革命のことだけだった。ドゥルーティは、反革命の進展とCNTとFAIの陣営内での官僚主義的退廃に心中穏やかではなかった。彼は、ラジオでの演説の際にこの問題を持ち出すつもりだった。アルコーンは、「この演説が多くの『責任のある』同志たちの間に引き起こした効果の度合や、さらにもっともなことだったが、カタルーニャの政界が感じたパニックの深さ」について思い起こしている。「彼らは縮み上がってしまった。さえない反ファシズムの名目のもとに何をしてみたところで、革命を絞め殺すことなどできはしないのだと、ドゥルーティが彼らにひどく辛辣な言葉で言い渡したからだった。〔……〕新聞に掲載されたラジオ演説のテキストは検閲済みのものだった〔……〕。ドゥルーティの話は、革命から漁夫の利を得ようとした者たちには本当に半手打ちのように響いたことだろう」

検閲を経た演説のテキスト〔一一月五日付『労働者の連帯』紙〕は次の通りである。

「労働者たちよ！　私はカタルーニャの人民に呼びかける。四ヵ月前には、自分たちを軍靴のもとに踏み拉こうとした軍人どもの壁を粉砕することのできた高潔な人民に訴える。私は、サラゴーサから数キロのところにあって、〔サラゴーサの象徴ともいうべき〕聖ピラール教会の尖塔を見つめているアラゴンの兄弟たち、同志たちからの挨拶を携えてきた。

マドリードには脅威が迫っている。にもかかわらず、人民はしっかりと踏み応えているし、その人民を後退させるものは何一つないのだということを明らかにしておかねばなるまい。

アラゴンにうごめくファシストの群れを相手に、われわれはアラゴン戦線において抵抗を続ける。そして、われわれはマドリードの兄弟たちに自力で抵抗せよと呼びかけるものである。カタルーニャの民兵たちにしても、〔七月に〕ファシズムを打倒するためにバルセローナの街頭へと繰り出したように、彼らは彼らでその義務を果たすことができるであろうからだ。

現在、一刻を争う義務とは何でなければならぬのか、労働者組織は忘れてはならない。前線では、塹壕のなかでは、一つの考え方が、ただ一つの目的があるだけだ。しっかりと眼を開き、ただファシズム打倒の意図を胸に前を見据えよう。

われわれは謀略や内部抗争を止めるよう、カタルーニャの人民には求めたい。状況をよく見てもらいたい。反目だの権謀術数だのは終わりにしてしまおう。そして、戦争のことを考えるのだ。カタルーニャの人民には、前線で戦っている者たちの努力に応える義務がある。総動員以外に手はあるまい。いつも同じ顔ぶれが動員されるべきだ、などと考えるようなことがあってはならない。カタルーニャ出身の労働者たちが〔アラゴン〕戦線に身を置く責任を引き受けねばならないのであれば、〔後衛に残る〕カタルーニャの人民に対し、都市に住む者たちの犠牲をも要求するときが来た。後衛の全労働者の効果的な動員が必要だ。なぜなら、すでに前線にいるわれわれは、われわれの背後にどんな人間たちが控えているのか知っておきたいからである。

また、今は賃上げや労働時間の短縮など誰も考えないでほしい。すべての労働者の、なかでもCNTの労働者の義務は、自身を犠牲にして顧みないこと、必要と思われることなら何にでも取り組むことである。

謀略やその類を止めるよう、私は各組織に呼びかけ、そしてお願いする。われわれ前線の人間は、就中CNTとFAIには誠実であることを求めるものである。われわれは、指導者たちには誠実であってほしいと願う。この戦争には現代の戦争のあらゆる悪弊が備わっており、それがカタルーニャに重くのしかかっている。戦争が長期化するようなら、カタルーニャの経済を〔改めて〕組織するところから始めなければならなくなるという現実を指導者たちは肝に銘じておくべきだ。

戦闘がより優れた何かのためになされるというのが真実ならば、民兵たちがそのことを君たちに示すだろう。民兵たちは、彼らを支援するための購読の申し込みを〔労働〕新聞紙上に見つけたり、彼らのための物資の援助を求めるビラに目を止めては、赤面している。ファシストたちの戦闘機が飛来すると、彼らの新聞が投下される。反乱軍の新聞にも同じような購読の申し込みや助言が掲載されているから、赤面してしまうのだ。君たちが危険を断ち切りたいのであれば、一枚岩のブロックを形成しなくてはならない。

前線のわれわれは、後衛に責任と保障とを望んでいる。そして、われわれは組織がわれわれの連れあいや子供たちにも配慮してくれる組織であることを要求する。

布告された正規軍化がわれわれに恐怖心を植えつけ、鉄の規律を強要するためのものならば、そんなものは間違っている。われわれはこの政令を作成した人間たちを前線へと招待することにしよう。彼らにわれわれの倫理・規律を見てもらった後で、今度はわれわれが後衛の倫理・規律と自分たちのそれとを比べに来てみることにしよう。

沈着冷静を保て。前線には混沌も規律の欠如もない。われわれは一人残らず責任を自覚しているし、君たちがわれわれに委ねてくれた貴重なもののことは承知しているのである。心配せずに眠りに就くがいい。けれども、君たちに経済のことは任せたうえで、われわれはカタルーニャを離れたのだ。責任を持ち、自分たち自身に厳しくあってくれ。自分たちの無力から、この戦争が終わった後で、われわれの間で新たな内戦を引き起こすようなことがあってはなるまい。自分の党の方が政策を押しつけることができるほど強い、などと各人が考えているようではいけない。ファシストの暴虐に対し、われわれは単一の組織を対置すべきだ。統一的な規律に裏打ちされた、単一の組織が存在しなければならないのである。

何があろうと、ファシストの暴君たちがわれわれの立っている土地を突破することはない。これが戦線の合い言葉だ。奴らには、きさまらは通れはしない！　と、そして君たちには、奴らを通すな！　と、言っておこう」

マドリードにあって、逃げ出そうと考えていたのは閣僚たちばかりだった。全市民が抵抗の用意を整えていた。女や子どもはバリケードを築いた。退却してきた民兵たちは、首都にみなぎる抵抗の精神に触れると、もうそれ以上は後退しないことにした。閣議の間では、重苦しい空気のなかでカバリェーロがバレンシアへの政府の即時移転を提案した。アナキストの大臣たちは反対した。ＣＮＴの閣僚四人全員の名において、ガルシア・オリベールはこう言った。

「立ち去る、だと？　だが、われわれはここに着いたばかりじゃないか！　駄目だ！　政府はマドリードにとどまらなきゃいかん。そして、大臣たちは本当の目付役として、戦いを鼓舞し、さらにはバリケードの矢面に立つべきなのだ」

他の大臣たちがそんな具合に考えていなかったのは明らかだった。彼らはこのときの人民の熱情から遠く隔たっており、ただ自分たちの身の安全を確保することだけに汲々としていたのである。彼らの姿勢は政府の内部危機を引き起こしかねなかったから、ＣＮＴ全国委員会〔オラシオ・Ｍ・プリエート〕はすぐにも政府がマドリードへ戻るという線での譲歩を打診した。大臣たちは、ほっと一息つくことができた。首都では、閣議とは正反対の事態が生じていた。無名の弁士たちが人民に熱弁を振るい、ラジオは抵抗を励ます演説を放送した。CNTとUGTは、「自由か死か」の合い言葉を掲げていたのである。

マドリードを脱出したお役人の一行は、バレンシア街道伝いに四〇キロほど行ったタランコーンの町で、シグエンサでの戦闘を終えてきたCNTの戦闘員の生き残りが築いた検問所に出くわした。シグエンサでは、数多くの死傷者が出ていた。大隊の代表者のビリャヌエーバはマドリードの事情は把握していなかったが、首都からのいかなる逃避をも阻止し、検問に姿を見せた人間はかまわず武装解除せよ、との指令を「CNT防衛委員会」から受けていた。

タランコーンでは、銃を手にした民兵たちがあらゆる車に停車を命じていた。「どこへ行くんだ?」。

「バレンシアへ、だ」

「何の目的で?」

「特殊任務だ」

特殊任務の花盛りである。このころ、恥ずべき輩や臆病者たちはこぞって特殊任務をでっち上げていたのだった。民兵たちは、真に受けなかった。

「お前たちは臆病者だ。マドリードへ戻るんだ!」

ある者は、恥じ入って引き返していった。なおも先へ行こうとする者もいた。

「いいだろう。ただし、武器は置いていけ。バレンシアじゃ、お前たちにはそんなものはぜんぜん必要ないんだからな」

一台の車に、ペドロ・リコが乗っていた。マドリード市長で、腹の突き出たこの男の顔には、パニックの相が浮かんでいた。

民兵たちは笑った。

「お前まで逃げたいというのか。お前を銃殺しなくちゃならんようだな!〔小心者には自分に向けられた銃身を見据えられないだろうから〕壁を向くんだ！」

リコは罵声のなかを引き返し、マドリードに着くや某国の大使館に駆け込んだ。

ビリャヌエーバは、果敢で精力的な男だった。〔マドリードの〕モンターニャ兵営やグアダラハーラやシグエンサで奮戦した。後にはマドリード防衛に参加して、カサ・デ・カンポで戦っている。彼は〔一九三七年一二月から翌年二月にかけての〕テルエルの戦いで死んだ。戦時につきものの偶然から、彼は共和国政府を嘲笑の渦に巻き込んだ逸話の主役となった。少なからざる指導者たちの臆病さが白日のもとにさらけ出されたのである。その逸話を、エドゥアルド・デ・グスマン[訳註2]はこう語った。

「自動車の一団が到着する。民兵たちが通行を制止しようとすると、誰かが叫ぶ。

『道を開けろ！　大臣が数名乗っておられるのだ！』

乗車している者は、全員下りなければならなくなる。なかの一人がビリャヌエーバの前に歩み出る。

『こいつは蹂躙だ！　私は外相で、バレンシアへ向かっているところだというのに』

この人物に、ビリャヌエーバが応える。

『動乱の今このとき、あなたは大臣として人民の側にとどまらなくてはならない。あなたたちが逃げ出してしまえば、戦闘員の士気が殺がれてしまうことになるのだから……』

さらにもう三、四名が現れた。共産党員のヘスース・エルナンデス[訳註3]とビセンテ・ウリーベ、それにCNTのフアン・ロペスの閣僚たちである。ビリャヌエーバは彼らの武器を取り上げ、ある部屋に通す。びくびくしながら、一人が問い質す。

『諸君は何をするつもりなのだ？』

『個人的に言わせてもらえば、明日、戦闘に入ったところで、お前たちを前線に連れていってやりたいものだ……』

『そりゃ、ひどい！』

『お前たちを銃殺にしたら、もっとひどいだろうな。その方がお似合いなんだが』」

この勇敢なアナキストは、マドリードを逃げ出したとして、外相の社会党員アルバレス・デル・バージョ[訳注4]以下の右の大臣数名に加え、ポサスとアセンシオの両将軍[訳注5]らの身柄も拘束した……[訳注6]。ビリャヌエーバは「CNT防衛委員会」書記のエドゥアルド・バールに電話を入れ、逮捕者全員の処分を問い合わせた。彼らを勾留しておいたところで何ら問題を解決するものではなかったから、バールは全員を釈放するようビリャヌエーバに指示した。ビリャヌエーバは、その措置をあまり快く思わなかった。バールとしては、政府をバレンシアへ移す閣議の決定について彼に説明するため、オラシオ・M・プリエートと一緒にタランコーンへ行く外なかった。あげく、ビリャヌエーバは逮捕者たちに向かって言い放った。

「私は反対だが、組織はお前たちを自由にしてくれるそうだ。お前たちは、バレンシアへ行けるって訳だ。だが、今日の自分たちの敵前逃亡と、奮戦するマドリードの人民のヒロイズムを絶対に忘れるんじゃないぞ……」

閣僚たちは車に乗り込むと、大急ぎで出発した。閣僚たちが去ったところで、ビリャヌエーバは叫んだ。

「さあ、これからわれわれがマドリードを救わなけりゃいかんぞ！」

一一月七日夜の戦闘は熾烈だった。民兵たちがしっかりと持ちこたえ、退却せずに戦ったのは、初めてのことだった。スピーカーは、「マドリードをファシズムの墓場に」と訴えていた。CNTのマドリード組合連合は、ラジオを通じて呼びかけを行なった。

「戦うマドリードは、大臣や警官や『物見遊山の輩』がいなくなったおかげで、ますます自らを確かなものと感じている（……）。マドリードの人民・労働者階級は、バレンシアやカタルーニャに去ってしまった連中などただの一人も必要としない。大臣のいないマドリードは、ファシズムの墓場と化すだろう。民兵たちよ、前進せよ！　政府なきマドリード万歳！　社会革命万歳！」

バレンシアでCNTとFAIが発表した宣言は、もっと過激なものだった。

「マドリードの女たちや子どもたちには、それにマドリードの老人たちや傷ついた者たちにも、われわれの家とパンを。けれども、武器をひけらかしながら車でご到着の臆病者や脱走者には、われわれの蔑みを。同志たちよ！　この手の輩を排除し、連中が生き延びられぬようにしてやらねばなるまい！」

自分たちの指導者にさえも向けられたＣＮＴの敵対的な反応は、大衆の間で支配的だった、統治者たちに対する不満に合致していた。ドゥルーティの姿勢は大衆と同じだった。そのドゥルーティに、あらゆる期待が集中するようになった。だからこそ、ドゥルーティがラジオで――先に引用しておいた――演説を行なうという知らせが流れると、街頭に設置されたスピーカーでそれを聞こうとする人間たちでバルセローナのランブラスはあふれたのだった。ドゥルーティは、プロレタリアートが感じていたことを大きな声で表現してみせた。

「今われわれが行なっている戦争の目的は、前線の敵を制圧することだ。だが、敵は彼らだけだろうか。否！　われわれのなかに潜み、革命の成果にはむかう者も敵だ。われわれは、そうした分子も〔前線の敵と〕同じように粉砕してやろう」

この演説の後、瞬く間にドゥルーティの人気は急上昇した。『労働者の連帯』紙をも含めてあらゆる新聞が、彼の演説に検閲を加えたにもかかわらず、である。ただレリダの『アクラシア』紙のみが、手を入れずにそのままドゥルーティの演説を掲載したのだった。

同じような言葉使いに訴える者は他にもいたが、同じような信用を勝ち取ることはなかった。彼らにあっては、ドゥルーティほどには言葉と行為とが緊密に共振していなかったからである。ドゥルーティは、正規軍化に「否」と言い、自分の軍団の素朴な組織形態を維持した。階級章に「否」と言い、軍人としての地位を享受することがなかった。特権に「否」と言い、一人の民兵として生きた。階級のない社会を求めて戦い、その軍団は通過した地域の私的所有を廃絶した。ドゥルーティは、革命の生きた象徴へと転じていたのである。

〔訳註1〕**ディアス・サンディーノ大佐**――フェリーペ・ディアス・サンディーノ。一八九一―？　一九三六年七月の軍事クーデタの際、共和国陣営にとどまりプラット空港（バルセローナ）を死守。ジェネラリタートの防衛会議の一員に任命された。内戦終結時にスペインを脱出し、亡命生活へ。

〔訳註2〕**エドゥアルド・デ・グスマン**――エドゥアルド・デ・グスマン・エスピノーサ。一九〇九―？　ＣＮＴの活動家・新聞記者。『ラ・ティエラ』『ラ・リベルター』紙を経て、内戦中はアナルコサンディカリスト紙『カスティーリャ・リブレ』の編集長を務める。著作に『希望の死』『勝利の年』『赤と黒のマドリード』等がある。

〔訳註3〕　ヘスース・エルナンデス――ヘスース・エルナンデス・トマス。一九〇七―一九七一。一九三〇年からスペイン共産党中央委員会のメンバー。ソ連滞在を経て、共産党執行部のメンバー。党機関紙『ムンド・オブレーロ』の編集長。ラルゴ・カバリェーロとファン・ネグリンの両政権では教育・文化相。内戦後はオラン（アルジェリア）、次いでモスクワへ。コミンテルンの執行委員会にも名を連ねたが、一九四三年に党籍を剥奪された。

〔訳註4〕　アルバレス・デル・バージョ――フリオ・アルバレス・デル・バージョ。一八九一―一九七五。社会党員。ラルゴ・カバリェーロ政権当時、外相・国際連盟のスペイン代表を務めた（一九三六―三七）。次第に共産党に接近し、同党が強い影響力を発揮したネグリン政権で外相の地位に返り咲く（一九三八―三九）。

〔訳註5〕　ポサスとアセンシオの両将軍――当時、セバスティアン・ポサス・ペレア将軍（一八七六―一九四六）は中央戦線方面の軍司令官の地位にあり、タランコーン（クエンカ県）に参謀本部を設置せよとの命令を陸軍省から受けていた。ホセ・アセンシオ・トラード将軍（一八九二―一九六一）の方は、このとき陸軍省の副書記を務めていた。

〔訳註6〕　この勇敢なアナキストは、……外相の社会党員アルバレス・デル・バージョ以下の右の大臣数名に加え、ポサスとアセンシオの両将軍らの身柄も拘束した……。――原文には、「上記の閣僚たちに加えて、外相の社会党員アルバレス・デル・バージョ、ポサスとアセンシオの両将軍らを拘束」とあるが、エドゥアルド・デ・グスマンからの引用のなかにすでに「外相」――アルバレス・デル・バージョ――が登場しているため、このように内容を改めておく。

16　マドリードへ！

ドゥルーティのマドリード行きを最初に要請してきたのは、中央地域のＣＮＴの活動家たちだった。一一月八日から九日にかけてドイツ軍の戦闘機の爆撃にさらされながら開かれた会合の席で、彼らは首都を防衛する者たちの闘争心を今一度掻き立てるために、すでに伝説と化していたドゥルーティの名に訴えることを思いついたのである。ブハラロスへ足を運んでドゥルーティを説得するための代表に、ダビー・アントーナとミゲル・ゴンサーレス・イネスタールが選ばれた。

バレンシアに移った政府も同じ考えで、フェデリーカ・モンツェーニがドゥルーティを説き伏せる役目を引き受けた。

ガルシア・オリベールが去った後、サンティリャンが指揮していたバルセローナの防衛会議でも、やはりドゥルーティの名前が上がっていた。顧問府において、ソヴィエト総領事のアントーノフ・オフセーエンコは、マドリードへの増援が迅速になされるようならば、ロシア人には武器を供与する用意があると申し入れた。〔その背後で〕バルセローナにおけるGPUの指導者「ペドロ」[訳註1]は、ドゥルーティの首都到着が生み出すであろう効果を無にするため、マドリードへの兵力の派遣を急ぐようPSUCに助言した。PSUCは「自由-ロペス・ティエンダ」と名付けられた軍団を急遽編成しなければならなかった。この軍団は、〔七月の革命の際に〕軍隊が自然解消した後、バルセローナ界隈にあって手持ち無沙汰なときをすごしていた三五年次の補充部隊の兵員や、前線で離散したスターリン主義者の軍団の敗残兵、いかがわしい軍人、それにUGTの組合員証やPSUCの党員証を持った義勇兵を軸に構成された。九日、この軍団は教練も受けぬまま、わずかな武器を携えてバルセローナを後にした。事実、「自由-ロペス・ティエンダ」軍団はドゥルーティよりも先にマドリードに入った。「自由-ロペス・ティエンダ」軍団は、そこでひどく悲しい役回りを演じたあげく、四八時間の作戦行動の末に壊滅する。国民軍（フランコ軍）がフランス人橋を通ってマンサナーレス川を渡ってしまった責任は、この軍団にあった。そして、「自由-ロペス・ティエンダ」軍団の総崩れは「寝返り」という悪辣な中傷を生むことになった。国民軍のフランス人橋突破の責めをドゥルーティ軍団に負わせたこの中傷は、共産党によって広められた。[訳註2]

サンティリャンは急いでアラゴン戦線の軍団の全代表を招集し、一一月一一日夜、彼らを交えて会議を開いた。首都を救うために出撃する一万二〇〇〇名の先頭に立つのはドゥルーティ以外にないとする点で、代表たち全員の意見が一致した。ドゥルーティ本人は、〔マドリードへ〕行くことを決して望んではいなかった。感情が高じて、アラゴン戦線に自分を残してくれるよう懇願したりもした。ドゥルーティは、サンティリャンにこう言っている。

「この私がそうしているようにサラゴーサの街を走る路面電車を思い浮かべてみれば、君だってマドリードへ行こうとは思うまい」

サンティリャンは、サラゴーサ攻撃を考えても意味がないと応えた。するとドゥルーティは、軍団のなかで自分よりも有能な人材である〔と彼自身が考えていた〕ジョルディの派遣を提案した。だが、戦闘員たちの士気を高揚させるには彼の名前、ドゥルーティが大事なのだと言って、サンティリャンは彼の考えに反対した。結局、ドゥルーティは折れたのだった。

一二日の朝、ドゥルーティはブハラロスへ電話を入れ、ホセ・ミラとリベルト・ロスを代表とする第一・第八大グループと、各国からの義勇兵〔だけ〕からなる第四四・第四八・第五二の百人隊にマドリードへ出撃する用意を整えるよう求めた。これらの兵士は、すでにシエタモとフエンテス・デ・エブロを押さえ、ファルレーテでの反撃の先頭に立っていた。総勢は、およそ一四〇〇名。ダイナマイトの扱いを充分によく心得た、かなりの数の鉱夫が混じっていた。戦争委員会は、ミゲル・ジョルディ、「リコ」ことリカルド・リオンダ、マンサーナ、さらにドゥルーティの秘書のモラが構成することになる。

民兵たちを乗せたバスは、一三日の朝にバルセローナに到着した。民兵たちは四八時間もの間睡眠を取っていなかったが、夜になるとバルセローナ港の八番倉庫でロシア人が買い付けていた銃器の試射を行なった。それらは古びていてひどい状態にあり、きちんと装填できる弾薬すらない、スクラップも同然の代物だった。夜が更けたところで、一行はバレンシアを目指し、貨物列車で出発した。バレンシアに着いたのは一四日の昼である。

ドゥルーティが「バクーニン」兵営で行なった、彼と一緒にマドリードへ行こうとしていた民兵たちに向けた演説の内容については、誰も語らなかったし、どこにも掲載されなかった。それでも、同志たちを前にして語られ、特に彼らに捧げられたその演説は、ドゥルーティが行なった数ある演説のなかで最も感動的なものだった。外国から馳せ参じた義勇兵のマシュー・コーマンが、それを簡潔に要約している。

「君たちは私とともにマドリードへ行きたいのか。それとも行きたくないのか。われわれ全員にとって、それは生か死かの問題だ。勝つか死ぬかのいずれかだ。なぜなら、敗北は恐ろしいもので、われわれには負けてなお生き延びることなど覚束ないからだ。だが、われわれは勝つ。私は勝利を確信している。ただ一つ、兵営から君たちに話しかけねばならないことだけが残念だ。兵営などというものが残らず廃止され、リバタリアン的な体制のもとにわれわれが生きるときが、いつかはやって来るであろうからだ」

ドゥルーティは演説を続け、未来の社会像を描いてみせた。そのあまりの鮮明さに、聞いていた同志の多くが泣き出した。演説を終えると、ドゥルーティは同じ質問に立ち返った。「私と行くのか、行かないのか」。全員が声をそろえ、心の底から「行く」と応じた。

一四日の午後、軍団の到着に備えようと、ドゥルーティとガルシア・オリベールはマドリードへ飛んだ。マドリード防衛作戦の立案者だったロホ[訳註3]とミアハ[訳註4]は、一六日の反攻を計画していた。同じ〔一四日の〕夜、彼らは指令書を作成した。「自由-ロペス・ティエンダ」軍団は、それによりドゥルーティの指揮に服することを義務づけられた。〔にもかかわらず〕「自由-ロペス・ティエンダ」軍団の軍人たちやスターリン主義者の上官たちは、指令を無視して直接ロホから指示を仰ぎ続けた。

ドゥルーティ軍団は、一五日の朝九時にマドリードへ到着した。大衆の想像力が軍団の兵力を誇張することになった。メラが聞いたところでは一万六〇〇〇名、「エル・カンペシーノ（百姓）[訳註5]」が聞いたところでは六〇〇〇名だが、歴史家たちは四〇〇〇名と書き記している。確実なのは、合計でも一八〇〇名を超える数字ではなかったということである。ドゥルーティ軍団は、ただちに理学部・歯科学校・医学部・薬学部、それにサンタ・クリスティーナ救貧院を含む地区一帯を受け持つことになった。夜に入り、メラが参謀長のロホに進言していた反攻について議論するため、セラーノ街一一一番地に置かれた「CNT防衛委員会」で話し合いが持たれた。その席で、バール、メラ、ドゥルーティ、ガルシア・オリベール、マンサーナ、ジョルディ、フェデリーカ・モンツェーニらが顔を揃えた。ドゥルーティがメラに尋ねた。

「われわれが反撃すべきだと、君は本気で考えているのか」

「よく頭にたたき込んでおくんだ」と、メラは応えた。「敵が前線の向こう側だけにいる訳じゃないってことを。ミアハ将軍のわれわれに対する態度はどうやらまともなようだが、共産党員たちが彼を取り囲んでいるのだ。そして、最も傑出したアナキストのゲリラ戦士であるドゥルーティがマドリード防衛の戦いに勝利して名を上げることを、あの党は望んでいない。連中は、でかいポスターや騒々しい音楽隊を使って、自分たちだけが首都防衛の立役者として登場するのを狙っているからだ」。

「そんなことはわかっている」と、ドゥルーティは言った。「アラゴンで作戦を展開していた軍団全部と一緒でなければ、私だってこんなところに来たくはなかった。われわれが状況を救いうるものかどうかを確かめるために、わずかな兵力を率いて私にマドリードへ移るよう要求したのは、他でもないわれわれの組織なのだ。事態の重大さに照らして、私の指揮下にある兵力のアラゴンからの総引き上げは無理だ。兵力の移動が一刻を争う以上、完全に人員を入れ替えるには時間が足りないからだ。政府も私にはっきりとそう告げた。結局そんな具合だから、今できることといえば、君が言う通りわれわれの二つの軍団を統合することだろう。それならできそうだ。君の軍団を今いる場所から引き上げさせたうえで、われわれの軍団に合流させよう」。

「目下の状況では」と、メラが口を挟んだ。「両軍団の統合は不可能だ。ミアハが反対するだろう。われわれが自分たちの押さえている区域を死守すべきであることを、ミアハはよく知っているからだ。何しろ、一番微妙な区域の一つなのだ」。

「よし、ならば、私は自分の部下たちとだけで、命じられている通りに動かねばならないということだな」と、ドゥルーティは強い口調で言った。「つまり、早朝、ベラスケス館方面で反撃を敢行し、マンサナーレス川のところまで進撃しなければならないという訳だ。部下たちが休息を取り、敵の所在をもっとよく把握するためには、もう一日あればもっとよかったんだが。しかし、ここは命令に従ってやってみることにするか」。

〔訳註1〕　バルセローナにおけるGPUの指導者「ペドロ」——共産主義の活動家エルネ・ゲレの別名。この人物については、第四部第2章「ドゥルーティの死から利益を引き出すことができたのは誰か」、三六五ページ、訳註8を参照。

〔訳註2〕　……「自由—ロペス・ティエンダ」軍団の総崩れは「寝返り」という悪辣な中傷を生むことになった。フランコ軍のフランス人橋突破の責めをドゥルーティ軍団に負わせたこの中傷は、共産党によって広められた。——フランコ軍がフランス人橋を突破したのは、ドゥルーティ軍団がマドリードに入ったのと同じ一五日。ドゥルーティ軍団がマドリード戦線での戦闘に突入したのは一六日に入ってからのことであるから（マルティネス・バンデ）、同軍団はフランス人橋をめぐる攻防には一切関わっていなかった（本章にある通り、ドゥルーティ自身はガルシア・オリベールと一緒に一足早く——一四日の午後——マドリードに着いていた）。ところが、当時のマドリード戦線を描写した歴史家ロバート・G・コロドニーの記述では、ドゥルーティ軍団は一一月一四日にはマドリードに到着したことになっており、しかもマンサナーレス川によってマドリード市街

から隔てられているカサ・デ・カンポの「死活の重要性を帯びた一角」での翌一五日の戦闘の際、反乱軍の機銃掃射を受けた同軍団は――「勇敢な指揮官の叱咤にもかかわらず」――脆くも戦意を喪失してしまったのだという。コロドニーのこうした説明は、当時の『プラウダ』紙特派員ミハイル・コリツォフが残した作為に満ちたデータの引き写しにすぎない。ロシア人ジャーナリストは、一一月一三日にはすでにマドリード入りしていた「自由-ロペス・ティエンダ軍団」と「ドゥルーティ軍団」とがあたかも同一の軍団であったかのように書いている（アベル・パス、アンセルモ・ロレンソ社版、六四一～六四八ページを参照）。

〔訳註3〕ロホ――ビセンテ・ロホ。一八九四―一九六六。一九三六年一一月のマドリード防衛に貢献。その後も、ブルネーテ、テルエル、グアダラハーラ等の戦闘で有能な指揮官ぶりを発揮し、共和国陣営の軍人としては最も高い評価を獲得した。首都攻防の時点では中佐だったが、後に将軍・共和国軍参謀総長にまで昇進している。

〔訳註4〕ミアハ――ホセ・ミアハ・メナン。一八七八―一九五八。一九三六年秋のマドリード攻防戦の際、神話的英雄となった共和派の将軍。もっとも、将軍の成功はその参謀長だったロホ中佐の助言と共産党の巧妙なプロパガンダに負うところが大きかった。

〔訳註5〕「エル・カンペシーノ（百姓）」――本名はバレンティン・ゴンサーレス。一九〇九―一九八五。共産党の活動家。内戦が始まると「第五連隊」に入隊。戦後はソ連へ移った。フルンゼの兵学校を追われ、強制収容所での生活を体験。ソ連を脱出し、自己の体験とスターリン的共産主義への厳しい告発を綴った『ソヴィエト連邦における生と死』（一九五一）や『スペインの共産主義者とソ連の反スターリン主義者』（一九五二）等を発表。

17　大学都市

バリェカス橋を渡って〔マドリード市内に〕入ると、ドゥルーティ軍団の兵士たちは住民から熱烈な歓迎を受けた。〔ところが〕フィンランド大使館を通過したあたりで、彼らは銃弾の洗礼を浴びた。軍団が大使館に突入してみると、そこには銃器や爆弾が蓄えられていた。この反乱軍の根城を制圧した後、ドゥルーティ軍団は指定の宿舎に向かった。鉄道のシウダー・リネアル線がオルタレーサ街道と交差する踏切の近くにあった幼稚園がそれだった。戦争委員会は、ミゲル・アンヘル街二七番地のある貴族の館に設置されていた。そこは、「ＣＮＴ防衛委員会」が軍団のために提供したものだった。

午後三時、ジョルディがその館に姿を見せ、軍団が急遽設けられた兵営に到着したことを伝えた。ジョルディは、フェデリーカが自分たちのところにやって来て、「モーロ人たちがロサーレス通りにまで来ているから、軍団は今すぐ出撃してその前進を阻まないといけない」と興奮しきった様子で叫んだことを、おもしろげに話して聞かせた。「ロサーレス通りにいるだけの話なら、もう一眠りする時間がある。みな疲れているんだ」と、ミラはジョルディに応えた。「かわいそうなフェデリーカ！」。そう言って笑い出したのはドゥルーティである。

一六日の午前二時、空には雲が垂れこめ雨が降りしきるなか、民兵たちは弾薬と爆弾を分配し、目的の達成に向けて用意を整えていた。夜明けきっかりに反撃を開始するはずだったクレーベル[訳註1]の兵力は午前一〇時まで動こうとせず、敵に陣営を補強するだけの時間を与えてしまった。そうした共和国側のもたつきにはお構いなしに、ファシスト側の方は確かに攻撃を行なって国際旅団の「ドンブロフスキ」大隊を驚かせ、ベラスケス館と技術者養成学校を手中に収めたのだった。ファシストたちのこの一撃は、初めて大学都市に入ったドゥルーティ軍団が企てなければならなかった反撃にいっそうの混乱をもたらした。

夜が明けると、軍団は二つの側面に展開した。リベルト・ロスは西公園から入って、頑強な抵抗に遭遇しながらもルビオ学院にまで達した。ミラは、左翼からサンタ・クリスティーナ救貧院を目指した。大学病院・文学部・ベラスケス館まで到達し、リベルトや第一一国際旅団に合流するのが狙いだった。ドゥルーティ軍団の進撃は敵の進撃と歩調を等しくしていたから、恐るべき白兵戦が開始され、双方に多大な死傷者が出た。朝七時に、軍団は大学病院を占拠した。それから三時間というもの、砲撃は止まず、空中戦が繰り広げられた。大学病院を死守するため、一一時になったところで、やはり遅れて攻撃を開始していた「第五連隊」の兵士たちが現れた。その時点では、ミラに指揮された兵力が何度となくベラスケス館の奪取を狙っていたものの果たせずにいた。同夜、ベラスケス館と文学部をめぐって死闘が展開され、ついにミラらは第一一国際旅団との連絡に成功し、文学部を押さえた。ファシストたちの反撃から、軍団は夜を徹して文学部を防衛しなければならなかった。信じられないことに、「第五連隊」の隊員たちは大学病院を放棄した。ほぼ全滅しかかっていた「自由-ロペス・ティエンダ」軍団の残党たちもそれにならった。持ち場を逃げ出した者たちの一部は、モンクロア広場で拳銃を手にしたジョルディに行く手を阻まれた。ジョルディは、そうやってパニックの拡大をいち早く断ち切ったのである。一七日は不吉な日だった。戦闘は一日中止まず、首都が被った爆撃はすさまじいものだった。『パリ・ソワール』紙の特派員は、次の一節を交えた記事を配信した。

「ああ、旧きヨーロッパよ！　いつもささやかな外交ゲームや重苦しい陰謀でひどく気忙しげなヨーロッパよ！　ここで流されている血の海のなかで君が溺死してしまうことのないようにと、神が願っておられんことを！」

セサル・ファルコン〔共産党〕は預言者だった。

「マドリードは、ファシストの暴虐にさらされた世界最初の文化都市である。マドリードの破壊された家屋に、マドリードの打ちひしがれた女たちや子供たちに、そしてマドリードの廃墟の山と化した美術館や書店に、マドリードの、救いの手も差し伸べられることなく打ち捨てられた莫大な数の住民に……ロンドンもパリもブリュッセルも、ファシストの毒牙にかかった自分たちの未来の姿を認めぬ訳にはいくまい」

その日、フランコ派の兵士たちは自ら決定的と確信していた攻勢を首都に仕掛けてきた。衝突は際立って暴力的なもので、白兵戦が止むことなく繰り返された。民兵たちは手榴弾を携えて戦車の下に飛び込み、機関銃に立ち向かっていき、一片の土地のために戦った。夜に入ると、理学部に百人隊の代表たちを招集しようと、ドゥルーティは連絡係を走らせた。闘争のバランス・シートは恐るべきものだった。戦った一七〇〇人中、生き残ったのはかろうじて七〇〇人だった。その彼らにしても、三六時間の間、一片のパンも一匙のコーヒーも口に入れていなかった。冷え込みは厳しく、雨が降り続いていた。その夜、ドゥルーティは土嚢を回りながら部下たちと一緒にすごした。敵は一時たりとも攻撃の手を休めなかったし、銃剣を振りかざしての死闘は途切れることを知らなかった。

ドゥルーティは、最も疲労の激しい者たちを退かせたうえで、彼らと他の要員たちとを交替させるため、陸軍省に掛け合ってみようと考えた。一八日の未明、ドゥルーティはクレーベルの国際旅団の義勇兵やその他の兵力の交替の様子をつぶさに観察することができた。予備の兵力を持っていなかったのは、ドゥルーティ一人だった。兵力の交替の問題は彼の頭にこびりついて離れなかった。軍団の総司令部に戻ったドゥルーティに、『労働者の連帯』紙特派員のアリエール訳註2が戦闘の印象を聞いている〔一一月一九日付の同紙に掲載〕。

「戦いは厳しい」と、ドゥルーティは言った。「たいへんに厳しい。けれども、われわれが今日一日を持ちこたえれば、マドリードは救われる。ファシストたちは首都には入れないだろう。同志たちはライオンのように奮戦してきたし、これからも奮戦することだろう。しかし、われわれはたくさんの死傷者を出している。マンサーナとジョルディは負傷している。われわれの戦闘員の交替方法を検討すべきだ。なぜなら、君に誓ってもいいが、今後とも戦いは厳しい、ひどく厳しいものになるからだ」。

その後アリエールは、ドゥルーティの懸念を伝えようと〔「CNT防衛委員会」の〕バールのもとに急行した。二人はミゲル・アンヘル街へ行った。ドゥルーティの部下たちと交替する要員を集めるべく、バールは電話で交渉したものの、徒労に終わった。CNTの組合員は、すでに一人残らず動員されていた。ドゥルーティ軍団の男たちが戦闘を継続すれば、彼らを死に追いやるようなものであったし、軍団を退却させれば、敵に道を開けてやる結果になる。それが現実だった。ジレンマを突きつけられたドゥルーティは、〔陸軍省に置かれた〕参謀本部へ行くことにした。そこへ、リベルト・ロスが悪い知らせを持って入ってきた。ホセ・ミラが負傷し、部下たちが交替を求めているというのである。ドゥルーティは、リベルトを見据えて問い質した。

「ファシストたちは、どこにいるんだ？」

「そんなことぐらい、君にははっきりわかっているじゃないか。われわれは、モンクロアで戦っているのだ」

「その通りだ！」と、ドゥルーティは応じた。「プエルタ・デル・ソルから路面電車に乗れば、ちょうど一五センティーモのところだ！　こんな状況のもとで兵力の交替が可能だなどと、リベルトよ、君は本気でそう思っているのか。同志たちにはありのままを話すんだ。本当のことを言え。交替はないのだ、と。持ちこたえろ！　持ちこたえろ！　とにかく、持ちこたえるんだ！　私の置かれている立場だって、君たちと同じだ。ゆうべ私は、大学都市で夜を明かした。今朝はモンクロアで君たちと一緒だった。今夜はミラの代わりを務めるだろう。怪我がたいしたものでなければ、君も部署にとどまるんだ」。

リベルトが去ってしまったところで、バルセローナの連れ合いのエミリエンヌから電話が入っていることを、モラはドゥルーティに告げた。ドゥルーティは受話器をつかむと、乾いた口調で尋ねた。

「元気でやっているか。……ああ、俺なら大丈夫だ。すまないな……。急いでいるんだ。それじゃあ、また！」

それだけ言って、ドゥルーティは受話器をもとに戻した。

モラは、ドゥルーティの態度にびっくりしていた。ドゥルーティは、モラの様子に気がついてこう言った。

「何がお望みだ？　戦争は人間をもジャッカルにしてしまうんだぜ」

ドゥルーティは陸軍省へ行ってロホとミアハの二人と会見し、自分の軍団が抱えた問題を説明した。ドゥルーティが〔二人から〕唯一引き出した成果は、一九日には交替要員が得られるであろうということだったが、それまでは持ちこたえねばならなかった。おまけに、大学病院を占拠し、大学都市内部の連絡路を確保することも不可欠だった。陸軍省の階段を下りる途中の踊り場で、ドゥルーティはコリツォフとばったり出くわした。コリツォフは戦闘を見に行かないかと誘いをかけた。「ドゥルーティは首を横に振り、自分の受け持ち地区での戦闘に備えたり、何よりもまず戦闘員たちに雨宿りさせてやるつもりだ、と語った。（……）私が彼の話を聞いたのは、それが最後だった。ドゥルーティは機嫌が悪かった」。

陸軍省を出た後、ドゥルーティはその日の午後八時までの数時間を、自分の軍団の新たな陣地を、つまり「ガル石油工場を手始めに、ピーマン丘を横切って治安警備隊の兵営のあたりまでを、また大学病院の東側にある小住宅を一つ一つ、それらが大学都市の建物のいくつかと軒を接するところまでを」見て回りながらすごしている。

その後、ドゥルーティは戦争委員会に足を運んだ。翌日に向けて新しい情報を仕入れ、民兵隊の正規軍化に関してバールと議論するためだった。マドリード戦線にあって、唯一従来の組織構造を維持していた民兵隊が、CNTの民兵隊だった。共産党側による、ロシアからの支援のプロパガンダの狡猾な利用という問題を軸に、二人は話し合った。送られてきた武器は、千の単位で増えつつあった。それらの武器は、共和国への気前のいい援助とされてはいたものの、実際には金《きん》で支払いが行なわれていたのだった。あらゆる戦線の「英雄」たちが、リステルや「エル・カンペシーノ」やクレーベルらの共産党員だということになった。マドリードの抵抗の主役は「第五連隊」であり、国際旅団であるとの装いが凝らされた。そうした茶番のなかに、アナキストに対する間接的な攻撃が憂慮すべき手口でさしはさまれていた。スターリン主義の側からの危険の切迫に対処する目的で、活動家たちの会合が翌日に招集されていた。[訳註3]

〔午後〕八時、ミゲル・アンヘル街の軍団の総司令部にドゥルーティを訪ねて、メラ、フェリシアーノ・ベニート、ビリャヌエーバがやってきた。彼らは、マドリード防衛と、ドゥルーティの統率のもとでのCNTの民兵隊の統一について話し合った。ドゥルーティは、代表という権能の問題にこだわりを示した。というのも、ドゥルーティは戦争委員会は下部大衆の統制に服した集団指導組織として機能し続けるべきであると考えていたからだった。正規軍化を阻む倫理的な力は、その点に関わっていたのである。

メラは、自分の司令部からの呼び出しを受けて退席した。翌一九日の朝六時には治安警備隊の兵営に出頭し、大学病院攻撃を指揮することになっていた。メラは、参謀本部が派遣したバルセローナからの若干の兵力と、メラ自身が指揮を一任したビリャヌエーバ配下の百人隊を、大学病院を攻撃するための戦力に数えていた。

〔訳註1〕 **クレーベル**――エミール・クレーベル。一八九五？―一九三八？ おそらく本名はマンフレート・シュテルン――あるいはラツァール・シュテルンかラツァール・ファレーテ――といい、ユダヤ系のオーストリア・ハンガリー人。ソ連国籍を取得。中国・ドイツ・カナダ・ブラジル等で諜報活動に従事した後、一九三六年一一月、第一一国際旅団の指揮官としてマドリードに現れた。首都防衛の檜舞台に華々しく登場して救世主ともてはやされたのも束の間、翌年一月には指揮官の地位を解かれてバレンシアへ。ソ連へ帰還した後、スターリンによる粛清の犠牲となった（強制収容所で死亡）。

〔訳註2〕 **アリエール**――この『労働者の連帯』紙特派員について訳者は著者に問い合わせてみたものの、アベル・パス自身も具体的なデータを把握していないらしい。因にジョアン・ヤルックはアリエールと『ラ・ティエラ』紙編集長のカノバス・セルバンテスとを同一視しているが（Joan Llarch, *La muerte de Durruti*, p.147.）、これは明らかな間違い。ヤルックの誤解は、前後して両者ともにドゥルーティに照明を当てたパンフレットを執筆している事実に起因するものと思われる。アリエールの『ドゥルーティはどのようにして死んだのか』も、サンティアゴ・カノバス・セルバンテスの『ドゥルーティ、アスカーソ、

ホベール』も、いずれも一九四五年に当時南フランスのトゥルーズに置かれていたCNTの亡命本部から出版された。
〔訳註3〕 **リステル**――エンリケ・リステル・フォルハーン。一九〇七―一九九四。スペイン共産党幹部。「第五連隊」の指揮官。一九三七年八月、第一一師団の最高指揮官として共和国軍を動員、アラゴンの防衛評議会と農業集産体を解散させた張本人。アラゴン地方において、リステル指揮下の共和国軍はアナキストを系統的に弾圧し、農民の自主管理を流産に追い込んだ。内戦後はソ連へ亡命。一九七〇年、親ソ派の旗頭としてスペイン共産党を離れた。

18　一九三六年一一月一九日

前日同様、一九日も荒れ模様のままに夜が明けた。寒風を伴って、ときおり滝のような雨が降りつけた。フェリシアーノ・ベニートとその連絡係のアルテミオ・ガルシアを連れて、メラは朝六時に治安警備隊の兵営に到着した。ドゥルーティと一緒に、ジョルディとマンサーナもやってきた。作戦の推移をじっくりと見極めようと、皆そろって兵営内の大きな塔に上った。あたりはまだ暗かった。

七時ごろ、ドゥルーティらは民兵たちが大学病院の数階と屋上を押さえているのを確認した。ドゥルーティは、病院攻撃を指揮していた司令官に指令を出し、まず一階と地下を占拠し、全館の掃討は後回しにしてはどうかと打診した。この建物で左官として働いた経験があったメラは、マンサナーレス川に注ぐ下水道に通じた、とにかく大きくて広い坑道があったことに注意を促した。一階にいる敵兵たちには、その坑道を使って人員を補強し、上階の民兵たちを孤立に追い込むことが可能だった。指令の伝達が遅れたため、上の階の兵力が切り離されてしまった。ドゥルーティは予備大隊の指揮官に二個中隊の投入を命じた。指揮官は不服そうだったが、ドゥルーティは強硬だった。結局、中隊は大学病院へ向かうことになった。

ドゥルーティが戦局を一望できる場所に戻ると、規律の問題をめぐってメラが議論を始めた。そのときだった。不意に一発の銃弾が二人をかすめたのである。ドゥルーティは叫んだ。「とんまが！　こんなそばまで来やがった！」。

彼らが塔を下りて外に出たのは、一二時半だった。メラは、なおも先の問題にこだわった。そんなメラに、ドゥルーティはひとまず別れを告げた。午後四時に二人はもう一度会い、バールも交えて規律の問題を討議するはずだった。

軍団の総司令部に入ったドゥルーティに、モラはホセ・ミラが書いてよこしたばかりの報告を手渡した。

「同志ドゥルーティへ。われわれの状況は絶望的だ。どんな手段に訴えてでもいい、われわれをこの地獄から救い出してくれ。われわれは、多大な死傷者を出している。それでもまだ生易しいというのなら〔言い添えるが〕、われわれはこの一週間というもの、食事も睡眠も取っていないのだ。思うに、われわれはもうボロボロだ……。今すぐ返事をくれ」

ドゥルーティは即座に返事を書き上げ、連絡係にそれを託した。

「同志ミラよ。君たちが疲れ切っていることくらい承知している。君たちの肉体的な枯渇は、私自身の枯渇でもあるのだから。しかし友人たちよ、だからどうしてほしいというのだ？　戦争とは残酷なものだ。それでも、状況は好転してきている。交替のときまで、君たちはそこにとどまり続けなくてはならない。そして、交替は今日中にも支障なく行なわれるはずだ。挨拶を送る。ドゥルーティ」

ドゥルーティは、以下の指令をモラに書き取らせた。ミアハに署名させるためだった。

「同志ミラへ。陸軍省は、本軍団にあって最前線を占めている人員の交替を決定した。貴兄は、本日中に配下の兵力を現在の防衛地点から退却させたうえ、グラナダ街三三番地の兵営に集合させるべく配慮せよ。なお、その実施に際しては、文学部とサンタ・クリスティーナ救貧院の双方において貴兄と交替すべき兵力の割り当てが可能となるよう、当該地区の指揮官に通達せよ。遅くとも明日の正午までに、貴兄は私に本指令の履行に関する報告書を提出すること。一九三六年一一月一九日。マドリード。B・ドゥルーティ署名。ミアハ将軍承認」

この文書に署名したかしないかというところへ、ボニーリャがやってきて、大学病院を放棄しようとしている民兵たちがいる、とドゥルーティに伝えた。ドゥルーティは、すでに「CNT防衛委員会」での活動家の会合に出席するつもりで車の用意をさせていたところだったが、予定を変更した。民兵たちの件は自分が引き受けるから会合へ行くように、とマンサーナは彼に助言した。ちょっとばかり躊躇してから、ドゥルーティは言った。

「民兵たちの遁走が問題なのなら、私が行った方がいいだろう」

ドゥルーティにこの件を知らせた連絡係のアントニオ・ボニーリャの話[訳註1]によれば――。

「何が起きたのか説明するためドゥルーティと話そうと私が決心したのは、一三時のことだった。ロレンテが車を運転し、ミゲル・ドガというたいそう屈強なカタルーニャ出身の大工が私と同乗していた。兵営に到着すると、ドゥルーティのパッカードはエンジンをふかしていて、彼がマンサーナとともに出発しようとしているのが見えた。私が事情を伝えると、ドゥルーティは自分でそれを確かめに行くことに決めた。われわれの車についてくるよう、私はフリオ・グラベス（ドゥルーティの車の運転手）に言った。銃弾が飛び交う地区は避けねばならなかったからだが、グラベスは事実そのようにした。マンサーナは、いつものように自分の『ラッパ銃』を肩に掛けていた。そして、首にスカーフを巻き、ときおりそこに右手を乗せていた。数週間前に指を負傷していたためである。一見したところでは、ドゥルーティは手ぶらのようだったが、皮のジャケットの下にいつも通り『コルト四五』を忍ばせていた。彼らを乗せた車は、われわれの後を追ってきていた。臆病風を吹かした味方が押さえていた家屋の近くまでは、だ。そこまで来ると、彼らの車が止まった。一〇メートルほど先のところで、われわれも車を止めた。

ドゥルーティは車を下りた。そのあたりの塀の向こう側で日差しを浴びていた民兵たちに一言言うためだった。付近では、銃火は途絶えていた。まさにこの場所で、ドゥルーティは致命傷を負い、そしてスペイン革命は最も過酷で、想像を絶する打撃を被ったのである……。

三分か四分くらい、われわれは車を止めていた。ドゥルーティが車に入ろうとしたので、われわれは車を発進させた。それから、ついてきているかどうかを確かめようと後ろを振り返ったところ、パッカードは向きを変え、全速力で走り去っていった。私は車を下り、何が起こったのかを若い民兵たちに問い質した。怪我人が出た、と彼らは言った。私は、彼らに話しかけた人物が誰なのか知っているのかと尋ねてみたが、若者たちは知らないと応えた。すぐに引き返そうと、私はロレンテに告げた。午後の二時半だった」

それからボニーリャは、ミゲル・アンヘル街の総司令部へ向かった。

「私を迎えたのは、マンサーナだった。私は、ドゥルーティがどこにいるのか質問した。ドゥルーティなら全国委員会の会合に出かけた、とマンサーナは応えた。それはうそだ。全国委員会はマドリードにはない、と私は言い返した。マンサーナは顔色を変え、自分が軍団にいるのはドゥルーティ以下われわれ全員のためを思えばこそであって、われわれが彼を信用しないというのならば、もうお別れだと、私に言った。『君はうそをついている』と、私は応じた。『けれども、起こったかもしれないことすべての責任は君に取ってもらおう。そして、いずれすべてを話してもらうため、私は君を召喚する』。ドゥルーティは死んでしまった。私は仲間たちと一緒に引き上げるしかなかった。翌日の朝五時、同志モラがバイクに乗ってやってきた。モラは、私にそう告げた」

運転手の説明を伝えているのは、『労働者の連帯』紙特派員のアリエールである。

「あの日は、レティーロ公園に接した農地改革街で準全国委員会の総会が開かれることになっていた。全国委員会の代表として、同志プラッツがタラッサからマドリードに到着していた（……）。CNTの民兵隊の正規軍化を検討するため、午後三時に活動家の会合が開かれる手筈になっていることをドゥルーティに連絡するようにと、私は指示されていたのである。

私は言われた通りにした。昼食後、いつものことだが、私はドゥルーティの総司令部へ行った。着いてみると、数分前にドゥルーティは前線へ向かったと聞かされた（……）」

三時か四時に、アリエールはグラベスの訪問を受けている。この運転手は、泣きじゃくりながらアリエールにこう語っている。

「ドゥルーティが致命傷を負った。たぶんもう死んでしまったかもしれない。だが、この知らせが広まっては具合が悪いんだろうな」

「私に本当のことを残らず話すんだ」

「本当のことというのは一つしかない。それはこうだ。食事の後、われわれは大学都市の戦線を視察に出かけたのだ。同志マンサーナも一緒だった。われわれはクアトロ・カミーノスまで市内を北に上がった。そしてそこから、全速力でパブロ・イグレシアス大通りを下っていった。この大通りの外れにある小住宅が寄り集まった地区を突っ切り、右に曲がった。モンクロア広場とモデーロ監獄の塀のあたりでたくさんの死傷者を出した後、ドゥルーティ軍団は移動していた。午後のあのひととき、あたりには秋の日差しが一杯に注いでいた。大きい街道まで来ると、民兵の一団がわれわれの方にやってくるのが見えた。前線から逃げ出してきた連中だ、とドゥルーティは判断した。周囲は、まったくの戦場と化していた。数日に亘ってモーロ人たちが占拠していた大学病院が、完全に周囲を圧していた。そのとき、ドゥルーティは私に停車を命じた。用心のため、私は小住宅の一つの隅のところに車を止めた。彼は車を下ると、前線から逃げてきた民兵たちに向かって歩いていった。ドゥルーティは、民兵たちにどこへ行くのかと尋ね、彼らが返事に窮すると、持ち場に戻るよう怒鳴りつけた。荒っぽかったけれども、核心を衝いたものの言い方だった。

若者たちが言われた通りにすると、ドゥルーティは車の方に戻ってきた。銃弾の雨はいよいよ激しさを増していた。大学病院の巨大な赤い建物から、モーロ人と治安警備隊はなおも執拗に銃撃を続けていた。車のドアまで来たところで、ドゥルーティは倒れた。胸を銃弾が貫通していた。マンサーナと私は慌てて車から下り、すぐに車にドゥルーティの体を押し込んだ。私は車を反転させ、とにかくできる限りの速さで走らせ、カタルーニャからの民兵用の病院へ急行した。そして、今し方までそこにいたという次第だ。他のことなら、君も知っているだろう。以上がすべてだ」

アリエールは、ある重要な点を示唆したうえで話を結んでいる。「マドリード防衛の英雄の悲劇的かつ致命的なひとときに実際に立ち会ったのは、彼とマンサーナだけである」。

マンサーナの証言は、メラが自分の回想録に引いている。

「時計の針は約束の時間の一時間も先を指していたが、ドゥルーティの遅れはわれわれを驚かせるものではなかった。彼が本当に忙しい男で、どこにでも顔を出さねばならなかったのを知っていたからである。少しすると、マンサーナが到着した。二人だけで話したいと、彼は私一人を呼びつけた。ひどく取り乱している様子が見て取れたから、私も慌てて質問した。

『どうしたんだ、マンサーナ？』

『ついさっき、同志ドゥルーティが撃たれた。もう助かるまい』

『何だと？　何てことを言うんだ？　だが、ほんの数時間ばかり前に、私は確かに彼と一緒だった。ドゥルーティは、仕事を片付けないといけないから総司令部へ行くんだとこの私に言っていたんだぞ』

『そう、そうだった。だが、午後四時に（この時刻は間違っている）、大学病院へ送られた二個中隊の司令官が自分の指揮下の全兵力を撤退させる指令を出したと、連絡係がわれわれのもとに告げに来た。そんなときドゥルーティがどうするか、君ならもうわかっているだろう。彼は車を回すよう命令した。連絡係の情報が事実かどうかを確かめるために、われわれは大学病院へと急いだのだ。実際問題として、ただ事実を確認するだけなら、彼が出向くには及ばない。そのとき私は、ドゥルーティにそう助言している。彼の身に何かが起こるかも知れない、と私が考えていたということではない。けれども私の判断は、〔ドゥルーティの判断とは〕逆だったのだ。もっと落ち着いて軍団を指揮できるよう、彼は総司令部にとどまるべきだったということだ……』

『いいだろう。それで何が起こったのだ？』

『われわれは大通りの外れまで行った。そこで車を止めずに、大学病院の東側に通じている通りへ入った。その通りで、ドゥルーティは車を止めさせた。われわれの方に向かって、民兵が一人走ってくるのが見えたからだ。その民兵は、担架を至急手配しようとして衛生班の置かれた部署へ行くところだった。多数の負傷者に加えて、死者も出ていたのだった。ドゥルーティは、そのまま彼を行かせた。そして、車に乗り込もうとした瞬間、ドゥルーティは撃たれた、と言ったのだ。車のドアは、ちょうど大学病院に向かって開いていた……』

『君たちと同じ車に乗っていたのは誰だ？』

『ドゥルーティと二人の連絡係、それにジョルディと私だ』

『銃弾は大学病院から発射されたというのだな？　〔あの時点で〕もうわれわれの兵力は病院から撤退していた、とも？』

『そうだ。あれが敵弾だったことに疑いの余地はない』

同志マンサーナは、この事件については何としてでも沈黙を守ることが必要だと私に警告した。こんな衝撃的な出来事の後なら、ドゥルーティは裏切りによって殺された、などと考える軍団の同志も現われかねないから、というのがその理由だった。われわれはそうすることで一致したが、バールには本当のことを話しておかねばならないと私はマンサーナに言った。マンサーナも私の意見を容れた。われわれはバールの事務室に入り、この恐ろしい知らせを告げた。

マンサーナと私は、それからすぐにホテル・リッツへ行った。（……）着いてみると、ドゥルーティは担架に乗せられ、手術室から運び出されるところだった。彼は二階の、他から離れた部屋に運ばれた。ベッドに横にされると、目を開いた。われわれをじっと見つめたものの、一言も話せなかった（……）。

バールは、私にバレンシアへ急行するよう提案した。CNT全国委員会へ、具体的にはマリアーノ・R・バスケス、ガルシア・オリベール、フェデリーカ・モンツェーニの同志三人に起こってしまったことを知らせるためだった。医者にだって間違いはあるだろうし、他の同志たちまで警戒させるには及ぶまいと述べて、私は〔バールの提案に〕逆らおうとした。私が言ったことには誰も納得しなかった。皆、ドゥルーティの命運はすでに尽きたものと確信していたからである。そこで、この痛ましい事件が発生した環境がもう一度取り沙汰されたという訳だった。疑惑は、マンサーナに問い質したバールの口から発せられた。

『共産党の裏切りだということはないのだな？』

『それはない。銃弾は、大学病院から発射されたのだから。不運だったのだ。病院はすでに敵の手中にあったのだ』

われわれはしばし言葉を交わし、そして別れた。その後、ただちに私はバレンシアへ向かった」

致命傷を負ったドゥルーティは、軍団の病院となっていたホテル・リッツに移され、すぐに手術室に運ばれた。怪我人が誰なのかがわかると、医療スタッフ全員が駆けつけた。怪我の重大さが判明すると、誰もが成功の覚束ない手術の執刀を決断した場合に背負い込むことになる責任の重さを認識させられた。そこで、サンタマリーアとマルティネス・フライレの両博士は、高名な医師バストス・アンサール博士の助言を仰ぐことにした。バストス・アンサール博士は、リッツから遠くない、ホテル・パレス内の、やはりCNTのために設けられていた病院にいた。

興味をそそられるデータがある。ホテル・パレスの一階ウイングの一つにソヴィエト大使館が設置されていた。そして、他でもないこのホテルのなかで、フランコ派の諜報員たちが死傷者の診断書を隠滅する任務を担当する、第一線の諜報網の一つを組織していたのである。それらの診断書を使って、フランコの情報員たちに新たな身分証明が調達されることになったのだった。

マヌエル・バストス・アンサールは、ドゥルーティを取り巻いていた人間たちが、彼の負傷が裏切りによるものであったことを匂わせるのをためらわなかったと、その証言のなかで述べている。まさしく、「彼自身の部下たちの手で」というのである。手の施しようがない、とバストス・アンサール博士が診断を下すと、肩の荷が下りたかのように、そろって全員が胸を撫で下ろした。執刀を強要され、怪我人が亡くなったあげく、その死の責任を負わされる破目になるのが恐ろしかったのである。「数年後、私はあの場にいた医師たちの何人かと再会する機会を持った。彼らはあの夜のことを思い出しては、まだなおも震えていたものだった」。

バストス博士の診断により、怪我人は死を待つばかりとなった。痛みを押さえるため、大量のモルヒネが投与された。患者は束の間意識を回復することもあったが、次第に混濁状態に陥った。ドゥルーティが死んだのは、一一月二〇日の午前四時である。

同じ病院のなかで、ドゥルーティ軍団の衛生班の責任者だったサンタマリーア博士が検死を行ない、損傷が長型九口径の銃弾の弾道によって生じたものであることを確かめた。「胸部に現れたトポグラフィーから、私は誤診があったことに気がついた。手のつけようがないと考えられたのだったけれども、それは間違いだったのである。そのとき私は、いずれにせよ怪我人は生き延びられはしなかったであろうが、ポジティヴな結果も期待できる手術が可能であったことを確認したのである」。

検死が済むと、ドゥルーティの遺体はマドリード市役所の、防腐措置を専門に扱う部署に引き渡された。

バストス博士がドゥルーティの死因を誤って腹部銃創と述べたのに対して、マルティネス・フライレとサンタ

ドゥルーティが致命傷を負った1936年11月19日に出された『労働者の連帯』紙。マドリード戦線でのドゥルーティ軍団の奮戦の模様を伝えている。

ARIDAD OBRERA

PORTAVOZ DE LA CONFEDERACIÓN NACIONAL DEL TRABAJO DE ESPAÑA

E DE LA VICTORIA

en la dirección de la guerra

La columna Durruti en los frentes de Madrid

¿ESTAMOS YA FRENTE A OTRA GRAN GUERRA?

Una protesta del Cuerpo Diplomático por los bárbaros bombardeos de Madrid

El Consulado de Alemania en Barcelona, cierra sus puertas

ドゥルーティの「戦死」を悼む1936年11月21日付の『CNT』紙。CNT全国委員会へ宛てられた共和国首相ラルゴ・カバリェーロからのメッセージも掲載されている。

CNT

ÓRGANO DE LA CONFEDERACIÓN NACIONAL DEL TRABAJO

Año V - Número 466 - Madrid, sábado 21 de noviembre de 1936

AL COMITE NACIONAL DE LA C. N. T.

"Estimados camaradas: En el momento de recibir la noticia, pa mi tristísima, de la muerte en el frente de Madrid del heroico marada Durruti, me apresuro a manifestaros en mi nombre y en de todo el Gobierno el sentimiento más profundo por tan irrepa ble pérdida para la causa de la Libertad y del antifascismo. Vu tro y de la causa obrera, FRANCISCO LARGO CABALLER

COMO LOS HEROES, DURRUTI HA CAIDO E LA LUCHA. ¡¡VENGUEMOSLE, COMPAÑEROS

La muerte de Durruti

LA MUERTE DEL HEROE

PARTE OFICIAL DE GUERRA DE ANOCHE

Ha sido cortada la vía férrea entre Huesca y Zaragoza.-Nuestras fuerzas han pasado a la orilla derecha del Ebro.-En el Sector Sur se ha operado con avance de todas nuestras fuerzas.

Una incursión pirata en Cataluña

Cuarenta cañonazos sobre un buque mercante.-Un muerto y varios heridos.-La población civil reaccionó rápidamente

El cadáver de nuestro camarada es trasladado a Barcelona

VISADO POR LA CENSURA

La C. N. T. sacrifica a la victoria la vida de sus hijos mejore

マリーアの両博士は、胸部銃創であると説明した点で共通している。しかも両博士の所見では、一キロも離れたところからでは〔つまり、大学病院から発射された銃弾によっては〕生じるはずのない、重大な内部損傷が認められたのである。サンタマリーアは、損傷が「犠牲者の体から五〇センチ以内の距離から、おそらくは三五センチほどの距離から発射された銃弾によるものであること、そしてこれらの数字は、ことが起こったそのときにドゥルーティが着ていた衣服に付着した火薬の染みの度合から推定されるものであること」を明言した。

スペインにおける革命の退潮に伴って、ドゥルーティはプロレタリアのあらゆる期待を一身に集めた象徴的な存在と化していた。彼らプロレタリアは社会革命のために戦っていたのであり、共和国などは眼中になかった。ドゥルーティの命を奪った銃弾は、そんな労働者階級の心臓にまで正確に到達したのだった。呆然自失の一時期が去れば、怒りと絶望とに駆られた革命的大衆が、ドゥルーティが体現していたものに敵対する分子への復讐を、言い換えれば、革命の成果に反対する者全員への復讐を、決意するのではないかと懸念されたのも、もっともなことだった。共産党の手になる自己宣伝、アナキスト攻撃のキャンペーンが、出し抜けにはっきりとした意味合いを帯び出していた。ドゥルーティの死は、〔革命的大衆にとって〕その手のキャンペーンの頂点以外の何ものでもありえなかったのである。マルティネス・フライレ博士によれば、

「あの〔一一月一九日の〕夜の空気は、騒然として落ち着かず、おまけに悲しみで一杯だった。ドゥルーティの死が目前に迫っていたことが、あらゆる者の心を捨て鉢にした。他でもないCNTの組織のまっただなかでも、兄弟同士の殺し合いにもなりかねない議論や闘争が持ち上がるかもしれないことへの恐れが広まっていたのだった（……）。

私は、あれがテロ行為であったと確信している。ドゥルーティが息を引き取るや、スペインのアナキズムの最も重要な指導者たちがマドリードから姿を消した〔実際には、ドゥルーティが死んだとき、〔マドリードに〕いた著名なアナキストといえば、バールくらいのものだったのだが〕。一夜明けると、政治的な雰囲気が変わった。突然、アナキストの多くが弾圧されるようになった。誰から、などとわざわざ言うには及ぶまい。もちろん、共産党から、である。あのころ、夜の帳が下りたマドリードでは、どんな極右政党の党員証よりも、CNT-FAIの組合員証を懐に

忍ばせておくことの方がもっと危険だったのだ」

〔訳註1〕アントニオ・ボニーリャの話——次の三つの段落（「何が起きたのか説明するためドゥルーティと話そうと私が決心したのは、一三時のことだった」から「午後の二時半だった」まで）とさらに一段落おいて「私を迎えたのは、マンサーナだった」から「モラは私にそう告げた」までは、アントニオ・ボニーリャとの会見に基づくペドロ・コスタ・ムステの記事（マドリードで出されていた雑誌『ポシブレ』、一九七六年七月、第八〇号に掲載）からの引用。ドゥルーティ軍団の名物装甲車「キング・コング」の操縦者でもあったアントニオ・ボニーリャ・アルバダレッホは、内戦に敗れると、南アメリカに逃れエクアドルに定住する。おそらくは一九七五年一一月のフランコ将軍の死を契機に、長期に亘った亡命生活を切り上げ、ペドロ・コスタ・ムステの取材に応じる直前にスペインへの帰国を果たしていた。

19　ある無法者の葬儀

シプリアーノ・メラは二〇日の朝六時にバレンシアに到着し、ホテル・メトロポリターノにいたフェデリーカ・モンツェーニとガルシア・オリベールを見つけ出した。ガルシア・オリベールは、ドゥルーティの死は予測されて然るべきであったのに、と嘆いた。あらゆる点から見て、ドゥルーティをアラゴンにとどめておく方が大事であると考えたガルシア・オリベールは、機会を見つけては彼がマドリードへ行くことに反対していたのだった。ドゥルーティをマドリードへ、しかもわずかな兵力を同行させただけで派遣するというのは、その無鉄砲さと度胸を考えれば、彼を屠殺場へ送り込むのにも等しかったからである。フェデリーカ・モンツェーニは、ドゥルーティはマドリードへ行くべきだと主張してしまったことで自責の念にさいなまれ、取り乱した。CNT全国委員会で、三人はマリアネと一緒になった。全国委員会には、ドゥルーティの訃報が電話で伝えられたばかりだった。全国委員会では、オルティス、ホベール、サンスら、ドゥルーティの後任の名が取り沙汰された。メラはガルシア・オリベールを推したが、彼自身はきっぱりとそれを拒んだ。結局、残ったのはサンスだった。ガルシア・オリベールは、フィゲーラスの彼のもとへ電話を入れた。沿岸部の警備状況の視察のため、サンスはフィゲーラスにいたのである。ガルシア・オリベールはサンスに、ドゥルーティが亡くなって、後任に彼が指名された旨を伝えた。防衛会議の席で、サンスはガルシア・オリベールから「事件を調査したうえで、私にすべてを報告するように」との依頼を受けた。

夜になって、ドゥルーティの遺体は準全国委員会へと移され、マホガニーの棺のなかに安置された。アリエールは書いている。

「ドゥルーティの鞄が運び込まれた。彼のたった一つの持ち物だった。どちらかといえば古びた、小さな鞄だった。あのときにはすべてが過剰であったというのに、ドゥルーティの鞄はほとんど空っぽだった。中身は、汚れた下着と髭剃り一式だった。ドゥルーティの所持品は、それで全部だった。そこに、この戦士の質朴さが凝縮されていた。（……）彼の鞄のなかには、人間の尊厳がぎっしりと詰まっていたのである。

……弔問に訪れた者のなかで一番感動的だったのは、ドゥルーティ軍団の同志たちの一団だった。帽子に、皮のジャケットに、コールテンのズボン。彼らは、最後に撃ってからさほどたっていない、まだ熱の残る銃を携えていた。ほんの束の間、彼らは最前線を離れてきたのだった。軍団の誰もがドゥルーティを愛していたし、同志たちの眼前で、ドゥルーティは誠実・勇猛の証しを何度となく示してきた。死んでしまった同志の遺体を一目見に来たいと、全員が望んでいた。だが、それは不可能だった。前線を放棄するのは無理な相談だった」

二一日の夜が明けると、サンスはマドリードへ出発した。バレンシアに入ったところで彼は、ドゥルーティの遺体を収めた棺を積んだ有蓋トラックの後に続く、バルセローナへ向かう車の列に遭遇した。サンスはジョルディやマンサーナと言葉を交わし、夕暮れどきのマドリードに着いた。「至るところで、途方もない無秩序が支配していた。ただの一人もドゥルーティの死を信じようとしなかった。ドゥルーティは不死身だと誰もが思っていたのである。絶対に起きるはずのないことが起きてしまったのだった……。

『彼を殺したのは共産党だ』とある者は言った。『バルコニーから撃たれたのだ』と言い添える者も出た。『彼を殺害する可能性のある者といえば、〔共和国側にいる〕敵だけだった』とする点では、全員が一致していた。周囲がそんな口ぶりであったから、ドゥルーティが前線の向こう側の塹壕から発射された敵弾に斃れた、などと考える人間は一人もいなかった」

サンスはサンタマリーア博士と会見し、大学病院のある地区を視察し、数人から証言を引き出した。〔しかし〕ドゥルーティが負傷した際、そのうちの誰も彼のそばにはいなかったのである。サンスが確認できた事実関係は、次のような彼自身の断定を妨げるものではない。

「ドゥルーティが敵の正面に立ち、大学病院の建物から発射された銃弾によって死んだことに疑いを挟む余地は、私見によればまったくなかった」。実際のところ、サンスは民兵たちの気持ちを宥めるための「公式」見解の作成に勤しんだのだった。グラナダ街の兵営で、サンスは〔バレンシアから戻った〕フェデリーカ・モンツェーニや軍団の生き残りたちに会っている。全員を代弁して、ある民兵が語った。

「同志サンス。われわれが興奮しているのが、君の目には奇妙に映らないのか。同志ドゥルーティを殺したのはファシストたちではない。われわれは、そう確信している。共和国内部にいるわれわれの敵だ、ドゥルーティを殺したのは。（……）彼らが革命的な理念を抱いた人間を一人残らず根絶してしまおうと望んでいる今このとき、君だってドゥルーティと同じ危険に直面しているのだ。革命が行きすぎたことに怯え、恐怖を覚えている輩がいるからだ（……）」

ドゥルーティと一緒に死なずにすんだ民兵たちは、話を終えたばかりのこの同志と多かれ少なかれ皆同じ考えだった。

民兵たちの大多数はアラゴンへの復帰を希望したが、サンスとフェデリーカから〔マドリードに〕とどまるよう説得された。数日後、顧問府からの新たな援軍の派遣があって、ドゥルーティ軍団は増強された。軍団はアラバーカとカサ・デ・カンポの戦闘に参加することになる。

一九三九年に、サンスは自分がマドリードに着いたときの最初の印象を以下のように語った。

「ちょうど部下たちと一緒に塹壕にいたときにではなく、車から下りたところでドゥルーティが命を落としてしまったせいで、最も馬鹿げた類の噂が飛び交っていた。極端な噂になると、ドゥルーティは、砲列に目を向けていたところを、背後から殺されたのだと断言するものまであった。これらの噂は軍団のなかに亀裂を生じさせ、われわれ全員を微妙な状況に置くことになったのだった」

マリアーノ・R・バスケス書記が代表を務めていたCNT全国委員会[訳註1]とFAI半島委員会は、それぞれ調査を開始した。しかし、その結果は決して公表されなかった。いずれの組織も、証言者たちが沈黙を守ることにむしろ腐心していたように思われる。事実、三〇年以上に亘って沈黙は維持されたのである。不可解なことだが、ドゥルーティの死にまつわる合い言葉は沈黙だった。そして、それがあらゆる噂の独り歩きをもたらした。準全国委員会も沈黙を守ることに同意した。〔マドリード特派員の〕アリエールは、『労働者の連帯』紙にドゥルーティ死亡のニュースを伝えていない。にもかかわらず、〔一一月二一日付の〕同紙にはそのニュースが掲載されたのだったが[訳註2]。〔ドゥルーティが世を去った〕同じ二〇日、マドリード防衛評議会[訳註3]で、「ドゥルーティが殺された」と語るとともに、「評議会が彼の所属していた組織〔CNT・FAI〕に哀悼の意を表すること」を提案しているのは、他でもない共産党のディエゲスだった。すでに誰の耳にも届いていたのである。当時、〔マドリード防衛評議会における〕CNTの代表だったエンリケ・ガルシアは、「評議会による声明の発表はいいとしても、数日間はドゥルーティの死が外部に漏れぬよう、発表は最大限の配慮をもって行なわれることが望ましい」と回答している。

「責任者」たち——CNTの言い回しでは、指導者たちはそう呼ばれたのだった——は、共産党やその「第五連隊」、あるいは国際旅団から政治的に圧倒されるのを嫌い、ドゥルーティをマドリードへ送り込むことによって名声を確保する作戦を思案していた。宣伝めいた手段に訴えてでもマドリードでの影響力を獲得しようと意図したとき、「責任者」たちはスターリン主義者の政治ゲームにはまり込んでいたのである。無責任なことに、「責任者」たちはほとんど適切な人員も武器もあてがわずに、ドゥルーティをマドリード戦線に送り出してしまった。二日の間に部隊の半数の人命が失われてしまった戦場で、部下を率いて最前線で戦うことが当たり前だったドゥルーティのことである。その意味するところは、ほぼ確実に彼自身も死ぬということだった。おまけに共産党との間の緊張は深刻で、自分たちが背後から受けた数発の銃弾の件で〔CNTの〕民兵たちは共産党を疑っていた。自分たちが付け狙われており、マドリードは鼠取りであると実感せざるを得なかった。「責任者」たちは、自らの無責任さがもたらした結果に直面させられる破目になった。民兵たちがマドリードから引き上げようものなら、嘆かわしくも「責任者」たちはドゥルーティを無駄死にさせた政治ゲームに敗れてしまうことになる。さらに、共産党によって仕組まれた裏切りという思いを民兵たちの脳裏から消し去らない限り、「責任者」たちは共産党との武力衝突に引き摺り込まれるかもしれなかった。「責任者」たちは、そんな事態を望んでいなかったばかりではない。彼らは、革命の成果を一つまた一つとスターリン主義者とブルジョワジーのブロックとの「行動と思想の両次元での統一」という自分たちの渉外政策の犠牲に捧げてきていた。その協調路線の行き着く先での共産党との武力衝突は、彼らの渉外政策に魚雷を発射するようなものだったのである。〔ドゥルーティの訃報が『労働者の連帯』紙上で伝えられた〕同じ二一日、ＣＮＴ全国委員会とＦＡＩ半島委員会は、ドゥルーティの死に関する公式見解と考えられるべきものを要約したマニフェストを発表した。

「労働者たちよ！『第五列』[訳註4]と称してきた輩の陰謀が、われわれの同志ドゥルーティは裏切り行為のなかで計画的に暗殺されたなどという、偽りの、そして卑劣な噂を広めている。この忌むべき誹謗から、われわれはすべての同志を弁護するものである。ファシズムに対する一番の武器である、プロレタリアートの行動と思考のすばらしい統一に亀裂を生じさせようとの邪悪なやり口だ。同志たちよ！　ドゥルーティは、いかなる裏切りの犠牲になったのでもない。他の自由の戦士たちと同じように、ドゥルーティもまた戦いに斃れたのだ。自らに課せられた義務を遂行しながら、英雄たちが斃れるように斃れたのである。われわれの破壊しがたいブロックを打ち砕こうとしてファシストたちが流している恥ずべき噂など撥ねつけてしまえ。ファシストたちが何をささやこうが、低劣な噂など一切撥ねつけるのだ。兄弟殺しの噂を吹いて回る無責任な輩の声に耳を貸してはならない。連中こそは、革命の最大の敵なのである！」

突如として、あえて「責任者」たちの見解を疑問視したり、公式の調査を要求したりする人間は、すなわちサンスの表現に従えば、すべてのリバタリアンの戦闘員たちは、「第五列」に属しているか、あるいは共産党との「鉄壁のブロック」を破壊しようとする革命の大敵と見なされてしまいかねないことになった。共産党は、ＣＮＴ側のそうしたジェスチャーを歓迎した。同党書記長のホセ・ディアス[訳註5]は、「神聖な統一」の証しとしてＣＮＴの公式見解に調子を合わせた弔電を打っている。もっとも、裏ではまったく異なった見解がこっそりと流されていた。弔電は、『労働者の連帯』紙に掲載された〔日付不明〕。

「深い心の痛みとともに、われわれは、われわれの共通の同志ドゥルーティの、あの労働者階級の献身的な息子の、あのプロレタリアートの統一の熱烈にして精力的な擁護者の死を知った。

ファシストの輩の犯罪的な銃弾が、まだ若く、しかしそれにもかかわらず犠牲の精神に満ちあふれていたあの命をわれわれの手からもぎ取っていったのである。マドリード防衛の営為において、われわれの国土を血に染めているファシストの輩を完全に一掃するまで、われわれはかつてないほどに結束を固めていこう。スペインのあらゆる戦線での一致団結した戦いのために！　われわれの英雄たちのために報復を！　人民のスペインのために！

ホセ・ディアス」

まだ埋葬も済んでいないうちから、ドゥルーティは「われわれの共通の同志」「プロレタリアートの統一の擁護者」と呼ばれていた。これらの名称は、スターリン主義的な言葉使いから翻訳してみれば「共産党の政策の支持者」を意味したのである。ドゥルーティの人物像を〔共産党流に〕蘇らせるこの最初の試みに対する返礼として、死のわずか二四時間前にリベルト・カリェハスに宛てて認められたドゥルーティの最後の手紙のなかの、次の一節に優るものはないだろう。

「カタルーニャを離れるのに先だって、同じ〔革命の〕大義に関心をよせている者たちに私は自覚を訴えた。私は、精神や覇気に乏しい〔協調路線の〕連中のことを言っているのではない。止めの一撃を与えることに固執するわれわれ自身を問題にしているのだ。射撃の際には、意志と計算がなければ銃は何の役にも立たない。ファシストたちがマドリードに入れないのは確かだ。しかし、早いところ連中を完全に叩きのめしてしまう必要がある。〔さもないと〕スペインを〔われわれ労働者の手で〕もう一度征服しなければならなくなるからだ」

バレンシアの近くで、葬列は数人の閣僚の出迎えを受けた。ガルシア・オリベールは、〔バレンシアから〕バルセローナまでドゥルーティの遺体に付き添っていく。葬列はゆっくりと途切れることなく続いた。「われわれが通り過ぎたどの町村でも、女たちや子供たちが泣いていた。男たちは、毅然として拳を高く掲げて挨拶を送ってよこした。カタルーニャに入ってからは、どの町村の住民も総出で道筋にあふれた。カタルーニャの最初の村で、

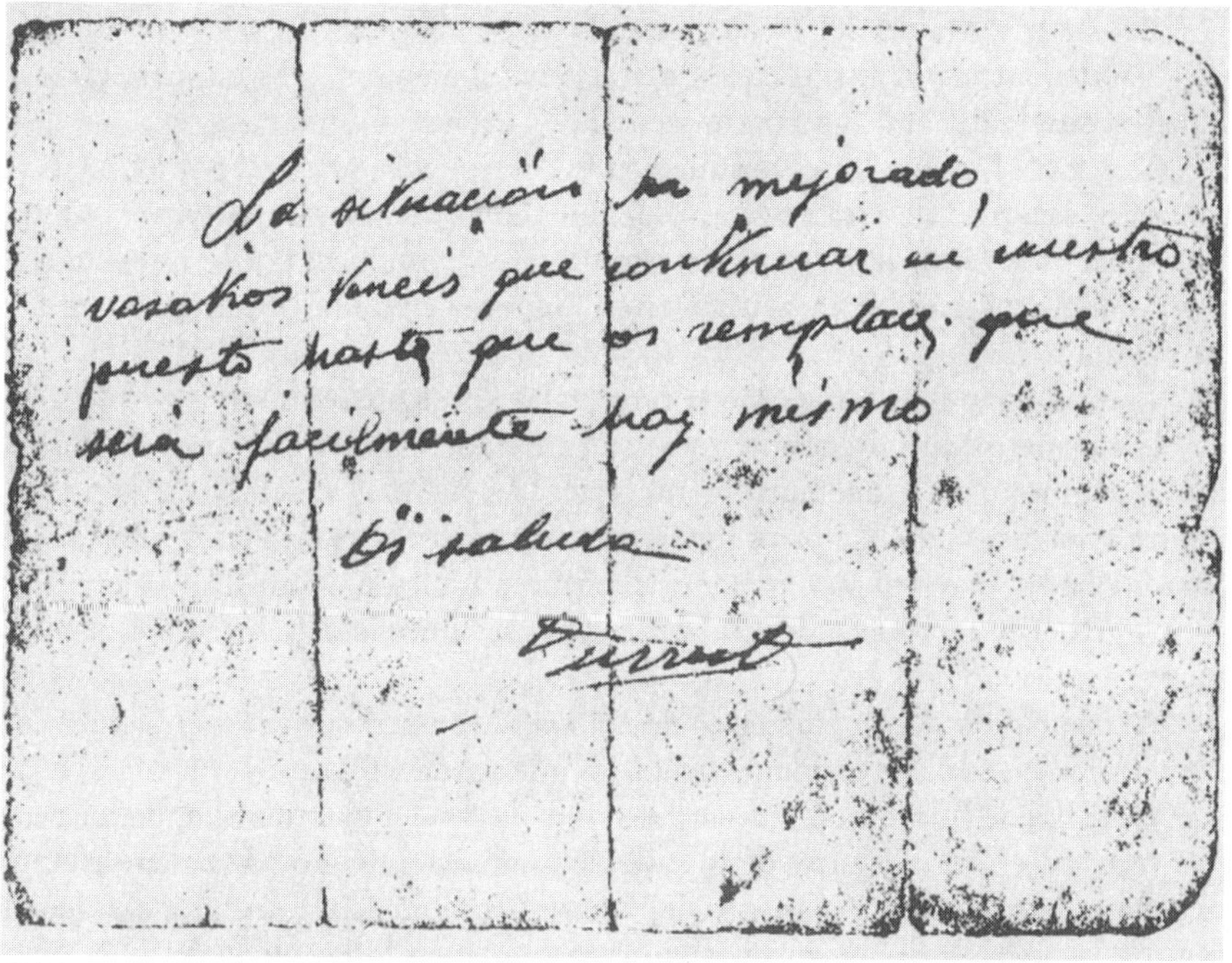

La situación ha mejorado,
vosotros teneis que continuar en vuestro
puesto hasta que os remplace. que
sera facilmente hoy mismo

Os saluda

Durruti

運命の1936年11月19日，マドリードでドゥルーティが生前最後に署名したホセ・ミラ宛の文書。

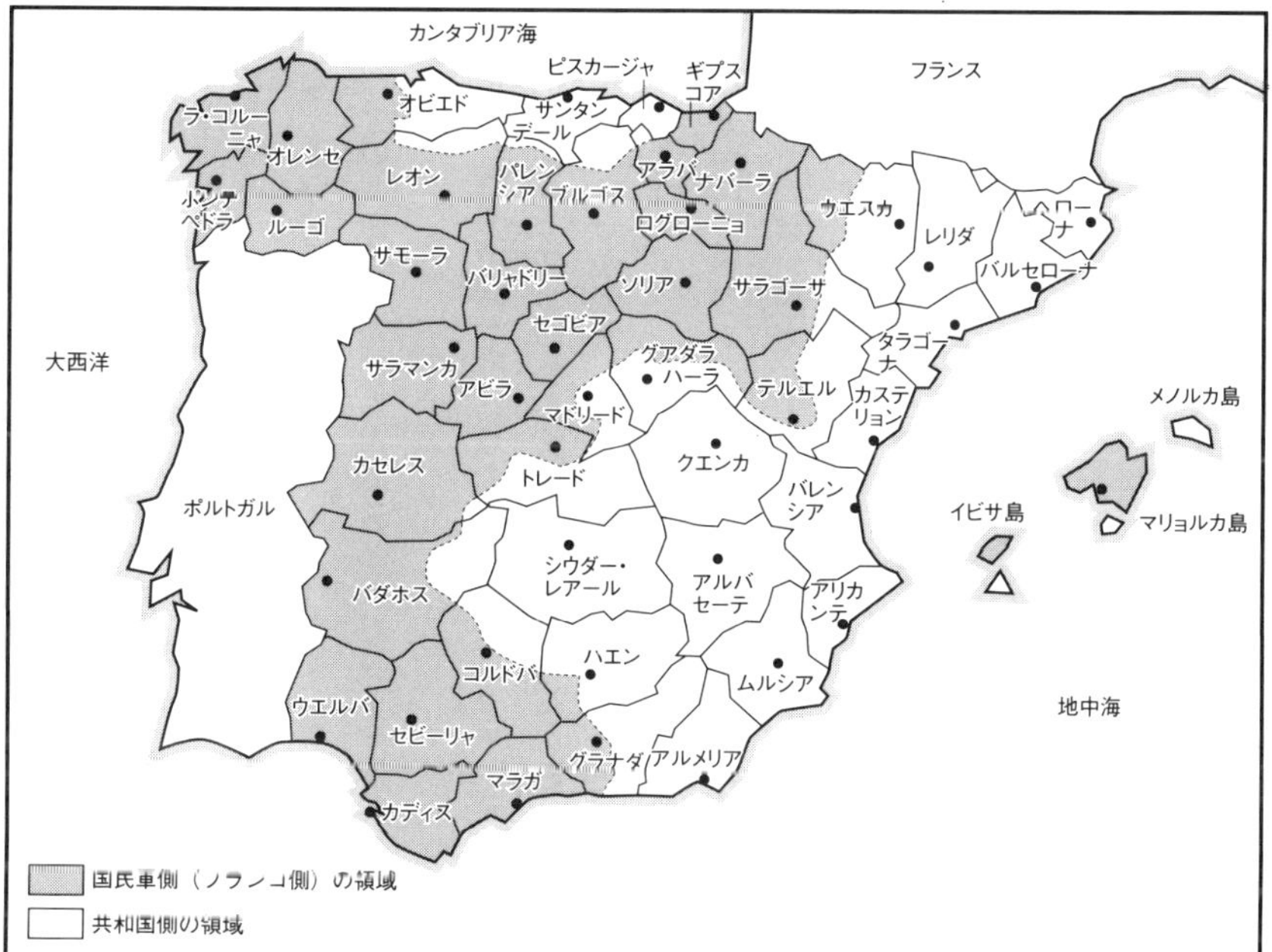

ドゥルーティの死の直後の戦況。

Abel Paz, *Durruti en le Revolución española,* p.682.

アウレリオ・フェルナンデスがわれわれを待っていた。ドゥルーティのフランス人の連れあいだったミミーを連れてきていた」。

二二日に入ってすぐ、葬列はバルセローナに到着した。労働者たちの報復を恐れて、ドゥルーティの死は一日遅れで伝えられた、とカミンスキーは語っている。誰に対する報復か、などということは口に出すのもはばかられた。その種の噂には誰も耳を貸そうとしなかった。およそアナキズムからかけ離れた人間たちでさえ、わずかでもその件に触れられると、不安に駆られて青ざめてしまった。革命的大衆は、ドゥルーティの死の責めを共産党に帰していたのである。二三日付の『労働者の連帯』紙は、その共産党に無罪を言い渡したCNT全国委員会の覚え書きを掲載した。

「われわれの同志ドゥルーティの死をめぐって、あらゆる種類の噂や憶測が乱れ飛んでいる。ドゥルーティが死んだ状況を充分に把握している全国委員会には、それらが事実無根であることを証明しておく義務がある。われわれの同志はファシストの凶弾の犠牲者だったのであり、なかにはそう確信している者もいるようだが、革命的な諸政党のなかのある特定の分派の陰謀の犠牲になったのではない。

われわれは、反ファシズムの戦争を展開中であるということを忘れるべきではない。ファシストの群れを、われわれスペインのプロレタリアートは、あらゆる反ファシストやその統一勢力と力を合わせて打倒する。

要するに、スペインのアナキスト労働者階級の至高の機関はそのメンバー全員に対し、われわれの作戦の成功を妨げたり、猛り狂った反動の野獣どもに立ち向かう労働者階級の神聖な同盟を破壊さえしかねない他党派への監視を自制するよう要請するものである。

われわれは、この宣言がすべての同志たちを納得させ、持ち場を離れぬよう彼らを鼓舞するものと考える。スペイン・ファシズムの粉砕に向かって前進せよ！」

その協調政策において、CNTの官僚〔と化した「責任者」たち〕は遠くまで歩みを進めていた。彼らには、一切を水に流し、さらにドゥルーティの遺体を踏みしだく腹づもりまでできていたのである。そこで官僚たちは、ただ政治的に有効で、役に立ちそうな死にざまをドゥルーティに割り振ったのだった。

「翌朝――われわれはカミンスキーの話を引いている――、葬儀が執り行なわれた。ドゥルーティの命を奪った銃弾が、バルセローナの心臓にまで達していたことがはっきりと感じられた。概算によれば、通りの両側を埋め尽くし、窓やテラスやランブラスの木立ちに鈴生りになった群集を除いても、全市民の四人ないし五人につき一人が棺に付き添った。あらゆる政治的な傾向の政党や組合がその党員や組合員を召集した。人、人、人の海のうえに、アナキストの旗と並んで、すべての反ファシスト組織の旗が翻った。偉大で、崇高で、特異な光景だった。群集は誰一人指導されていなかった。指令も組織もなかった。何も機能しておらず、混沌は書きとどめようがないくらいだった。

埋葬は一〇時に予定されていた。〔だが〕一時間前には、CNTカタルーニャ地方委員会の本部にたどり着くことは不可能になっていた。葬列が通過できるように道路から群集を立ち退かせることなど、誰も考えていなかった。労働者の集団が四方八方からやってきた。交わり、合流しては、葬列の進行を妨げた。一行を先導するために派遣された騎兵隊や機械化部隊は、身動きも取れないありさまだった。花輪を運ぶはずの車も、至るところで立ち往生していた。前進も後退もままならなかったからである。閣僚たちは、やっとの思いで棺のところまでたどり着くことができた。

一〇時半、赤と黒のCNTの旗で覆われたドゥルーティは、自分の軍団の民兵たちに担がれてアナキストの根城を後にした。大衆は、別れの挨拶として拳を高く掲げた。アナキストの歌『イホス・デル・プエブロ（人民の子供たち）』が歌われた。感動的なひとときだった。しかし不注意から、二つの楽隊に合図が出されてしまった。一方は音を抑えながら、もう一方はあらん限りの力を振り絞って演奏した。二つの楽隊は、同一のリズムを維持できなかった。モーターバイクがひどい騒音をまき散らし、車はクラクションを響かせた。民兵隊の指導者が笛を吹いて指示を出したが、棺を運ぶ男たちは前に進むことができなかった。隊列を組むのは無理だった。楽団は、一度ならず同じ歌を演奏した。双方が打ち合わせもせずに楽器を奏でたから、音が混ざり合い、メロディーのない音楽になってしまった。依然、拳は高く掲げられたままだった。ようやく、音楽も挨拶も終わった。ただ群集のざわめきだけが聞こえた。そんな群集のなかにあって、ドゥルーティの遺体は同志たちの肩のうえで安らいでいた。

道が開かれ、葬列の進行が可能になるまでに三〇分ほどが経っていた。さらに、葬列が数百メートルしか離れていないコロン広場に到着するまでに数時間が経過した。

警護の騎兵隊は、無理やり道を開けさせた。楽隊の面々は散り散りになってしまい、もう一度集まろうと奮闘した。反対側の車線で渋滞に巻き込まれていた車が後退し、葬列の後に従った。花輪を積んだ車は脇道に入り、どこかで葬列のなかの元の位置に戻ろうとした。群集は泣き叫んでいた。

それは、絢爛豪華な王室風の葬儀では断じてなかった。そうではなくて、人民の葬儀だった。何も計画されておらず、すべてが自然発生的・即興的な調子で進んでいった。それは、アナキストの葬儀だった。そして、そこにその荘厳さがあったのである。突飛とも思われたものの、壮大な儀式だった。奇妙で、メランコリックな崇高さがまとわりついて離れなかった。

コロンブスの記念柱のしたで、弔辞が読み上げられた。そこは、七月一九日にドゥルーティの親友だったアスカーソが彼とともに戦い、そして一人斃れたあの場所から遠くなかった。

三人の同志のただ一人の生き残りとなってしまったオリベールが、友人として、アナキストとして、そしてスペイン共和国の法相として、口を開いた。

『この苦悩のとき』と、彼は述べた。『革命政府は、ドゥルーティと目下の反ファシズム闘争に散っていったすべての人間たちに感動を込めた挨拶を送る。そして、ドゥルーティの連れあいの人となりを通じて、愛する者を失って涙を流しているすべての女たちに挨拶を送る。ドゥルーティの娘を通じて、親を失ったすべての子供たちに挨拶を送る。われわれは、前線で戦い、最終的な勝利まで戦い続けるであろうすべての者たちに挨拶を送る』。

続いて、バルセローナのロシア総領事〔アントーノフ・オフセーエンコ〕が登壇し、『ファシズムに死を！』とカタルーニャ語で叫んで演説を終えた。最後に語ったのは、ジェネラリタート首班のコンパニスである。コンパニスは、『同志たちよ！』で始めた演説を『前進せよ！　前進せよ！』の叫びで結んだ。

これらの演説が終われば、葬列は解散し、ドゥルーティと親しかった少数の友人たちだけが墓地まで棺に付き添って行く予定になっていた。しかし、定められた計画に従うことは不可能だった。群集は立ち去ろうはとせず、墓地へ殺到して、墓に通じる道を塞いでしまったのである。墓に近づくのはほとんど無理だった。墓地の小道という小道が、数千にも上る花輪で塞がってしまったからである。

夜の闇があたりを包んだ。雨が降りだした。雨はすぐに土砂降りになり、墓地は花が浮いたぬかるみと化した。土壇場になって埋葬の延期が決定され、棺を運ぶ者たちは途中まで引き返し、それを死体置場に運び込んだ。ドゥルーティは、翌日まで埋葬されなかった。最終的にドゥルーティは、アスカーソと彼のために建造される霊廟のなかに葬られることになる。それは、スペイン人民の巡礼の地になるだろう。自分たちの英雄を涙なしに思い出し、われわれが敬虔と呼ぶような感傷趣味を抜きにして二人を誉め讃える人民の巡礼の地に」

〔訳註1〕　マリアーノ・R・バスケス書記が代表を務めていたCNT全国委員会――一九三六年一一月一八日、オラシオ・M・プリエートが再びCNT全国委員会書記長の職を辞任すると、マリアーノ・ロドリーゲス・バスケスがカタルーニャ地方委員会書記長から昇格して、その後を引き継いだ。セサル・マルティネス・ロレンソによれば、オラシオ・M・プリエートの二度目の辞任のきっかけは、共和国政府のバレンシアへの移転がCNTの活動家の間に憤怒の嵐を巻き起こしたことにあった。政府の首都撤退の決定が彼に背いてなされたにもかかわらず、オラシオは詰め腹を切らされた形だった（前掲邦訳、二七八ページ）。なお、セサル・マルティネス・ロレンソは、この辞任した全国委員会書記長の子息である。

〔訳註2〕　〔マドリード特派員の〕アリエールは、『労働者の連帯』紙にドゥルーティ死亡のニュースを伝えていない。にもかかわらず、〔一一月二一日付の〕同紙にはそのニュースが掲載されたのだったが。――ドゥルーティの突然の死をめぐって、『労働者の連帯』紙の記事とアリエールが後に公表することになる見解との間には齟齬が認められる。一九三六年一一月二一日付『労働者の連帯』紙の第一面は、「われわれの同志は、朝八時半ごろ自分の軍団の前哨部隊の視察に出かけた。途中、前線から引き返してきた民兵たちと擦れ違った。ドゥルーティが車を止めて下りようとした矢先、一発の銃声がとどろいた。銃弾は、モンクロアにあるいずれかの小住宅の窓から発射されたものと思われる。ドゥルーティは、一言も発せずに倒れた。銃弾は背中を貫通していた。致命傷だった」と伝えている。しかしこの記事は、当時同紙のマドリード特派員だったアリエール自身が一九四五年に出版した『ドゥルーティはどのようにして死んだのか』（Ariel, *¿Cómo murió Durruti?*, Toulouse,1945. 訳者未見）の内容――前章「一九三六年一一月一九日」に出てくるグラベスの証言（三一八～三一九ページ）――とはひどく食い違って

いる。一一月二一日付『労働者の連帯』紙の報道は、このとき同紙の編集長を務めていたハシント・トリオの創作だったのだろうか（アベル・パス、アンセルモ・ロレンソ社版、七〇二ページ）。

〔訳註3〕**マドリード防衛評議会**――マドリードの陥落が目前に迫ったかに思われた一九三六年一一月六日、共和国首相のラルゴ・カバリェーロは首都のバレンシアへの移転を決意し、マドリード防衛の任務をミアハ将軍に託した。同時に、ミアハ将軍の任務を補佐するため、将軍自らが統率し、ラルゴ・カバリェーロ政権に入閣していたすべての政党・組織の代表により構成される「マドリード防衛評議会」の設立が指示された。七日から機能を開始。

〔訳註4〕**第五列**――もともと、一九三六年一〇月にエミリオ・モラ将軍（第二部第12章「七月一九日までの焦燥」、一八九ページ、訳註5を参照）の口から発せられた言葉。マドリードを攻略するのは、このとき首都に向かって進撃中だった四つの部隊ではなく、マドリード市内に潜伏していたファランヘ党員やフランコ派であろうと将軍は述べたのである。

〔訳註5〕**ホセ・ディアス**――ホセ・ディアス・ラモス。一八九六―一九四二。セビーリャ出身。一九三二年からスペイン共産党書記長。アンダルシアCNTのかつての指導者。一九三五年以降は、コミンテルンの執行委員会のメンバー。内戦が終わるとソ連へ亡命。一九四二年、グルジア共和国のチフリス（旧ソ連）で死亡した。主著に、一九七〇年に公刊された『闘争の三年間』。

第四部　ドゥルーティの複数の死

1　誰がドゥルーティを殺したか

内戦後、ドゥルーティの死に関して現れた最初の二つの見解は、サンス〔『ブエナベントゥーラ・ドゥルーティ』〕とアリエールのもの〔『ドゥルーティはどのようにして死んだのか』〕で、それぞれ一九四六年と四五年五月に発表されている。いずれも〔トゥルーズにあった〕CNTの亡命先の本部から出版されており、従って敵弾が死因であったという公式見解を補強した内容になっている。にもかかわらず、二つの見解には細かな点で重大な食い違いが認められる。サンスは、他に誰も言及していない機関銃による連射について述べている一方で、〔前線から〕逃げてきた民兵たちのことには触れていない。しかし、証言者たちは、一人であれ、複数であれ、ともかく走ってきた民兵や、日差しを浴びていた民兵の存在を示唆しているのである。さらに、サンスはジョルディが〔問題の場に〕いて、ドゥルーティが撃たれた際、彼もマンサーナも負傷したと言っているが、以上のデータはすべて偽りである[訳註1]。われわれは、アリエールの見解から、マンサーナとグラベスだけが目撃者であったというデータを引き出している。マンサーナは、ジョルディともう二人の連絡係がいたと言う。一九七六年になって連絡係の一人だったボニーリャが現われ[訳註2]、ドゥルーティと同じ車に乗っていたのはマンサーナと運転手〔のグラベス〕だけであったこと、〔ドゥルーティが致命傷を負った〕あたりは静かなところで、銃火にさらされてはいなかったことを改めて確言した。マンサーナとグラベスは、いずれも証言を決して公表しなかった。二人の報告者〔サンスとアリエール〕は、自分たちが知ったことを隠しておくことへの自分たち自身の懸念を結果的には浮かび上がらせてしまっていると、われわれには思われる。息を引き取る間際のドゥルーティのそばに居合わせた医師たちと同じように[訳註3]、この二人も彼の死に巻き込まれる事態を恐れていたのだった。メラやボニーリャの証言から推察すれば、マンサーナはドゥルーティの同志たちが裏切りに思いをめぐらせたうえで彼を告発するのを恐れていた。どんな説明にもテロの臭いが染みついていた。そして、マドリードであれほどのテロをやってのけることが可能であったのは、ただ共産党だけだったのである。たとえそれがいかに矛盾に満ちていようとも、「大学病院から発射された銃弾」という見解を持ち出すことによって、マンサーナは自ら難を逃れ、CNTの「責任者」たちには共産党との危惧された対決からの逃げ道を用意してやったのだった。「CNT-FAI会館」の一階でドゥルーティの通夜が営まれた夜、マンサーナはガルシア・オリベールには別のことを言っている。

「そう、私は確かにマンサーナ軍曹とサンタマリーア博士に会った[訳註4]。この二人のドゥルーティの永遠の盟友の方から私に近づいてきたのだった。(……)

私の耳元近くで、本当に静かな声でマンサーナは語った。

『われわれは君と話したい。われわれだけで。ドゥルーティの死に関して、われわれが伏せておいたことについて、だ。ドゥルーティが敵弾を受けたというニュースがマドリードに広まっても、われわれは構わずにおいた。銃弾が飛び交うところでなら、不自然なことではなかったからだ。けれども、それは真実ではない。ドゥルーティは、広まったニュースが伝えるような具合に死んだのではない。彼の死は事故だったのだ。車から下りたときに、ドゥルーティは足を滑らせ、彼のラッパ銃の床尾が地面にぶつかった。撃鉄が作動し、数発の銃弾が発射された。そのうちの一発が当たってしまったという訳だ。病院では、手の施しようがなかった。〔そうやって〕彼は死んだのだ』

そんな説明は馬鹿げているように思われたから、私は動じなかった。私は、前線で敵と戦闘中に英雄的に死ぬのと、事故で、それもいわば作業中の事故で死ぬのとでは違いがあることに気がついた。しかし、敵を向こうに回しての英雄的な最期、との見方がすでに広く流布していたのも確かだった。その見方を覆すことはできなかったし、そうしたところで賢明でもなかっただろう。おまけに調べてみても、真実が究明されるはずもなかった。

当時のスペインのあの熱情の地獄のなかでは、各々が自分の見解を、とりわけアナルコサンディカリストに倫理的に最大の打撃を与えるような見解を好んで持ち出してきたであろうからである。内外を問わず、われわれの敵のなかには、ドゥルーティは他でもないアナキストたちの手で暗殺されたのだと言う者も現れさえする始末だった。

マンサーナとサンタマリーア博士に、私は手短かに聞いた。『彼は本当にそうやって死んだのだな?』。

『そうだ』

『誰にも話していないだろうな?』

『話したのは君だけだ』

『この私が他の誰にも言わないようにと頼めば、そうしてくれるか』

『そうするとも、フアン。ドゥルーティの遺体に誓って、君との約束は守ろう』

『よし、絶対に秘密にしておいてくれ。英雄として葬られ、英雄として記憶されるということにしておこう。結局、英雄として死んだのではないにしても、マドリードでの最後の日々をドゥルーティが英雄として生きたのは確かなことなのだから』

ドゥルーティの死に関して、マンサーナ軍曹とサンタマリーア博士が私に示した見方は、三七年後の今と同様、当時も本当だとは思われなかった。一種のパズルとなるべきはずのものに、一つしっくりとはまらぬ何かがあったのだ。引っかかったのは、『車を下りたところでドゥルーティが足を滑らせ、ラッパ銃が地面に叩き付けられて暴発した際、銃弾が彼に命中してしまった』という箇所である。ラッパ銃というのは治安警備隊用に輸入されたドイツ製の連発銃なのだが、薬莢を詰めたまま地面にぶつけられたりすると確かに危険な代物だった。すでに事故が多発していたのである。

けれども、ラッパ銃を携帯したドゥルーティの姿を私は一度も目撃していない。彼はたいてい、ホルスターに入れた拳銃をベルトに挟んでいた。それに私は、ラッパ銃を手にしたドゥルーティの写真というのにもお目にかかったことがない。(……)マンサーナとサンタマリーア博士の口振りは真剣だったから、私としては、ドゥルーティの護衛役を務めていた同志のうちの誰かがラッパ銃を〔うっかり〕発射してしまい、彼がその銃弾を受けてしまったのに違いないと思ったものだ」

エミリエンヌ・モランの証言は、ガルシア・オリベールの証言を補足している。

「ドゥルーティがマドリードへ向かったとき、私も空港まで一緒についていった。そこで彼を見たのが最後だったわ。私は毎日、マドリードの彼のところに電話を入れていた。ある日の午後、彼はいない、と言われたの。後でわかったんだけれど、もうそのときにはドゥルーティは死んでいたのよ。

私はドゥルーティと一緒だった訳じゃないから何も言えない。それでも、もちろんあれが事故だったと認めることはできなかったわ。もっとも、なぜかといえば、誰もそんなことを信じてなんかいなかったんだから、というくらいのことでしかなかったの。だから、ドゥルーティは前線で死んだと言われていたのよ。兵士がもう一人死んだ。そして、それだけ。ドゥルーティみたいな男は、ベッドのうえでは死ねないものなのね。

そう、確かに私にはわからないことがあった。でも、結局、ドゥルーティの友人だったガルシア・オリベールとアウレリオ・フェルナンデスが、あれは事故だったのだと教えてくれたの。あの二人はドゥルーティの戦友だったんだし、何だって私に嘘をつかなきゃいけないの？　私たちはそうやってけりをつけたの。でも、真実がどうであれ、それがそんなに大事なことなのかしら？　何も変わりはしなかったでしょうに」

官僚主義的に硬直化してしまったリバタリアン運動にあって一般的だった姿勢を浮き彫りにしている点で、ガルシア・オリベールの話は重要である。CNTにとって好ましくなく、また有害ともなりかねなかった核心に触れた真実の解明は望まれなかった。それに、誰も信じそうもなかった以上、CNTの上層部はドゥルーティの死を事故の類として語る訳にもいかなかった。その結果、死んだ英雄という模範的な人物像を自分たちの政治的な利益に即して利用しうるような形で、ドゥルーティの革命家としての人生はその死とともに絶頂に達した、との見解が捏造されたのである。それは、生きた革命家をマドリードへ送り込むことによって彼らがあえてやってのけたことよりも、さらにずっとよく彼らの政治的な思惑に適っていたのだった。

マンサーナと医師のサンタマリーアが一人ガルシア・オリベールだけにドゥルーティの事故死の話を伝えたと

いうのは、もちろん嘘である。マリアーノ・R・バスケスは、CNT全国委員会のために調査を実施している。しかし、それは決して公表されなかった。全国委員会書記長は、明らかに証言者たちに沈黙を命じたのだった。アバ・デ・サンティリャンは、生前に刊行された著作のなかで、「一一月二〇日に起こった、大学都市での過酷な戦闘からの帰還の際の予期せぬ事故」の件に言及している。サンティリャンは、自分が関係していたFAI半島委員会を通じて、おそらく何かを摑んでいる。それからもう一人、ドゥルーティ軍団の戦争委員会のメンバーだったリオンダがいる。

「部下たちと一緒に前線からモンクロア広場に着いたところ、遠くから私を呼ぶ声が聞こえた。『リオンダ、こっちへ来てくれ』『誰だって？　この私かい？』『そう、君だ』。そちらに行ってみると、『急ぐんだ、リオンダ。ドゥルーティが死にそうなんだ』と言う。私にそう言ったのは、ドゥルーティの護衛役の一人だったラモン・ガルシアである。彼は近視で、細面の小男だった」

それでもリオンダは、病院でまだ息のあったドゥルーティに面会することができた。リオンダは、「委員会が多すぎる！」とドゥルーティが自分に言うのを聞いた。リオンダは続ける。

「今になっても、口を開こうとしない人間が大勢いる。細かな点で、すっきりしないものがあったからだ。にもかかわらず、私と同様、彼らも真実を知っている。彼と一緒にいた同志たちが、つまりマンサーナや運転手のエスタンシオ〔ママ〕、それに同行していたもう一人が話したことを、われわれは聞いている。彼らは何をしゃべったのか。不注意から、銃が暴発したのだというのである。（……）ドゥルーティには、いつも軽率なところがあった。それが彼の欠点だった。そのことなら、しょっちゅう私は彼に言ってやったものだ。まったく不注意すぎたのだ。マンサーナも同じ意見だった。車に乗っているときは、ましてや車を下りようとするときはなおのこと、万一銃弾が飛び出してしまっても、まともに顔に当たったりすることのないように銃を持たなくては。にもかかわらず、事実あなってしまったのだ、とマンサーナは私にはっきり言ったのである」

この証言は、一九六九年一二月〔一一月？〕に『エラルド・デ・アラゴン』紙にアルナール司祭が示した――事故の因果関係に関する――見解を裏づけた最初の証言であるという点で興味深い。この司祭は、さまざまな紆余曲折を経てドゥルーティ軍団に入り、書記を務めた。やがて司祭の職を離れ、リオンダが第二六師団の代表に任命された際、師団内の委員、リオンダの書記となった。内戦が終わると、アルナールはまた聖職者に戻っている。以下の話を伝えているのは、〔リオンダとアルナールの双方と接点を持つ〕先のラモン・ガルシアという男である。ラモン・ガルシアは、自分はドゥルーティと同じパッカードに乗っていた第三の男であると述べている[訳註5]。ただし、パッカードをビュイックと取り違えているのだが。ボニーリャの名前が最初に登場するのは、この男の口を通じてである。ボニーリャも、彼やマンサーナと一緒に同じ車の後部座席にいたという。

「市内を突っ切った後、アンドレス・ベジャーノ街との交差点のちょうど手前でロサーレス大通りの北を通り、われわれはモンクロア広場に達した。銃弾が乱れ飛ぶ音が聞こえた。われわれは車を止めた。それ以上は進めなかったからである。車は、敵の射手にはあまりにも手頃な標的だった。そこで状況を見定めようと、フリオが車を下りた。ドゥルーティは彼についていこうとして、連射式の自分のラッパ銃を摑んだ。ドアを開けたところ、ドアが銃床にぶつかった。銃弾が飛び出して、ドゥルーティの胸のまんなかに命中してしまった。貫通だった。私も下りようとしていたところだった。われわれのうち、車内に残っていたのは一人だけだった。われわれは、ドゥルーティを抱えた。血まみれだったが、意識はしっかりしていた。胸から、どくどくと血が流れ出していた。ドゥルーティを車に乗せ、われわれも乗り込んだ。そして全速力で車を走らせ、民兵隊用の病院が設置されていたホテル・リッツに彼を担ぎ込んだのだ。（……）

ドゥルーティの死はわれわれを驚かせた。われわれには彼が死んでしまったことが信じられなかった。にもかかわらず、われわれ自身が目撃者だったのだ。あえて彼の死を知らせようという者はいなかったし、本当のことを言おうという者もいなかった。だからこそ、公式報告はドゥルーティは敵弾に斃れたのだと伝えたのである。事実は違っていたにせよ、もっともらしい報告ではあった。あらゆる種類の噂が広まったのは、その後のことだった。共産党の仕業だと言い張る者もいれば、護衛役のわれわれがドゥルーティを処刑したのだと言い張る者もいた。他の声に混じって、有名な『第五列』を弾劾する向きもあった。誰も真実を把握できていなかった。（……）

ホテル・リッツのホールは、CNTの組合員たちでごった返していた。多くの者が泣いていた。彼らの質問にどう応えていいものか、われわれは途方に暮れた。しばらくすると、マンサーナとボニーリャが出ていった。二人は、われわれの兵士たちが前線を離れるうえで必要な措置を取ったのだった。ドゥルーティの死が知れ渡ったときの武力衝突〔が発生する可能性〕を見越していたからである。われわれの兵力は、バリェカス地区の兵営に集められた。そこで待機するように、との指令が発せられていた。ドゥルーティの死は、二一日になって正式に発表された。その日、われわれ目撃者はマリアネから呼び出された。CNT全国委員会書記長は、ドゥルーティが死んだ状況について口を閉ざすことをわれわれに厳かに誓わせたのである」

　ラモン・ガルシアの述べることの次第は、運転手〔のグラベス〕や、後にボニーリャが語ったそれと矛盾している。この二人は、モンクロアに近い、小住宅が集まった地区の件に触れている。ラモン・ガルシアはロサーレス大通りの北を通っているが、アンドレス・ベジャーノ〔メリャードの間違いではないだろうか〕街の角というのは、モンクロアからいくぶん距離があるし、方向も反対だ。著者の前で、ボニーリャはラモン・ガルシアであれ、他の民兵であれ、誰も〔ドゥルーティとグラベスとマンサーナ以外に〕パッカードに乗っていなかったし、しかもマドリードへ行ったドゥルーティ軍団のなかに、そもそもラモン・ガルシアという名の男はいなかったと明言している[訳註6]。〔だが〕ラモン・ガルシアの存在は、リオンダが保証している。そのリオンダは、凶器となったラッパ銃を内戦が終わるまで保持することになる。しかし、リオンダが知っているのはマンサーナが彼に話した内容だけである。ドゥルーティが「いつも護衛役として連れて歩いていた、カタルーニャから来た男」[訳註7]ラモン・ガルシアというのは、マンサーナの側に立ってリオンダに〔ドゥルーティの負傷を〕伝えた人物なのである。いずれにせよ、ラモン・ガルシアの証言は何も明らかにしていない。そればかりか、場所、車種、乗っていた人間の数、時間、民兵の出現状況に関して、ラモン・ガルシアは他の証言者たちと食い違いを見せているのである[訳註8]。ドゥルーティが自ら〔の不注意で〕命を絶ったのならば、護衛役が責めを負わずにすむという利点がある。しかし、ドゥルーティがラッパ銃を持っていた――ボニーリャによれば、ラッパ銃を手にしていたのはマンサーナである――というのは妙な話である。言われるような、ドゥルーティのラッパ銃の持ち方というのはさらにおかしい。充分な根拠をもって、われわれは警護役を、また特にマンサーナを疑うことができるだろう[訳註9]。マドリードを去った者たちと一緒に、彼もアラゴンへ戻っている。しかし、当時アラゴン戦線を訪れたエマ・ゴールドマンが語るところでは、マンサーナはそこで責任ある地位から遠ざけられたのだった。にもかかわらず、一九三八年に入ると、彼はＦＡＩ半島委員会に助言を与えている。内戦後の亡命期間を通じて、マンサーナはリバタリアン運動から距離を置き続け、誰からの問い質しにも煩わされることなくメキシコでその生涯を閉じた。

ドゥルーティ死後の顚末から判断すれば、誤りを恐れずに、われわれは彼を殺したのは反革命であったと断言しても構わないだろう。反革命は、ファシストと共産党、そしてＣＮＴとＦＡＩの核心部分に生じた官僚主義的動脈硬化という三つの要素のなかにその姿を現していた。これらの三要素が革命を攻撃したのである。三つのなかのどれがドゥルーティの死からより多くの利益を引き出したのかを検討することによって、われわれは〔真相解明のための〕最も確実な手がかりを見出すことになるだろう。

〔訳註１〕……サンスはジョルディが〔問題の場に〕いて、ドゥルーティが撃たれた際、彼もマンサーナも負傷したと言っているが、以上のデータはすべて偽りである。――リカルド・サンスの調べでは、大学都市へ向かったパッカードに乗っていたのは、ドゥルーティ、運転手のフリオ・グラベス、氏名不詳の機械工、同じく氏名不詳の警護役二人、マンサーナ、そしてジョルディの七名で、ドゥルーティと一緒にジョルディとマンサーナも、それぞれ「片足」と「右腕」を負傷したという。だが、ジョアン・ヤルックのインタビューによれば、サンスはドゥルーティが致命傷を受ける瞬間を目撃したはずの六名のうちの誰にも会っていない。そんなサンスを問題の場に案内したヒル・デ・モンテス、ホアキン・モルラーネスという二人のアナルコサンディカリストが語った話の内容が、ドゥルーティは敵弾に斃れたと彼が断定する根拠に採用されている（Joan Llarch, *La muerte de Durruti*, pp. 94-98.）。同じヤルックのインタビューのなかでサンスは、通常ならどこへ行くにもドゥルーティに従っていたモラ、ボニーリャ、ミラ、リベルト・ロスらだったのに、あの日に限ってそうではなかったとも話しているが、なかの一人ボニーリャ自身の証言に従えば、ボニーリャの乗った車はドゥルーティらのパッカードのすぐ前を走っていたのだし、マンサーナはすでに事件の「数週間前に」指を負傷していた（第三部第18章「一九三六年一一月一九日」、三一七ページを参照。ジョルディの「片足」の怪我については不明）。また、もともと事件と関わりのなかったデ・モンテスとモルラーネスがサンスに伝えた話の中身は、自ずと間接的たらざるを得ない（アベル・パス、アンセルモ・ロレンソ社版、七〇一ページを参照）。

〔訳註２〕一九七六年になって連絡係の一人だったボニーリャが現われ――第三部第18章、三二五ページ、訳註１を参照。

〔訳註3〕　息を引き取る間際のドゥルーティのそばに居合わせた医師たちと同じように——著者の指示にしたがって修正。

〔訳註4〕　そう、私は確かにマンサーナ軍曹とサンタマリーア博士に会った。——以下、「……彼がその銃弾を受けてしまったのに違いないと思ったものだ」までは、ファン・ガルシア・オリベールの回想録『軌跡のこだま』（Juan García Oliver, *El eco de los pasos*, Paris, 1978.）の三四〇～三四一ページからの引用。なかに、「……三七年後の今と同様、当時も本当だとは思われなかった」という箇所がある。パリで『軌跡のこだま』が刊行されたのは一九七八年のことで、ドゥルーティの死から四二年後に当たっている。「三七年後の今」というのは、ガルシア・オリベールが六五〇ページにも及ぶこの大部の回想録のうち、ドゥルーティの最期を扱った部分を執筆していた時点を指すものと考えられる。

〔訳註5〕　ラモン・ガルシアという男——モセン・ヘスース・アルナールに取材した新聞記者のアンヘル・モントートによれば「ラガール」。一九六九年一一月一一日付『ノティシエロ・ウニベルサル』紙（バルセローナ）にドゥルーティの死についてヘスース・アルナールが「リオンダから——内戦の終結時にフランス国境へ逃れる際に——聞かされていた内容」が掲載された直後に、「ドゥルーティと同じ車に乗っていた」と称する男がウエスカ県バリョバールのアルナールのもとを訪ねてきた。バルセローナから来たこの男はアルナールに実名の公表を許さず、別名の『ラガール』を名乗ったうえで詳細を語り、アルナールの発言内容をその大筋で裏書きしたという。『ノティシエロ・ウニベルサル』紙に載ったヘスース・アルナールとドゥルーティの死因に関するルポは、さっそく同月三〇日付『エラルド・デ・アラゴン』紙（サラゴーサ）と一二月二日付『ラ・マニャーナ』紙（レリダ）に転載され、さらにアンヘル・モントートが加筆したうえで一九七〇年七月七日からファランへの『ラ・プレンサ』紙（バルセローナ）に連載された（アベル・パス、アンセルモ・ロレンソ社版、七一一～七一四ページ）。

〔訳註6〕　……ボニーリャは……そもそもラモン・ガルシアという名の男はいなかったと明言している。——一九七七年二月、アベル・パスはサラゴーサの自宅にボニーリャを訪ねてインタビューを行なった。その際のボニーリャの証言によると、ドゥルーティ軍団のなかに、「ラモン・ガルシア」という名の民兵が二人いたものの、いずれも軍団のマドリード遠征には参加していない（アベル・パス、アンセルモ・ロレンソ社版、六九三ページ）。

〔訳註7〕　ドゥルーティが「いつも護衛役として連れて歩いていた、カタルーニャから来た男」——リカルド・リオンダ・カストロの著者宛の二通の手紙（一九七一年七月二一日・二六日付、アベル・パス、アンセルモ・ロレンソ社版、七一〇～七一一ページに要約・引用）のなかに見える表現。事件の直接の目撃者であるマンサーナや運転手グラベスの、あるいは事件の調査に当たったサンスのコメントには、リオンダのこうした形容にもかかわらず、ラモン・ガルシア／「ラガール」という名前は登場していない。また、「ラガール」によると彼と同じ車に乗っていたことになっているボニーリャは、別の車に乗っていた。さらに、ドゥルーティは　度車の外に下りて民兵たちと話しており、事故——であったものとして——は彼が再び車に乗り込

もうとした際に起こったのだとボニーリャが証言しているのに対し、「ラガール」の方は事故が発生したのは車内であると主張する（「ドアを開けたところ、ドアが銃床にぶつかった。銃弾が飛び出して、ドゥルーティの胸のまんなかに命中してしまった」〔本章、三四二ページ〕）。目撃者としての「ラガール」に触れている者はいない。この不可解な人物がドゥルーティの警護役であったとは思われない。ドゥルーティが素性のわからない男を信頼するはずはなかった（アベル・パス、アンセルモ・ロレンソ社版、七二〇ページ）。因に、右の訳註6に引いたインタビューのなかで言及されているアラゴン戦線の二人の「ラモン・ガルシア」に関して、両名とも軍団の総司令部に頻繁に顔を出すこともなかったし、ましてやドゥルーティの「警護役」を勤めるような立場にはなかったと、ボニーリャは断言している。なお、一九三六年八月一五日当時のドゥルーティ軍団の「第九大グループ」（五つの百人隊から構成）の代表に「R・ガルシア」の名が見える（同じくアベル・パス、アンセルモ・ロレンソ社版、五四五ページ）。この「R・ガルシア」は、ボニーリャの記憶する二人のうちのいずれかか、それとも「ラガール」なのか。

〔訳註8〕　……場所、車種、乗っていた人間の数、時間、民兵の出現状況に関して、ラモン・ガルシアは他の証言者たちと食い違いを見せているのである。——直前に引用されているラモン・ガルシアの話は、問題の「時間」と「民兵の出現状況」には触れていない。ラモン・ガルシアのより詳細な証言は、ハンス・マグヌス・エンツェンスベルガー、野村修訳『スペインの短い夏』晶文社、一九八二年（八刷）、二九七～二九八ページ、に掲載されている。それによれば、ラモン・ガルシアが、ドゥルーティ、マンサーナ、ボニーリャと一緒にフリオ・グラベスの運転する車に乗り込んだのは「午後四時ごろ」。「民兵の出現状況」については、エンツェンスベルガーの著書のなかでも詳らかにされていない。

〔訳註9〕　われわれは警護役を、また特にマンサーナを疑うことができるだろう。——著者宛の二通の手紙（右の訳註7）のなかでリオンダは、自分は現場にはいなかったのだから、ドゥルーティの死に関してはマンサーナが自分に語った見方しか知らない。アルナールは運転手と「警護役としてドゥルーティに同行した男」——ドゥルーティが「いつも護衛役として連れて歩いていた、カタルーニャから来た男」＝ラモン・ガルシア／「ラガール」——からあの件を聞き出したのだろう、と推測している。しかし、アルナール司祭の前に「ラガール」が姿を見せたのは『ノティシエロ・ウニベルサル』紙に最初のルポが載った後である以上（本章の訳註5を見よ）、また仮にアルナール司祭が「運転手」と事前に接触していた場合、その「運転手」をリオンダと偽る——または取り違える——理由がないとすれば、司祭が述べている事故死説はその根拠自体が著しく曖昧なものといわねばならない。ところで、リオンダは「彼〔ドゥルーティ〕と一緒にいた同志たちが、つまりマンサーナや運転手のエスタンシオ〔ママ。フリオ・グラベスではなく〕、それに同行していたもう一人が話したことを、われわれは聞いている。……不注意から、銃が暴発したのだというのである」とも話している（本章、三四一ページ）。リオンダの二つの証言の間の

不一致は問わぬこととして、この「同行していたもう一人」の人物が、ドゥルーティが瀕死の状態にあるとモンクロア広場にいたリオンダに伝えた「ドゥルーティの警護役の一人」（同、三四一ページ）ラモン・ガルシア／「ラガール」ということになるのだろうか。だが、アルナール司祭をバリョバールに訪れた折、ラモン・ガルシア本人はリオンダがドゥルーティ負傷の情報を入手した経緯を疑問視する奇妙な発言も残している（アベル・パス、アンセルモ・ロレンソ社版、七一四ページ）。いずれにせよ、リオンダはマンサーナ（ら）から聞いたとされる説明を全面的に受け容れている訳だが、当のマンサーナがドゥルーティの死因についてメラやガルシア・オリベールに語った際（それぞれ、第三部第18章、三一九～三二一ページ、本章、三三八～三四〇ページ）、不自然なことにラモン・ガルシア／「ラガール」の名は――意識的にせよ、無意識的にせよ――伏せられているのである。著者が『労働者の連帯』紙特派員のアリエールと並んで、あるいはアリエール以上にその証言を重視しているアントニオ・ボニーリャは、ドゥルーティの命を奪うことになった銃弾はマンサーナのラッパ銃から発射されたもの、と断定してはばからない。ただし、ボニーリャは銃声を耳にしていない。また、マンサーナが意図的にドゥルーティを殺害したのか、それともドゥルーティの死はマンサーナの持っていたラッパ銃の暴発による事故であったのかという最も微妙な点について、彼は判断を留保している（本章訳註6のアベル・パスのボニーリャへのインタビュー。また、Joan Llarch, *La muerte de Durruti*, p.207, も参照）。ドゥルーティの最期に関わる議論は、とにかく混乱を極めているという外ない。

2　ドゥルーティの死から利益を引き出すことができたのは誰か

埋葬の翌日の一一月二三日、ラジオ・セビーリャを通じてファシストは語った。「ドゥルーティは、彼が生きていては都合の悪い者たちの手にかかって暗殺されたのだ。なぜなら、ドゥルーティは政敵にとって一つの危険を意味していたからである」。ファシストたちは、さらに「ドゥルーティの身に降り懸かったことは、彼の友人の多くにも降り懸かるだろう」とつけ加えた。巷に広まっていた噂を取り上げ、共和国陣営内に混乱や緊張の種を蒔こうとして、彼らがそれを利用したのは明らかだった。同じ日、モスクワの『イズベスチア』紙は以下の論評を掲載した。

「人民戦線政府の形成は、その多くをドゥルーティが行使した圧力に負うている。反ファシズムの戦いという恐るべき経験を通じて、ドゥルーティは進歩を遂げ、共産党に近づきつつあったのである。マドリード戦線に向かうためにアラゴンを離れたときには、はっきりと言っている。『そう、私は自分のことをボリシェヴィキだと感じている。仕事机にスターリンの写真を置こうかと思っているところだ』」。

論評は、死んだドゥルーティの名を活用するキャンペーンの性格を帯びていた。このスローガンに従うためにも、アナキストの民兵の糾弾から自分たち自身を弁護するためにも、共産党は次のような噂を撒き散らした。「共産党組織が有効であると確信したドゥルーティは、アナキズムを否定し、適当な時期が到来するまでは伏せておくという条件のもとに、共産党に入党していた」。同志たちによってそれが暴かれたとき、ドゥルーティは即座に暗殺されてしまったという次第である。〔ドゥルーティの死に関して〕スターリン主義者が創作したあらゆる見解は、この同じバラードの焼き直しである。もっと脚色されたものであれ、抜け目のないものであれ、簡潔なものであれ、結局皆同じことを述べていた。ドゥルーティは自分の理念を放棄し、軍隊風の規律の信奉者に転じたため、かつての同志たちの手にかかって殺されたのだという訳である。CNTが、その威信に泥を塗り、ドゥルーティの革命家としての名声を台無しにしてしまおう、とのあからさまな意図のもとに捏造されたこうした噂に反論する何らかの声明を発表したものかどうか、われわれは知らない。しかし、共産党の不関与を示そうと急いだCNTの官僚主義的硬直化のなかに、何か見ておくべきものはなかっただろうか。

なおも進行の途中にあったとはいえ、CNTの官僚主義的動脈硬化は革命権力と国家との間に存在した均衡に立脚していた。ドゥルーティが死んだことによって、その均衡が破壊されてしまう恐れが生じた。ドゥルーティの死が硬直化したCNT上層部の関心を引くものでもなければ、利益になるものでもなかったことを知るには、ドゥルーティのマドリード派遣という政治的な取り引きが失敗に終わった当時、CNT上層部の置かれていた苦境を考えてみれば充分だ。不協和音は、リバタリアンの陣営内部を荒廃させるまでにはなっていなかった。一番協調主義的な者をも含めて、すべての活動家が、団結を維持する必要をよく認識していたからである。ドゥルーティがある会合の席で開陳してみせた省察を、誰もが自分のものとしていたのだった。このドゥルーティの省察をわれわれに想起させてくれるのは、会合の出席者の一人だったリベルト・カリェハスである。

「われわれが代表している労働者組織の重みの故に、われわれがわれわれの理論的な図式を離れたうえで、新たな進展の度にわれわれを驚かせている現実の枠組みのなかで活動することを周囲は願ってきた。状況がわれわれに突きつけている試練を克服するため、われわれは団結を維持しよう。われわれが持つ最大の力は、われわれの倫理的な団結だ。どんな手口を使ってでも、敵はわれわれの陣営に不仲の種を蒔こうとするだろう。われわれの側の人間の何人かの野心をくすぐりもするだろう。われわれの任務は互いに助けあうこと、自分の弱さを克服しようとする弱者に支援の手を差し伸べることにある。そのような姿勢を取り続けるならば、これまであらゆる弾圧を打破してきたように、われわれは一層強靭になって直面する試練から抜け出すことになるだろう」

否、いかに硬直化してしまっていたにせよ、銃弾はCNT上層部の側から発射されたのではない。「ドゥルーティに戦闘を強要されたために」、部下たちが彼を撃ったのでもない。ドゥルーティは、後方から命令したりはしなかった。「自分に続け！」というのが彼の流儀だった。ましてや、ドゥルーティは官僚機構の階段を他者が駆け上がるのを妨げようなどとはしなかった。当時、傑出した活動家たちの多くがドゥルーティよりももっと権威を帯びた任務に就いていて、しかもドゥルーティこそは彼らがその地位に居座り続けるための一種の保証であったのだというのに、である。

〔CNTの内部にドゥルーティ殺害の張本人を求める〕この手の推理やその様々な変種は、どこから見てもスターリン主義者の中毒症状としてのみ理解されうるのである。

それでは、ドゥルーティを殺したのはファシストたちであったのだろうか。ドゥルーティの死は、なるほど彼らに恩恵をもたらした。というのも、おかげでドゥルーティの部下たちの士気は低下してしまった訳だし、周知のように、戦争、わけてもスペイン内戦のような戦争においては、心理的な要素こそ決定的なものなのだからである。さらに、ドゥルーティの死は反ファシスト勢力間の衝突をも招きかねなかった。とはいえ、マドリードに乱れ飛んだおびただしい噂は、ただ繰り返し語られるにとどまった。そうした噂を拾い集めていたのが、ファシストのスパイだったのである。ファシストの諜報活動は、ドゥルーティが心を許す環境への接近・浸透が前提となるテロ行動を用意するだけの拡がりを決して持たなかった。他方で、スターリン主義の秘密機関であるGPU

は共和国内を勝手気ままに徘徊し、スペイン共産党を自らの権力の道具に変えてしまっていた。また、ＧＰＵは当の法相ガルシア・オリベールでさえも手の届かぬ特殊警察や監獄の網の目を独自に張り巡らせていたのである。新聞記者としてであれ、軍事顧問としてであれ、ロシアからやって来た情報員たちは、ＣＮＴの指導者や民兵隊の指揮者に探りを入れたり、彼らを自分たちの側に引き込もうと画策した。スペイン戦争に関する限り、ＧＰＵが演じた第一義的な役割を無視したのでは、どんな研究も真摯な試みとは言い難いだろう。ヘスース・エルナンデス、「エル・カンペシーノ」、「ラ・パシオナリア（情熱の女）」[訳註1]、リステル、ホセ・ディアスらスペイン共産党の指導者たちは、ほんの小物ばかりだった。本当の意味での指導者たちは、ベルジン[訳註2]とゴリエフ[訳註3]の両将軍、スペインにおけるＧＰＵの顔役オルロフ、あるいはトリアッティ、デュクロ[訳註4]、ヴィダーリ[訳註5]、コドヴィーラ、ステパーノフ[訳註6]らの政治顧問だったのである。首相の傍らでは、ソヴィエト大使のローゼンベルグが活動していた。バルセローナには、総領事のアントーノフ・オフセーエンコ、領事館付商務官のスタシェフスキー[訳註7]、ＧＰＵの責任者「ペドロ」ことエルネ・ゲレ[訳註8]の姿があった。ＣＮＴ内部では、全国委員会がバレンシアに移った際、ＧＰＵは少なくともそのメンバーだったセラフィーン・アリアーガ[訳註9]を絡め取ることに成功していた。社会党陣営に関していえば、アルバレス・デル・バージョとネグリンの二人の大臣の加担もあって、ＧＰＵはあらゆるレベルに巧みに浸透した。国際状況は共和国をスターリンの掌に置き、スターリンはその機会を存分に利用した。当時、官僚主義的なテロリズムのおかげで、スターリンはロシアにおける自己の権力を確立し、オールド・ボリシェヴィキのガードに壊滅的な打撃を与えていた。ロシアの場合と同じ手段を、どうしてスペインでも使わないことがあるだろうか。オルロフは白紙の委任状を受け取った。浸透・買収・恐喝・暗殺。政敵を排除するためなら、すべてが許されたのである。すでに一九一九年にドイツのスパイだったケーニッヒ男爵が行なっていたように[訳註10]、あらゆる組織から、そしていかがわしい社会の最下層のなかからも、人員が駆り集められた。

　われわれは、バルセローナの五月の挑発であるとか、アンドレス・ニンやカミッロ・ベルネリ、それにクルト・ランダウ[訳註11]やマーク・レイン[訳註12]らの、ＧＰＵが仕組んだ暗殺についても語ることができる。しかし、それらはすべて一九三七年に起こったことである。とはいえ、ＧＰＵが手を下した、ドゥルーティの死と時期的に符合する少なくとも三件の暗殺については裏づけが取れている。

その一つは、ムッソリーニの勝利の後にモスクワへ亡命したイタリアの元代議士グイド・ピチェッリの暗殺である。この人物は、スペインへ行くためにモスクワを離れたが、パリでイタリア人の異端の共産主義者たちと接触し、彼らを介してPOUMと関係を持つようになった。[訳註13] バルセローナで、彼はアラゴンで作戦を展開していたPOUMの民兵隊の隊長ロビーラの助手に紹介された。前線まで自分を乗せていくはずの車に乗り込もうとした矢先、ピチェッリは二人の見知らぬ男に呼び止められた。ピチェッリは、二人と一緒にPSUCの本部であるホテル・コロンへ入っていった。[訳註14]〔その後の〕彼に関しては、数日後にマドリード戦線で「英雄的に」死んだということが明らかにされただけだった。後日、ピチェッリはアルバセーテで国際旅団を統率していたスターリン主義者のアンドレ・マルティとルイジ・ロンゴ[訳註15]のもとへ連行され、そこから今度はマドリードに移され、処刑されていた事実が判明した。

ハンス・バイムラー[訳註16]は、大学都市でドゥルーティに一〇日遅れて死亡した。この元ドイツ共産党代議士の協力者だったアントニア・シュテルンによれば、バイムラーはロシア人たちが彼に押しつけた軍事顧問のリヒャルトという男の手にかかって殺害されたのだった。国際旅団のドイツ人大隊の有名な隊長のバイムラーは、ホテル・コロンで活動していたスターリン主義者のドイツ人セクションと対立し、その謀略や官僚主義的な性格を非難していた。バイムラーを扱った本を書くため、アントニア・シュテルンは資料の収集を希望した。難題を突きつけられたあげく、シュテルンは結局執筆を禁じられた。シュテルンは、共産党の指令に従わなかったため、彼女に情報を提供した民兵たちと一緒に捕えられた。バイムラーの死後、その友人たちは冷遇されたり、弾圧されたりし始めた。バイムラーの墓石にはカサ・デ・カンポで死んだ、と刻まれた。「そんなでたらめなデータを持ち出したのは」とA・シュテルンは述べている。「ありうべき調査に備えて、世論を混乱させようという魂胆だったのだろうか。あるいはただ単に大学都市への言及を避けたかったためだろうか。あのドゥルーティが卑劣にも背中から撃たれたのも、この同じ場所であったということを忘れてはならない……」。

アメリカの作家ジョン・ドス・パソスは、その著書『戦争の間の旅』のなかで、自分の友人にして翻訳家だったホセ・ロブレス・パーソスを襲った悲劇のことを書いている。[訳註17] ホセ・ロブレス・パーソスは、ボルティモアにあるジョン・ホプキンズ大学のロマンス語系学科の助手だった。内戦のために、スペインでの彼の休暇は失われてしまった。彼は陸軍省の指示に服した。マドリード防衛評議会で働き、ベルジン将軍かゴリエフ将軍の通訳を務め、バレンシアへ移ってからは、ロシア大使館付の通訳や政府との連絡係として働いた。仕事柄、ホセ・ロブレス・パーソスは多くを知りすぎた。彼にはさもしい役回りに甘んじるつもりのなかったことが、状況をなお一層悪化させた。一二月のある日、些細な口実を設けてロシア人たちが彼を捜しにきた。以後、ホセ・ロブレス・パーソスの消息は途絶えた。一九三九年、内戦の終結間際になって、カフェで『葡萄酒に酔って』政治や軍事に関わる情報を流したという理由により、ホセ・ロブレス・パーソスは一九三七年二月に略式で銃殺された、との連絡がアメリカ政府に入った。ホセ・ロブレス・パーソスの暗殺には汚名がなすりつけられたのである。

一九三七年一月の時点で、マドリードの監獄だけで三〇〇〇名以上もの政治囚がおり、しかもその半数以上が反ファシストだったという数字を考慮すれば、これらの三つの事例がそれぞれ別個のものであるとは考えられないだろう。マドリードにおいて、共産党はCNTに対する密かな戦いを開始した。防衛評議会の公安局から、彼らはCNTによる監視パトロールや検問に歯止めをかけようとした。サンティアゴ・カリーリョ[訳註18]は、セラーノ・ポンセーラ〔統一社会主義青年団〕とカソールラ〔同〕の助けを借りて、マルティネス・アニードばりの警察機構を創り上げていた。スターリン主義者の掌中にあった警察は、CNTの組合員証を持った人間を残らず武装解除することに専念した。ときにはファシストだとの破廉恥な口実を持ち出してまでも、CNTの組織員の逮捕に精を出した。一一月一二日、活動家の最初の暗殺がCNTにより告発された。一二月に入ると、事件が相次いだ。マドリードで警察に遭遇した場合、何らかのリバタリアン組織に加わっていれば、たちまち身に危険が及ぶありさまだった。

ニンの場合とは異なり、ドゥルーティの死にGPUが関与した証拠はないと言われてきた。しかし、ドゥルーティの背後には強力な組織があったのだし、さらにはまだ打倒されていなかった革命的プロレタリアートがそっくり控えていたのである。ニンの暗殺は、共和国の領域で反革命が権力を握ったときに起こっている。しかも、

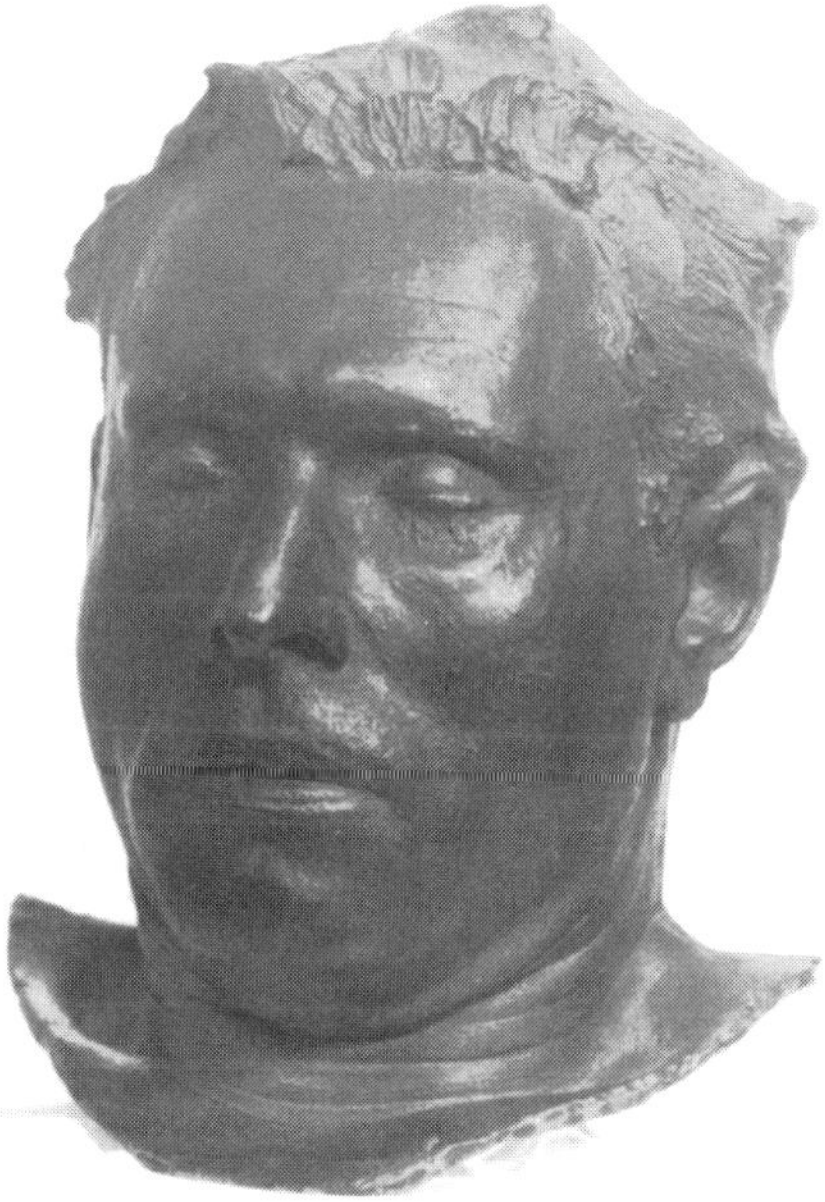

ビクトリアーノ・マチョによる
ドゥルーティのデス・マスク。

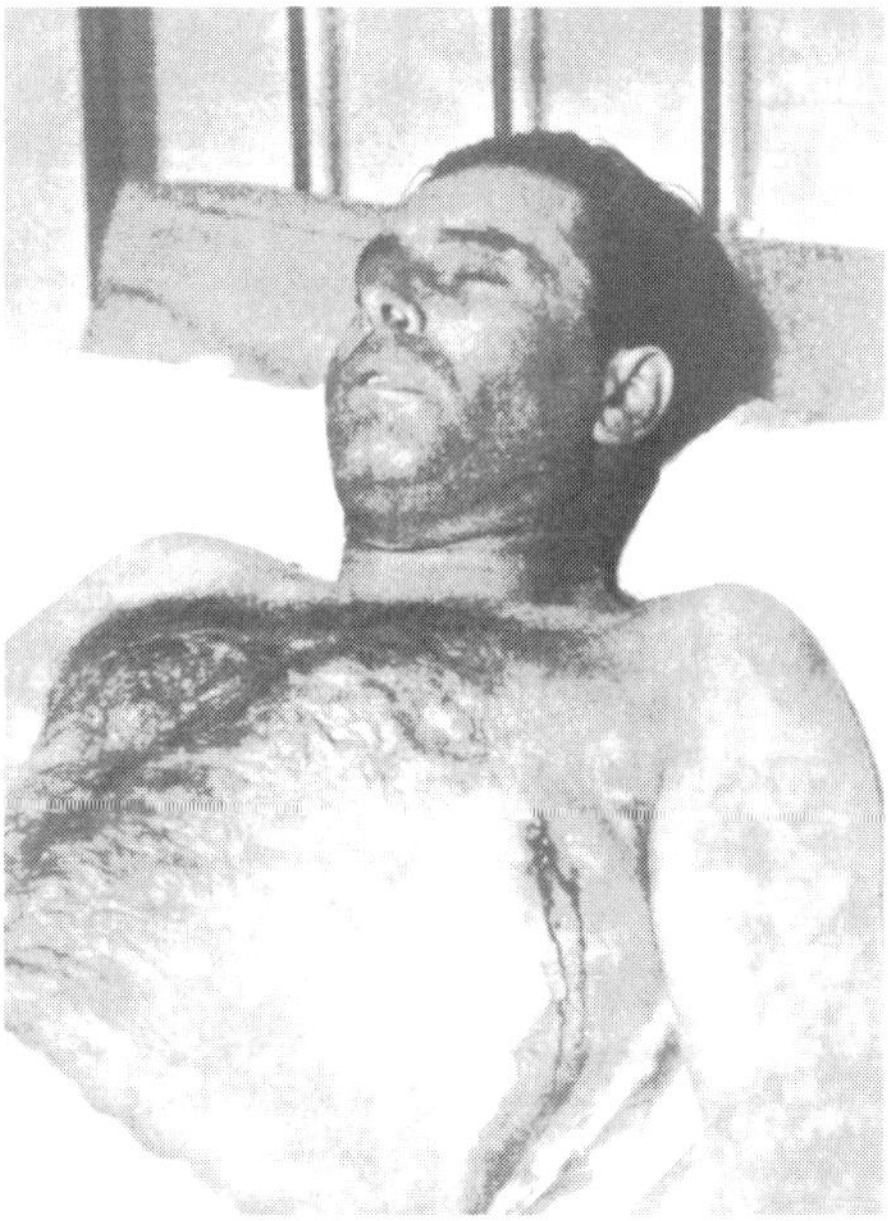

1936年11月20日のマドリード。ホテル・リッツに置かれた軍団の野戦病院のベッドに横たえられたドゥルーティの遺体。

1936年11月23日のバルセローナ。ラジェターナ街のCNT会館を出るドゥルーティの葬列。

ドゥルーティの葬儀。

50万人が駆けつけたドゥルーティの葬儀。

葬儀を取り仕切る，ドゥルーティの身内と同志たち。1列目の左から右へ，モラ，マンサーナ，エミリエンヌ・モラン，ルイサ・サンタマリーア（ジョルディの妻），フランシスコ・スビラーツ。2列目に，ガルシア・オリベールやアバ・デ・サンティリャンの顔が見える。

葬儀の俯瞰。

葬儀に参列した者たちの悲しみ。

1936年11月23日のバルセローナ。CNT会館を後にする葬列の俯瞰。

バルセローナの街角に掲げられた，ドゥルーティを記憶にとどめるためのポスター。

ドゥルーティとアスカーソとフェレールの霊廟の落成式の際に掲げられた旗。

1938年11月20日のバルセローナの墓地。ドゥルーティとアスカーソとフェレールの霊廟の落成式。中央にガルシア・オリベール。その左にCNTカタルーニャ地方委員会書記のフアン・ホセ・ドメネク。演説しているのは，CNT-FAIのプロパガンダ局書記のベルナルド・ポウ。

1967年に著者アベル・パスがバルセローナに潜入した際に撮影されたドゥルーティらの墓の写真。

フランスのエミリエンヌと娘のコレット。1970年代。

1993年のバルセローナ。現在のブエナベントゥーラ・ドゥルーティ広場のプレート。

そのニンはカタルーニャだけに勢力範囲を限定された弱小政党の代表であるにすぎない。ドゥルーティを相手に、失敗を犯すことは許されなかったのである。他方で、間接的な証拠なら山ほどある。一九三六年一二月一七日付の『プラウダ』紙上に、われわれは次の論評を読み取ることができる。「カタルーニャでは、トロツキスト分子やアナルコサンディカリスト分子の粛清が開始された。この営為は、ソ連内部でなされたのと同様、精力的に遂行されることだろう」。まさにそれは、ロシアからの「顧問」たちが携えてきた意図を明らかにする原則の表明だったのである。

革命に道を開き、その営為を実現させるのか。あるいは獲得された地位を維持し、他の共和派勢力と手を組むのか。七月にこうした二者択　を突きつけられたアナキストたちは、スペイン内外の状況を分析したうえで、一番穏健な選択を行なった。経済を統制し政治権力を極小化させることによって、出来るだけ早く戦争を終結させ、続いてすぐさま革命に取り組むために必要な一定の期間が経過するなかで国家を骨抜きにできるものと、彼らは信じたのだった。そんな見通しは誤っていた。まず第一に、戦争があまりにも長期化してしまったからである。第二に、七月一九日に労働者が手に入れた成果を犠牲にしたうえで、国家が日を追って〔再〕強化されていったからである。そこで、本能的にアナキストたちは、どんな代償を支払ってでも、権力を多極化させることによって革命的な状況を温存するという、共和国時代に実践されていた戦術[訳註19]に訴えたのだった。

こうした危機下にあって、自分が代表していたもの、自分の周囲に現出していた革命的事業によって、つまりアラゴンの集産体によって、ドゥルーティは一頭地を抜く決定的な重要性を獲得する。アラゴンにおいて、アナキストは階級社会を廃止していた。人民は平等主義的・反国家的な、人民の集会に基づいた社会を建設した。その社会は、核心において労働という力しか認めなかった。私的所有とかねが廃棄されて、人間による人間の搾取に終止符が打たれた。階級間の対立が解消され、国家と政党はその存在理由を失った。集産体の存在は革命の保障であり、刺激であり、さらにはリバタリアン社会が実現可能であることの証明だった。ウクライナにおけるマフノの存在と同じく、ドゥルーティの存在は革命の防衛の保障を意味した。従って、ドゥルーティを、ドゥルーティ軍団をアラゴンから引き抜くというのは、集産体に結集した農民を武装解除するに等しかった。そして、ロシア人たちはそれを実行に移してみせたのである。首都防衛に関連したスターリン主義者のキャンペーンは、マドリードを共和主義の抵抗の象徴にした。マドリードは、革命を象徴していたバルセローナを翳らせた。ドゥルーティのマドリード派遣を提案したのは、アントーノフ・オフセーエンコである。そしてこの人物は、ロシアは武器を提供するだろう、との餌をちらつかせたのだった。官僚主義的動脈硬化に陥っていたＣＮＴの上層部は——一人ガルシア・オリベールを除いて——、無意識的にではあれ、その加担者となった。宣伝めいた名声の奪い合いという罠にはまってしまったのだからである。すでにバルセローナを離れていたガルシア・オリベールと同じように、ドゥルーティもこの街を後にした。この二人が現場にいたとしても、三七年五月の〔バルセローナでのスターリン主義者の〕挑発は成功を収めていただろうか。

一方で、マドリードは共産党の牙城だった。ドゥルーティには、自分の裁量に任せられたわずかばかりの手段では勝利することなど不可能だった。ドゥルーティは、飛んで火に入る夏の虫だった。マドリードはアラゴンではなかった。首都にあって、ドゥルーティは脆かった。どこから飛んでくるかわからない銃弾を前に、彼にはなすすべがなかったのである。

ドゥルーティが清廉潔白な男であることを、敵は充分に心得ていた。ドゥルーティは、ソヴィエトの情報員たちのへつらいやおもねりを拒絶していた。ローゼンベルグとの会見も拒んだ。大胆にもスペイン銀行襲撃の計画を企てたうえ、武器を入手するためにあらゆる策を講じて、ロシアによる武器援助の独占を打破しようとした。それが、スペインにおいてスターリン主義が前進していくうえでの要石だったからである。内戦終結の暁にドゥルーティが構想していたことを知らぬ者はいなかった。一一月五日の彼の演説の〔検閲を免れた?〕概要を読んでみれば充分だろう。ドゥルーティは、硬直化した自分の組織を乗り越えてでも革命を前進させることを訴えたのである。ドゥルーティこそは、反革命が練り上げた計画の、なかでも民兵隊の正規軍化という、ちょうど彼が撃たれた〔ママ〕その日に〔ＣＮＴ準全国委員会の席で〕扱われようとしていた計画の随一の障害だった。実際、正規軍化の発想は、ドゥルーティが死んだ直後からリバタリアンの指導者たちの間に定着したのである。彼の死後、アラゴン評議会もまた余命いくばくもなかった。それは、動脈硬化を来したＣＮＴとＦＡＩの承認のもとに、国家の行政組織へと矮小化されてしまったのだった。[訳註20] 同様に、ドゥルーティの死によって、マドリードで作戦を展開中だったリバタリアンの民兵隊を彼の指揮下に統一する計画も叶わなかった。

ドゥルーティの死はスターリン主義者たちの望むところだった、と考えるだけの充分な動機が存在する。興味深いことだが、党機関紙のなかでドゥルーティは共産党に特有のあらゆる種類の言い回しで称揚されていた。しかし同時に、彼の同志たちは手に負えない分子、冒険主義者、無規律な輩などと非難されていたのである。彼の護衛になりすました者だとか、民兵のなかに紛れ込んだ者であれば、事故を装うのであれ、近くの家屋からドゥルーティの背中を狙い撃つのであれ、誰にでもテロ行動を準備することができた。現に、サンスやドゥルーティ軍団に国外から馳せ参じて戦った義勇兵のマシュー・コーマンに、何人かの民兵たちはそのようにしてドゥルーティは殺害されたのだと語っているし、また一一月二一日付の『労働者の連帯』紙にもその旨が掲載されたのだった。[訳註21]〔ドゥルーティさえいなくなってしまえば〕後は彼を殺したのは部下たちだった、といった類の話を持ち出してくるくらいしか〔GPUには〕策がなかった。ドゥルーティが共産党員になっていたから、あるいは民兵としてではなく正規軍の兵士として戦うように彼が部下たちに強制したから、というのがその理由だった。計画はいかにも杜撰に見える。しかし、犯罪を仕組む際、GPUは他のやり方では行動しなかった。[訳註22]

ドゥルーティの死の直後、共産党は彼が占めていた座にクレーベル将軍を据えようと急いだ。クレーベルはマドリードの抵抗の英雄として持ち上げられた。このソ連の将校は、共和国に共感をよせるカナダ人になりすました。クレーベルの作戦が準備されたときの手際のよさは、ドゥルーティが始末された場合の措置が前もって整えられていたことの一つの証左である。ロホ大佐〔ママ〕は、マドリード防衛評議会議長ミアハの解任に関係すると思われた作戦を非難した。クレーベルは他の部隊を援助することも、参謀本部の命令に従うことも拒絶したうえで、偽りの報告を急いで作成した。クレーベルの破滅的な行動を隠蔽するため、他の兵力の成功が彼自身の手柄にされた。ほとんどそれとは気づかぬままに、ロホはクレーベルのこうした作為的な人気の背後に潜む政治的な策略を暴露することになった。[訳註23] 策略とは、マドリードにおける共産党・スターリン主義者の奇襲である。〔ほどなく〕クレーベルは舞台から引っ込められ、[訳註24] アントーノフ・オフセーエンコやオルロフ、ローゼンベルグ、コリツォフ、ベルジン、ゲレ、その他の、スペインにおけるスターリン主義的策謀の好ましからざる証人たちや立役者たちと同様に、スターリンの命令によって処刑された。[訳註25] 粛清は、独裁者が〔スペインに〕派遣した者のほぼ全員に及んだ。弾圧は、どこの国の出身であれ、国際旅団と関係のあったすべての共産党員の活動家たちに襲いかかった。スペイン共産党も、そうした魔女狩りの周縁にとどまってはいなかった。スターリン主義の勝利と革命の敗北に誰よりも貢献した人間たちが、今度は犠牲になる番だった。ホセ・ディアスはある建物の六階から落ちて死んだ。「エル・カンペシーノ」やコモレーラ[訳註26]、ヘスース・エルナンデス、ウリーベ、カストロ・デルガード[訳註27]、タグエーニャ[訳註28]ら、残りの者たちも党を追放されるか、党を去るように仕向けられたのである。

〔訳註1〕「ラ・パシオナリア（情熱の女）」――本名ドローレス・イバルリ・ゴメス。一八九五―一九八九。スペイン共産党中央委員会・執行委員会幹部。とりわけプロパガンダに才能を発揮し、「ラ・パシオナリア」の異名で知られた。代表的な著作に、ドロレス・イバルリ、久保文訳『奴らを通すな』紀伊國屋書店、一九七〇年。下記の共著は、全四巻中の二巻まで訳出。ドロレス・イバルリ責任編集、秋山憲夫・石井孫三郎・藤江一訳『スペインにおける戦争と革命一九三六―一九三九』Ⅰ・Ⅱ、青木書店、一九七〇年。

〔訳註2〕ベルジン――イワン・パブロヴィッチ・ベルジン。一八八一―一九三七。ラトヴィア生まれのソ連軍人。若くして将軍の地位にまで上りつめた。スペイン内戦では、共和国政府のソ連軍事顧問代表。一九三七年にソ連へ召還された後、NKVDにより逮捕・銃殺された。

〔訳註3〕ゴリエフ――ウラジーミル・イフィーモヴィッチ・ゴリエフ、あるいはゴレフ。？―一九三七。スペイン共和国政府のソ連軍事顧問の一人。一九三六年一一月のマドリード攻防戦では、ミアハ将軍を補佐。帰国後、スターリンの命により銃殺。

〔訳註4〕デュクロ――ジャック・デュクロ。一八九六―一九七五。一九二一年にフランス共産党入党、ほどなく同党中央委員会のメンバーに昇進。プリモ・デ・リベーラの失脚後スペインに入り、スペイン共産党の活動に協力。一九三五年、コミンテルンの執行委員会の一員に抜擢される。内戦中も、トリアッティ、ヴィダーリ、コドヴィーラらとともに、スペイン共産党の政策決定に大きく関与した。

〔訳註5〕ヴィダーリ――第三部第12章「リバタリアンのアラゴン」、一八四ページ、訳註7を参照。

〔訳註6〕ステパーノフ――ボリス・ステパーノフ。一八九三―？　ブルガリアの出身。内戦の前からクレムリンの指示により

スペインに滞在、スペイン共産党の指導に当たった。内戦中も、同党に対して大きな発言力を行使。

〔訳註7〕スタシェフスキー――アルトゥール・スタシェフスキー。?―一九三七?　バルセローナのソヴィエト領事館付商務官として、ソ連とスペイン共和国政府との間の武器・金《きん》の引き渡しに関与した。帰国後、粛清の犠牲者に。

〔訳註8〕エルネ・ゲレ――一八九八―一九八〇。ハンガリー人。コミンテルンでの活動に従事。内戦の勃発でスペインへ。PSUCの主要な組織者の一人。内戦後はまずソ連へ向かい、一九四四年に帰国。五六年にはハンガリー共産党中央委員会第一書記にまで出世したが、六一年に党を除名された。

〔訳註9〕セラフィーン・アリアーガ――?―?　「イベリア・リバタリアン青年団連盟FIJL（Federación Ibérica de Juventudes Libertarias）」の一九三七年七月一日のバレンシアでの全国総会の席で発足した「半島委員会」のメンバーの一人に、このセラフィーン・アリアーガが任命されている。当時バルセローナの「リバタリアン青年団」に所属していたアベル・パスの回想に従えば、FIJLは改良主義的傾向が著しく、そのため内戦が開始された時点でバルセローナの「リバタリアン青年団」はこの組織へは加盟していなかった（FAIにのみ加盟）。バレンシアでの全国総会に先だって、バルセローナの「リバタリアン青年団」はFIJL加盟をなおも留保し、その「半島委員会」への参加は見合わせる決定を行なった（Abel Paz, *Viaje al pasado*, pp. 204-206.）。セラフィーン・アリアーガの政治的な姿勢を推測するうえで、以上は一つの指標となりうるものかもしれない。

〔訳註10〕すでに一九一九年にドイツのスパイだったケーニッヒ男爵が行なっていたように――第一部第7章「ソリダリオス」、四六ページ、訳註1を参照。

〔訳註11〕クルト・ランダウ――?―一九三七。別名ヴォルフ・ベルトラム。オーストリア共産党からトロツキズムの陣営に転じ、その後POUMを支持。一九三六年一一月にスペインへ入り、POUMの機関紙『ラ・バターリャ』紙上でトロツキーやトロツキストと論争を展開。三七年九月、GPUの手で暗殺された。

〔訳註12〕マーク・レイン――?―一九三七?　亡命メンシェヴィキの指導者ラファエル・アブラーモヴィッチの息子。一九三七年四月、バルセローナのホテル・コンティネンタルからGPUにより拉致され、その後消息を絶つ。スターリン支配下のソヴィエト・ロシアにおいて、オールド・ボリシェヴィキの大半を文字通り抹殺しつつあった一連の粛清裁判の間接的な犠牲者。「自分のものだとみなしている領土〔スペイン〕にアブラーモヴィッチの息子がいることを知っ」たクレムリンが、「〔二人の著名なボリシェヴィキの指導者〕ブハーリンとルイコフとをソヴィエト政権の亡命している敵〔アブラーモヴィッチ〕と結びつける見せ物裁判で、かれ〔レイン〕が役立つかもしれないと考えた」ため、その誘拐劇が演出された（ワルター・クリヴィツキー、根岸隆夫訳『スターリン時代　元ソヴィエト諜報機関長の記録』みすず書房、一九八七年（第二版）、一一三ページ）。

〔訳註13〕この人物は、……パリでイタリア人の異端の共産主義者たちと接触し、彼らを介してＰＯＵＭと関係を持つようになった。——ピチェッリは、このときパリで同胞からＰＯＵＭ執行委員会のメンバーだったフリアン・ゴルキンを紹介されている。国際旅団に加わるつもりでモスクワを離れたピチェッリだったが、ゴルキンとの会見の席で、アラゴン戦線で活動を展開中だったＰＯＵＭの民兵隊へ入隊する決意を固めた（アベル・パス、ケ・ヴォルテール社版、付録1「ドゥルーティの複数の死」、四一六ページ）。なお、ゴルキンはフリアン・ゴメス・ガルシア（一九〇一—？）の変名。ＰＯＵＭ機関紙『ラ・バターリャ』の編集長も務めた。一九三七年のバルセローナの五月事件の後、フランコ派の、さらにはヒトラーの手先として逮捕され、反逆罪で懲役一五年を宣告されるが、内戦終結と同時に亡命。『食人政治屋（ヒトラーとスターリン）』（一九四一）の他、多数の著作がある。邦訳に、フリアン・ゴルキン、大井孝・星野昭吉訳『トロツキーの暗殺』風媒社、一九七二年。

〔訳註14〕アンドレ・マルティ——一八八六—一九五六。フランス共産党員。コミンテルン中央執行委員会のメンバー。スペイン内戦に際しては国際旅団の組織者・指導者として辣腕を振るう。過酷な粛清を行なったため「アルバセーテの屠殺者」と呼ばれて恐れられた。一九五二年、フランス共産党から除名。

〔訳註15〕ルイジ・ロンゴ——一九〇〇—一九八〇。一九二一年のイタリア共産党の創立に参加。一九三三年からコミンテルンのメンバー。スペインでは「ガリョ」の変名を用い、国際旅団を指導。一九三六年秋のマドリード防衛の戦闘にも身を投じた。イタリア共産党書記長（一九六四）。

〔訳註16〕ハンス・バイムラー——一八九五—一九三六。ドイツ共産党中央委員会の一員。「テールマン大隊」を組織し国際旅団に合流したが（一九三六年一一月）、翌月のマドリード戦線で怪死。

〔訳註17〕アメリカの作家ジョン・ドス・パソスは、その著書『戦争の間の旅』のなかで、自分の友人にして翻訳家だったホセ・ロブレス・パーソスを襲った悲劇のことを書いている。——この話は、ジョン・ドス・パソス、青山南訳『さらばスペイン』晶文社、一九七九年（二刷）、二二一〜二二六ページ、にも出てくる（「ホセ・ロブレスの死」）。

〔訳註18〕サンティアゴ・カリーリョ——サンティアゴ・カリーリョ・ソラーレス。一九〇五年ヒホン生まれ。社会主義青年団の書記長。一九三六年、同青年団と共産主義青年団とを統合し、統一社会主義青年団を誕生させた立役者の一人。共産党への入党は、正式には内戦の開始後。共和国亡命政府の閣僚（一九四五—四七）。一九六〇年から八二年一一月まで共産党書記長。一九九三年にはバルセローナのプラネタ社より大部の回顧録を出版している。邦訳に、サンティアゴ・カリリョ、高橋勝之・深澤安博訳『「ユーロコミュニズム」と国家』合同出版、一九七九年。

〔訳註19〕どんな代償を支払ってでも、権力を多極化させることによって革命的な状況を温存するという、共和国時代に実践されていた戦術——リバタリアン共産主義体制の樹立を狙うＦＡＩ派によって提唱され、一九三二年の一月と三三年の一月、さ

らに一二月の併せて三度、国内各地で実行された武装蜂起路線のこと。

〔訳註20〕**彼の死後、アラゴン評議会もまた余命いくばくもなかった。それは、……国家の行政組織へと矮小化されてしまったのだった。**――アラゴン評議会は一九三六年末に人民戦線の諸党派が加わって再編され、三八年八月には解散に追い込まれた。

〔訳註21〕**……また一一月二一日付の『労働者の連帯』紙にもその旨が掲載されたのだった。**――この記事は、第三部第19章「ある無法者の葬儀」、三三五～三三六ページ、訳註2に引用。記事自体の信憑性には疑問が残るが（同註を参照）。

〔訳註22〕**計画はいかにも杜撰に見える。しかし、犯罪を仕組む際、GPUは他のやり方では行動しなかった。**――ドゥルーティがボリシェヴィキに転じた、あるいは転じつつあったため部下に殺害された可能性を強く示唆しながらも、逆に事件にGPUが関与していた疑いを浮き彫りにしてしまっている挿話が、一九四七年の『ノーヴィ・ミール』誌の第一二号に掲載されている。カメラマンとして、『イズベスチア』紙特派員のイリヤ・エレンブルグに同行していたR・D・カルメンが発表したもので、それによると致命傷を負った当日、ドゥルーティは自分の軍団のマドリード戦線からの撤退を考えていたという。しかし、ミゲル・アンヘル街に置かれた戦争委員会をカルメンと一緒に訪れたハジ（K・D・マンスーロフ。別名サンティ。一七〇ページ下段右の写真）の説得で、ドゥルーティは撤退を思いとどまった。ドゥルーティが前線に向かった後――「オートバイに乗った四人」がドゥルーティの車に続いた――、二人は陸軍省内に設置されていたマドリード防衛評議会の参謀本部へ戻っている。「一時間後」、カルメンは陸軍省の廊下でハジを見つけた。ハジは目に涙を浮かべながら、カメラマンに「今し方、ドゥルーティが殺された」と語った。「ドゥルーティが自分自身と『古典的』なアナキストたちに対して開始した戦いの一番危機的なこのひととき、背後からの裏切りの一撃がドゥルーティの命を奪い去ったのだ（……）。彼は誠実な人間であり、祖国のなかで持ち上がっているあらゆる問題に対処する用意があった。だが、彼らはそんなドゥルーティを殺してしまった」（アベル・パス、アンセルモ・ロレンソ社版、六九六～六九八ページ）。しかし、マドリードでドゥルーティの周囲にいたホセ・ミラ、アントニオ・ボニーリャ、リカルド・サンス、リベルト・ロス、モラらは誰一人としてドゥルーティの――コリツォフによれば――「軍事顧問」だったサンティの存在には言及していない。また、当時ミゲル・アンヘル街の軍団の総司令部にあってオートバイに乗っていたのは、ドゥルーティの連絡係だったモラだけである。ハジ／カルメンが述べている、ドゥルーティを殺した「彼ら」というのも曖昧。「古典的」なアナキストのことか、「ファシスト」か、あるいはオルロフの手下であったのか。何よりも、ドゥルーティ「死亡」（実際にはまだ絶命していなかった訳だが）のニュースを、どのようにしてハジはいち早く――二時半から三時の間に――入手できたのだろうか。因に、メラやバールらがドゥルーティの「負傷」を知ったのは、午後五時前後のことである（アベル・パス、アンセルモ・ロレンソ社版、七一七～七一八ページ）。右のイリヤ・グリゴリエヴィッチ・エレンブルグ（一八九一―一九六七）は、『モスクワは涙を信じない』等の作品で知られる旧ソ連の作家・

新聞記者。スペイン関連では、『スペイン　労働者たちの共和国』（一九三二）や『グアダラハーラ　ファシズムの敗北』（一九三七）を書いている。同じくスペインがらみの邦訳に、木村浩訳『わが回想』II、朝日新聞社、一九六八年。

〔訳註23〕……ロホはクレーベルのこうした作為的な人気の背後に潜む政治的な策略を暴露することになった。――ロホ中佐からミアハ将軍宛ての一九三六年一一月二六日付の書簡は、クレーベルの行動を報じる各紙の記事には「どこから見ても」事実の誇張や歪曲が含まれていること、クレーベルの采配には疑問があること、さらにクレーベルが共和国陣営内の「いくつかの政党」の軍事的英雄に祭り上げられていることに警鐘を鳴らしている（アベル・パス、アンセルモ・ロレンソ社版、七〇三ページ）。

〔訳註24〕〔ほどなく〕クレーベルは舞台から引っ込められ――第三部第17章「大学都市」、三一四ページ、訳註1を参照。

〔訳註25〕クレーベルは……、アントーノフ・オフセーエンコやオルロフ、ローゼンベルク、コリツォフ、ベルジン、ゲレ、その他の好ましからざる証人たちやスペインにおけるスターリン主義的策謀の立て役者たちと同様に、スターリンの命令によって処刑された。――これらの人物のうち、オルロフとゲレは実際にはスターリンの粛清を免れた。それぞれ、第三部第12章、二八四ページ、訳註9、本章、三六五ページ、訳註8を見よ。

〔訳註26〕コモレーラ――ジョアン・コモレーラ・イ・ソレール。一八九五―一九五八。カタルーニャ社会主義同盟の、一九三六年からはPSUCの書記長。スペイン共産党中央委員会所属。一九五四年にスペイン国内で逮捕され、ブルゴスで獄死した。

〔訳註27〕カストロ・デルガード――エンリケ・カストロ・デルガード。一九〇七―一九六四。スペイン共産党中央委員会のメンバー。「第五連隊」を設立し、その初代司令官に就任。一九三六年一一月、農地改革の最高責任者に任命された。

〔訳註28〕タグエーニャ――マヌエル・タグエーニャ・ラコルテ。?―?　共産党系民兵隊の元指導者。著書に『二つの戦争の証言』（一九七四）。

3　ドゥルーティの政治的暗殺

ドゥルーティの死の直後に鎌首をもたげた反革命の攻勢は、彼の排除が反革命的な計画に基づいていたことを裏書きした。そして、共産党が反革命の前衛に位置していたのであるから、共産党を非難した民兵たちの眼差しは、それ以上ないほどに正鵠を射ていた訳である。

ドゥルーティが死ぬと、その倫理的・政治的な暗殺の手続きが開始された。ドゥルーティのための霊廟が建てられ、彼は「英雄」「首領」と呼ばれるようになり、そのリバタリアン的な性格が歪曲されてしまった。ドゥルーティの戦いぶりの明らかな神話化とその人格の政治的な処理は、官僚主義的動脈硬化を来したリバタリアンの上層部の黙認も手伝って反革命の前進を覆い隠すのに貢献した。ドゥルーティの名は戦争の教条と化した。あらゆる反革命的措置のために、ドゥルーティが引用された。戦争の唯一無二の合い言葉となった「勝利以外のすべてを、われわれは断念する」という架空の一節もドゥルーティのものとされた。[訳註1] 誰でもいい、アナキストの指導者が〔共産党の謳う意味での〕プロレタリアートの利益に反する姿勢を示し、何らかの反抗的な手段に訴えようものなら、この有名な一節を思い知らされる破目になった。

ドゥルーティの政治的暗殺が完遂されたのは、一九三八年四月二五日のことである。この日、首相のファン・ネグリンは、まず故人を民兵隊総司令官に任命し、ついでこれも死後の称号として彼に共和国人民軍中佐の地位を授けたのだった。〔三六年〕一〇月、ドゥルーティはラルゴ・カバリェーロから与えられた民兵隊総司令官の地位の受諾を拒んでいた。死んだ時点で、彼は自分の軍団の総師でしかなかったのである。「共和国に対するその献身の故に」ドゥルーティを中佐に任命するというのは、彼の思い出に対してなされうる最大の侮辱だった。故人の連れあいだったエミリエンヌ・モランは、そうした策略を封じ込んだ。

「われわれは、ドゥルーティがその人生の最後の瞬間まで最初のころと変わらぬ勇猛なアナキストであったと確信しているから、彼の思い出を汚すまいと心に決めている。そんな具合に彼のことを回想しても、過大評価にはならないだろう。なぜなら、このアラゴンとマドリードの英雄の打ち消しがたい名声の独占的な利用をいろいろな政治党派が画策していたことは、公然の秘密だったからである。

ドゥルーティを鉄の規律の必要性を確信し、一九三六年一一月にはすでに話題に上っていた民兵隊の正規軍化を好んで受け容れさえした偉大な軍人に仕立て上げようという試みがなされてきた。『勝利以外のすべてを、われわれは断念する』という、彼が遺した最後の発言が、戦闘員たちの合い言葉となった。ただし、それぞれが自分の組織や政党の政策の必要に応じてその発言に解釈を施しているのである。

私は言い争いには加わりたくない。われわれが生きている今このときというのは、言い争うためにあるのではないからだ。けれども、同じ戦争から生じた矛盾や混乱が渦を巻いているこのさなか、私に証言者として自分の考えていることをしゃべらせてほしい。ドゥルーティが勝利を口にしたとすれば、彼の頭のなかには、ファシストの群れを打倒したうえでの、人民から成る民兵隊の勝利だけがあったのだということに疑いの余地はいささかもない。ドゥルーティは、社会変革に何ら帰結しないブルジョワ共和国の軍事的勝利などという考えを撥ねつけていたのだからである。

彼がこう言うのを何度耳にしたことだろう。

『われわれが再び一九三一年の共和主義者たちから統治されねばならないのであれば、兵士になったところで無意味だろう。われわれは譲歩することに吝かではない。しかし、戦争と革命とを同時に遂行しなければならないということは絶対に忘れない』

ドゥルーティは、弾圧にさらされ続けてきた自分の人生を決して忘れなかった。CNTとFAIが被った血文字で書きつけられた弾圧のドラマを、彼は自分の記憶のなかに刻み込んでいたのである。ドゥルーティは共和主義を奉じる政治家などまったく信用しなかったし、アサーニャのような人間たちを反ファシストの名で呼ぶことをも拒んだ。

一言でいえば、ドゥルーティは、共和主義の名分と結びついたスペインのブルジョワジーは、内戦のさなかにあってさえ、プロレタリアートが獲得した革命的な成果を何のためらいもなく根こそぎにする機会を見逃すまいとしているのだと確信していた。残念なことに、事態はドゥルーティの正しさを証明しているのである……。

ドゥルーティは、官僚主義的堕落に嫌悪感を抱き、吐き気を催していた。マドリード戦線への出発を前にバルセローナで行なった有名な演説のなかで、ドゥルーティは後衛にはびこり始めていた腐敗に警告の叫びを発し、官僚主義の寄生を弾劾した。残念ながら、彼は〔そうした危険に対処できるほど〕充分に生きることができなかった……。そして、順応主義者たちの官僚主義はそのベールを脱ぎ捨てて、恥知らずにも幅を利かせることになったのである……。

しかし、ドゥルーティの思考や魂――こんな表現を用いる私を許してほしいものだが――は、スペインのプロレタリアートの心の奥底に今もなお息づいている。ドゥルーティはアナキズムに殉じたけれども、彼らはその合い言葉を忘れていない。だからこそわれわれは、イベリア半島のプロレタリアートの革命的な潜在能力を信頼しているのだ。時期が到来すれば、彼らは『指導者』や『統率者』から自分たちを解き放つことができるだろう。フランスにおける人民戦線の混乱は、われわれのスペインの兄弟たちに省察を迫ることだろう。ヨーロッパの『民主主義列強』の支援に大きな期待を抱いてはならないのだ。自由の戦士たちに向けられた共感の大きな潮流も、受け身でお涙頂戴の感傷趣味を超えるものではない。

ドゥルーティがほのめかした勝利は、われわれの勝利は、政党の後ろ楯から脱却し、国内の秩序への遠慮を一切乗り越えたフランスのプロレタリアートの支援を通じてのみ達成されうるのだ。われわれは絶望していない。フランスのプロレタリアートが自分たちの階級の本来の務めを理解し、その『指導者』たちがしばらく前から喧伝してきた『〔人民戦線の名を借りた〕一休み』と絶縁するときが、必ずやって来るからである」〔一九三八年一一月一七日付『ル・リベルテール』紙。同じ月の一〇日に、すでにフランスの人民戦線は崩壊〕

ドゥルーティの名において、エミリエンヌ・モランは政府が彼に授けようとした称号をきっぱりと辞退した。

〔訳註1〕 **戦争の唯一無二の合い言葉となった「勝利以外のすべてを、われわれは断念する」という架空の一節もドゥルーティのものとされた。**――原文には「架空の一節una frase imaginaria」とあるが、ドゥルーティは実際に「勝利以外のすべてを、われわれは断念する」との、あるいは少なくともこれに類する発言を残している。ハンス・マグヌス・エンツェンスベルガー、前掲邦訳のなかの、イリヤ・エレンブルグやホセ・ペイラーツからの引用文を参照（それぞれ、一八四～一八五ページ、一四五ページ）。もとより、当のペイラーツ自身も主張している通り、こうしたドゥルーティの発言は、民兵隊を正規軍に編入させ、延いては「革命」を「戦争」の犠牲に差し出す用意が彼にあったことを意味するものでは何らなかった。にもかかわらず、ドゥルーティの連れあいだったエミリエンヌ・モランが正当にも指摘しているように、「『勝利以外のすべてを、われわれは断念する』という、彼が遺した最後の〔?〕発言が、戦闘員たちの合い言葉となった。ただし、それぞれが自分の組織や政党の政策の必要に応じてその発言に解釈を施しているのである」（本章、三六九ページ）。アベル・パスがこの一節を架空のものと

主張する根拠は、ドゥルーティがマドリードへ向かう直前に行なったバルセローナでのラジオ演説の内容に関わっているものと思われる。レリダの『アクラシア』ただ一紙を除いて「『労働者の連帯』紙をも含むあらゆる新聞」がドゥルーティの演説に検閲を加えた際（第三部第15章「政府なきマドリード万歳！」、三〇三ページ）、著者によればドゥルーティ自身は決して口にしなかったはずの一節——「勝利以外のすべてを、われわれは断念する」——が演説の模様を伝える報道のなかに勝手に挿入されてしまったというのである。「共和派各紙の大いに歓迎するところとなった」、『労働者の連帯』紙におけるドゥルーティの演説内容の「改竄」を、著者はＣＮＴカタルーニャ地方委員会か同紙編集長のハシント・トリオの仕業と考えている（Abel Paz, *Viaje al pasado*, pp. 72-73.）。もっとも、第三部第15章の二九七〜二九九ページに引用されている、『労働者の連帯』紙（一九三六年一一月六日付）の問題の演説の「検閲済み」のテキスト（アベル・パス、アンセルモ・ロレンソ社版、六三三〜六三四ページ、同じくケ・ヴォルテール社版では、三五三〜三五五ページ）に限っていえば——テキストの調子が反ファシストの団結を強調している分だけ、なるほど「革命」への言及は差し控えられてはいるものの（「現在、一刻を争う義務とは何でなければならぬのか、労働者組織は忘れてはならない。前線では、塹壕のなかでは、ただ一つの考え方が、ただ一つの目的があるだけだ。しっかりと眼を開き、ただファシズム打倒の意図を胸に、前を見据えよう」。あるいは、「ファシストの暴虐に対し、われわれは単一の組織を対置すべきだ。統一的な規律に裏打ちされた、単一の組織が存在しなければならないのである」云々）——、件の「有名」な（Abel Paz, *Viaje al pasado, loc.cit.*）一節が少なくともそっくりそのまま挿入されている箇所はない。いずれにせよ、ドゥルーティがラジオを通じて実際に語った内容——ホセ・ペイラーツの手で忠実に書き取られ、『アクラシア』紙に掲載（*ibid.*）——と検閲を経た『労働者の連帯』紙の文面との間にかなりの相違があったことは確からしいが（著者自身、バルセローナの街頭でドゥルーティの演説に耳を傾けている。また、アベル・パス、アンセルモ・ロレンソ社版、六三三ページのマルコス・アルコーンから著者への書簡を参照。なかでアルコーンも「活字にされたテキストは、どう見てもドゥルーティが語った言葉をきちんと伝えるような代物ではなかった」と記している。第三部第15章、二九七ページのアルコーンの発言は、このドゥルーティの「二〇年代以来の古参の同志」が著者に宛てた書簡の一部である）。

エピローグ　ドゥルーティの墓

一九三九年一月二六日、バルセローナを占領したフランコ軍を率いる将軍は、「モンジュイックの墓地に埋葬されている赤の首領ども」の身元を示すあらゆるしるしを抹消するよう促した一通の命令書をフランコの総司令部から受け取った。軍の司令官はその命令を県当局に伝えた。県知事は、モンジュイック墓地の管理部に次の通達を送付した。

「アナキストの指導者やカタルーニャ民族主義の指導者たちの墓から、また特に貴下の管轄下の墓地に埋葬されているブエナベントゥーラ・ドゥルーティの墓から、人目を引きそうな碑銘の類を一切消去してしまうことが必要である。そのために指名される監視人は、これらの墓への訪問を許さず、さらに訪問を希望する意向を示した者に関しては不審人物としてその身柄を拘束しなければならない。以上の命令を履行するにあたり、個人の資格において、私は貴下を責任者に任命するものである」

カサ・アントゥネス〔モンジュイックの丘のある地区の名称〕の墓地としてむしろ一層よく知られているモンジュイックの市民墓地には、一本の大きな糸杉に守られるようにして三つの墓が並んでいる。フランシスコ・フェレールの墓とフランシスコ・アスカーソの墓とブエナベントゥーラ・ドゥルーティの墓である。のっぺりとした石で覆われたこれらの墓からは、あらゆる碑銘が削り取られている。フランコ将軍は、図らずも三人に最高のオマージュを捧げてしまった。指導者至上の信仰から三人を解放してやったばかりでなく、墓に名がないというそのありさまが、かえって彼らを際立たせる結果になったのだからである。

訳者あとがき

本書は、Abel Paz, *Durruti en la revolución española*, Barcelona, Laia,1986, の全訳である。ただし、凡例に記したように、著者の指示に従って内容を一部改めたところがある。大きな変更が加えられた箇所に関しては訳註でその旨を明記しておいたが、日時等の単純な間違いや誤字・誤植については特に断らずに訂正してある。

一、アベル・パスとその仕事について

翻訳も含めて、本書の著者アベル・パスには次の単行本がある。

1. *Paradigma de una revolución (19 de julio de 1936)*, Paris, AIT, 1967.
2. *Durruti. Le peuple en armes*, Paris, La Tête de Feuilles, 1972.
3. *Durruti. The people armed*, Montreal, Black Rose, 1976（2の英語版）.
4. *Durruti. O povo en armas*, Lisboa, Assirio-Alvim, 1976（2のポルトガル語版）.
5. *Durruti*, Athens, Eleftheros Tipos, 1978（2のギリシャ語版）.
6. *Durruti. El proletariado en armas*, Barcelona, Bruguera, 1978（完全版）.
7. *Durruti. Cronaca della vita*, Milano, La Salamandra, 1980（2のイタリア語版）.
8. *CNT (1939-1951)*, Barcelona, Hacer, 1982.
9. *Crònica de la Columna de Ferro*, Barcelona, Hacer, 1984.
10. *Durruti en la revolución española*, Barcelona, Laia, 1986（本書の底本）.
11. *19 de juliol del "36" a Barcelona*, Barcelona, Hacer, 1988（1のカタルーニャ語版）.
12. *Al pie del muro (1942-1954)*, Barcelona, Hacer, 1991.
13. *Los Internacionales en la Región Española (1868-1872)*, Barcelona, 1993（自費出版）.

14. *Entre la niebla (1939-1942)*, Barcelona, 1993（自費出版）.
15. *Un anarchiste espagnol: Durruti*, Paris, Quai Voltaire, 1993（2の増補・改訂版）.
16. *Durruti. Leben und Tode des spanischen Anarchisten*, Hamburg, Nautilus, 1994（6のドイツ語版）.
17. *Chumberas y alacranes (1921-1936)*, Barcelona, 1994（自費出版）.
18. *Viaje al pasado (1936-1939)*, Barcelona, 1995（自費出版）.
19. *Durruti en la Revolución española*, Madrid, Anselmo Lorenzo, 1996（6の増補・改訂版）.
20. *Guerre d'Espagne*, Paris, Hazan, 1997.
21. *The Spanish Civil War*, Paris, Hazan, 1997（20の英語版）.

なお、3のトルコ語版、9のフランス語版、18のギリシャ語版がすでに刊行されている模様だが、訳者はいずれの出版社名も出版年も確認していない。また、現在19のイタリア語への翻訳が進められている。

アベル・パスは、一九二一年にアンダルシア東部のアルメリアの貧しい日雇い農の家に生まれ、バルセローナに育った。本名をディエゴ・カマーチョという。三二年から三五年にかけて、バルセローナのクロット地区にあった、フランシスコ・フェレールの流れを汲む合理主義の学校「ナトゥラ（自然）」に学ぶ。紡績工場の見習いとなった三五年に、一四歳でCNTと「リバタリアン青年団」に加入。若いリバタリアンにとって、三六年七月に始まった内戦――三七年五月のバルセローナの市街戦を分水嶺とする戦争と革命の弁証法――は、後の人生を大きく左右した決定的な体験だった。フランコ軍がカタルーニャを制圧する直前の三九年一月、多くの同胞に混じって辛くもフランスへ脱出する。彼ら招かれざる客に隣国の政府が提供したものは、「自由・平等・兄弟愛」の精神にはあまり似つかわしくない空間――野ざらしも同然の難民収容所――だった。四二年、スペイン国内のリバタリアン運動への合流を決意し密かにピレネーを越えたが、同年末にバルセローナで逮捕され、以後のおよそ一〇年間を――仮釈放の短い一時期を除いて――フランコ体制下の獄中に失った。五三年に出獄を認められると再びフランス亡命に活路を求め、後年『ドゥルーティ　武装したプロレタリアート』（右の著作目録の6）に見事な実を結ぶ、現代スペインの階級対立の分析と総合の企てに着手する――ここまでの彼の足跡は、自身の手になる回想録（12・14・17・18）に詳しい。

二度目の亡命は長期に及んだ。パスの帰国が実現したのは、ようやく――七五年のフランコ将軍の死を経た――七七年のことである。七八年に主著『ドゥルーティ　武装したプロレタリアート』を発表した後もその意欲は衰えを知らず、バルセローナのベルディ街の旧いアパートの一室に置かれた骨董品のようなオリヴェッティのタイプライターから、いかにも武骨ながら読む者の魂に強く響く数多くの作品が生み出されていった。内戦／革命からちょうど半世紀の節目にあたった八六年には、オーストラリア、韓国、香港、そして日本を訪れ、講演を行なっている。先頃、南フランスはモンペリエの「アスカーソ・ドゥルーティ・センターCAD（Centre Ascaso Durruti）」に蔵書の大半を寄贈した。目下、バルセローナ－モンペリエ間を往き来しながら、フランシスコ・アスカーソの評伝執筆の最終段階にある。

二、アベル・パスの『ドゥルーティ』伝について

われわれの知る、そしてバルセローナの女たちが愛するアベル・パスは、何よりもまず『ドゥルーティ』伝の巨匠としての歴史家アベル・パスである。右の著作目録にある通り、一九七二年にパリのラ・テート・ド・フイユ社から出された『ドゥルーティ　武装した人民』（2）以下、パスの『ドゥルーティ』伝には複数の版が存在する。

フランスに逃れたパスは、フランコ将軍の監獄で患った結核の療養に努めていた六〇年代の初頭、アナキスト的な視点に立った短い内戦史の類を書くつもりでいたらしい。だが、当時のフランス左翼の論壇にしっかりと根づいていた、人民戦線に反ファシズムの至高の形態を認める共産党流の「正史」に逆らって、スペインからの亡命リバタリアンが自らの見解を世に問うことは限りなく不可能に近かった。マックス・ネトラウの未完の『スペインのインターナショナル（一八六八―一八八）』を後に編集するアナキスト史家ルネ・ランベールの助言に従ってパスは内戦史の構想をひとまず断念し、以後ホセ・ブエナベントゥーラ・ドゥルーティの波乱に富んだ生涯の探索に没頭する。最初の『ドゥルーティ』伝を書き終えるまでの苦悩に満ちた、しかし充実した日々を、巨匠は「自分の人生のなかで最も美しい数章」と万感を込めて回想している。

六八年の「パリの五月」の衝撃は、フランス共産党の威信を激しく揺るがすとともに、巷にリバタリアンの書物が氾濫する状況を招来した。騒然たる空気のなかで、一冊目の『ドゥルーティ』伝――『ドゥルーティ　武装した人民』――の、ラ・テート・ド・フイユ社の「革命文庫」からの翻訳・出版が急遽決定される。刊行のめどの立たぬまま草稿（スペイン語）をほぼ完成させていたこのころのパスにも、思いがけない事態の展開であったにちがいない。

ラ・テート・ド・フイユ社版は幸い好評を博し、このフランス語版を底本に英語・ポルトガル語・ギリシャ語・イタリア語の各版が作られた（3・4・5・7。編集方針に基づき、それぞれのテキストには異同がある）。だが、急ぎ出

版されたラ・テート・ド・フイユ社版のフランス語は、必ずしも著者を満足させるものではなかった。『ドゥルーティ　武装した人民』の絶版を待って、友人カルロス・センプルン・マウラとともにパスは新しいフランス語版の作成に自ら取り組んだ。その成果が、九三年にパリのケ・ヴォルテール社から出版された『スペインのアナキスト　ドゥルーティ』（15）である（二つのフランス語版の出版の経緯に関しては、アベル・パス、ケ・ヴォルテール社版の「第二版への序文」、七～一一ページを参照。なお、ダニエル・ゲラン編の『アナキズム・アンソロジー　神もなく主人もなく』の第二巻に、ラ・テート・ド・フイユ社版の抜粋（「ブエナベントゥーラ・ドゥルーティ」）が収められている。このアンソロジーの日本語版（江口幹訳、河出書房新社、一九七三年）と、同じ七三年にやはり日本語に訳されたハンス・マグヌス・エンツェンスベルガーの『スペインの短い夏』（野村修訳、晶文社）を通じて、おそらく初めてパスの名が日本に紹介された）。

七八年にバルセローナのブルゲーラ社から刊行された前記『ドゥルーティ　武装したプロレタリアート』こそは、パスが心血を注いで書き上げた『ドゥルーティ』伝のいわば完全版であり、文字通り巨匠の主著と評されるべき大作に他ならない。ラ・テート・ド・フイユ社版に大幅に手が入れられたブルゲーラ社版は、内戦／革命六〇周年の　昨年（九六年）、マドリードのアンセルモ・ロレンソ社から『スペイン革命のなかのドゥルーティ』の表題のもとに復刻された。アンダルシアのアナキズムに詳しいホセ・ルイス・グティエーレス・モリーナが序文をよせていること、巻末に一括されていた註が各ページの下段に脚註の形で組み込まれたこと、参考文献・索引が整理されたこと、バルセローナの『エル・ペリオディコ』紙（八〇年五月一八日付）にパスが寄稿したドゥルーティの亡骸に関する記事（「ドゥルーティの遺骨の追跡をめぐるジグソーパズル」）が付録として掲載されたこと等を除けば、このアンセルモ・ロレンソ社版（19）とブルゲーラ社版との間に内容上の違いはない（因に、本書のエピローグを飾るドゥルーティとアスカーソとフェレールの三人の墓は、現在いずれも空になっている。アスカーソの遺骨については、四〇年三月に他へ移された事実がモンジュイック墓地の管理文書により裏書きされるが、ドゥルーティの遺骨に関してはまったく不明。また、パスはフェレールには触れていない。アベル・パス、アンセルモ・ロレンソ社版、七三一～七三五ページ）。

八六年にバルセローナのライア社が出した本書の原著『スペイン革命のなかのドゥルーティ』――アンセルモ・ロレンソ社版では「革命」が **Revolución** 、こちらの版では revolución ――は、数ある『ドゥルーティ』伝のなかでもユニークな位置を占めている。ラ・テート・ド・フイユ社版とブルゲーラ社版に基本的に依拠した同書では、ドゥルーティの死を扱った最後の数章に、新たな史料・証言――エンツェンスベルガーの前掲書やファン・ガルシア・オリベールの『軌跡のこだま』、さらにフリオ・アローステギとへスース・A・マルティネスの『マドリード防衛評議会』――を交えた加筆が「著者の了解のもとに」ライア社側の手で施されている（アベル・パス、ライア社版の「編者の註記」、五ページ）。従来の版に比べて論旨に特別の変更がある訳ではないが、G・ピチェッリやJ・ロブレス・パーソスを見舞った悲劇（第四部第二章）は、ブルゲーラ社版にもアンセルモ・ロレンソ社版にもないエピソードである（ケ・ヴォルテール社版は、付録のなかでピチェッリの件のみを指摘）。最もコンパクトなダイジェスト版ながら他にないデータを盛り込んだライア社版に、グティエーレス・モリーナは高い点数を与えている（アベル・パス、アンセルモ・ロレンソ社版への「序文」、一七ページの註1）。

とはいえ、内戦／革命五〇周年のタイミングを狙って企画されたせいか、残念ながらライア社版には明らかに刊行を急いだ形跡が認められることも確かである。誤字・誤植の類がやや目に余ったし、テキストの練り具合にももう一つと思われる箇所が若干見受けられた（なかでも第一部第二章）。訳出の過程で、著者と訳者は――じかに会い、あるいは書簡を通じて――ライア社版のテキストを何度となく検討し直した。不細工ながらも――〔 〕の多さ！――本書が今ある形になるまで、申し分なく「寛大」ではあれ、通常の意味での「遠慮」を美徳とは決して考えない巨匠を、怠惰な訳者の無知と無能はたびたび大いに苛立たせたものである。

九四年に『ドゥルーティ　武装したプロレタリアート』のドイツ語版『スペインのアナキスト　ドゥルーティの生涯とその複数の死』（16）がハンブルクで出版された折、ドイツ語圏におけるスペイン現代史研究の第一人者ヴァルター・L・ベルネッカーは、パスは伝説のリバタリアンの評伝を書いたにとどまらず、アナキスト的な視角から今世紀のスペインの社会運動の、さらに内戦初期の革命の実相を描いてみせたのだ、と巨匠の思想的営為を絶賛した（Walter L. Bernecker, “Anarchismus, Odyssee und drei Tode”, *Süddeutsche Zeitung*, 5-X-1994.）。

ベルネッカーのきわめて好意的な書評は、パスの『ドゥルーティ』伝が一切の誤謬から自由であることを意味するものでは何らない。例えば、本書のなかでも提示されている「革命的民兵隊の指導者・アラゴンにおけるリバタリアン共産主義の導入者」ドゥルーティのイメージは、三〇年代のアラゴンのアナルコサンディカリズムを仔細に検討したグレアム・ケルシーによって一定の修正を余儀なくされている。ケルシーは野戦の指揮者としてのドゥルーティの手腕や彼の軍団の戦闘能力に率直な疑問を投げかける一方で、内戦下のアラゴン農村を席巻した革命の自律性を強調している

（Graham Kelsey, "El mito de Buenaventura Durruti. El papel de Durruti en la guerra de liberación y la revolución en Aragón (julio-agosto de 1936)", Antonio Morales Toro y Javier Ortega Pérez (eds.), *El lenguaje de los hechos. Ocho ensayos en torno a Buenaventura Durruti*, Madrid, 1996, pp.69-97.)。もっとも、アラゴンの農業集産化の過程の自然発生的性質には本書も言及しているが（特に第三部第一二章）。

　階級の敵へのテロの行使は、「人間の根源的な変革」（第三部第五章）の実現への一つの手段として正当化されるべきなのか。そもそも「リバタリアン共産主義」は、大衆の願望を真に表現する理念であったのか。ＣＮＴ－ＦＡＩの上層部の「硬直性」と下部の「革命性」とを真向から対置させる極端に二分法的な発想は妥当だろうか。三四年一〇月のアストゥリアスを血で染めた反乱の、驚くほどに「淡泊」な記述（第二部第八章）は、（「（上からの）労働者同盟」との繋がりの問題をも含めて）第二共和国の左翼の政治史に占める事件の比重に照らしてバランスを欠いてはいないのか。本書――ばかりでなくその全著作――を通じて、パスの筆致がリバタリアン的なバイアスを――ベルネッカーの評価よりも、はるかに「毒気」を孕んだ意味で――しばしばあまりにも強く帯びてしまっている印象は拭い去りがたい。事実、フリアン・カサノバは、三〇年代のＣＮＴ－ＦＡＩの消長を際立って批判的な視点から展望したポレミックな著述『街頭から戦場へ』のなかで、パスの仕事をドゥルーティの数ある「聖人伝」のなかで史料的に最も詳細なもの、と辛辣に断じている（カサノバの見るところでは、ドゥルーティの「まとも」な「評伝」は存在しない。Julián Casanova, *De la calle al frente. El anarcosindicalismo en España (1931-1939)*, Barcelona, 1997, p.187 n.10)。だが、パスの「偏向」を殊更にあげつらってみてもたいして意味はないのかもしれない。『ドゥルーティ』伝は要するに確信的なアナキストの手で書かれるべくして書かれた作品なのであり、レオンの「無法者」とアルメリアの日雇い農の息子のペンとの幸運な出会いを、われわれ凡俗は素直に慶んでいればそれでよいのだという気がする。死んだガルシア・オリベールもフェデリーカも、自分の『ドゥルーティ』伝にはクレームをつけなかった――ドゥカードスの匂いの染みついたベルディ街の自室で、誇らしげにこう語ってくれた巨匠の姿が忘れられない。アベル・パスの仕事を根底から覆すだけの、充分な史料的根拠に基づくまったく新しいドゥルーティ像が構築される可能性はとりあえずない。そう断じても差しつかえないように思われる。

一九九八年の大晦日

渡辺雅哉

＊＊＊

訳者あとがき・その二

この春、訳者は久しぶりにアベル・パスをバルセローナに訪ね、さらにモンペリエのグザヴィエ・ドゥズーズ街にあるＣＡＤまで同行する機会を得た。何よりもまず、「われわれの知る、そしてバルセローナの女たちが愛する」巨匠の「口の悪さ」の健在を慶びたいと思う。ビデオで見せてもらった「アナキスト、ブエナベントゥーラ・ドゥルーティ」（監督ジャン・ルイ・コモッリ）も、プロレタリアの矜持を感じさせる出来映えに仕上がっていた。この映画はパスの『ドゥルーティ』伝をかなり自由に脚色した内容で、実写も織りまぜながら、バルセローナのある演劇集団が、残されたささやかな遺品や断片的な生前の発言を手がかりにペペ・ブエナベントゥーラの実像を求めてのたうつさまをそっくりカメラに収めた野心作。パス自身、いくぶん緊張の面持ちで登場する。ラングドックの麗しの古都へ向かう途次、タルゴの車窓から望まれたピレネーの雪はあくまでも白く、一九三九年二月に「大衆の詩人」アントニオ・マチャードとその母親が内戦の悲劇を体現しつつ世を去った漁村コリウールの前に広がる「われわれの海」はあくまでも碧かった。

「訳者あとがき」のパスの著作目録に、表題等を確かめることができた次の三つを追記する。

22. *La Colonne de Fer. Espagne 1936-1937*, Paris, Libertad-cnt-rp, 1997（9のフランス語版）.
23. *Durruti e la Rivoluzione spagnola*, 2 tomos, Pisa, Biblioteca Franco Serantini, 1999-2000（19のイタリア語版）.
24. *Buenaventura Durruti 1896-1936. Un combattant libertaire dans la révolution espagnole*, Paris, Paris, 2000（15の増補・改訂版。19の付録「ドゥルーティの遺骨の追跡をめぐるジグソーパズル」のフランス語訳を収め、写真も大幅に差し替え）.

これも「訳者あとがき」に記しておいたフランシスコ・アスカーソの評伝は、また完成していない。このところパスの主な関心は内戦期のスペイン－モロッコ関係の解明に向けられている。この仕事をまとめた後、改めてアスカーソの評伝の執筆に専念する意向とのことである。

かつてのスペインの労働運動に顕著な議会外行動への傾きを、史的構想力の豊かさでは他の追随を許さぬサントス・フリアーは「革命文化」と呼ぶ（Santos Juliá, "Cultura política del militante obrero español", Jacques Maurice, Brigitte Magnien et Danièle Bussy Genevois (éds.), *Peuple, mouvement ouvrier, culture dans l'Espagne contemporaine*, Saint-Denis, 1990, pp.179-191.「ゲーム」としての「政治」への憎悪は革命左翼の専売特許ではない。Jordi Canal, *El carlismo. Dos siglos de contrarrevolución en España*, Madrid, 2000, がその全体像を過不足なく描いてみせたカルロス派のあり方に典型的な「反革命文化」もまた、「自由主義」のスペインに強烈な彩りを添えている）。「われわれの知る、そしてバルセローナの女たちが愛する」アベル・パスは、「革命文化」のおそらくは最後の継承者である。今年三月のスペインの総選挙では、中道右派の国民党が予想を裏切って圧勝した。内戦の記憶もどうやら急速に色褪せていく今日、巨匠にはまだまだ年齢に逆らい続けてもらわねばならない。

最後に、れんが書房新社の鈴木誠さんをはじめ、アベル・パスの魂の救済のためにお力をお借りしたすべての皆さんに――「ドゥルーティの友たち」に――感謝します。

二〇〇〇年一一月一九日　渡辺雅哉

付記

私事にわたたって恐縮ですが、やはり書き添えておきます。

ウィリアム・シェイクスピア『ハムレット』（集英社文庫、一九九八年）の訳者にして、『アンダルシーア風土記』（岩波書店、一九九九年）の著者。ジュール・ミシュレの「張り扇」を愛した名文家。煙草――むろんドゥカードス――のくわえ方が、ジェラルド・ブレナンにそっくりだったイスパニスタ。そして、セビーリャはトゥリアーナの「エル・チノ」（*El Mundo*, 5-V-2000）。あの永川玲二師がわれわれの手の届かぬ世界に旅立たれてから、早いものでもう一年になります。往時は何しろ無類の話好き。カスティーリャ街一六番地の永川師宅――一名を「鳥穴亭」――での「昼飯」が終わるころ、裏手を静かに流れるグアダルキビール川のあたりにはすでに朝の気配が漂っていたこともしばしばでした。駄文をそんな故人の酒の肴に供することができなかったのが、ひどく悔やまれてなりません。

「生きるのか、生きないのか、問題はそこだ」（前掲永川訳、一一〇ページ）――「しきたり」に逆らって、『ハムレット』の例の文句に「の」が挿入されたその訳を、永川師ご本人が語ってくださった、今から一〇年ほども前の「鳥穴亭」での夜のひとときを思い出しつつ。だいたい君は――。

二〇〇一年四月二三日　渡辺雅哉

人名索引

（訳註に登場する場合にはn.を，写真・図版のキャプションに登場する場合にはf.を，それぞれ付記）

オ

カ

キ

ク

ケ

コ

サ

シ

ス

セ

ソ

タ

テ

ト

ニ

ヘ

ホ

マ

ミ

著者略歴
アベル・パス（Abel PAZ）
1921年生まれ。バルセローナ在住のアナキスト史家。本名ディエゴ・カマーチョ。『ドゥルーティ　武装したプロレタリアート』（1978）等，スペイン現代史の諸相を掘り下げた多くの著作がある。

訳者略歴
渡辺雅哉（わたなべ・まさや）
1960年生まれ。早稲田大学大学院退学。現在，早稲田大学ヨーロッパ文明史研究所客員研究員。スペイン現代史専攻。

スペイン革命のなかのドゥルーティ　*Durruti en la revolución española*

発行日＊2001年10月20日　初版発行

＊

著　者＊アベル・パス
訳　者＊渡辺雅哉
装　幀＊狭山トオル
発行者＊鈴木　誠
発行所＊㈱れんが書房新社
〒160-0008　東京都新宿区三栄町10　日鉄四谷コーポ101
TEL 03-3358-7531　FAX 03-3358-7532　振替00170-4-130349
印刷所＊㈱ミツワ＋東光印刷所
製本所＊誠製本㈱

 ISBN4-8462-0251-8 C0023

ファランヘ党◎スペイン・ファシズムの歴史
S・ペイン
小箕俊介訳
A5判上製
四六〇〇円

スペイン戦争◎その全過程を描く
J・ギブス
川成洋訳
四六判上製
一九〇〇円

スペインの死を見たと言え◎スペイン戦争と文学
J・M・マスティ
平舘・渡利訳
四六判上製
一八〇〇円

情熱の構造◎イギリス人・フランス人・スペイン人
S・マダリアーガ
佐々木孝訳
四六判上製
三〇〇〇円

スペイン一八九八年の世代◎思想家群の全体像
P・L・エントラルゴ
佐々木孝他訳
四六判上製
三四〇〇円

危機のなかのマルクス主義◎政治論集
K・コルシュ
野村修編訳
四六判上製
二二〇〇円

フィリピン　民衆革命へ◎共産党重要文献集
PARC編訳
四六判上製
二九〇〇円

偽イスラエル政治神話◎政治的シオニズムの全容
R・ガロディ
木村愛二訳・解説
四六判上製
三八〇〇円